J.-F. Mallet

SIMPLISSIME

LA CUISINE FRANÇAISE LA + FACILE DU MONDE

hachette
CUISINE

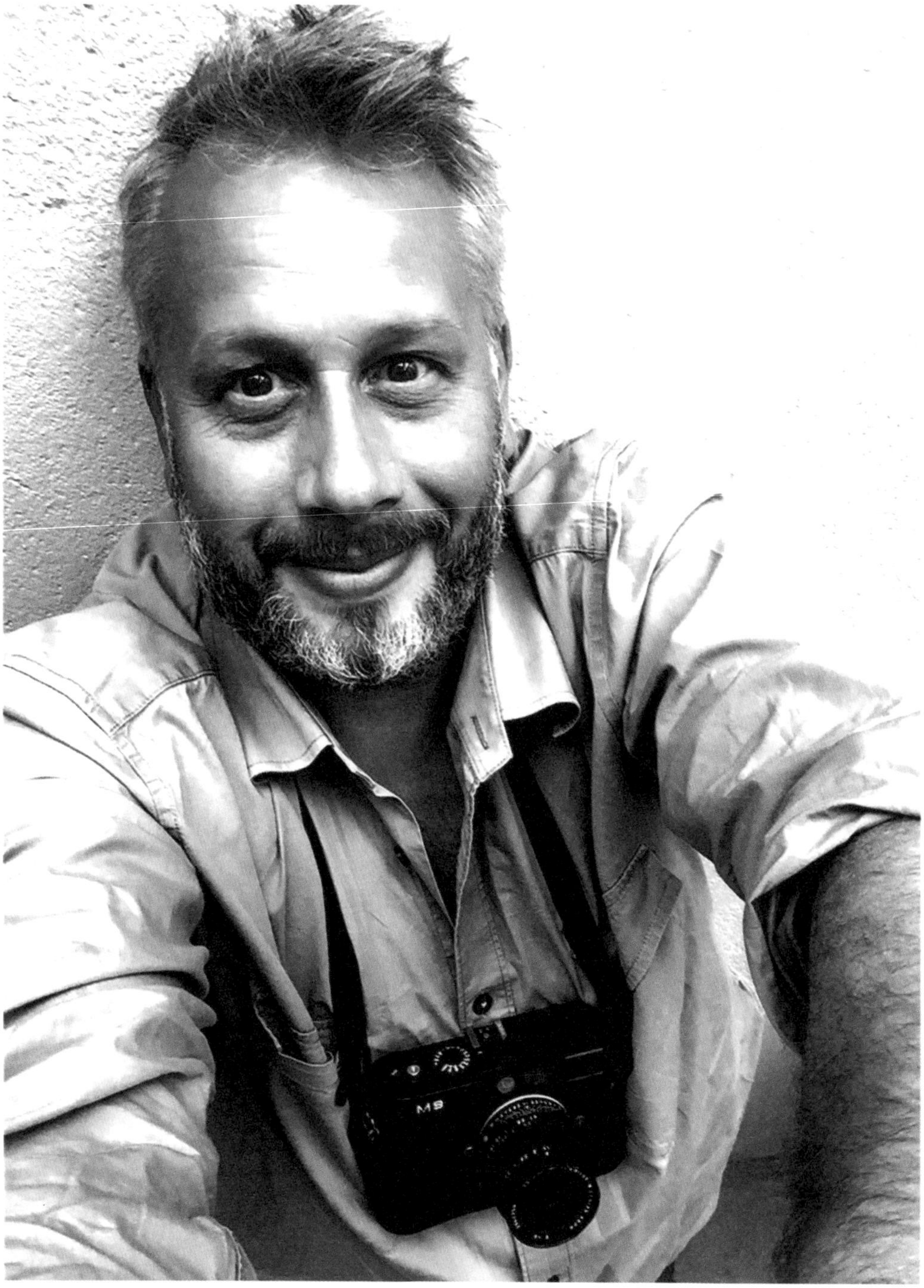
M9

Ce nouveau livre vient en réponse à la question qu'on me pose tous les jours depuis le succès des livres SIMPLISSIME. « On adore la méthode simplissime, bravo pour toutes les super idées qui ont changé notre vie, mais à quand un livre avec des bons petits plats bien de chez nous, des plats qui sentent bon la cuisine française ?
Vous savez ceux qu'on ne trouve plus dans les restaurants. » « Allez, faites-nous un livre avec des recettes cocorico. »
Dans cet ouvrage, pas de saveurs exotiques ou d'idées innovantes, mais des spécialités corses, béarnaises, normandes, parisiennes, provençales, bordelaises, niçoises, lilloises, bourguignonnes, jurassiennes, auvergnates, lorraines, basques, périgourdines, alsaciennes, lyonnaises ou encore bretonnes. Vous verrez à elles seules vos casseroles vont vous faire faire un beau voyage. Et puis, faire sa brioche, préparer un soufflé au fromage ou faire mijoter un bœuf bourguignon ça fait partie des choses qu'il faut savoir faire quand on aime cuisiner.
Pour que cet ouvrage soit vraiment complet, je vous ai redonné des recettes de desserts incontournables déjà publiées comme la crème caramel, la mousse au chocolat, la crème à la vanille et le far breton.
À la fin du livre vous trouverez les recettes de la pâte brisée, de la pâte sablée et de la pâte à brioche, ainsi que ma recette de mayonnaise.
Ce sont des produits que l'on peut acheter quand on est pressés mais qui sont vraiment faciles à réaliser à la maison.
Quant à la pâte à brioche vous pouvez également la commander chez votre boulanger.
À travers ce nouveau livre, je souhaite vous montrer que beaucoup de recettes traditionnelles de la cuisine française peuvent être faciles et rapides à cuisiner.
Les recettes sont toujours aussi simplissimes : 2 à 6 ingrédients maximum présentés en photos, un texte en quelques lignes, il n'y a plus qu'à laisser cuire… c'est prêt !
Je vous souhaite de très beaux moments en cuisine et surtout à table !

MODE D'EMPLOI

Pour ce livre, je pars du principe que vous avez chez vous :
- L'eau courante
- Une cuisinière
- Un réfrigérateur
- Une poêle
- Une cocotte en fonte
- Un couteau (bien aiguisé)
- Une paire de ciseaux
- Du sel et du poivre
- De l'huile

(Si ce n'est pas le cas c'est peut-être le moment d'investir !)

Quels ingrédients sont indispensables ?

- **Les herbes :** Dans ce livre, j'en utilise peu mais les herbes fraîches n'ont pas leur égal, ce sont elles qu'il faut privilégier ! En cas de grosse panne, vous pouvez toujours utiliser la version surgelée ou séchée (mais c'est moins bon).
- **Les légumes et les fruits :** Frais et de saison de préférence, mais n'hésitez pas à vous rabattre sur la version surgelée. Pour les agrumes, je vous conseille de les acheter bio c'est quand même mieux surtout lorsqu'on utilise les zestes
- **Les huiles :** L'huile d'olive – toujours vierge extra, c'est la meilleure –, les huiles de noix ou de noisette peuvent d'1 filet relever un plat et changer l'assaisonnement d'une salade.
- **Les condiments et les conserves :** j'ai toujours de la moutarde forte de Dijon ou de la moutarde en grains de Meaux, des filets d'anchois à l'huile, du concentré de tomates, des cornichons, des câpres et des olives noires et vertes dans mon placard. En un tour de main, ça vous sauve un dîner.
- **Le vin pour cuisiner :** C'est bien d'avoir toujours chez soi du vin pour cuisiner. Du blanc du vin rouge, surtout lorsqu'on fait de la cuisine française. Je vous conseille de ne pas utiliser des grands vins pour faire vos sauces, mais pas de trop mauvais non plus, car ils risquent de donner beaucoup d'acidité à vos plats.

Quels gestes adopter ?

- **Cuisiner au beurre :** Lorsque vous voulez saisir un aliment dans du beurre ajoutez toujours un peu d'huile neutre, ça évitera au beurre de brûler.
- **Cuire au bain-marie :** Cette technique permet de faire fondre ou cuire un aliment sans le brûler. Placez le récipient ou la casserole dans lequel se trouve la préparation dans un autre plus grand contenant de l'eau en ébullition.
- **Mariner (faire) :** Faites macérer un ingrédient dans une préparation aromatique pour la parfumer ou l'attendrir.
- **Monter les blancs d'œufs en neige :** Ajoutez une pincée de sel aux blancs d'œufs et utilisez un fouet électrique en faisant monter progressivement la puissance. Fouettez les blancs toujours dans le même sens pour ne pas les casser.

- **Monter la crème en chantilly :** Pour y parvenir facilement, la crème et le bol doivent être très froids (placez le bol au congélateur quelques minutes juste avant). Utilisez un fouet électrique.
- **Réduire :** Diminuez le niveau d'un jus ou d'un bouillon sur le feu par évaporation – sans couvrir donc – en le maintenant à ébullition. Ce procédé permet de concentrer les saveurs et d'obtenir davantage d'onctuosité.
- **Zester un agrume :** Il existe 2 façons de zester un agrume.

Pour les débutants et pour obtenir un zeste très fin, utilisez une râpe à fromage sur la peau de l'agrume, en passant une seule fois par zone sans atteindre la peau blanche. Pour les pros et pour obtenir des zestes qui ressemblent à des vermicelles, utilisez un zesteur. Mais l'idéal est d'investir dans une râpe « microplane », un zesteur de luxe, que vous trouverez dans toutes les bonnes boutiques d'ustensiles de cuisine.

Quels ustensiles choisir ?

- **Le fouet électrique :** Il est parfait pour monter les blancs en neige ou la crème en chantilly. On peut aussi le remplacer par un fouet à main et de l'huile de coude, mais c'est sportif !
- **Le mixeur plongeant :** Appelé aussi mixeur girafe, il s'utilise pour mixer des préparations liquides (soupes, smoothies, milk-shake…). Très pratique, peu cher, peu encombrant et en plus avec lui peu de vaisselle car il s'utilise directement dans la préparation à mixer sans avoir à la transvaser dans un bol.
- **Le blender :** Plus cher et plus encombrant que le mixeur plongeant mais plus de velouté et d'onctuosité mais aussi plus de vaisselle car il faut transvaser le liquide à mixer dans le bol.
- **Le robot mixeur :** Pour hacher et mixer certains ingrédients, pas besoin d'investir dans un robot cher et énorme, difficile à nettoyer et surtout à ranger. Le mien est tout petit, il tient dans un tiroir et il est très efficace.
- **Le robot pâtissier :** Vous pouvez faire 99 % des recettes sans robot. Mais c'est vrai que pour faire la pâte à brioche c'est plus facile de pétrir dans un robot équipé d'un crochet.

Quel thermostat ?

90°C : th. 3	150°C : th. 5	210°C : th. 7	270°C : th. 9
120°C : th. 4	180°C : th. 6	240°C : th. 8	300°C : th. 10

C'est tout.
Pour le reste, il n'y a qu'à suivre la recette !

CERVELLE DE CANUT

Faisselles
x 4

Ciboulette
1 botte

Croûtons
x 20

Échalotes
x 3

Ail
2 gousses

Crème
2 cuil. à soupe

Sel, poivre

Préparation : 5 min

- Dans un saladier, mélangez les **faisselles**, les **échalotes** et l'**ail** épluchés et hachés, la **ciboulette** coupée finement aux ciseaux et la **crème**.
- Salez, poivrez et dégustez avec les **croûtons**.

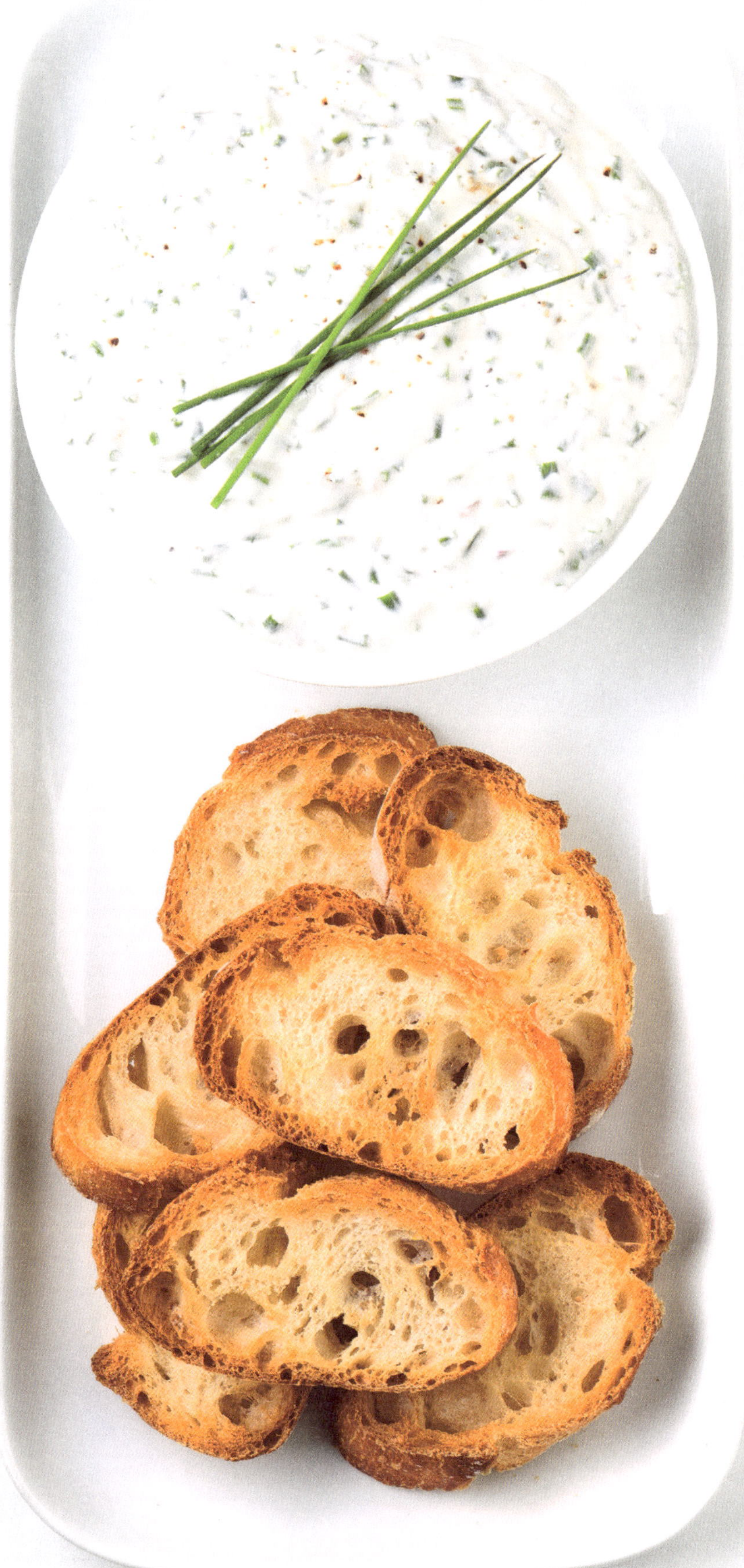

ANCHOÏADE

Anchois à l'huile
30 filets (100 g)

Ail
2 gousses

Batônnets de légumes
(radis, carottes
concombre et céleri)

Câpres
½ cuil. à soupe

Huile d'olive
10 cl

Préparation : 5 min

- Mixez dans un robot les **anchois**, les **câpres** et les gousses d'**ail** épluchées.
- Poivrez puis versez l'**huile d'olive** petit à petit toujours en mixant pour bien lier l'anchoïade.
- Dégustez avec des **légumes crus**.

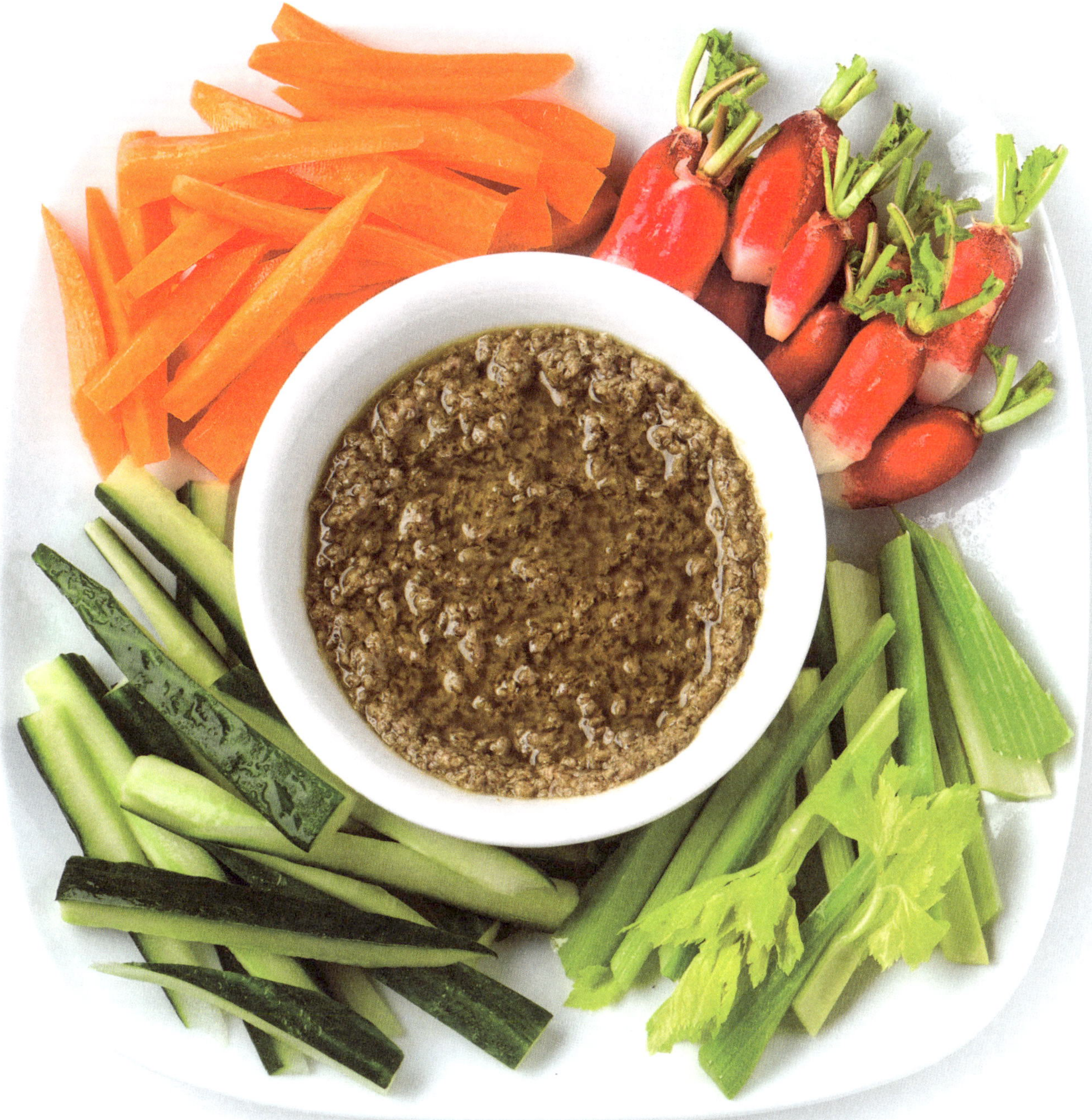

GOUGÈRES

Fromage râpé
100 g

Farine
150 g

Beurre
75 g

Œufs
x 4

1 pincée de sel

👤👤👤👤

Préparation : 15 min
Cuisson : 25 min

- Préchauffez le four à 210°C.
- Faites fondre le **beurre** avec 25 cl d'eau, versez la **farine** en 1 fois et remuez jusqu'à ce que la pâte se détache. Laissez tiédir et incorporez les **œufs** 1 par 1, ajoutez les ¾ du **fromage** et salez.
- Répartissez des boules de pâte sur une plaque couverte de papier cuisson. Parsemez le reste du **fromage** et enfournez 25 min.

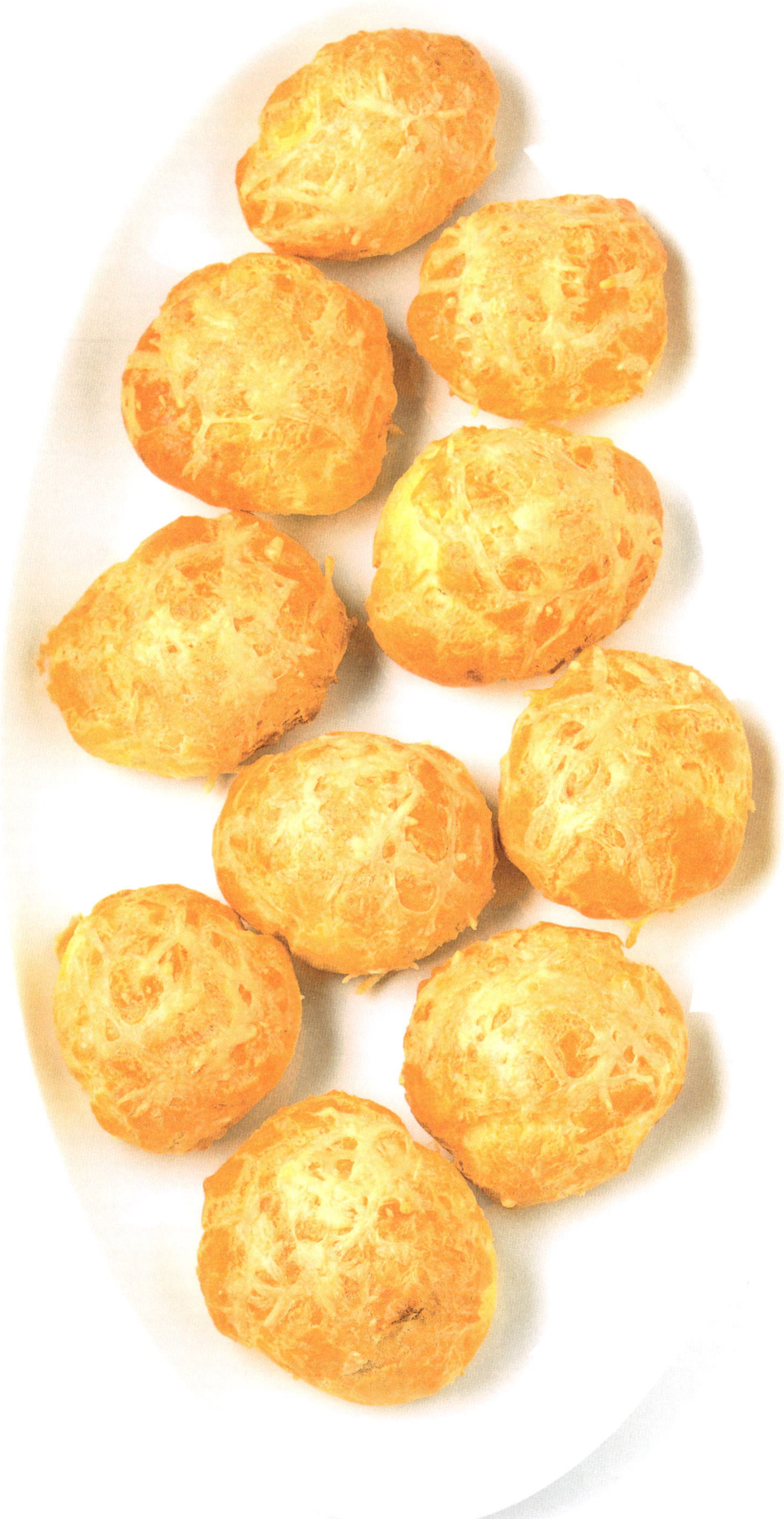

FRITURE D'ÉPERLANS

Éperlans
400 g

Citrons
x 2

Farine
3 cuil. à soupe

Sel, poivre

1 bain de friture

👤👤👤👤

⏱
Préparation : 5 min
Cuisson : 10 min

- Lavez à grande eau les **éperlans** et séchez-les dans un torchon.
- Faites chauffer le **bain de friture**. Farinez les **éperlans** et faites-les frire en plusieurs fois pour qu'ils soient bien dorés et croustillants.
- Salez, poivrez et dégustez avec du jus de **citron** (ou de la mayonnaise – recette p. 373).

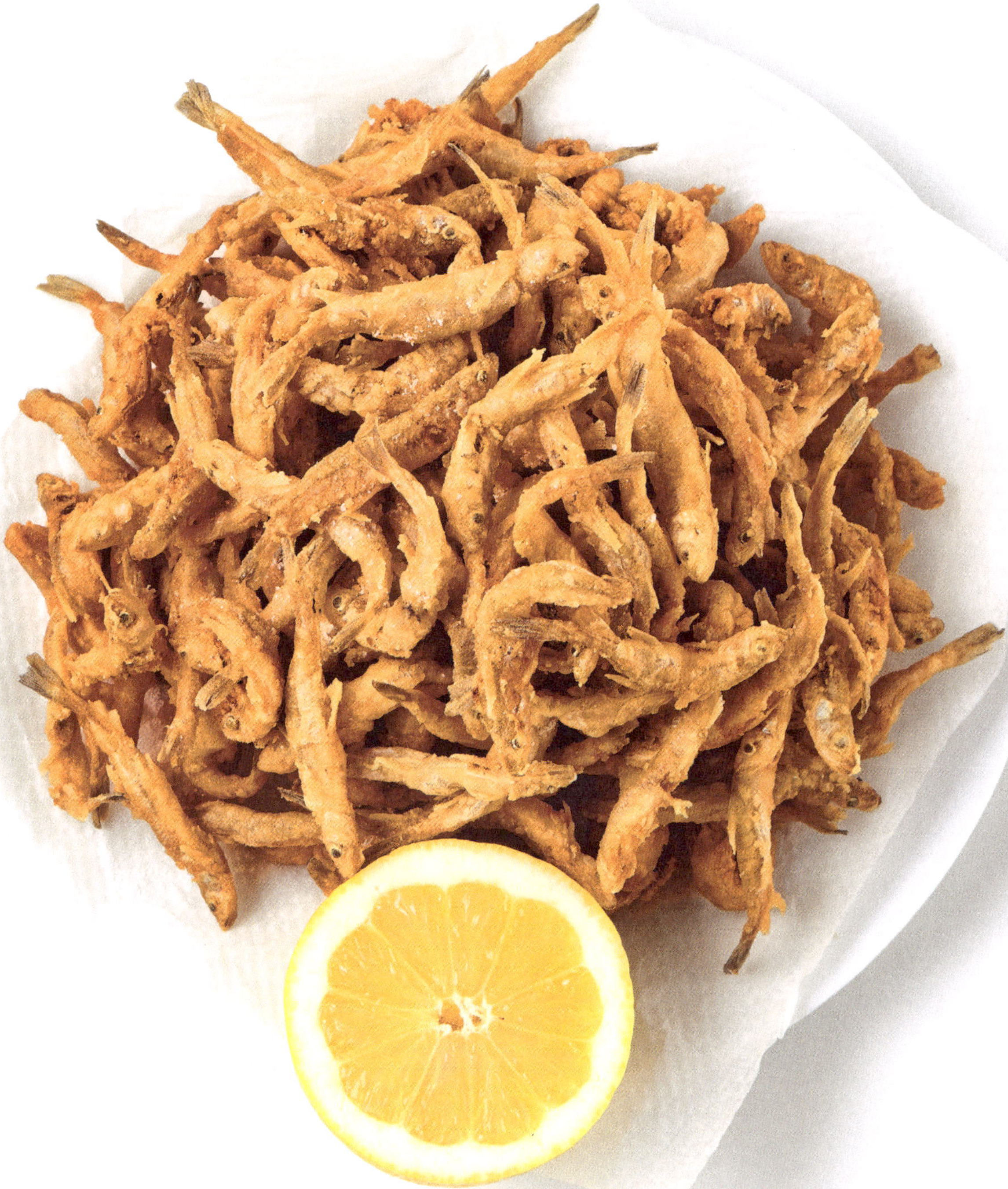

TAPENADE

Olives à la grecque 200 g (dénoyautées)	**Huile d'olive** 15 cl	**Câpres** 100 g
Ail 1 gousse	**Anchois à l'huile** 4 filets	**Croûtons** x 20

Sel, poivre

Préparation : 5 min

- Mixez dans un robot, les **olives**, les **câpres** et les gousses d'**ail** épluchées. Poivrez et salez légèrement puis versez l'**huile d'olive** petit à petit toujours en mixant pour bien lier la tapenade.
- Dégustez avec les **croûtons**.

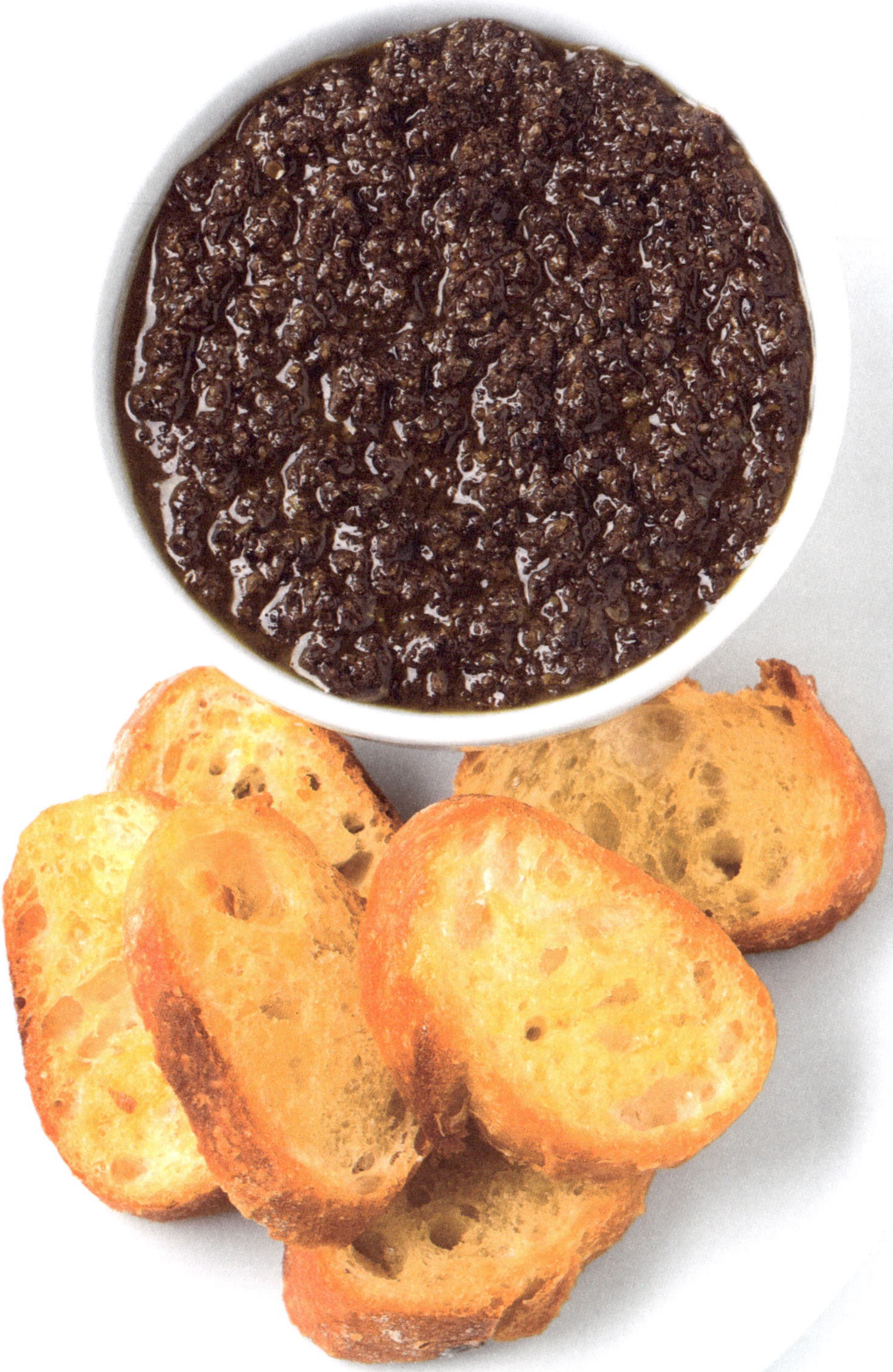

BEIGNETS DE FLEURS DE COURGETTE

Fleurs de courgette
x 12

Farine
125 g

Œuf
x 1

Levure chimique
½ sachet

Lait
15 cl

Sel

1 bain de friture

Préparation : 5 min
Cuisson : 20 min

- Chauffez le **bain de friture**.
- Mélangez la **farine** avec la **levure** dans un saladier, ajoutez l'**œuf** et le **lait** en fouettant.
- Plongez les **fleurs de courgette** dans la pâte à beignets et faites-les frire 3 par 3.
- Salez et dégustez immédiatement.

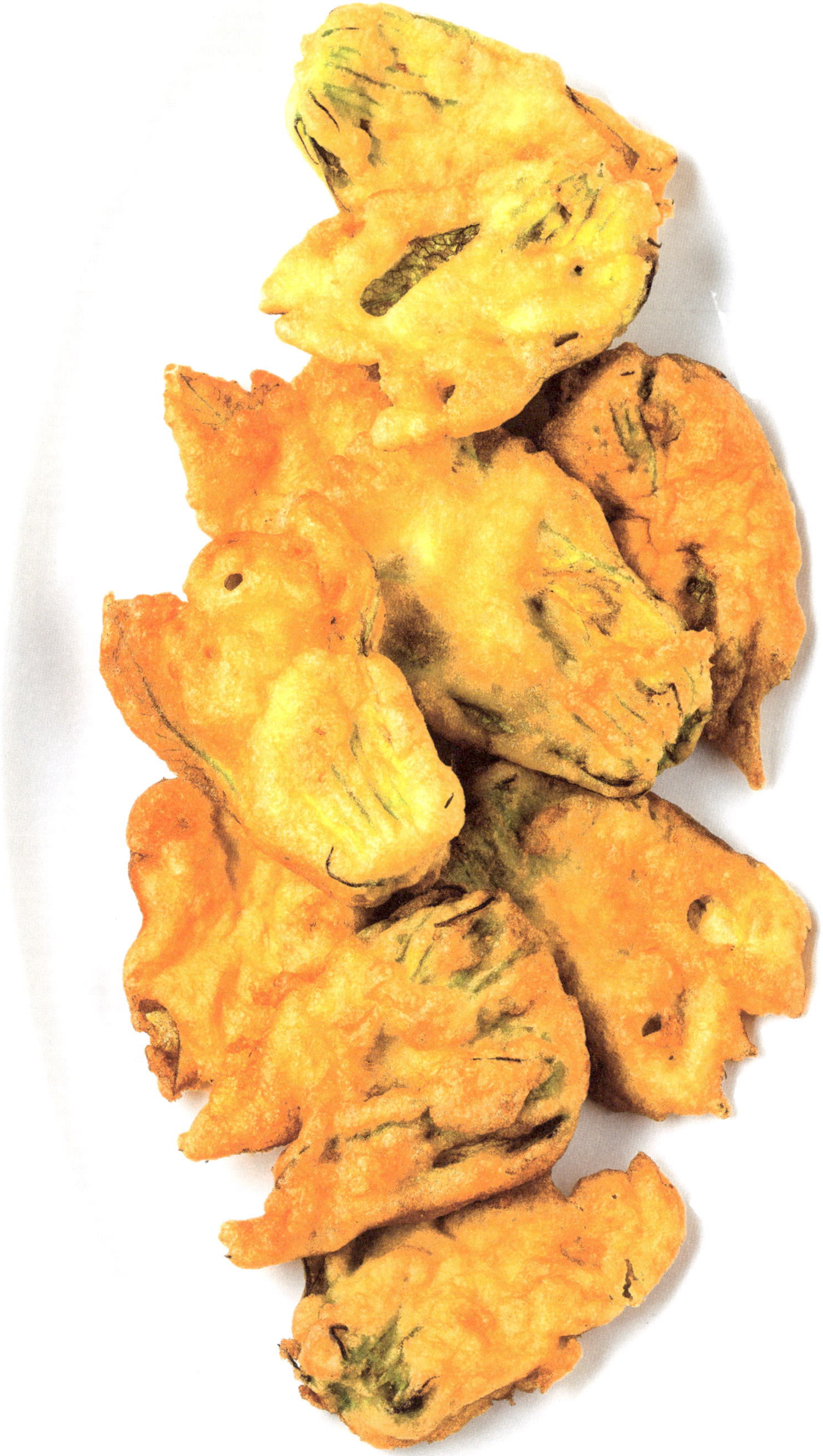

ESCARGOTS DE BOURGOGNE

Escargots en conserve x 48

Beurre 250 g (mou)

Persil plat 2 bottes

Ail 4 gousses

Coquilles x 48

Sel, poivre

Préparation : 20 min
Cuisson : 20 min

- Préchauffez le four à 180°C.
- Mixez le **persil** et l'**ail** épluché. Mélangez ce hachis avec le **beurre** mou, salez, poivrez.
- En poussant avec les doigts, glissez 1 **escargot** et 1 noix de beurre à l'ail dans chaque **coquille**.
- Répartissez les **escargots** dans des plats à escargots ou dans un plat à four.
- Enfournez 20 min et dégustez brûlant.

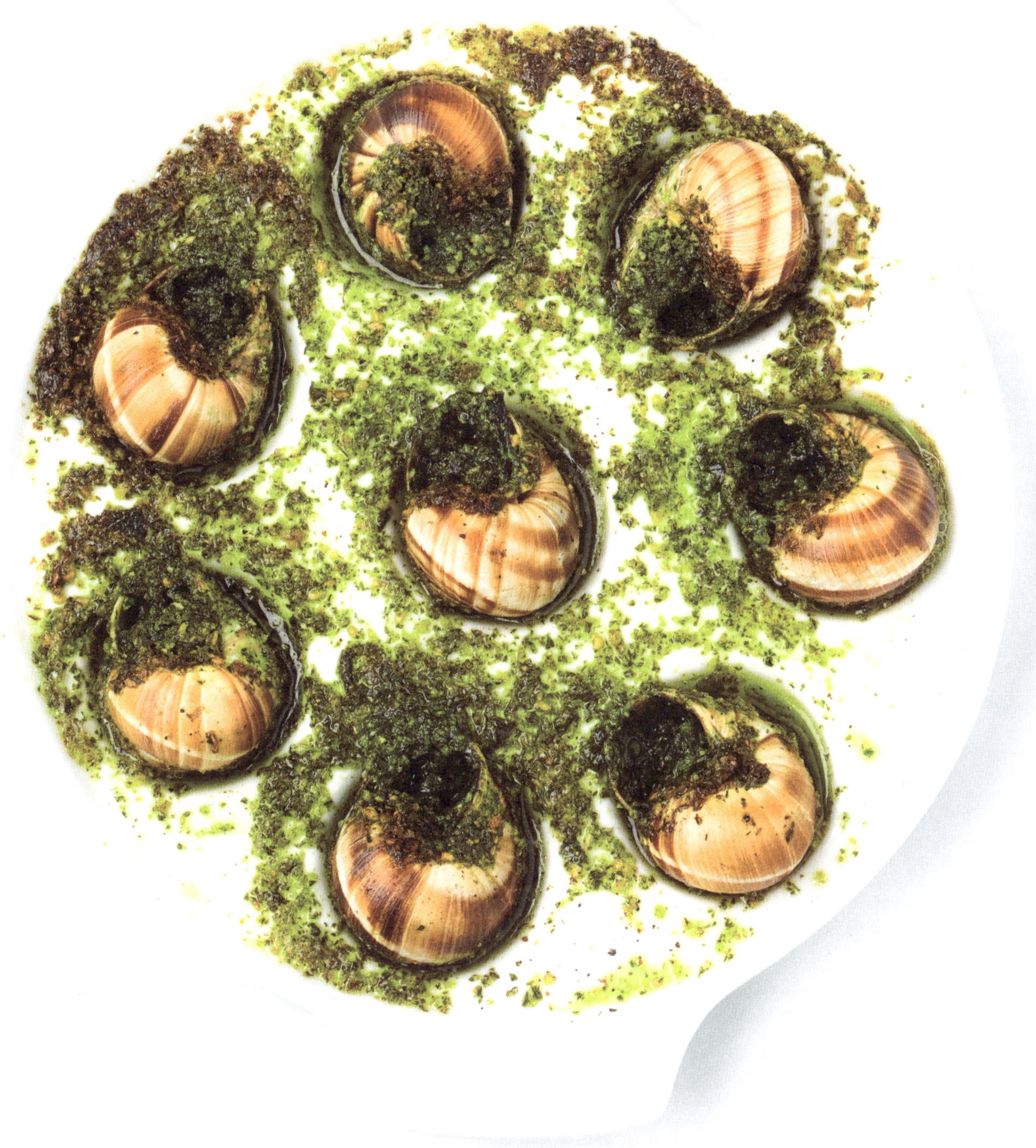

ŒUFS MEURETTE

Œufs
x 8

Lardons
250 g

Échalotes
x 4

Vin rouge
1 bouteille (75 cl)

Beurre
40 g

Sel, poivre

2 cuil. à soupe de vinaigre

Préparation : 5 min
Cuisson : 30 min

- Faites saisir 5 min les **lardons** et les **échalotes** épluchées et émincées avec le **beurre**.
- Ajoutez le **vin rouge** et laissez réduire aux ¾ à feu doux pendant 20 min. Salez, poivrez et gardez au chaud.
- Pochez les **œufs** 5 min dans de l'eau vinaigrée frémissante. Égouttez-les, posez-les dans un plat, nappez-les de sauce au vin et dégustez.

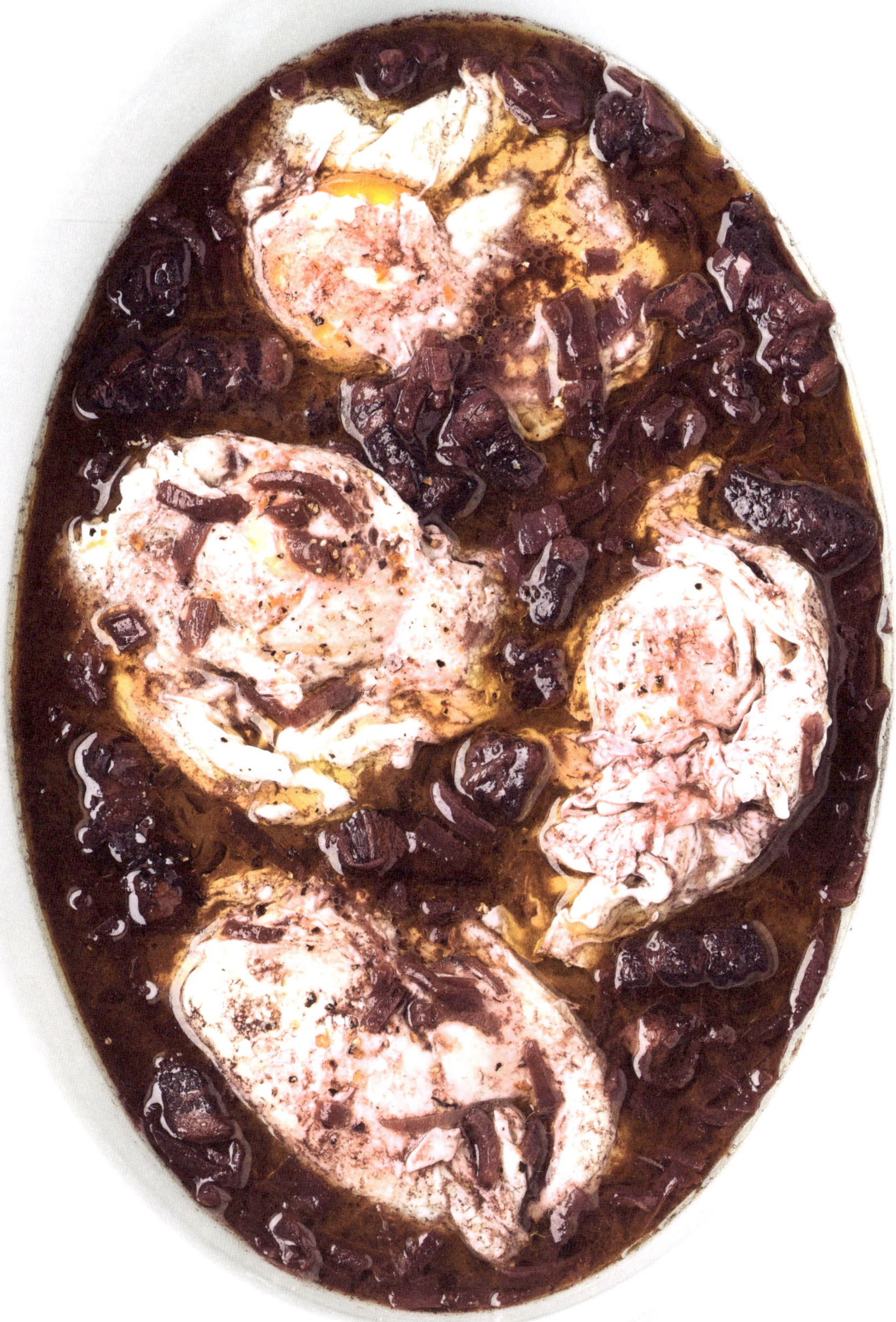

CUISSES DE GRENOUILLE EN PERSILLADE

Cuisses de grenouille
x 12 (fraîches ou surgelées)

Farine
1 cuil. à soupe

Persil plat
1 botte

Beurre
100 g (mou)

Ail
4 gousses

Sel, poivre

1 cuil. à soupe d'huile neutre

Préparation : 10 min
Cuisson : 20 min

- Mixez l'**ail** et le **persil** dans un robot.
- Farinez les **cuisses de grenouille** et faites-les dorer 15 min dans une poêle avec le **beurre** et 1 cuil. à soupe d'**huile**. Ajoutez l'**ail** et le **persil**, laissez cuire 5 min de plus en remuant pour bien envelopper les **cuisses de grenouille**.
- Salez, poivrez et dégustez immédiatement.

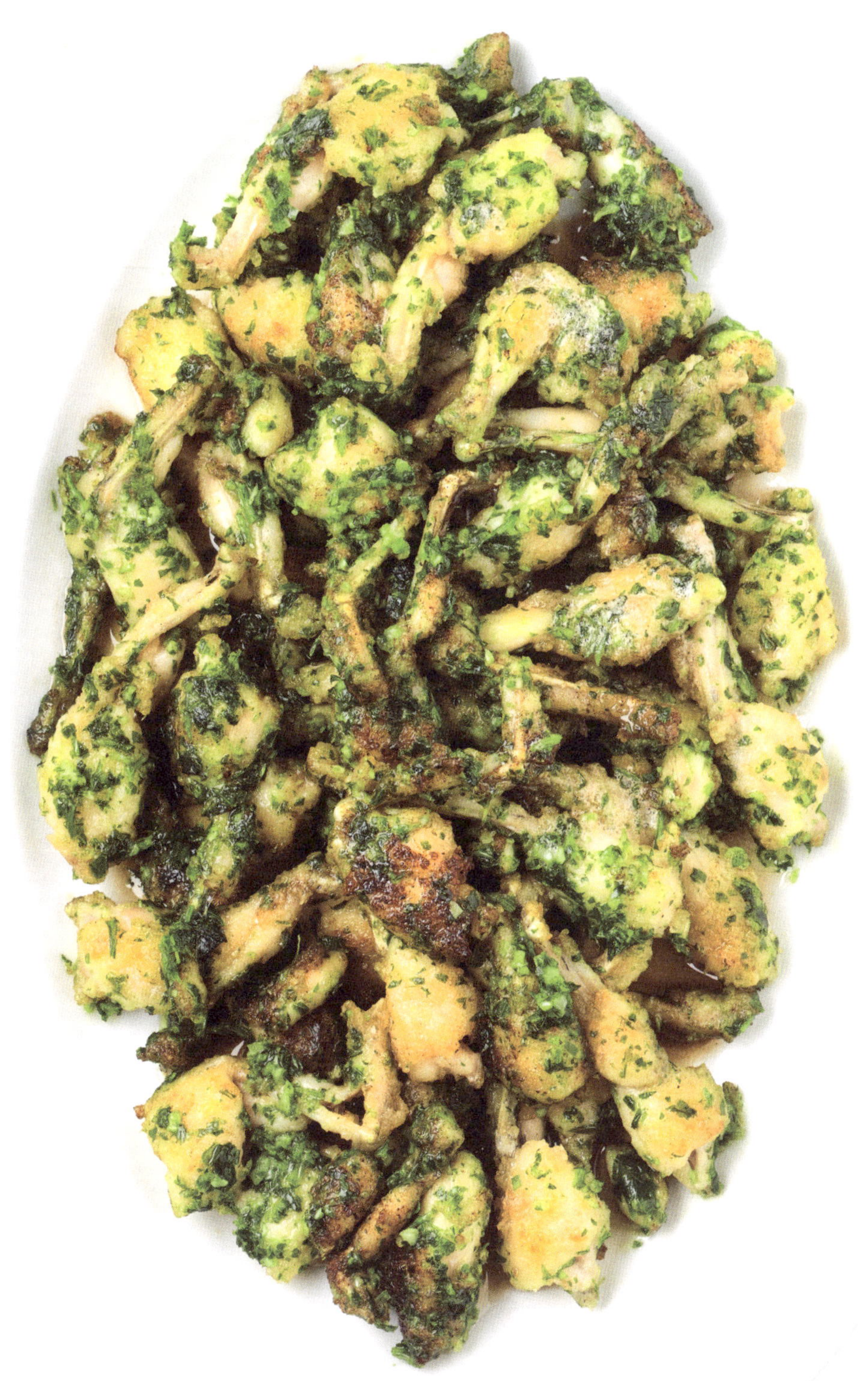

HUÎTRES À LA SAUCISSE

Huîtres
x 24 (grosses)

Chair à saucisse
500 g

Crépine
250 g

Citrons
x 2

Poivre

👥👥👥👥

⏱ Préparation : 15 min
Cuisson : 15 min

- Préchauffez le four à 180°C. Enfournez les **huîtres** 5 min pour les ouvrir et mettez-les au frais.
- Divisez la **chair à saucisse** en 24 portions et enveloppez-les de **crépine** pour former 24 paquets. Enfournez-les 15 min.
- Répartissez-les tièdes sur les **huîtres**, poivrez et dégustez avec du **citron**.

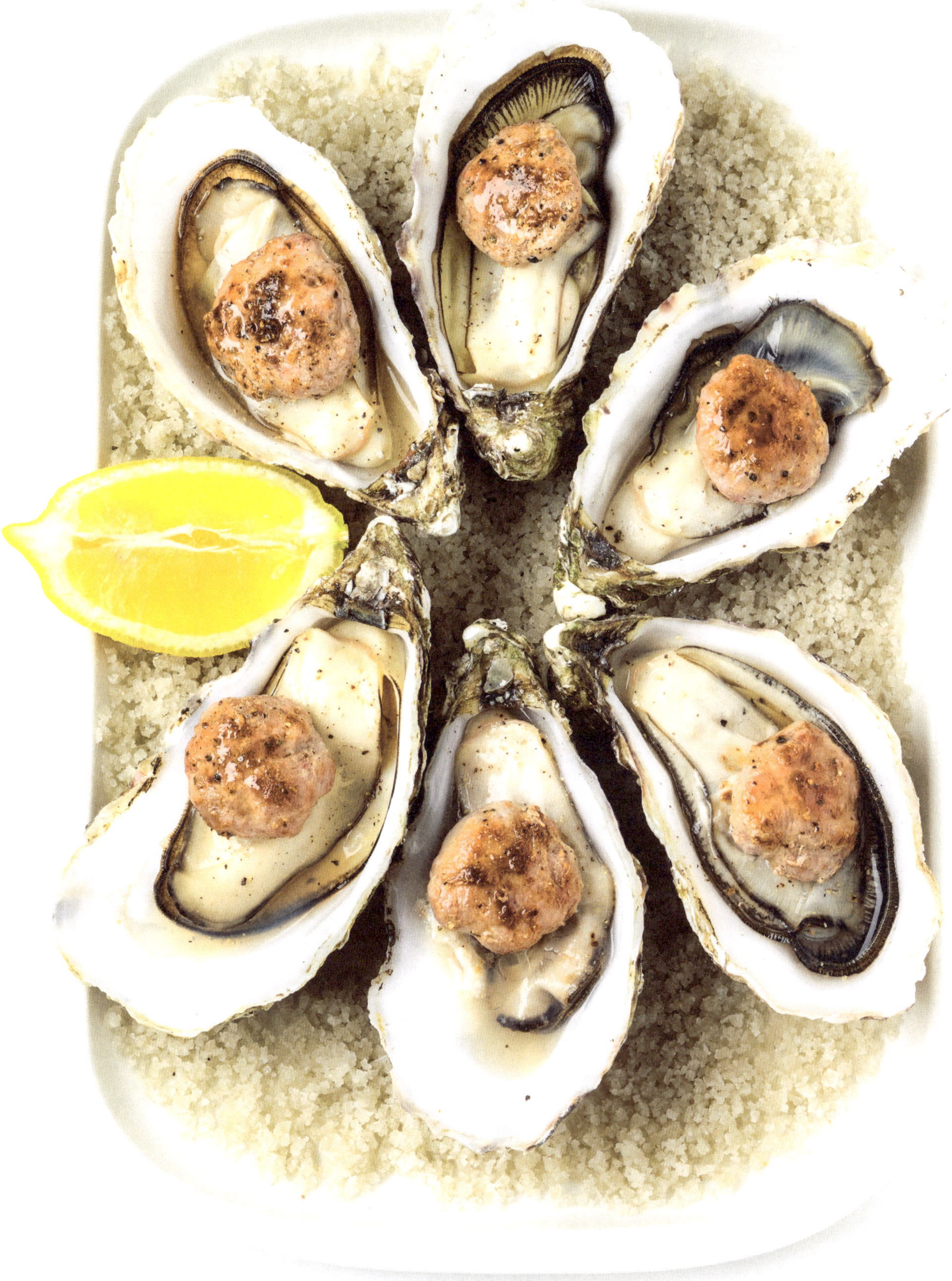

MARINIÈRE DE COQUILLAGES

Mélange de coquillages
1,5 kg (nettoyés)

Vin blanc
½ bouteille (37,5 cl)

Bouquets garnis
x 2

Beurre
50 g

Échalotes
x 2

Poivre

Préparation : 10 min
Cuisson : 15 min

• 10 min avant de déguster, faites saisir les **échalotes** épluchées et émincées 3 min sans coloration avec le **beurre** dans une grande casserole. Ajoutez les **coquillages**, le **vin blanc** et les **bouquets garnis**. Laissez cuire 10 min en remuant. Lorsque les **coquillages** sont ouverts, ils sont cuits.

• Poivrez, mélangez et dégustez immédiatement.

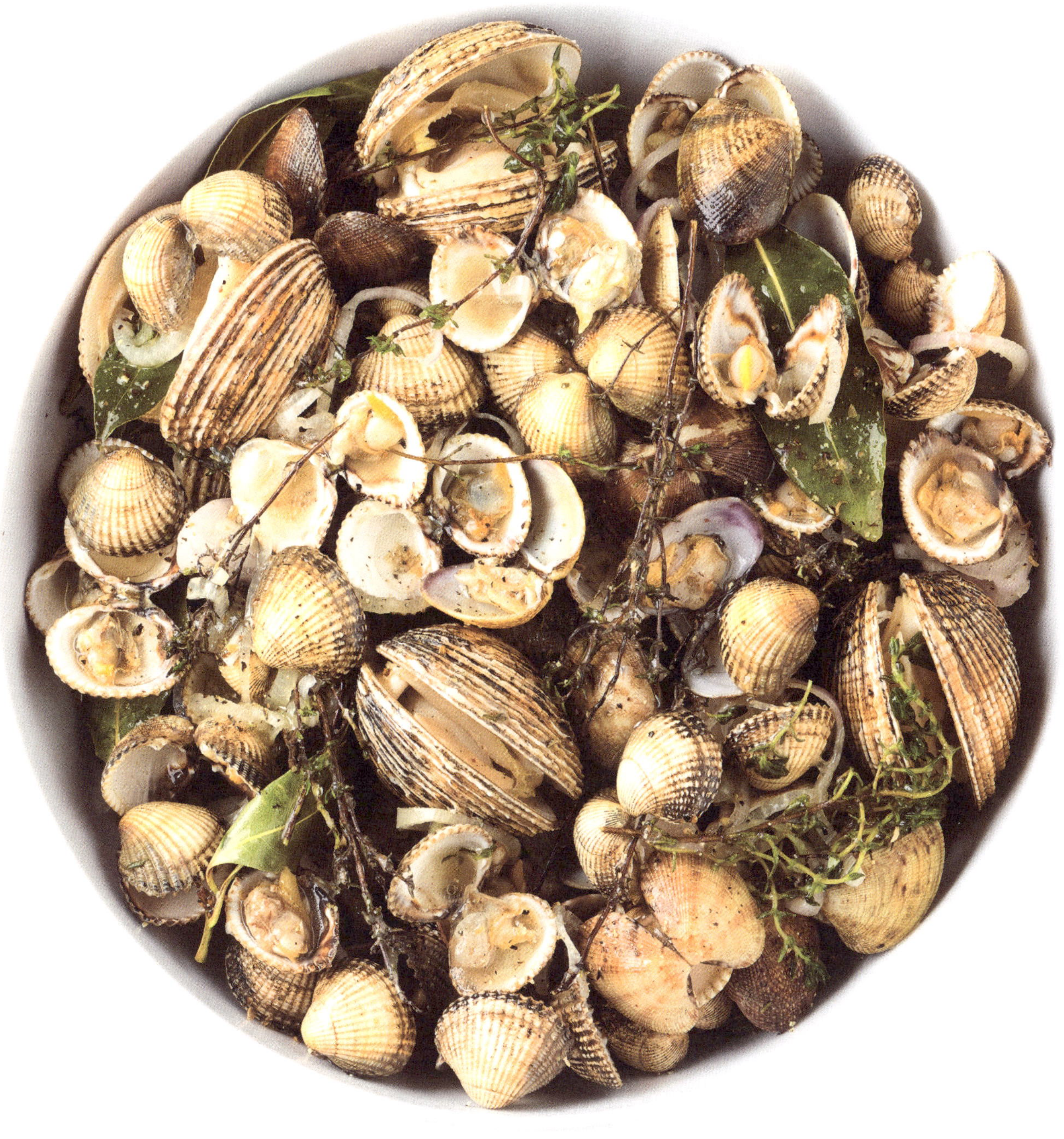

HUÎTRES CHAUDES AU BEURRE BLANC

Huîtres
x 12

Pousses d'épinards
100 g

Beurre
125 g

Vin blanc
20 cl

Échalote
x 1

1 cuil. à soupe d'huile neutre

Préparation : 10 min
Cuisson : 20 min

- Enfournez les **huîtres** 5 min à 180°C, ouvrez-les, détachez-les et égouttez-les.
- Poêlez 5 min les **épinards** avec 20 g de **beurre** et 1 cuil. à soupe d'**huile**. Répartissez-les dans les coquilles avec les **huîtres**.
- Faites réduire aux ¾ le **vin** et l'**échalote** émincée. Ajoutez hors du feu le **beurre** en morceaux en fouettant. Nappez et dégustez.

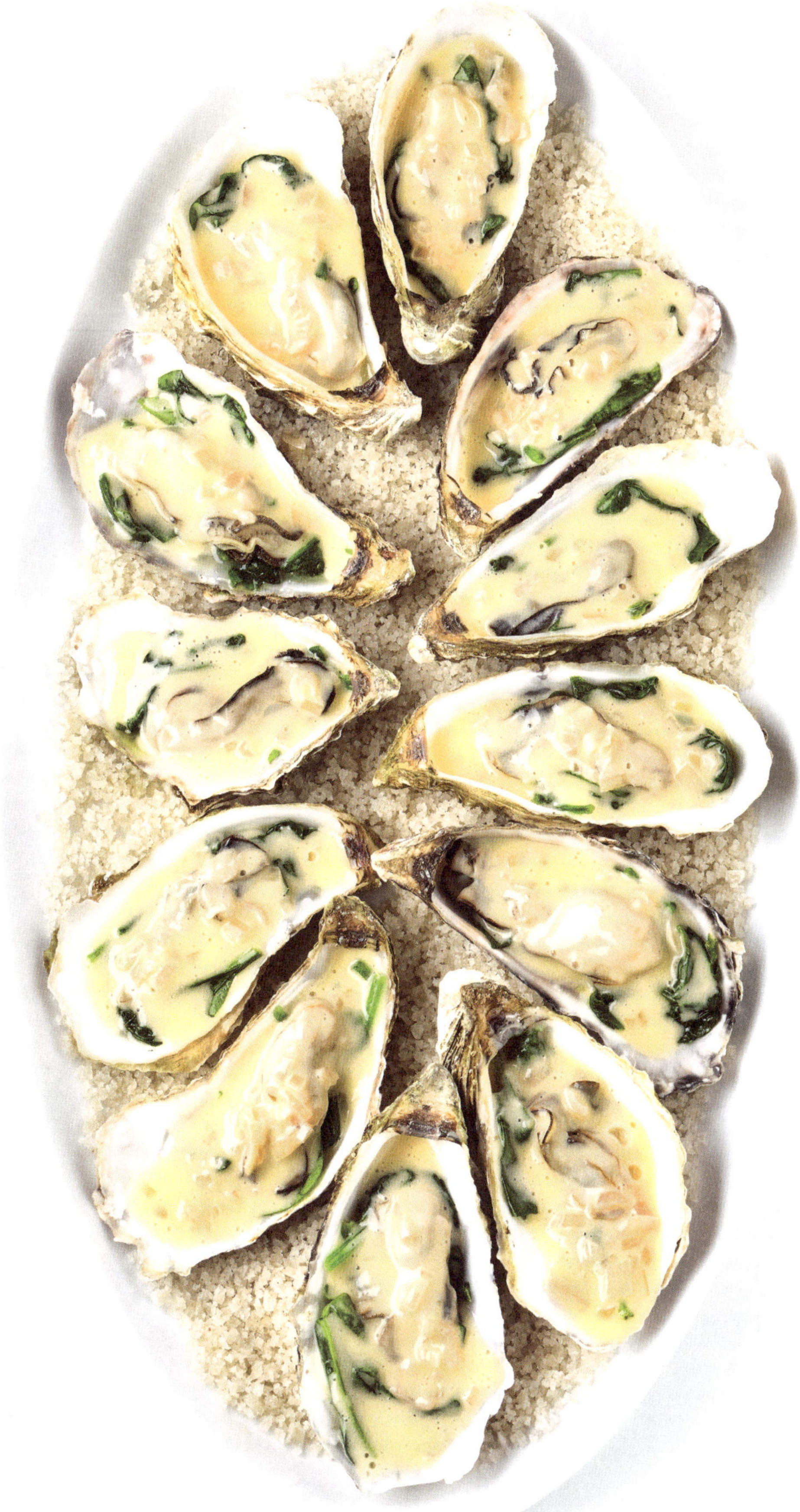

OMELETTE AUX MOUSSERONS

Œufs
x 6

Mousserons
400 g

Beurre
40 g

Sel, poivre

1 cuil. à soupe d'huile neutre

Préparation : 5 min
Cuisson : 15 min

- Lavez et séchez les **mousserons**.
- Battez les **œufs**, salez, poivrez.
- Faites saisir les **mousserons** 5 min à feu vif dans une poêle avec le **beurre** et 1 cuil. à soupe d'**huile**. Ajoutez les **œufs**, laissez cuire 6 à 8 min à feu vif en ramenant le côté de l'omelette vers le centre avec une spatule.
- Dégustez immédiatement.

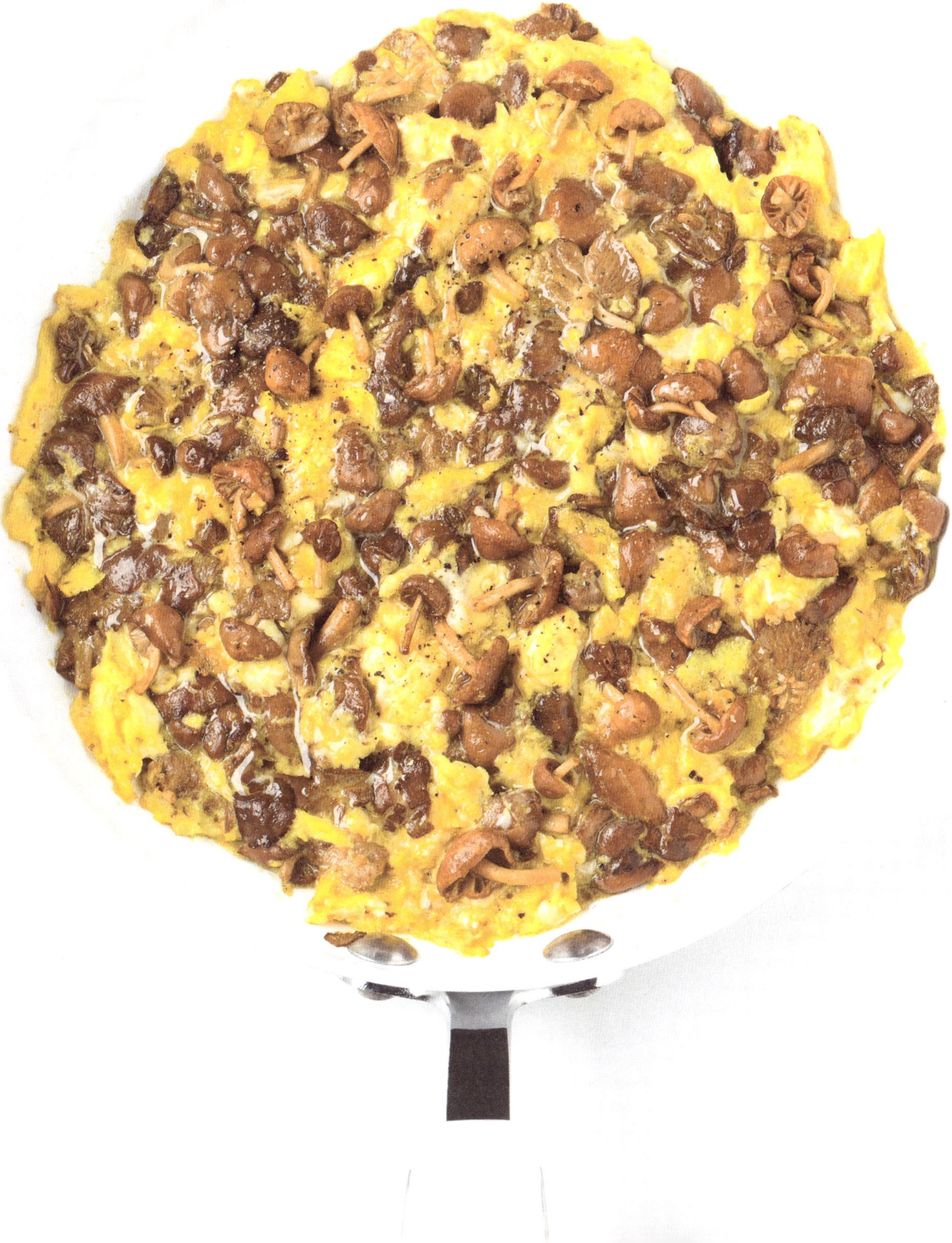

SOUFFLÉ AU FROMAGE

Fromage râpé
150 g

Œufs
x 4 (séparés)

Lait
40 cl

Farine
60 g

Beurre
60 g

Sel, poivre

Préparation : 15 min
Cuisson : 35 min

- Préchauffez le four à 180°C.
- Dans une casserole, faites fondre le **beurre**, ajoutez la **farine**, mélangez puis ajoutez le **lait**, faites cuire 1 min en fouettant. Ajoutez les **jaunes d'œufs** et le **fromage**, mélangez. Montez les **blancs** en neige, incorporez-les au mélange puis versez dans un moule haut beurré.
- Enfournez 30 min et dégustez immédiatement.

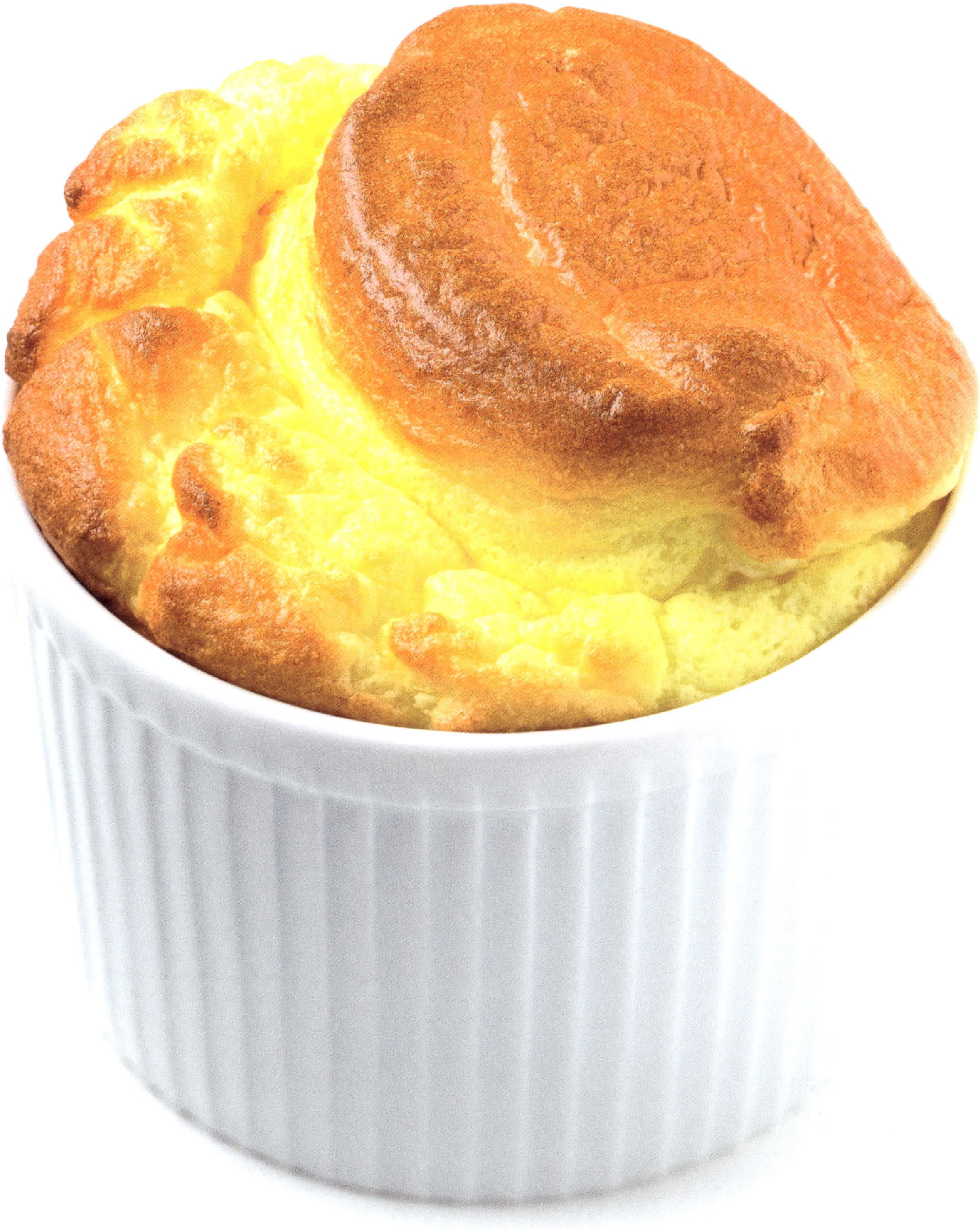

VOL-AU-VENT DE RIS DE VEAU

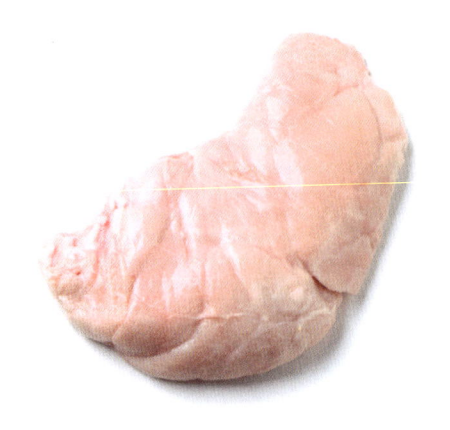

Ris de veau
x 2 (500 g au total)

Crème liquide
50 cl

Vol-au-vent
x 4

Champignons de Paris
200 g

Beurre
30 g

Sel, poivre

Préparation : 15 min
Cuisson : 20 min

- Ébouillantez les **ris de veau** 10 min. Laissez-les refroidir et taillez-les en cubes. Faites colorer les **champignons** émincés dans une poêle avec le **beurre**. Ajoutez les **ris** et la **crème**, laissez cuire 20 min à feu doux. Salez, poivrez.
- Préchauffez le four à 180°C.
- Enfournez les **vol-au-vent** 5 min. Garnissez-les avec la préparation et dégustez.

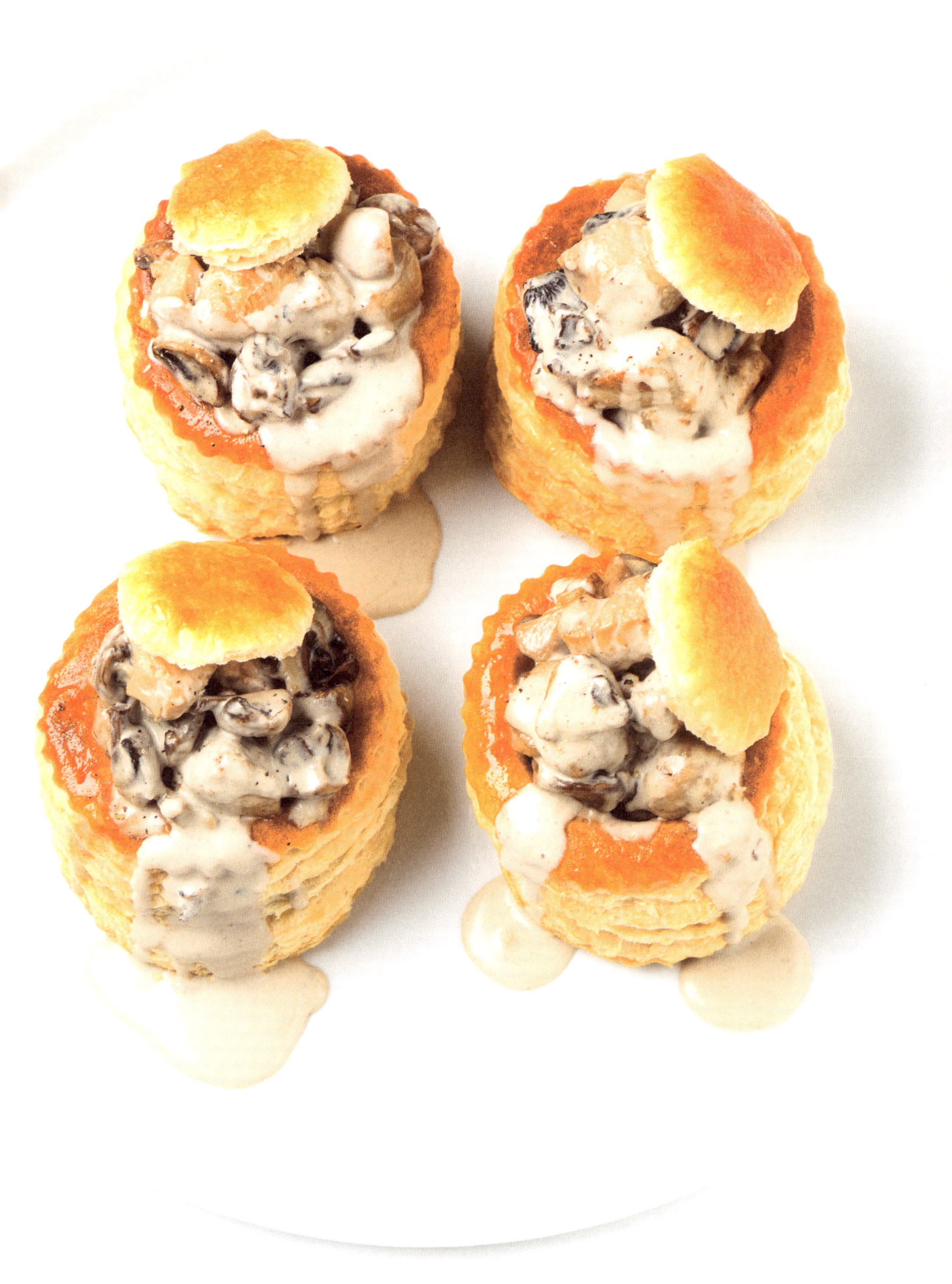

SAUCISSON BRIOCHÉ

Saucisson à cuire
x 1 (environ 400 g, pistaché)

Pâte à brioche
650 g (recette p. 372)

Œuf
1 jaune

Beurre pour le moule

👤 : 4 à 6

Préparation : 15 min
Cuisson : 1 h 15

- Faites cuire le **saucisson** 45 min à l'eau bouillante et retirez la peau.
- Préchauffez le four à 170°C.
- Étalez la **pâte à brioche**. Posez le **saucisson** au centre, repliez la **pâte**, rabattez les bords et mettez l'ensemble dans un moule à cake beurré.
- Badigeonnez de **jaune d'œuf** et enfournez 30 min. Dégustez chaud en tranches épaisses.

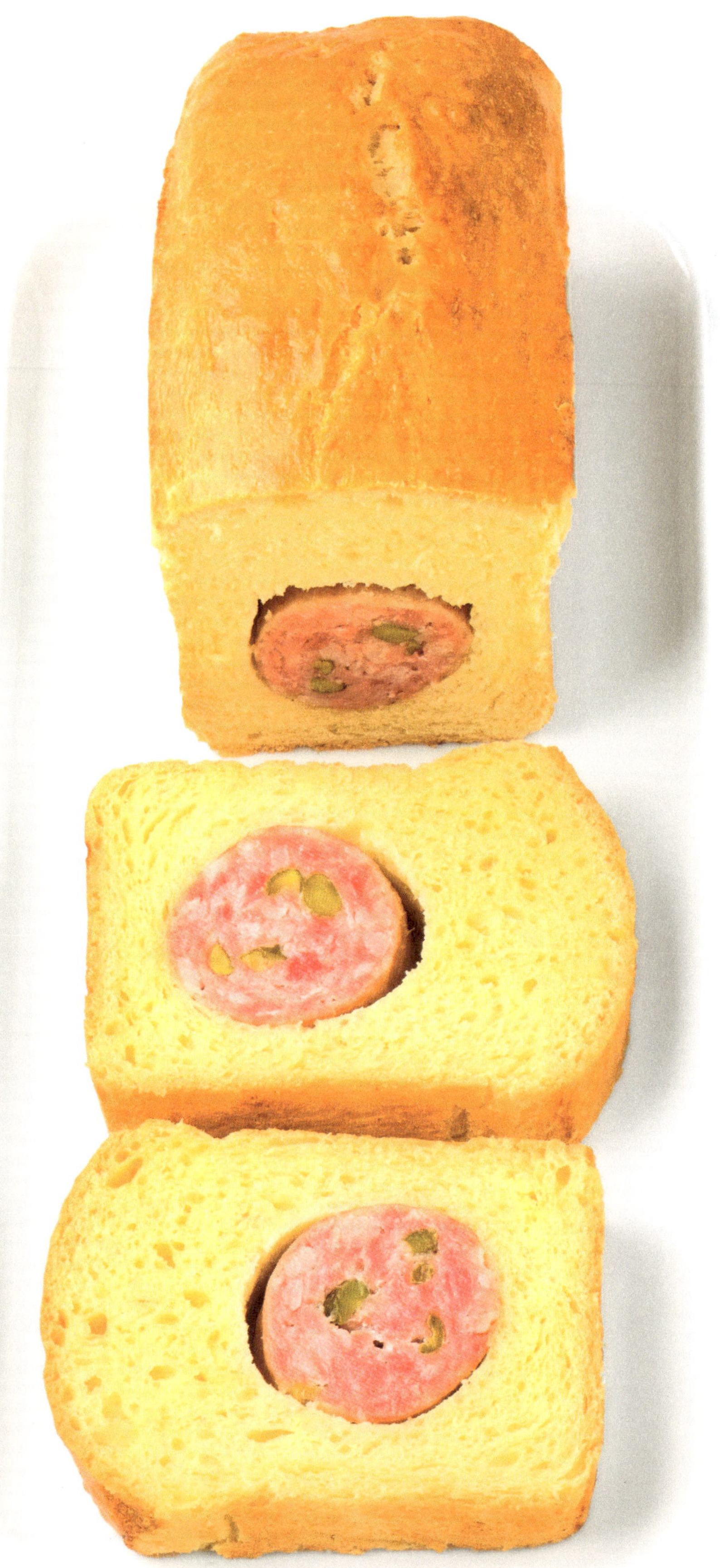

LE VRAI JAMBON PERSILLÉ

Palette
x 1,5 kg (demi-sel)

Persil plat
2 bottes

Gélatine
9 feuilles

Vin blanc sec
½ bouteille (37,5 cl)

Ail
4 gousses

Poivre

: 4 à 6

Préparation : 15 min
Cuisson : 2 h
Dessalage : 12 h
Attente : 12 h

- Faites dessaler la **palette** 12 h dans de l'eau. Faites-la cuire 2 h à couvert avec le **vin** et ½ l d'eau.
- Hachez l'**ail** et le **persil**. Faites ramollir la **gélatine** dans un bol d'eau froide puis diluez-la dans 50 cl de **bouillon** de cuisson tiède. Mélangez le **bouillon**, la **palette** en cubes et la persillade. Versez dans une terrine tapissée de papier film.
- Réservez 12 h au frais et dégustez.

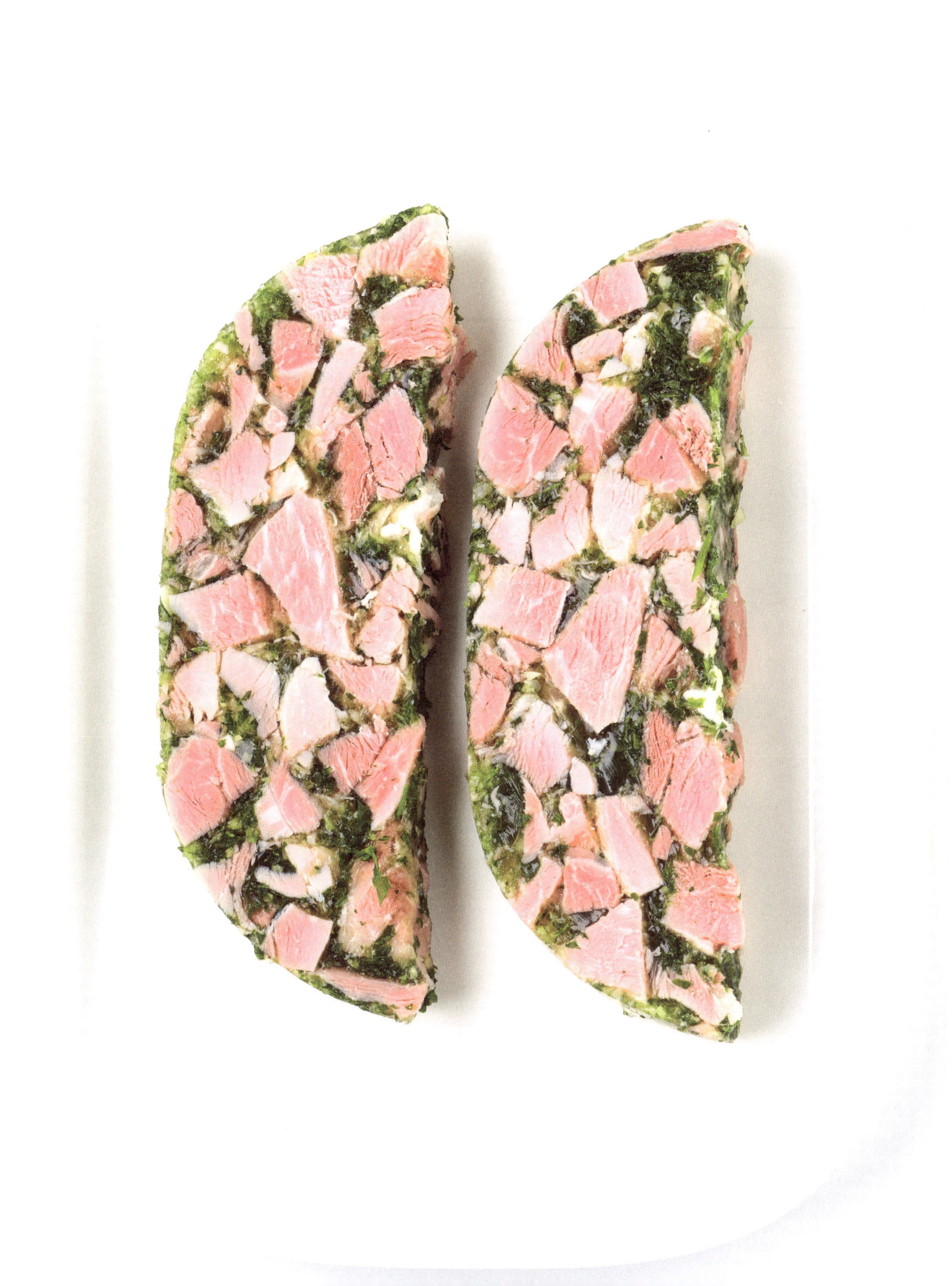

FOIE GRAS TRADITIONNEL

Foie gras cru
1 lobe (déveiné)

Cognac
2 cuil. à soupe

Sel, poivre

Préparation : 5 min
Attente : 1 h
Cuisson : 20 min
Réfrigération : 12 h

- Préchauffez le four à 180°C.
- Découpez le **foie gras** en 2, ajoutez le **cognac**, salez, poivrez et laissez mariner 1h à température ambiante.
- Déposez le **foie gras** mariné dans une terrine, tassez bien et enfournez au bain-marie 25 min.
- Réservez 12 h au frais et dégustez avec 1 tour de moulin à poivre et de la fleur de sel.

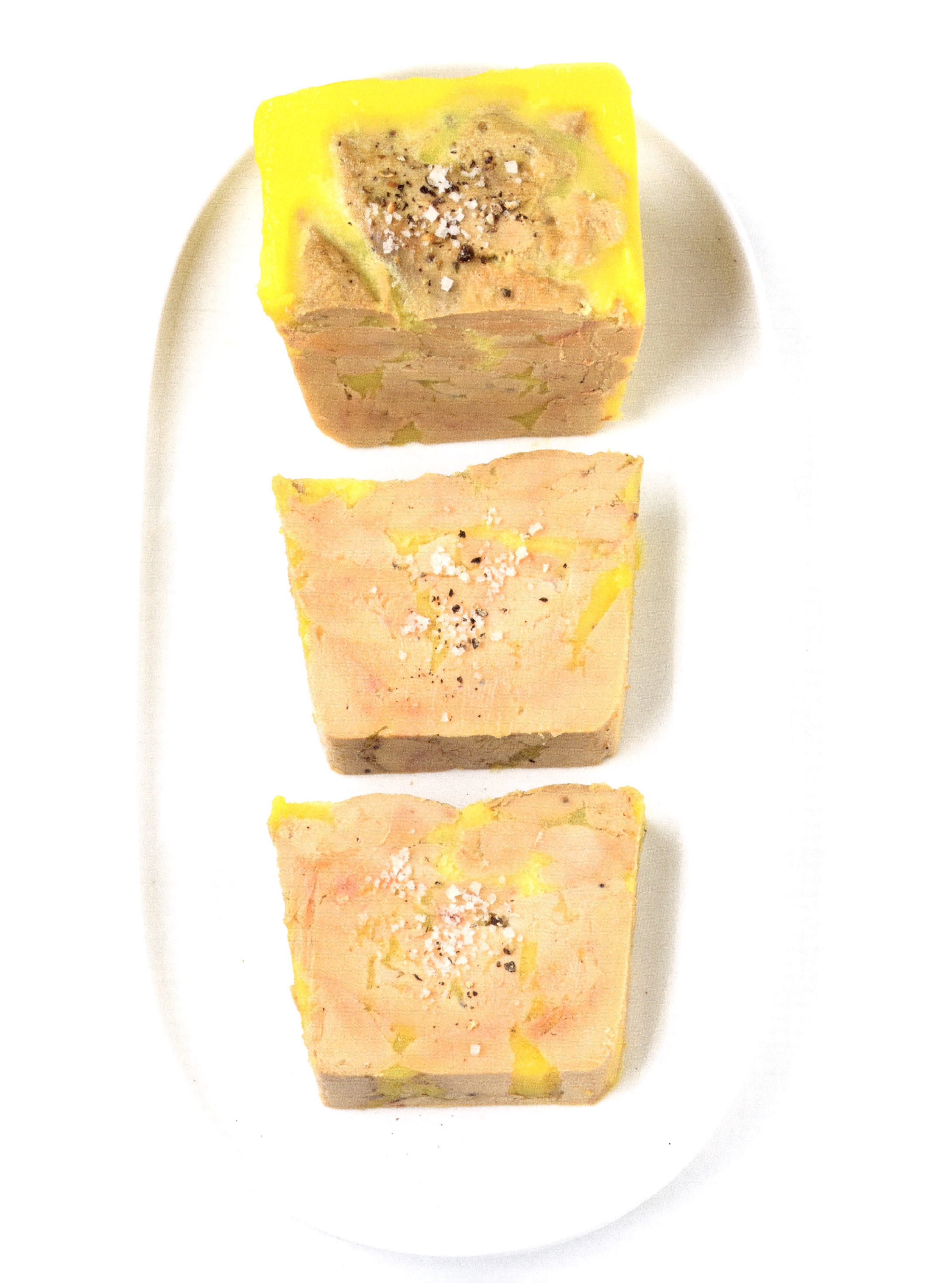

PÂTÉ LORRAIN

Échine de porc — 300 g

Persil plat — 1 botte

Noix de veau — 300 g

Pâte feuilletée — x 1

Échalotes — x 2

Vin blanc — 10 cl

Sel, poivre

Préparation : 15 min
Marinade : 12 h
Cuisson : 1 h
Réfrigération : 4 h

- Faites mariner 12 h les **viandes** en petits cubes avec le **vin blanc** et les **échalotes** émincées.
- Préchauffez le four à 180°C.
- Égouttez les **viandes** et les **échalotes** et mélangez-les avec le **persil** haché, salez, poivrez.
- Placez la farce au centre de la **pâte**, rabattez les bords et serrez. Faites 2 cheminées et enfournez 1 h.
- Laissez refroidir 4 h et dégustez.

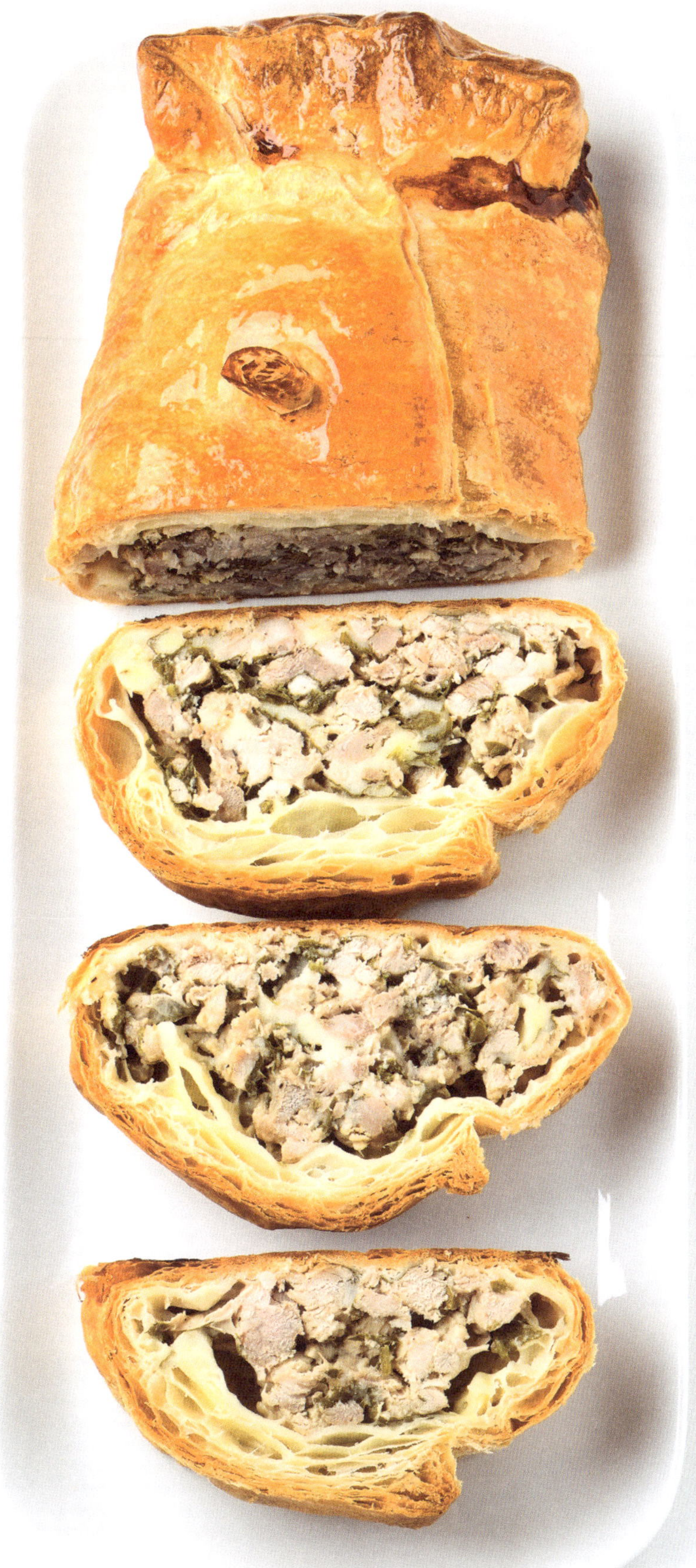

PÂTÉ DE CAMPAGNE

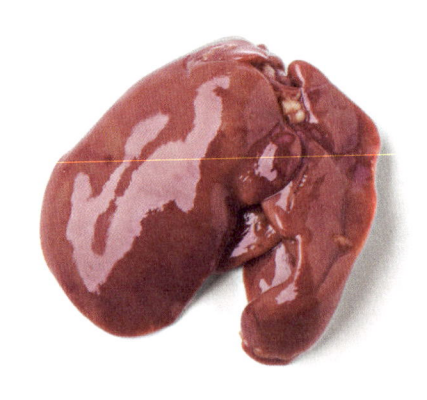

Foies de volaille
500 g

Chair à saucisse
400 g

Crépine
60 g

Œuf
x 1

Thym
1 cuil. à soupe (frais ou séché)

Sel, poivre

: 4 à 5

Préparation : 10 min
Cuisson : 45 min
Réfrigération : 12 h

- Préchauffez le four à 180°C.
- Découpez les **foies** en petits cubes et mélangez-les avec la **chair à saucisse**, le **thym** et l'**œuf**. Salez, poivrez.
- Tapissez une terrine avec la **crépine**, ajoutez la farce, rabattez la **crépine**, tassez bien et enfournez 45 min.
- Laissez refroidir 12 h au frais et dégustez.

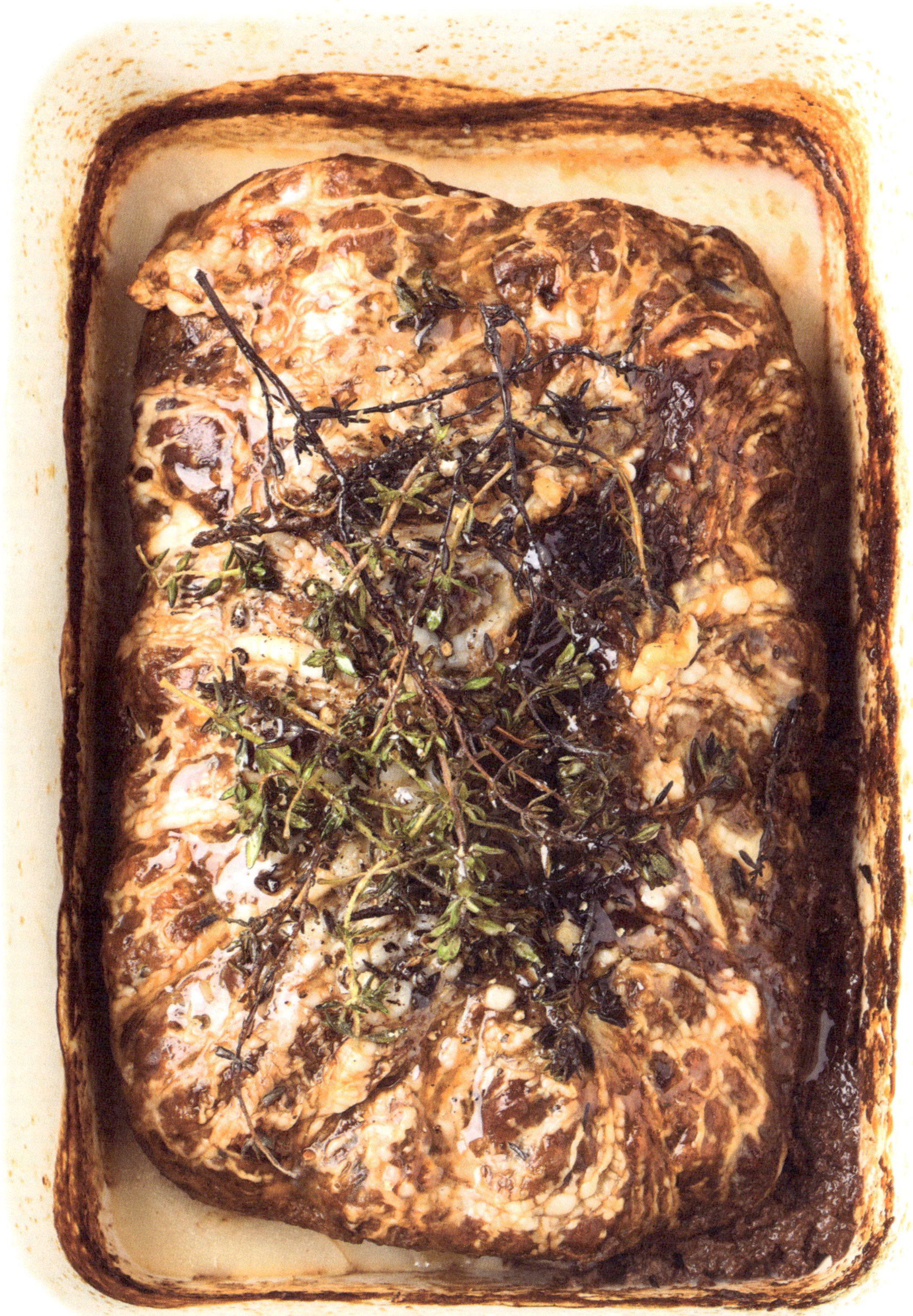

PÂTÉ BERRICHON

Chair de veau
400 g

Pâtes brisées
x 2 (ou pâte maison p. 370)

Chair à saucisse
200 g

Œufs
x 5

Persil plat
1 botte

Ail
4 gousses

Sel, poivre

: 4 à 6

Préparation : 15 min
Cuisson : 1 h 10
Attente : 12 h

- Préchauffez le four à 180°C.
- Ébouillantez les **œufs** 10 min et épluchez-les.
- Hachez l'**ail** et le **persil** et mélangez-les avec la **viande**. Salez, poivrez. Superposez les 2 **pâtes** et répartissez la moitié de la farce au centre, ajoutez les **œufs** durs puis le reste de la farce. Rabattez les bords et les côtés en serrant.
- Enfournez 1 h. Laissez refroidir 12 h et dégustez.

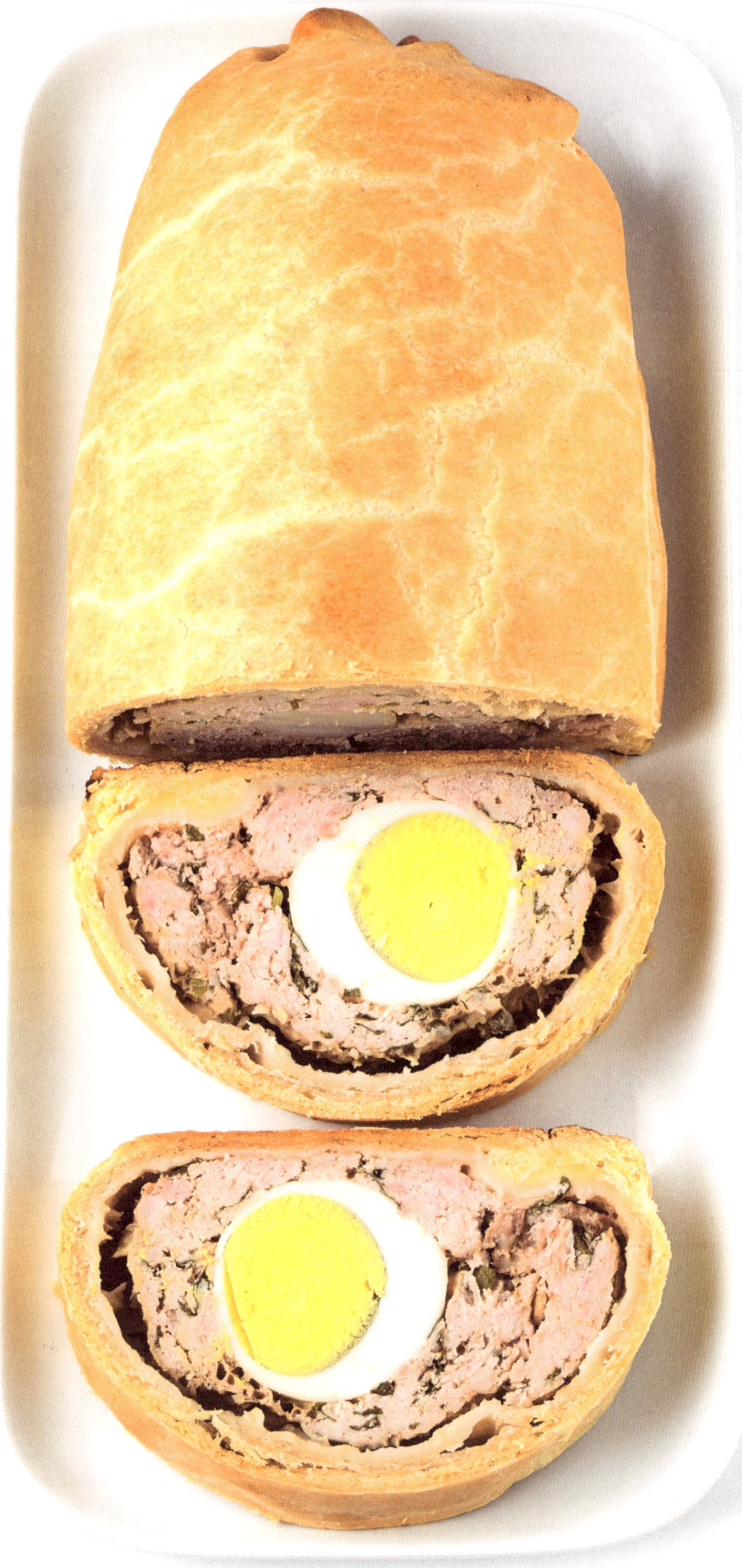

PÂTÉ DU LIMOUSIN

Pâtes feuilletées
x 2

Chair à saucisse
600 g

Crème liquide
40 cl

Œufs
x 3

Persil plat
1 botte

Pommes de terre
400 g

Sel, poivre

Préparation : 15 min
Cuisson : 55 min

- Préchauffez le four à 180°C.
- Faites cuire 10 min les **pommes de terre** en lamelles avec la **crème**, salez, poivrez et laissez refroidir. Mélangez la **chair à saucisse** avec l'**ail** et le **persil** hachés. Répartissez les **pommes de terre** et la **chair à saucisse** au centre d'1 **pâte**. Recouvrez avec la 2e **pâte** et roulez les bords.
- Enfournez 45 min, laissez refroidir et dégustez.

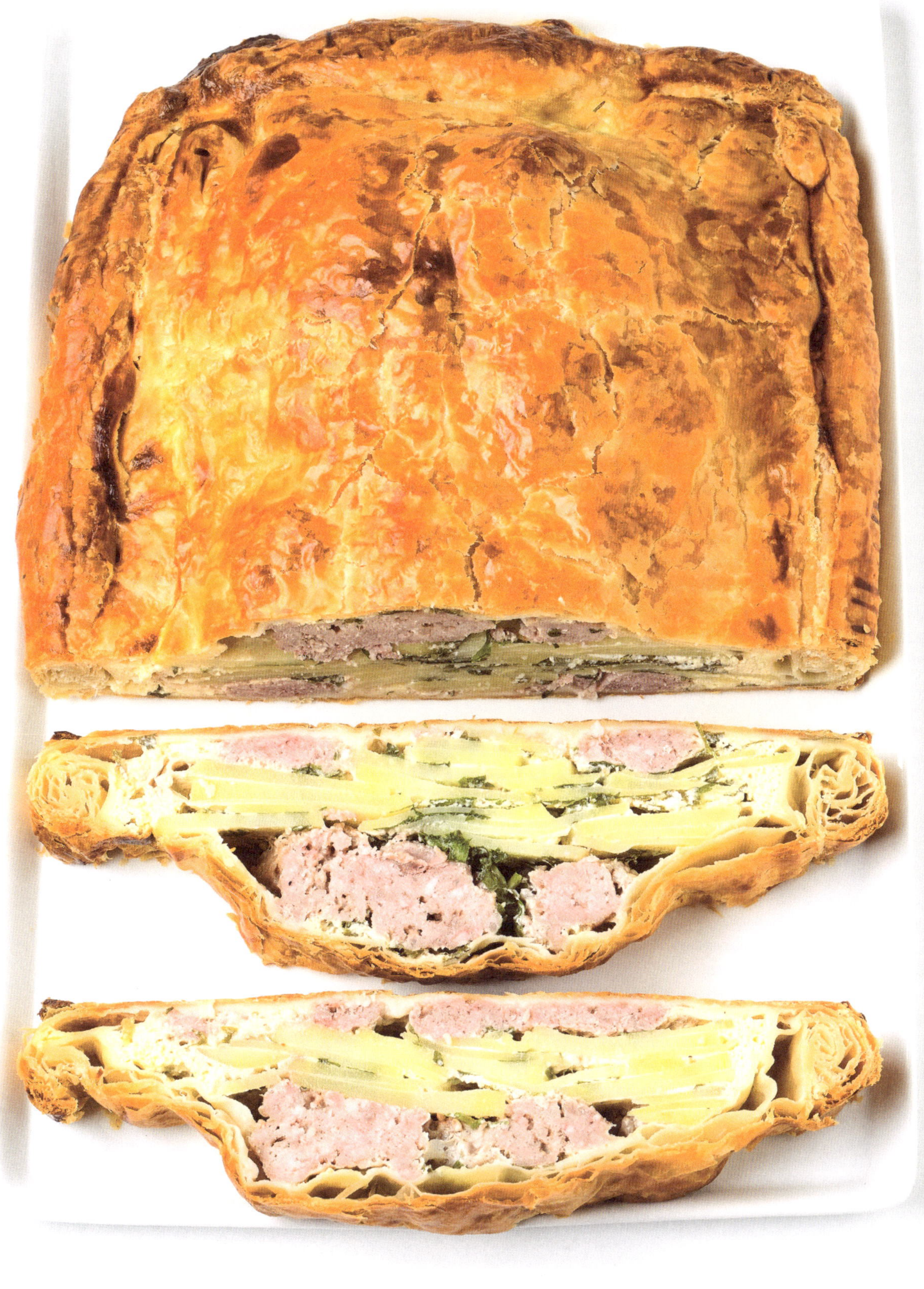

TARTE AU MAROILLES

Pâte brisée
x 1 (ou pâte maison p. 370)

Crème
30 cl

Maroilles
x 1 (380 g)

Œufs
x 3

Sel, poivre

Préparation : 5 min
Cuisson : 30 min

- Préchauffez le four à 180°C.
- Déroulez la **pâte brisée** dans un moule à tarte avec le papier cuisson et rabattez les bords.
- Fouettez les **œufs** avec la **crème**, salez, poivrez et versez la préparation sur la **pâte**.
- Ajoutez le **maroilles** découpé en morceaux et enfournez la tarte 30 min.
- Dégustez chaud ou froid.

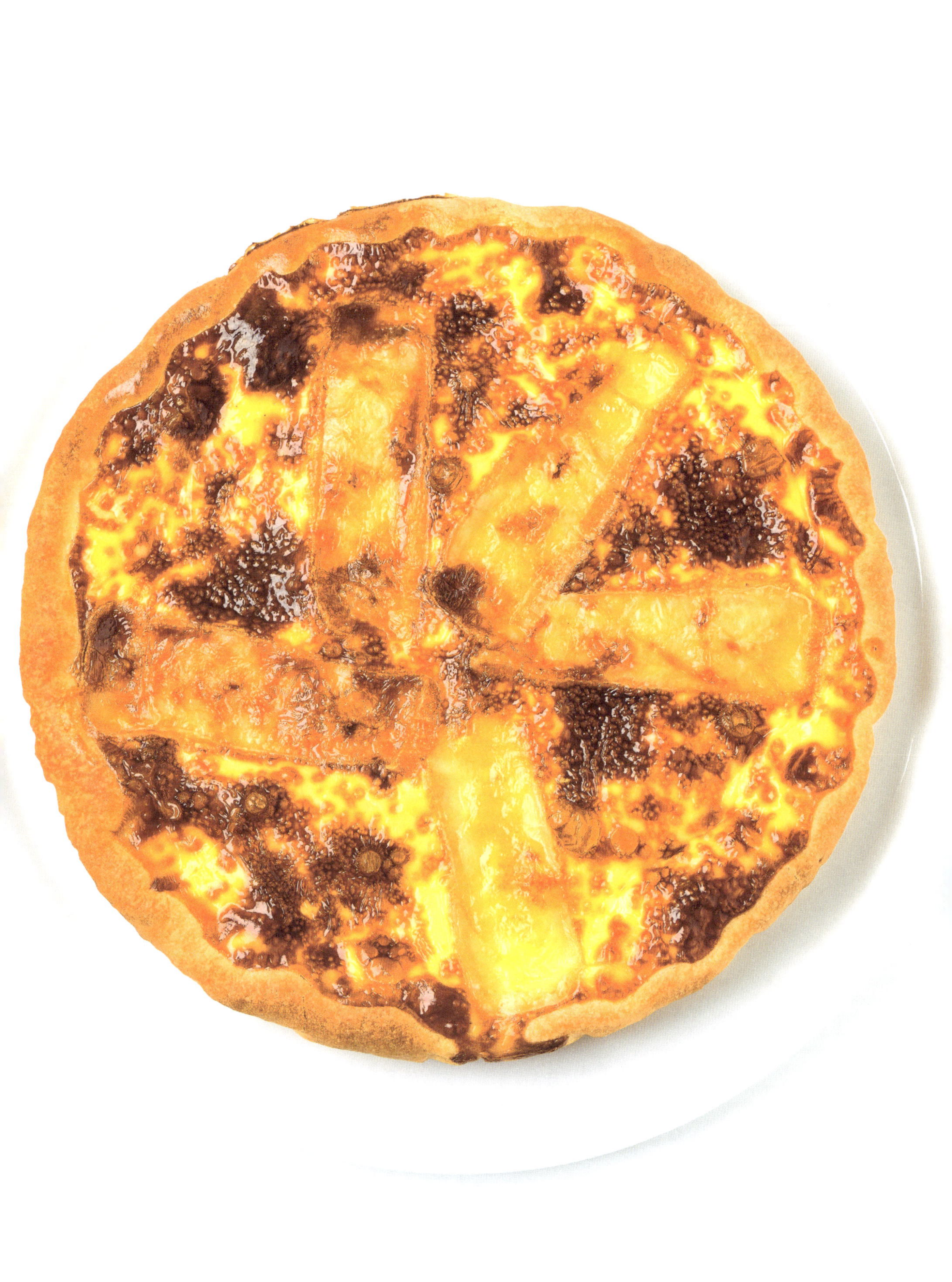

TARTE DE MENTON

Pâte à pizza
x 1 (fraîche ou surgelée)

Olives à la grecque
x 25 (dénoyautées)

Oignons doux
x 8

Thym
1 cuil. à soupe (frais ou séché)

Huile d'olive
6 cuil. à soupe

Préparation : 15 min
Cuisson : 1h

- Faites colorer et compoter les **oignons** épluchés et émincés avec le **thym** et l'**huile d'olive** pendant 35 min à feu doux en remuant.
- Préchauffez le four à 180°C.
- Étalez la **pâte à pizza** sur une plaque avec un papier cuisson, répartissez les **oignons** et les **olives** sur la pâte. Salez, poivrez, enfournez 25 min et dégustez chaud ou froid.

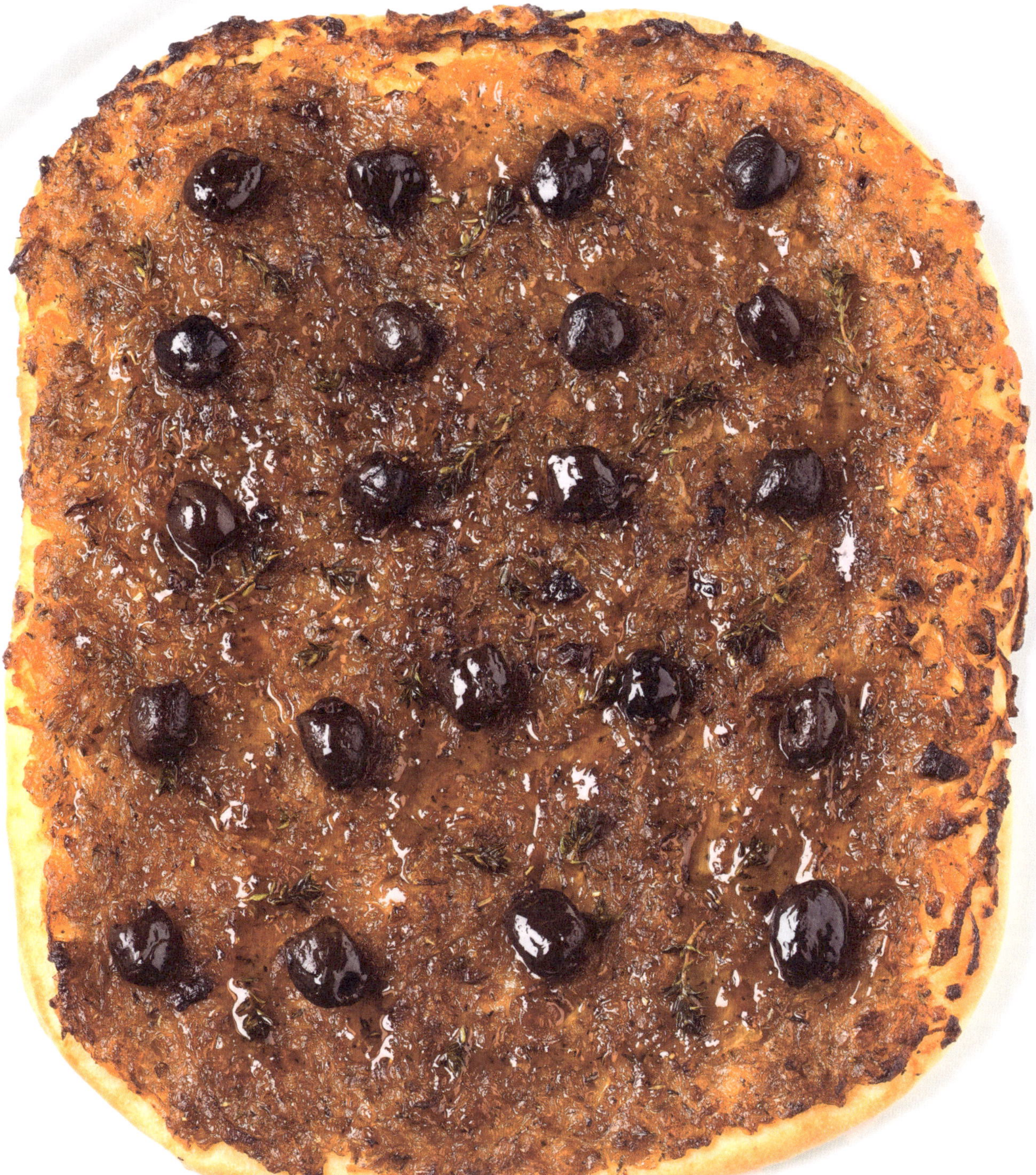

TARTE À L'OIGNON

Pâte brisée
x 1 (ou pâte maison p. 370)

Lardons
180 g

Oignons doux
x 5

Beurre
50 g

Crème liquide
25 cl

Œufs
x 2

Sel, poivre

Préparation : 10 min
Cuisson : 1 h

- Préchauffez le four à 180°C.
- Fouettez les **œufs** avec la **crème**. Faites colorer les **oignons** émincés 20 min à feu doux avec le **beurre** et les **lardons**. Mélangez-les à la préparation **crème/œufs**, salez, poivrez.
- Déroulez la **pâte** dans un moule à tarte, rabattez les bords, versez la préparation et enfournez 35 min. Dégustez chaud ou froid.

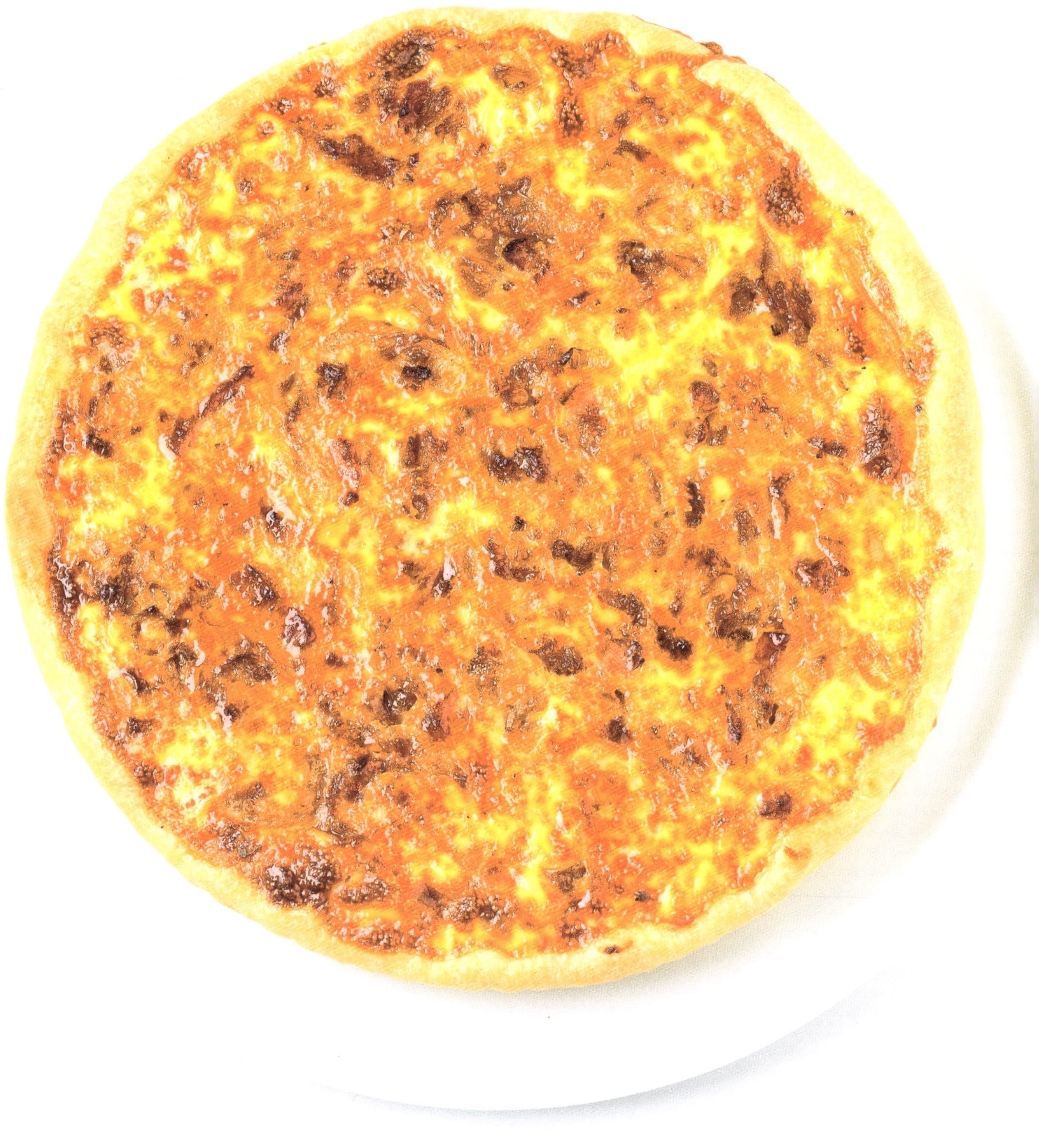

FEUILLETÉ AU FROMAGE

Pâte feuilletée
x 1

Noix muscade
½ cuil. à café

Fromage râpé
200 g

Crème
25 cl

Sel, poivre

Préparation : 5 min
Cuisson : 25 min

- Préchauffez le four à 200°C.
- Déroulez la **pâte feuilletée** sur une plaque avec le papier cuisson.
- Mélangez le **fromage râpé** avec la **crème** et la **muscade**. Étalez cette préparation au centre de la **pâte**. Rabattez les bords de la **pâte** vers le centre en les roulant et enfournez 25 min.
- Salez, poivrez et dégustez chaud.

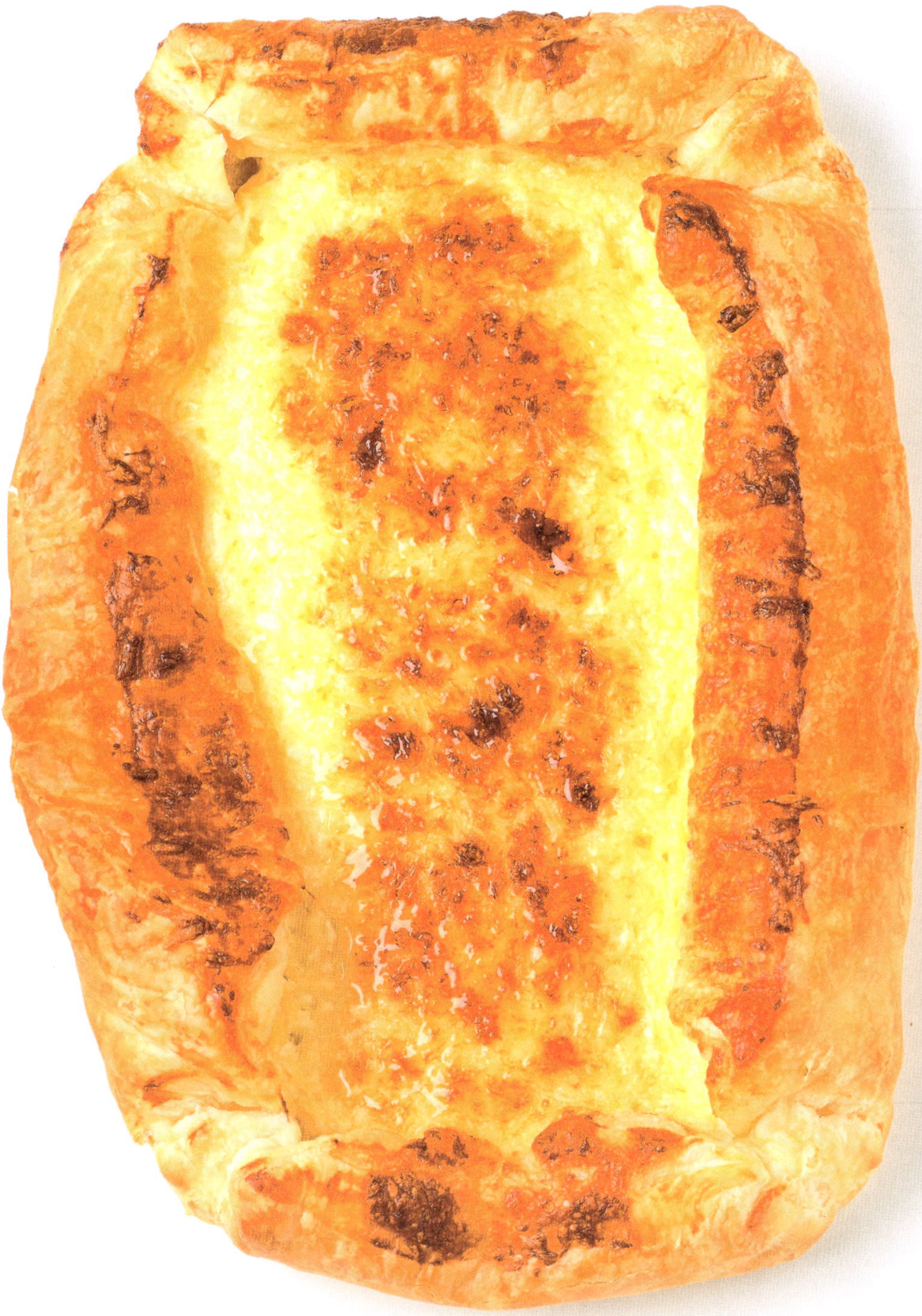

TIELLE SÉTOISE

Poulpe
x ½

Concentré de tomates
1 petite boîte (70 g)

Huile d'olive
2 cuil. à soupe

Safran
1 dosette (poudre ou pistils)

Pâtes brisées
x 2 (ou pâte maison p. 370)

Oignons doux
x 2

Sel, poivre

: 4 à 5

Préparation : 15 min
Cuisson : 1 h 45

- Préchauffez le four à 180°C. Ébouillantez le **poulpe** 15 min. Découpez-le en dés et faites-les saisir 2 min avec les **oignons** émincés et l'**huile d'olive**. Ajoutez le **concentré**, le **safran**, 2 verres d'eau, salez, poivrez et laissez réduire 30 min.

- Déroulez 1 **pâte** dans un moule à tarte. Versez la préparation, posez la 2e **pâte**, soudez les bords, enfournez 1 h.

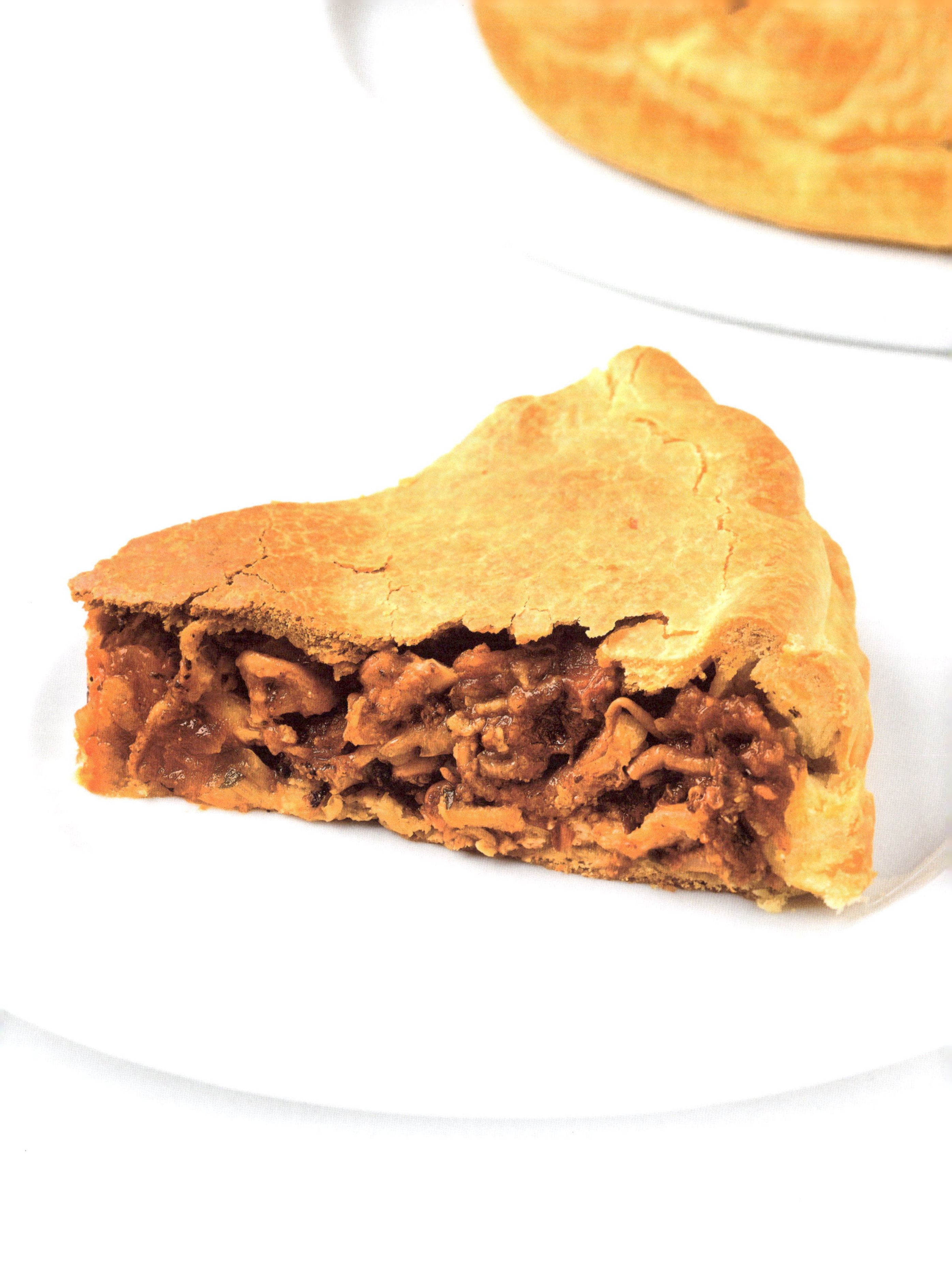

FLAMICHE AUX POIREAUX

Pâte brisée
x 1 (ou pâte maison p. 370)

Poireaux
x 2

Œufs
x 2

Beurre
50 g

Crème liquide
25 cl

Sel, poivre

Préparation : 10 min
Cuisson : 40 min

- Préchauffez le four à 180°C.
- Fouettez les **œufs** avec la **crème**. Émincez et lavez les **poireaux** et faites-les saisir 10 min avec le **beurre** en remuant. Ajoutez-les au mélange **œufs/crème**, salez, poivrez.
- Déroulez la **pâte brisée** dans un moule à tarte, rabattez les bords, versez la préparation et enfournez 40 min. Dégustez chaud ou froid.

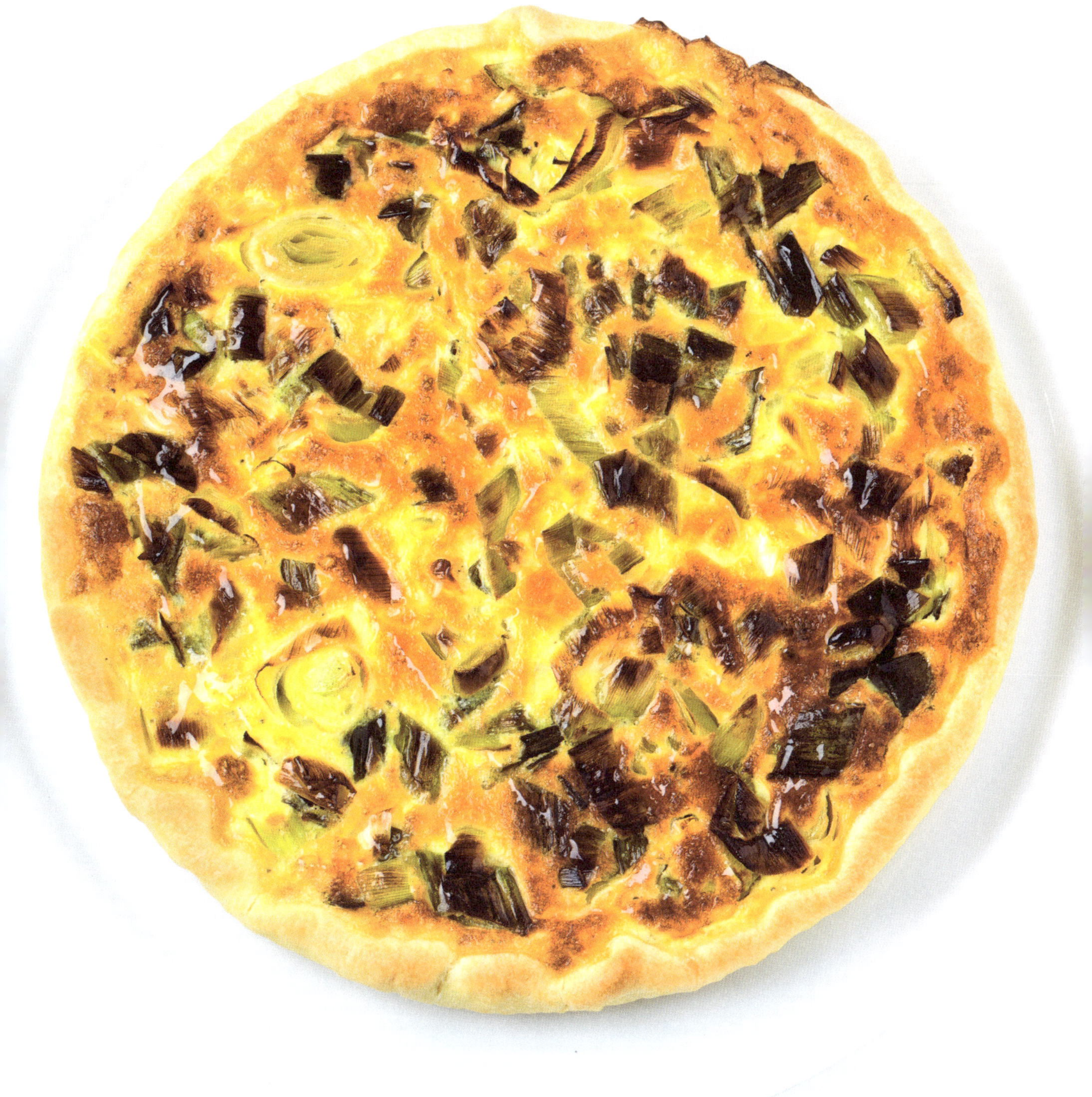

FLAMMENKUCH

Pâte à pizza
x 1 (fraîche ou surgelée)

Oignons doux
x 2

Crème
3 cuil. à soupe

Lardons
250 g

Poivre

Préparation : 10 min
Cuisson : 25 min

- Préchauffez le four à 200°C.
- Étalez la **pâte à pizza** sur une plaque recouverte de papier cuisson. Répartissez la **crème** sur la **pâte** puis les **oignons** épluchés et émincés et les **lardons**. Poivrez.
- Enfournez 25 min et dégustez chaud.

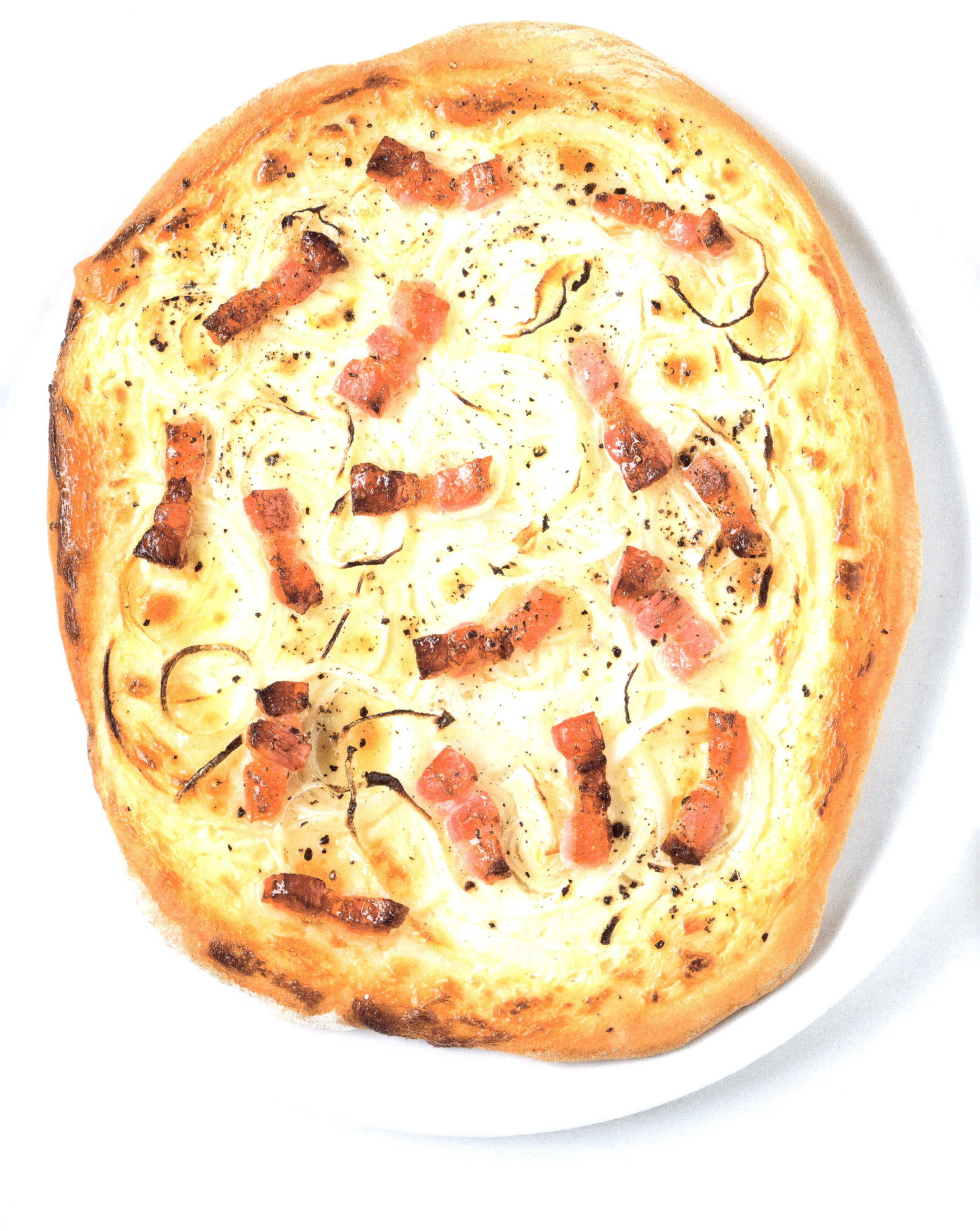

QUICHE LORRAINE

Pâte brisée
x 1 (ou pâte maison p. 370)

Lardons
250 g

Œufs
x 4

Noix muscade
2 pincées

Crème liquide
40 cl

Sel, poivre

Préparation : 5 min
Cuisson : 30 min

- Préchauffez le four à 180°C.
- Déroulez la **pâte** dans un moule à tarte avec le papier cuisson et rabattez les bords.
- Fouettez les **œufs** avec la **crème liquide**, ajoutez la **muscade**, salez, poivrez et versez sur la **pâte**. Ajoutez les **lardons** et enfournez 30 min.
- Dégustez chaud ou froid.

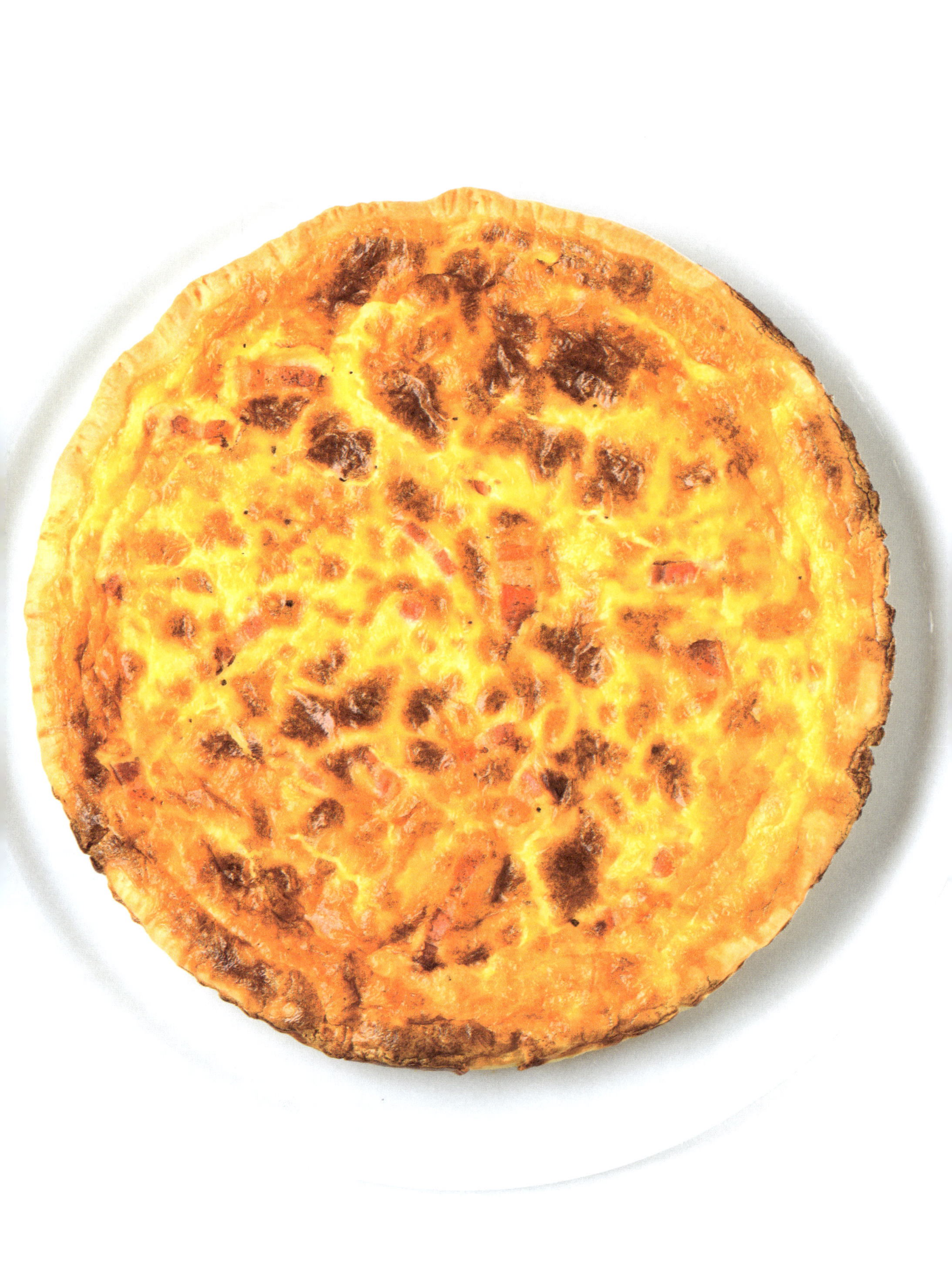

SALADE LYONNAISE

Pissenlits
3 bottes

Moutarde forte
1 cuil. à soupe

Lard fumé
2 tranches (épaisses)

Vinaigre de vin
2 cuil. à soupe

Baguette
x ¼

Œufs
x 2

Sel, poivre

6 cuil. à soupe d'huile neutre

Préparation : 10 min
Cuisson : 15 min

- Lavez et essorez les **pissenlits**. Ébouillantez les **œufs** 5 min précises, épluchez-les, coupez-les en 2 et disposez-les sur les **pissenlits**.
- Faites colorer la **baguette** en tranches et le **lard fumé** coupé en gros lardons dans une poêle avec 2 cuil. à soupe d'**huile**. Ajoutez sur la **salade** et dégustez avec le **vinaigre**, la **moutarde** et 4 cuil. à soupe d'**huile** mélangés.

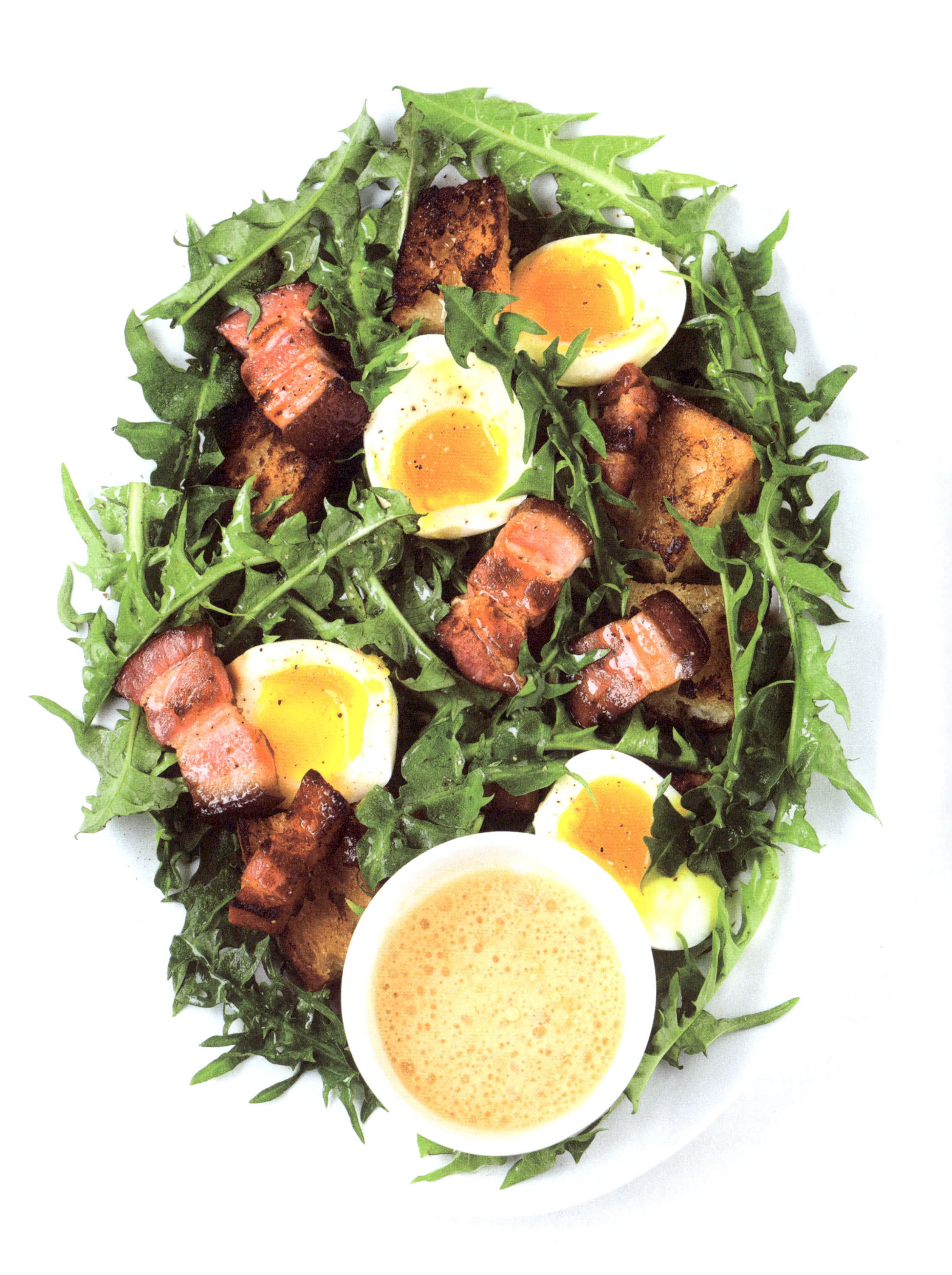

AVOCAT-CREVETTES

Avocats
x 2

Crevettes décortiquées
x 20

Mayonnaise
4 cuil. à soupe (recette p. 373)

Cognac
1 cuil. à soupe

Citron
x 1

Ketchup
1 cuil. à soupe

Sel, poivre

Préparation : 5 min

- Mélangez la **mayonnaise**, le **ketchup** et le **cognac**. Ajoutez les **crevettes**, salez, poivrez et réservez au frais.
- Au moment de servir, coupez les **avocats** en 2, dénoyautez-les et arrosez l'intérieur avec le jus du **citron**. Garnissez-les avec la préparation aux **crevettes** et dégustez immédiatement.

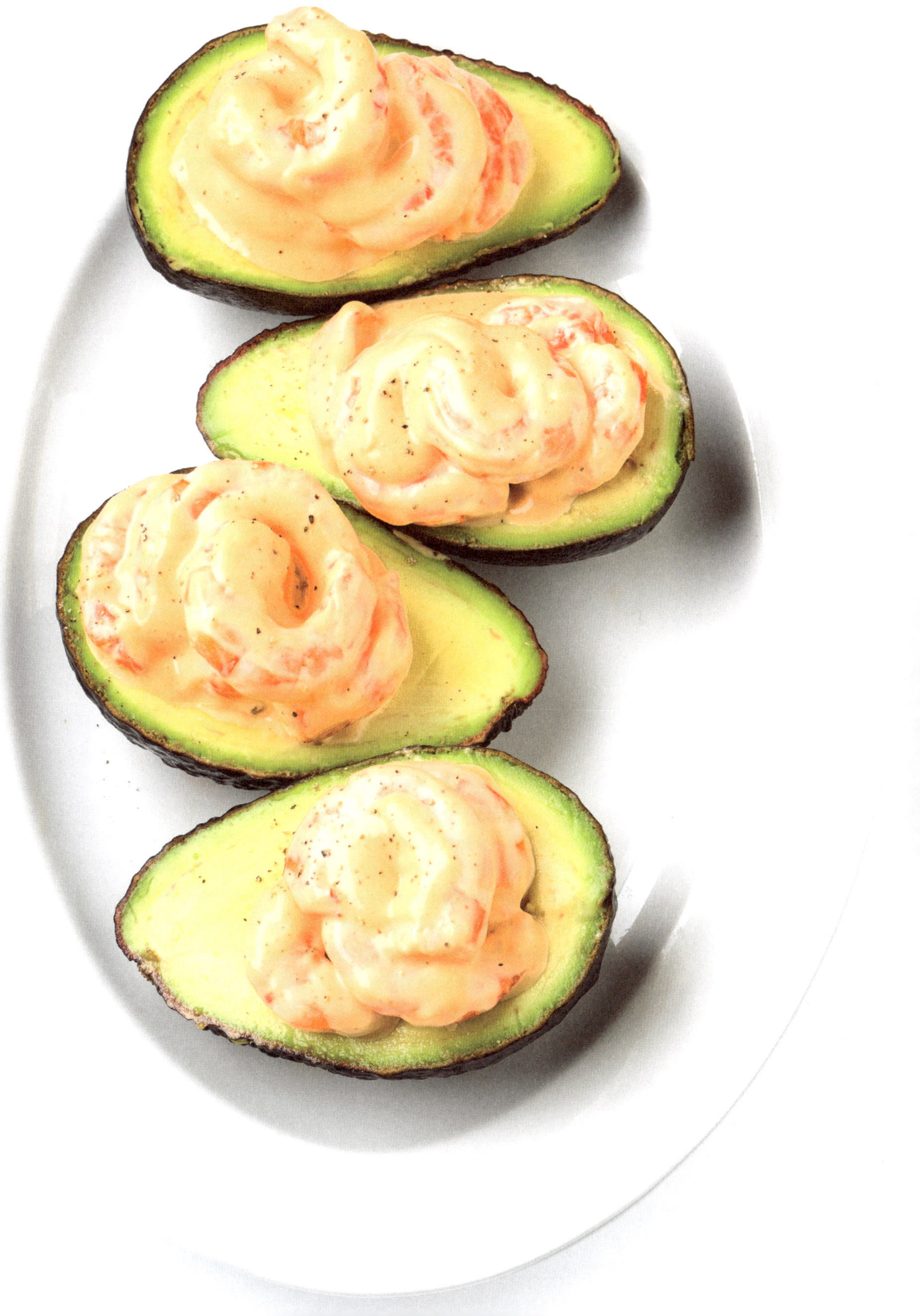

MAQUEREAUX AU VIN BLANC

Maquereaux
x 4 (entiers et vidés)

Vin blanc
1 bouteille (75 cl)

Carottes
x 2 (moyennes)

Oignon doux
x 1

Bouquets garnis
x 2

Sel, poivre

Préparation : 10 min
Cuisson : 30 min

- Préchauffez le four à 180°C.
- Faites cuire 20 min à feu doux, les **oignons** et les **carottes** épluchés et émincés avec le **vin blanc** et les **bouquets garnis**.
- Placez les **maquereaux** dans un plat à four. Versez le **vin** bouillant avec la garniture, salez, poivrez et enfournez 20 min.
- Dégustez tiède ou froid.

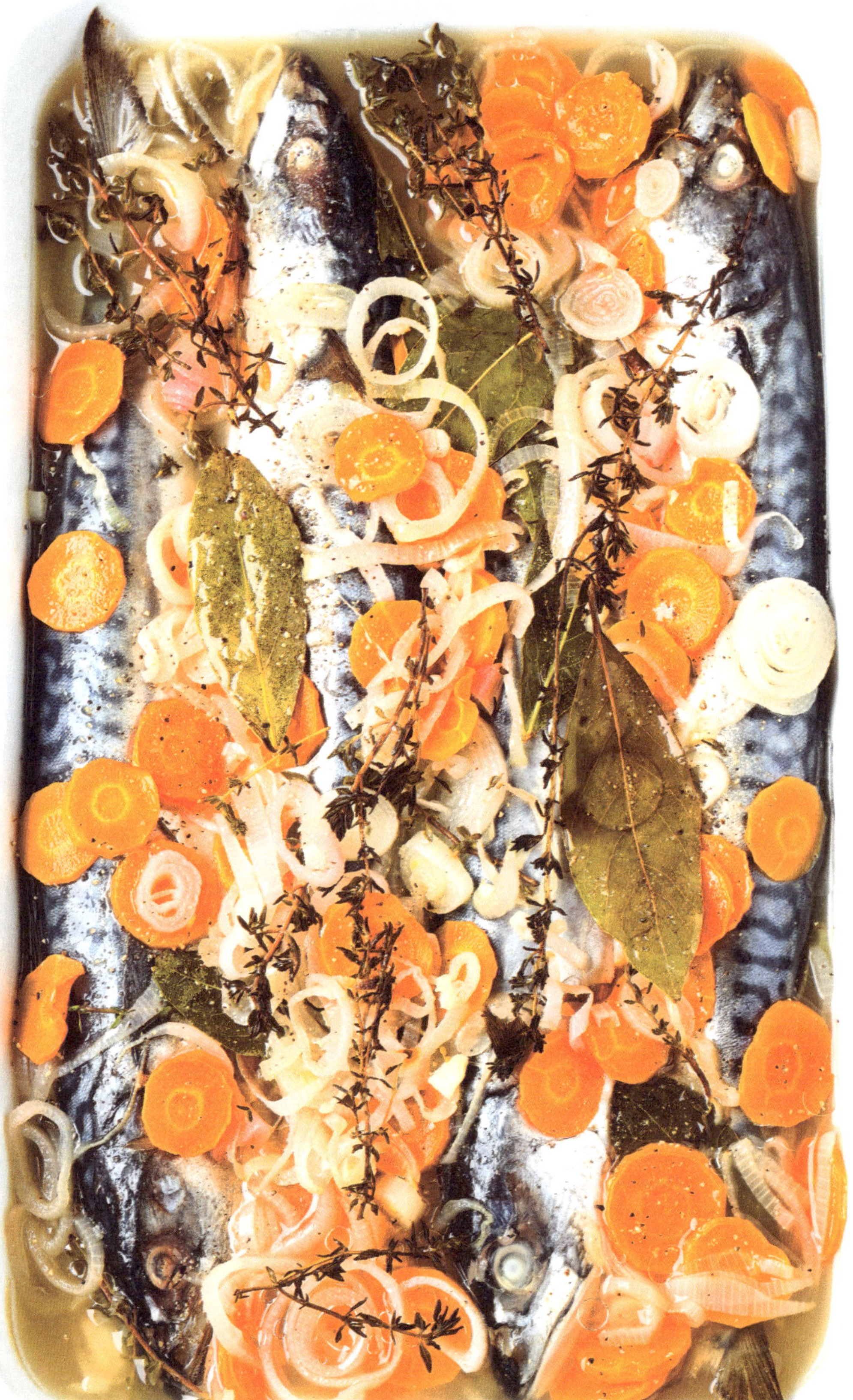

ASPERGES SAUCE MOUSSELINE

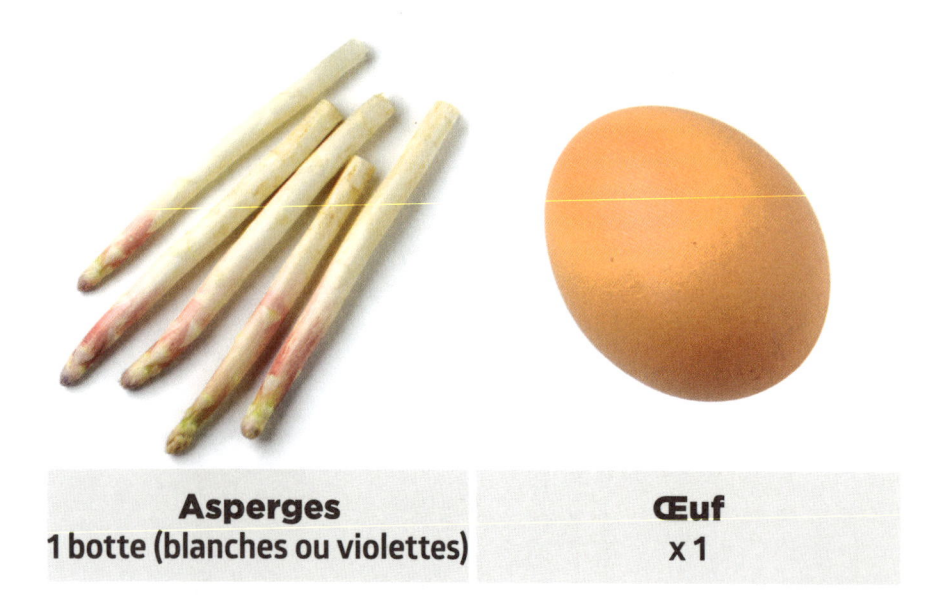

Asperges
1 botte (blanches ou violettes)

Œuf
x 1

Moutarde forte
1 cuil. à café

Sel, poivre

10 cl d'huile neutre

Préparation : 10 min
Cuisson : 20 min

- Épluchez et ébouillantez les **asperges** 20 min.
- Mélangez le jaune d'**œuf** avec la **moutarde**, salez et poivrez. Versez l'**huile** petit à petit en fouettant pour émulsionner la mayonnaise.
- Montez le blanc d'**œuf** en neige avec un batteur et une pincée de **sel** et incorporez-le délicatement dans la mayonnaise avec une spatule. Dégustez les **asperges** froides ou tièdes avec la sauce.

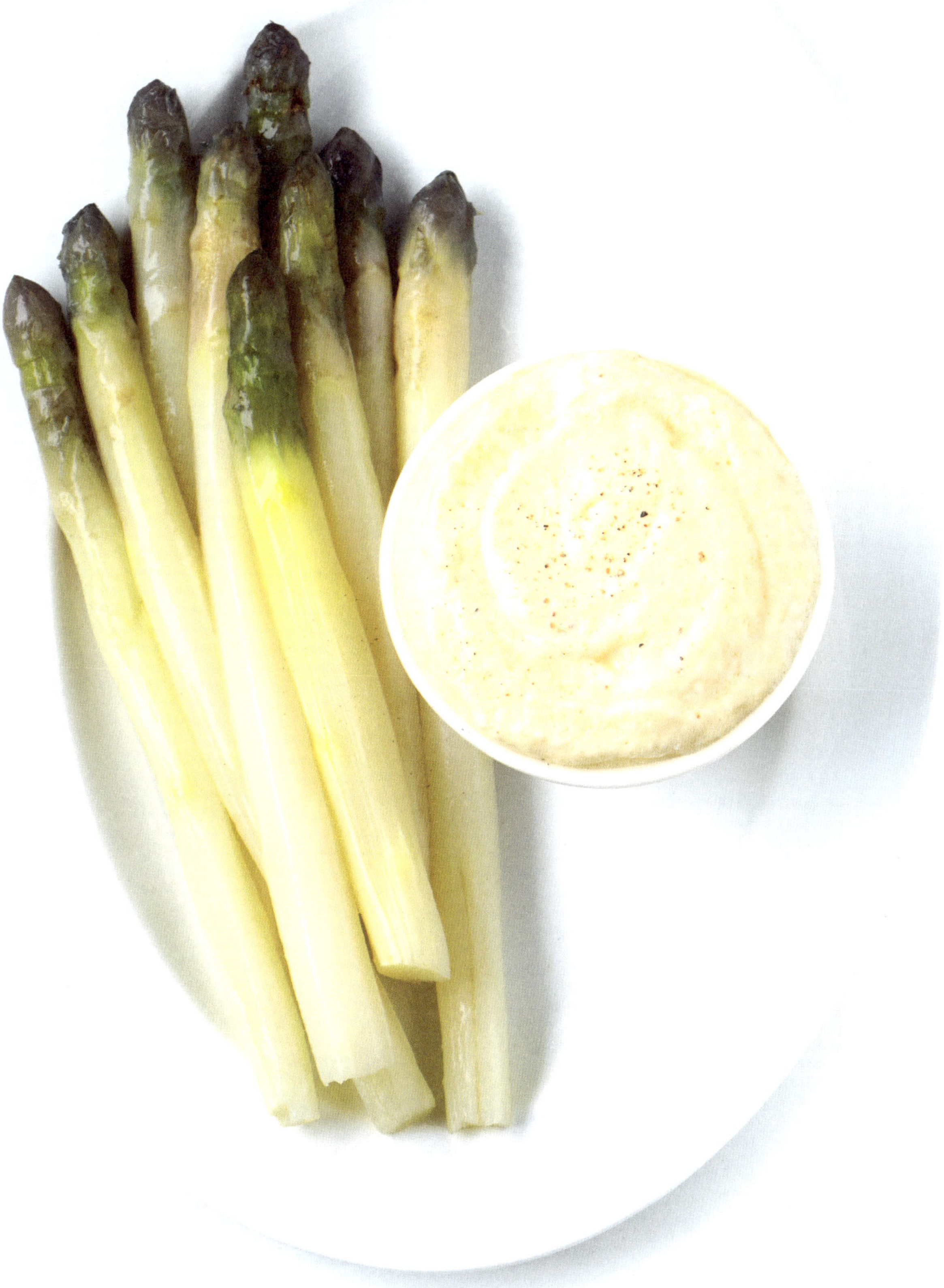

SALADE PÉRIGOURDINE

Frisée
250 g (lavée et essorée)

Foie gras cuit
150 g

Gésiers confits
x 12

Graisse de canard
1 cuil. à soupe

Vinaigre de framboise
2 cuil. à soupe

Pommes de terre
400 g

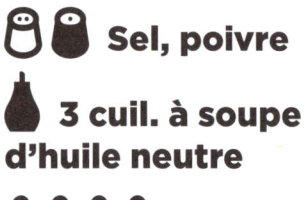

Sel, poivre

3 cuil. à soupe d'huile neutre

Préparation : 10 min
Cuisson : 20 min

- Épluchez et coupez les **pommes de terre** en cubes. Faites-les dorer 20 min avec la **graisse de canard**. Ajoutez les **gésiers**, salez, poivrez et laissez cuire 10 min de plus.
- Dressez la **frisée** dans un plat. Ajoutez les **pommes de terre** et les **gésiers** chauds, le **foie gras** coupé en cubes. Assaisonnez d'**huile** et de **vinaigre de framboise**.

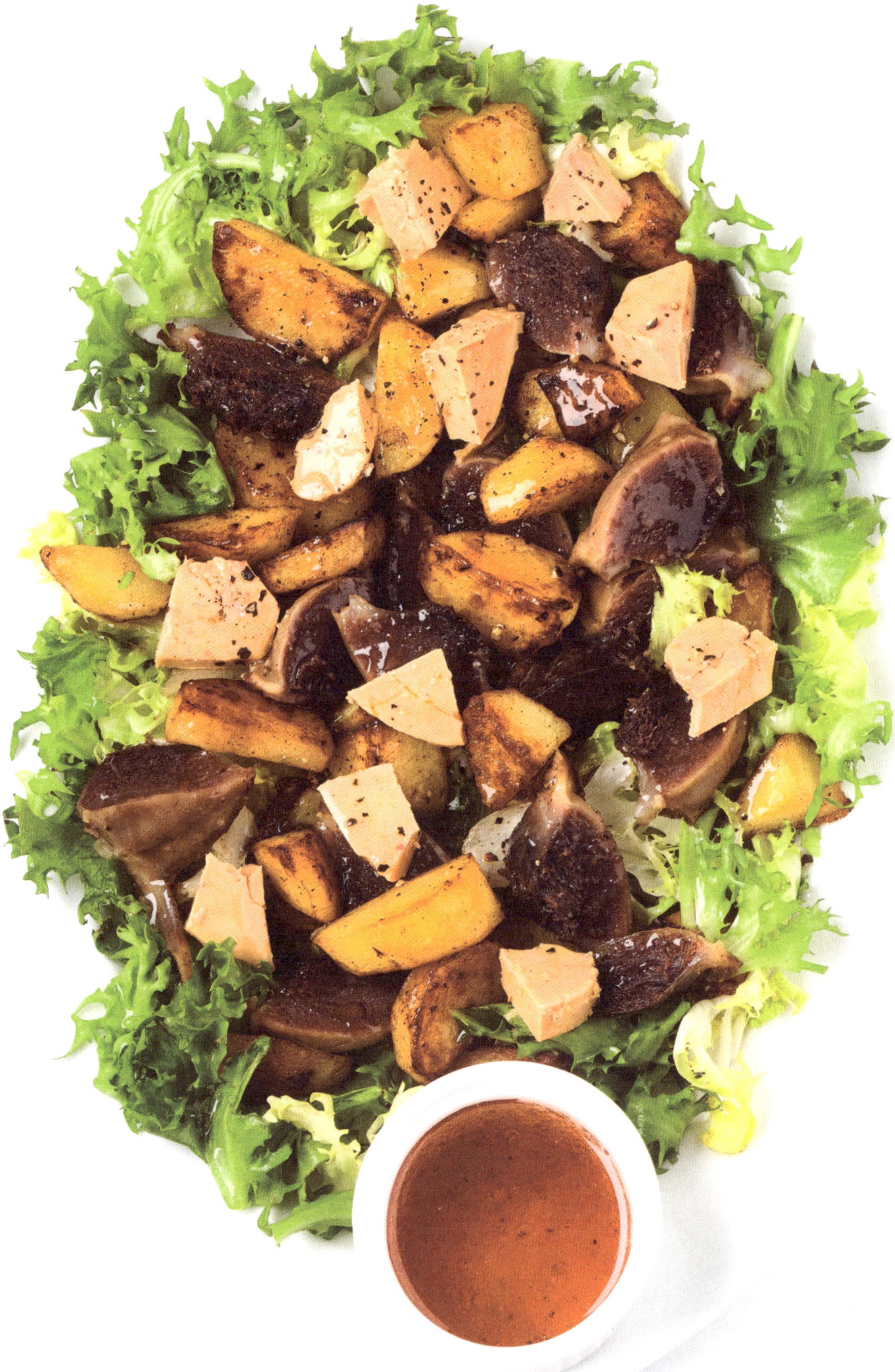

SALADE DE LENTILLES À LA LYONNAISE

Saucisson à cuire
x 1 (pistaché ou nature)

Lentilles vertes
250 g

Échalotes
x 6

Persil plat
1 botte

Vinaigre de vin
4 cuil. à soupe

Sel, poivre

8 cuil. à soupe d'huile neutre

Préparation : 10 min
Cuisson : 35 min

- Mettez les **lentilles** et le **saucisson** dans 1 cocotte avec 2 l d'eau et faites-les cuire 35 min après ébullition. Égouttez les **lentilles**. Retirez la peau du **saucisson**, découpez-le en morceaux et mélangez-les avec les **lentilles**.
- Ajoutez les **échalotes** épluchées et émincées, le **persil** coupé, l'**huile** et le **vinaigre**. Salez, poivrez, mélangez et dégustez tiède ou froid.

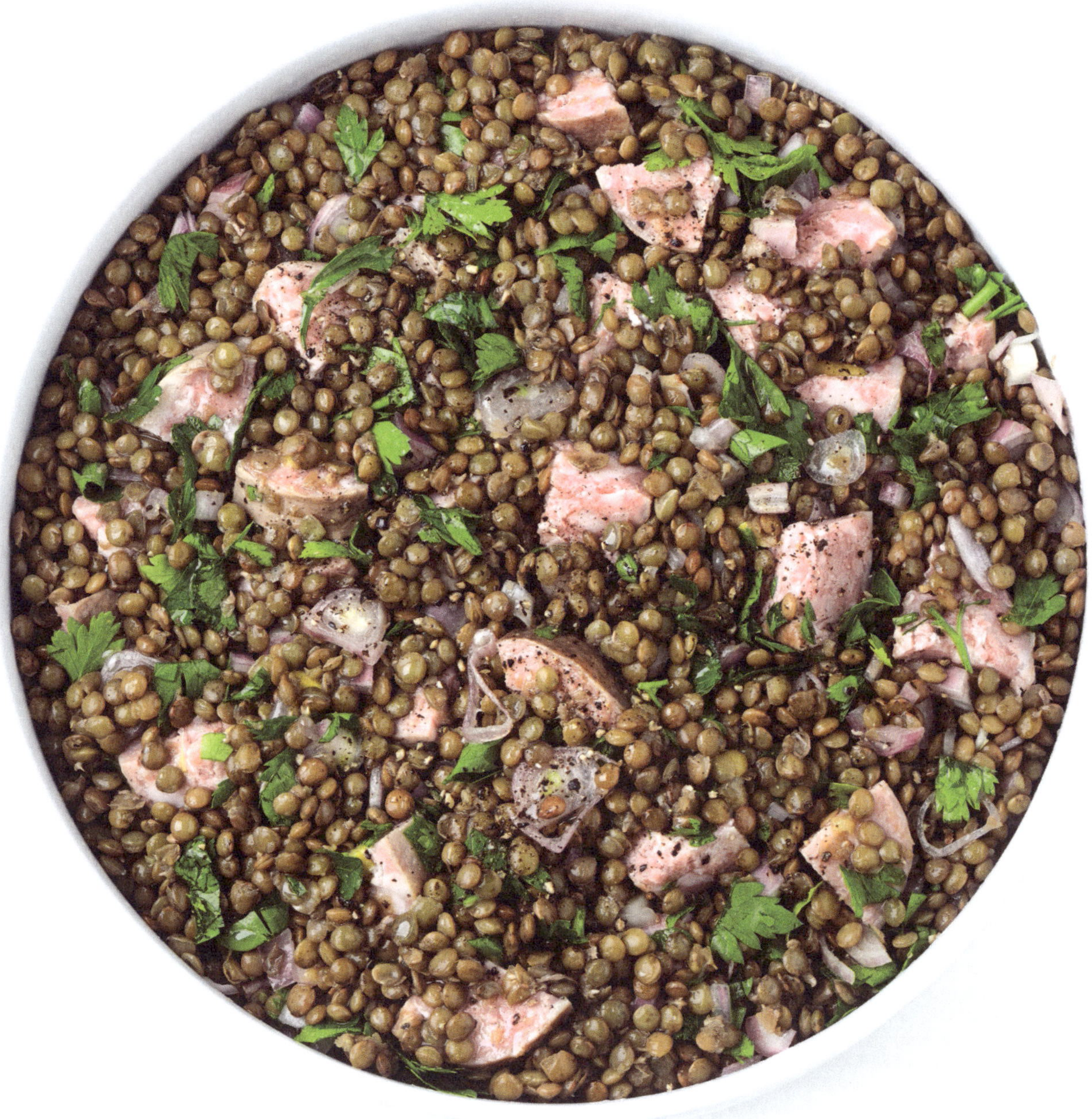

POIREAUX VINAIGRETTE

Poireaux
x 2 (gros)

Pain de mie
3 tranches (sans la croûte)

Beurre
20 g

Moutarde forte
2 cuil. à soupe

Vinaigre de vin
2 cuil. à soupe

Sel, poivre

8 cuil. à soupe d'huile neutre

Préparation : 5 min
Cuisson : 40 min

- Coupez les **poireaux** en 4 dans la longueur et en 2 dans la largeur, lavez-les, ficelez-les et ébouillantez-les 35 min à l'eau.
- Coupez le **pain** en cubes et faites-les dorer 2 min à la poêle avec le **beurre**.
- Mélangez la **moutarde**, le **vinaigre** et l'**huile**. Salez, poivrez. Dégustez les **poireaux** tièdes avec la vinaigrette et les croûtons.

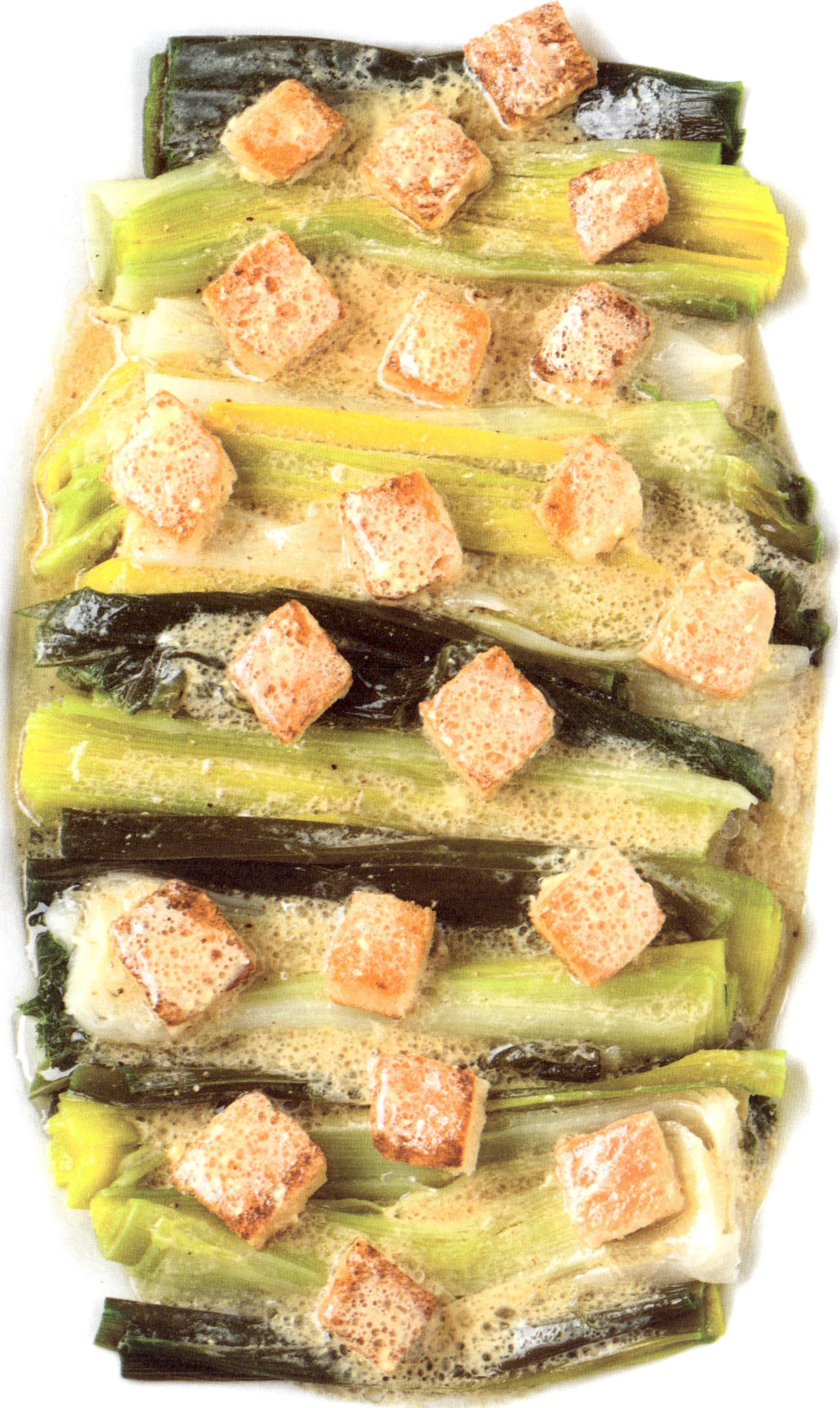

SALADE NIÇOISE

Tomates x 4	**Haricots verts** 400 g	**Oignon rouge** x 1
Anchois à l'huile 1 boîte (environ 12 filets)	**Œufs** x 4	**Radis roses** ½ botte

Sel, poivre
1 filet d'huile d'olive

Préparation : 10 min
Cuisson : 20 min

- Faites cuire les **haricots verts** 20 min à l'eau bouillante salée, rafraîchissez-les et égouttez-les.
- Faites cuire les **œufs** 10 min à l'eau bouillante, épluchez-les et coupez-les en 4.
- Émincez l'**oignon rouge**, coupez les **tomates** en quartiers. Lavez et équeutez les **radis**.
- Dressez tous les ingrédients, salez, poivrez et dégustez avec 1 filet d'**huile d'olive**.

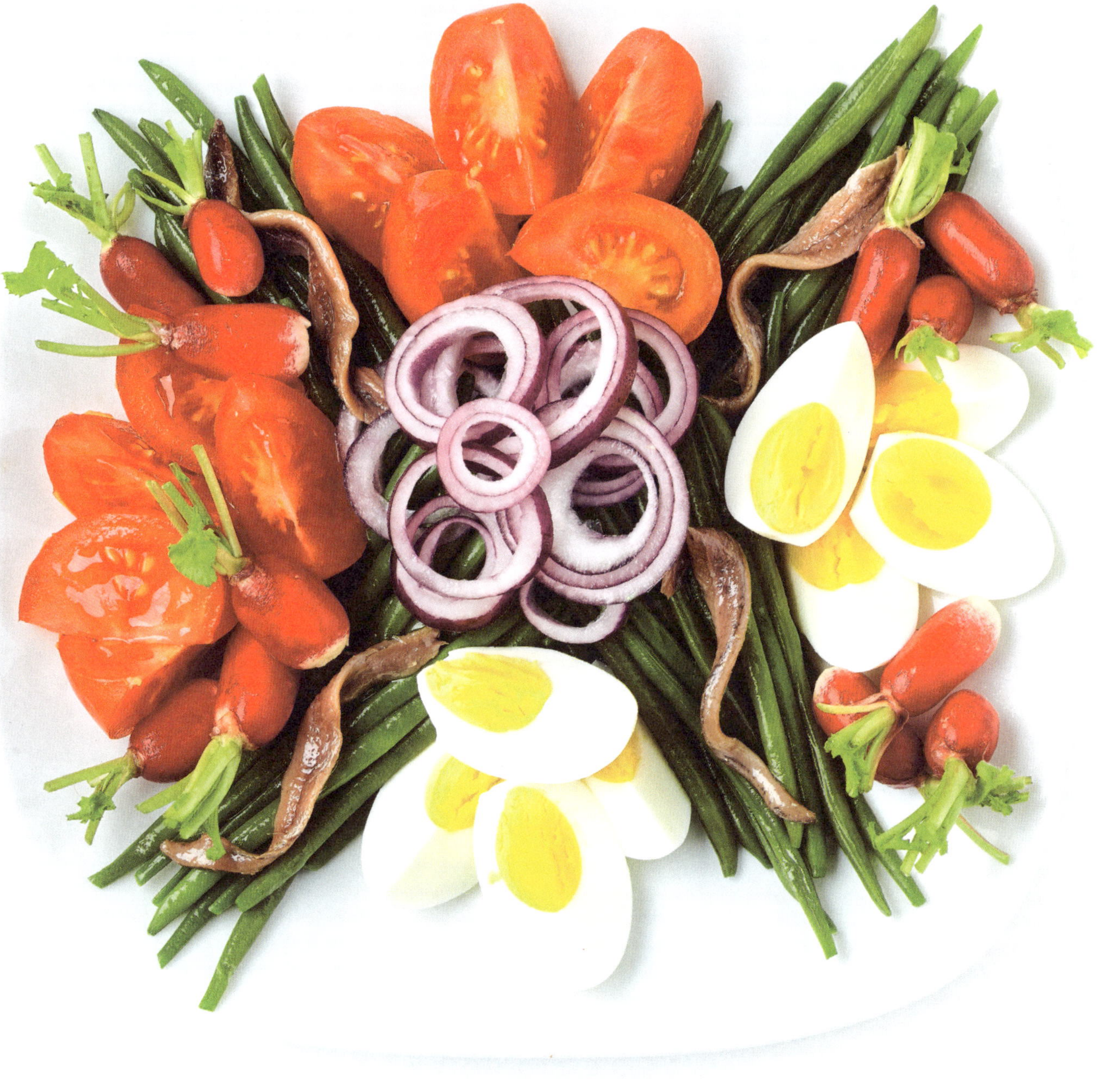

ŒUFS MIMOSA

Œufs
x 4

Mayonnaise
4 cuil. à soupe (recette p. 373)

Ciboulette
1 botte

Sel, poivre

Préparation : 5 min
Cuisson : 10 min

- Faites cuire les **œufs** 10 min à l'eau bouillante. Refroidissez-les et épluchez-les. Coupez-les en 2, retirez les **jaunes**.
- Garnissez les **blancs** avec la **mayonnaise** mélangée avec la **ciboulette** coupée aux ciseaux et dressez dans un plat. Salez et poivrez.
- Ajoutez les **jaunes d'œuf** passés au moulin à fromage. Décorez avec de la **ciboulette**.

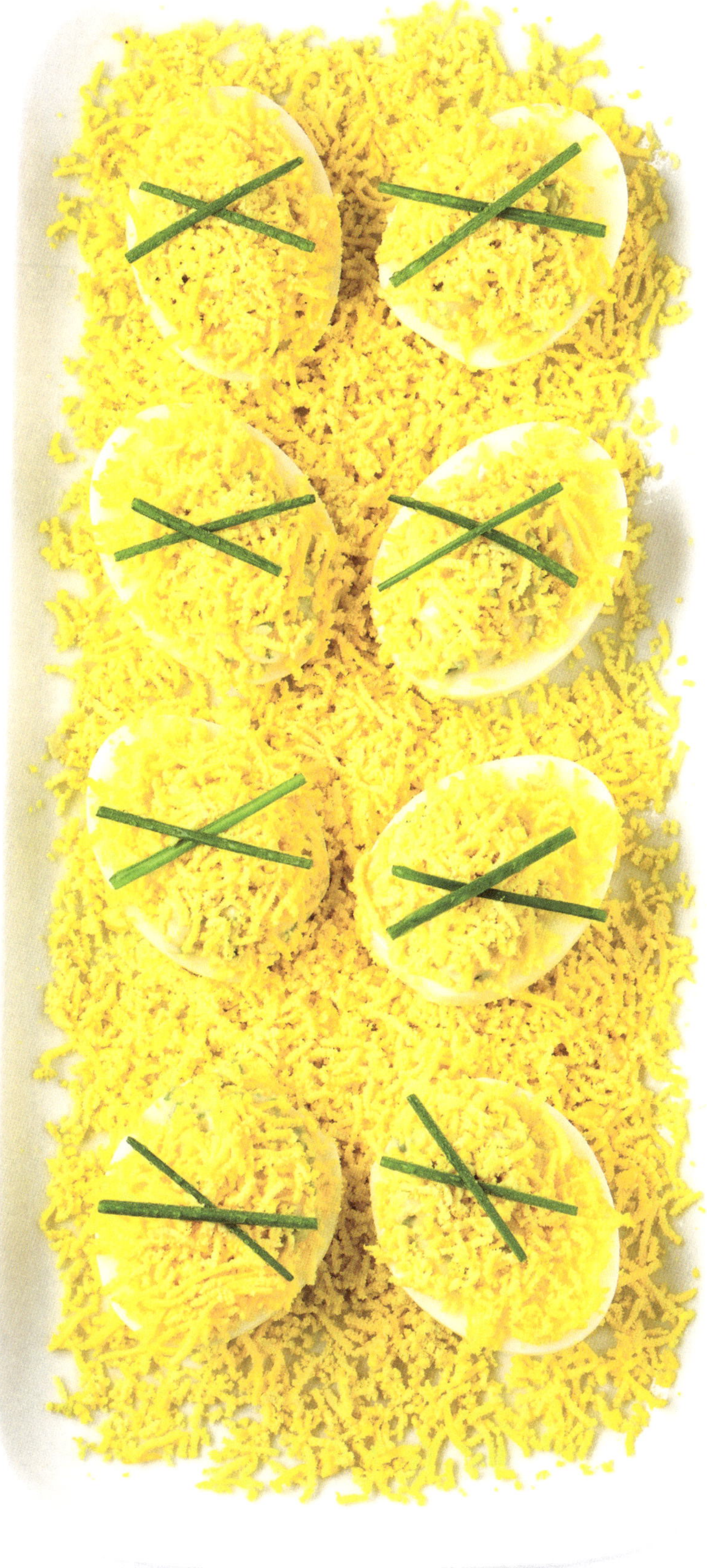

FRISÉE AUX LARDONS

Frisée
200 g (lavée et essorée)

Rillons
x 2

Vinaigre de vin
2 cuil. à soupe

Œufs
x 4

Moutarde forte
1 cuil. à soupe

Sel, poivre

4 cuil. à soupe d'huile neutre

Préparation : 10 min
Cuisson : 20 min

- Préchauffez le four à 180°C. Enfournez les **rillons** 10 min.
- Ébouillantez les **œufs** 10 min. Épluchez-les, écrasez-les et mélangez-les avec la **frisée**. Ajoutez l'**huile** et le **vinaigre**. Salez, poivrez.
- Dressez dans un plat, disposez les **rillons** tièdes coupés en morceaux et dégustez immédiatement.

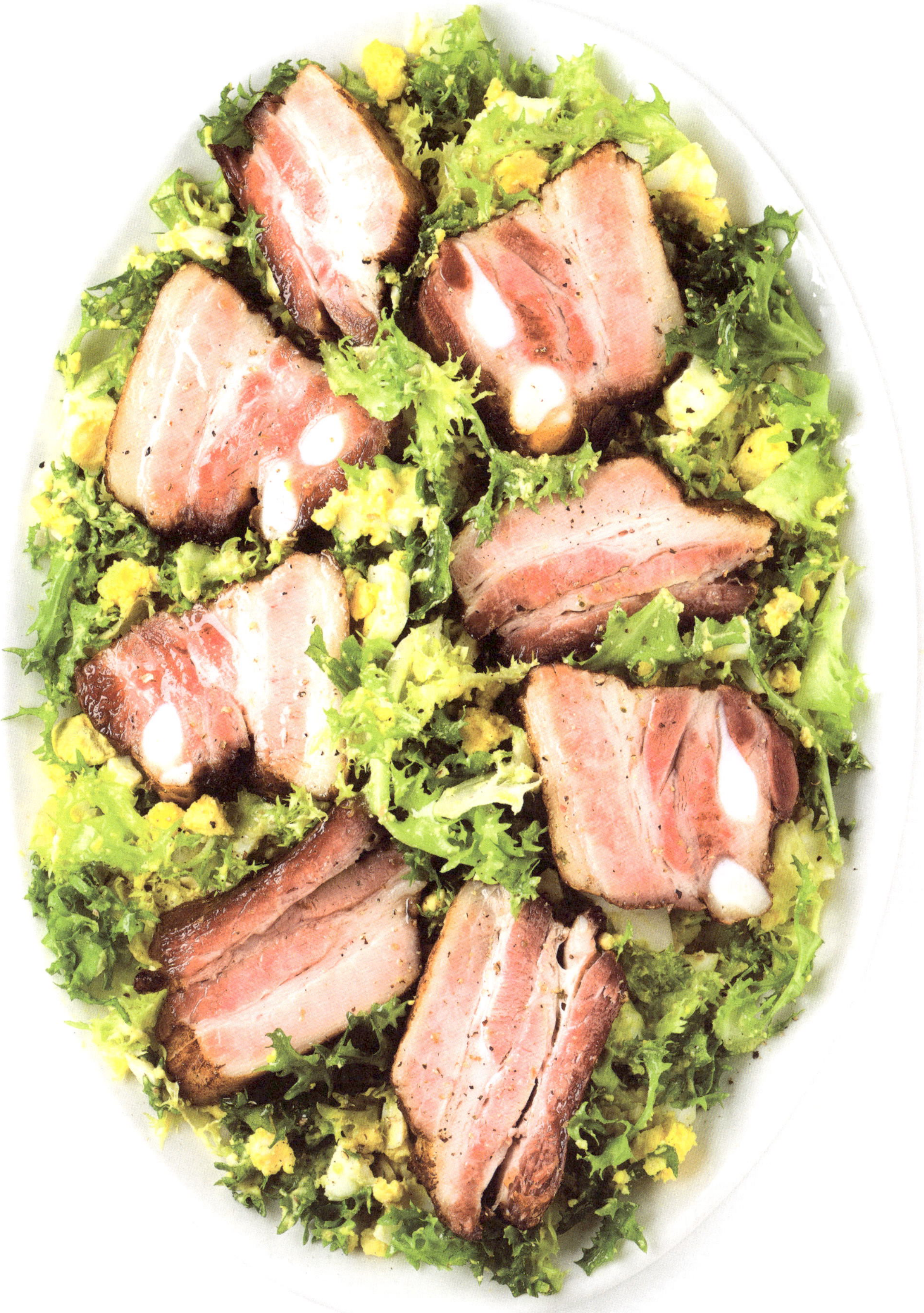

ASPERGES À LA FLAMANDE

Asperges
1 botte (blanches ou violettes)

Œufs
x 4

Persil plat
1 botte

Beurre
60 g

Citrons
x 2

Sel, poivre

Préparation : 10 min
Cuisson : 30 min

- Ébouillantez les **œufs** 10 min, rafraîchissez-les et épluchez-les. Épluchez et ébouillantez les **asperges** 20 min.
- Chauffez le jus des **citrons** dans une casserole, ajoutez le **beurre** hors du feu en fouettant.
- Dressez les **asperges** dans un plat, nappez-les avec le **beurre** au citron. Parsemez les œufs durs passés au moulin à fromage et le **persil** ciselé.

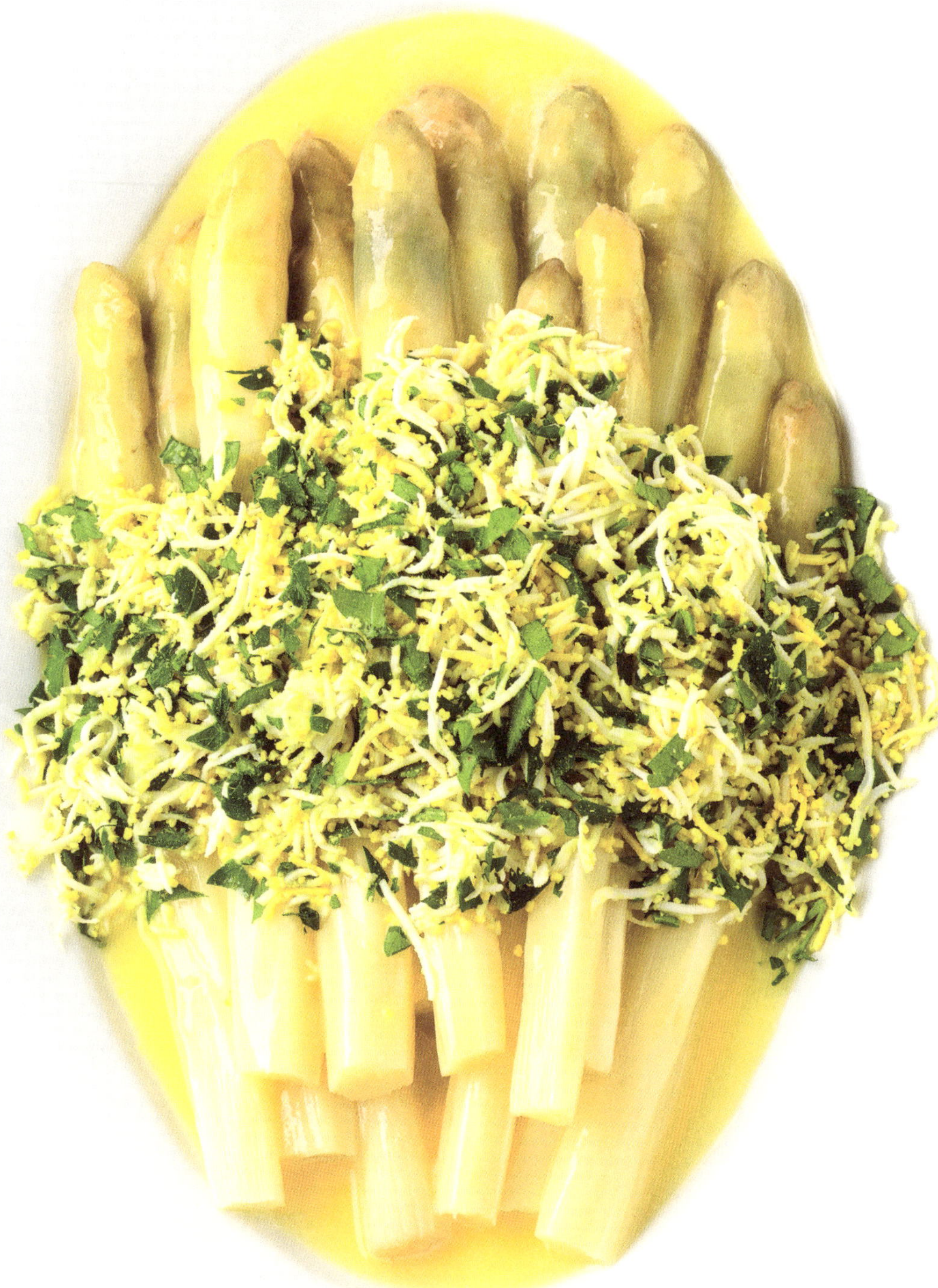

CHAMPIGNONS À LA GRECQUE

Champignons de Paris
500 g (petits)

Graines de coriandre
1 cuil. à soupe

Vin blanc
30 cl

Concentré de tomates
1 petite boîte (70 g)

Huile d'olive
2 cuil. à soupe

Sel, poivre

Préparation : 5 min
Cuisson : 20 min

- Faites saisir 1 min les **champignons** coupés en 4 sans coloration dans une cocotte avec l'**huile d'olive**. Ajoutez le **vin blanc**, le **concentré de tomates**, les **graines de coriandre** et faites cuire 20 min à feu doux en remuant de temps en temps.
- Salez, poivrez et dégustez froid.

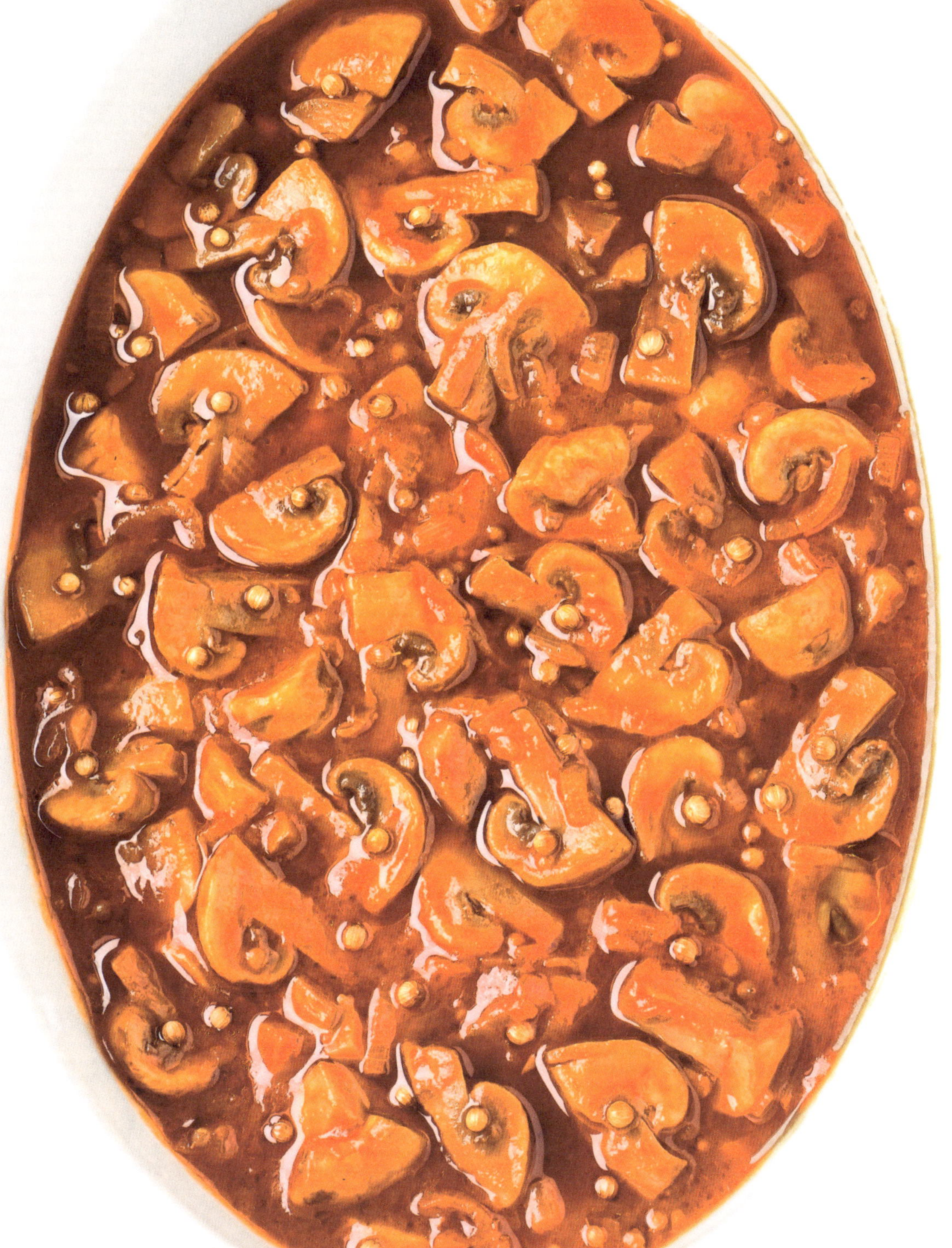

SALADE DE CHÈVRE CHAUD

Crottins de Chavignol
x 4

Salade mélangée
100 g

Pâte feuilletée
x 1

Thym séché
1 cuil. à café

Sel, poivre
1 filet d'huile d'olive

Préparation : 10 min
Cuisson : 25 min

- Préchauffez le four à 180°C.
- Déroulez la **pâte** et coupez-la en 4 carrés. Saupoudrez-les de **thym**, disposez 1 **crottin** sur chaque et rabattez les bords.
- Disposez-les sur une plaque couverte de papier cuisson et enfournez 25 min.
- Dressez les feuilletés sur la **salade**, salez, poivrez et dégustez avec 1 filet d'**huile d'olive**.

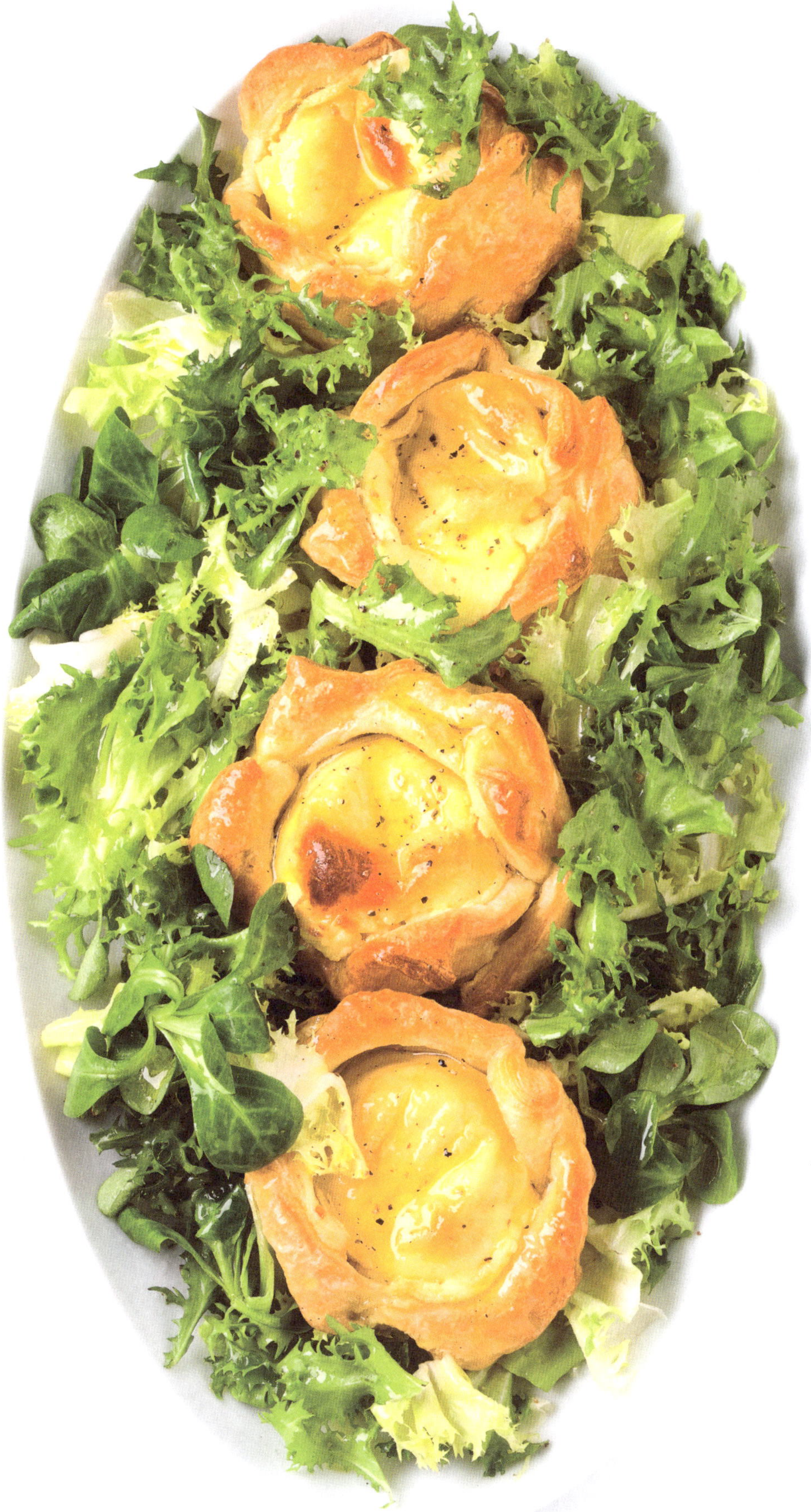

CRÈME DUBARRY AU LARD

Chou-fleur
x 1 (1,2 kg environ)

Crème
25 cl

Poitrine fumée
4 tranches (fines)

Sel, poivre

Préparation : 10 min
Cuisson : 30 min

- Préchauffez le four à 180°C.
- Faites cuire 20 min le **chou-fleur** coupé en gros morceaux dans une casserole avec 1,2 l d'eau.
- Ajoutez la **crème**, laissez cuire 10 min de plus, salez, poivrez et mixez avec un robot plongeant.
- Enfournez les tranches de **poitrine fumée** 5 min au four. Posez-les sur la crème de **chou-fleur** et dégustez.

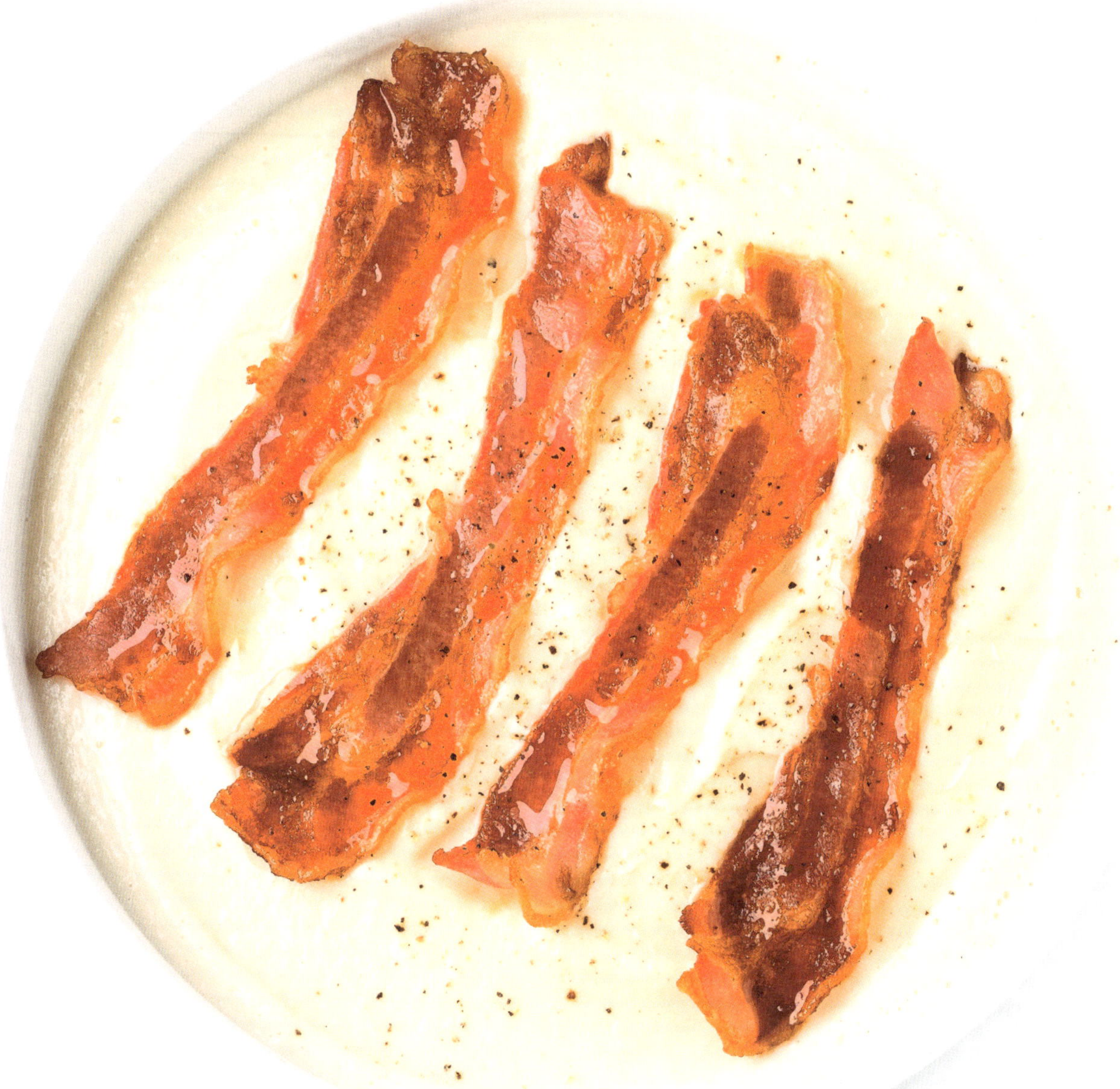

SOUPE AU CHOU

Chou vert frisé
x 1 (petit)

Carottes
x 2

Pommes de terre
x 4 (moyennes, à chair ferme)

Oignon doux
x 1

Lardons
250 g

Sel, poivre

2 cuil. à soupe d'huile neutre

Préparation : 10 min
Cuisson : 1h

- Faites saisir 5 min les **lardons** et les **oignons** épluchés et émincés avec 2 cuil. à soupe d'**huile** dans une cocotte. Ajoutez le **chou** coupé en morceaux et les **carottes** épluchées et coupées en rondelles. Versez 2 l d'eau, salez, poivrez. Laissez mijoter 30 min à feu doux.
- Ajoutez les **pommes de terre** épluchées et coupées en morceaux, faites cuire 25 min de plus.

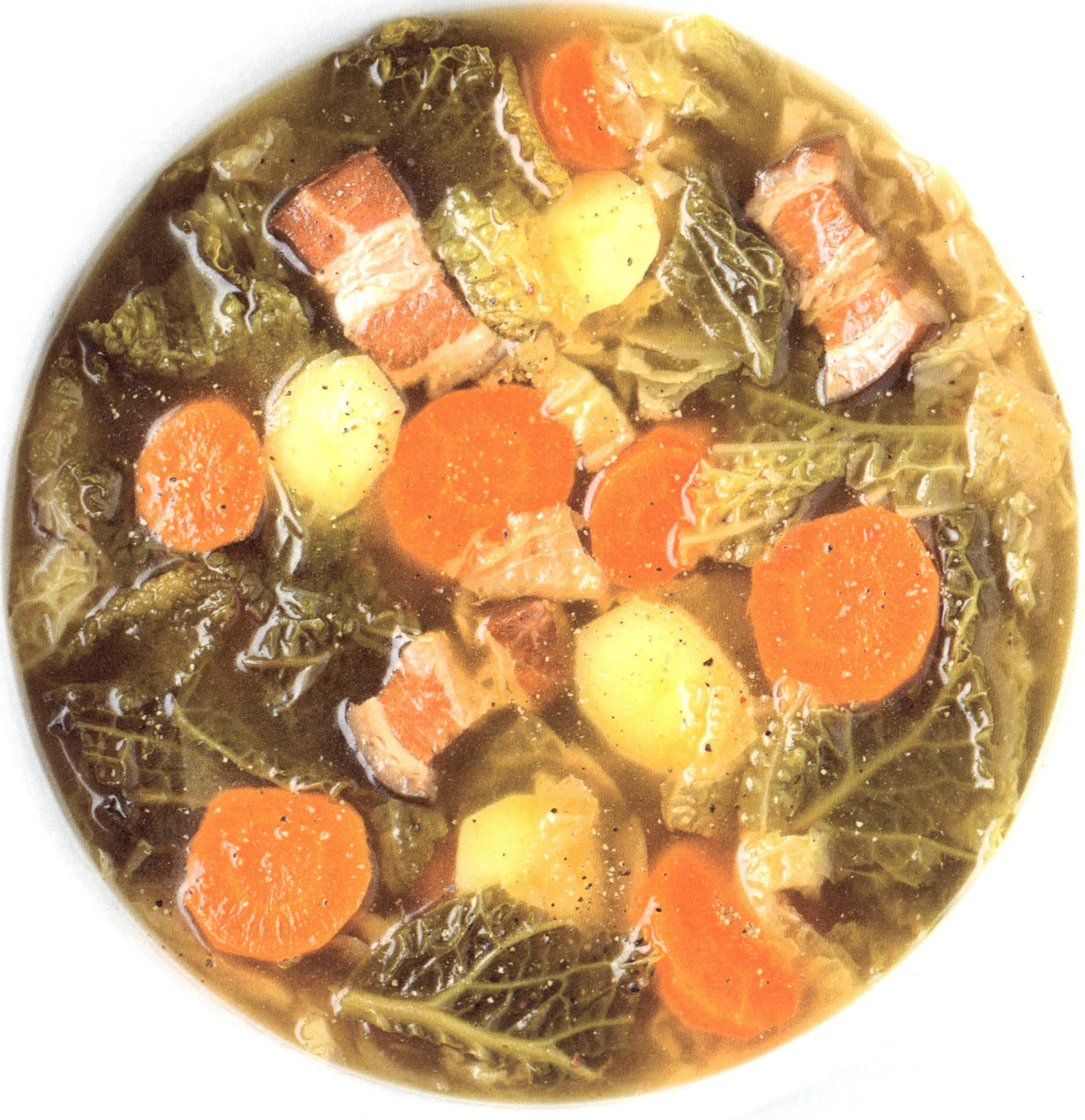

CRÈME DE POTIRON GRATINÉE

Potiron
1,2 kg

Crème
25 cl

Croûtons
x 10

Fromage râpé
100 g

Sel, poivre

4 personnes

Préparation : 10 min
Cuisson : 40 min

- Préchauffez le four à 180°C.
- Faites cuire 25 min la chair du **potiron** coupée en gros morceaux dans une cocotte avec 1,2 l d'eau.
- Ajoutez la **crème**, laissez cuire 10 min, salez, poivrez et mixez avec un robot plongeant dans la cocotte. Disposez les **croûtons** et le **fromage râpé** sur le dessus.
- Faites gratiner 15 min et dégustez.

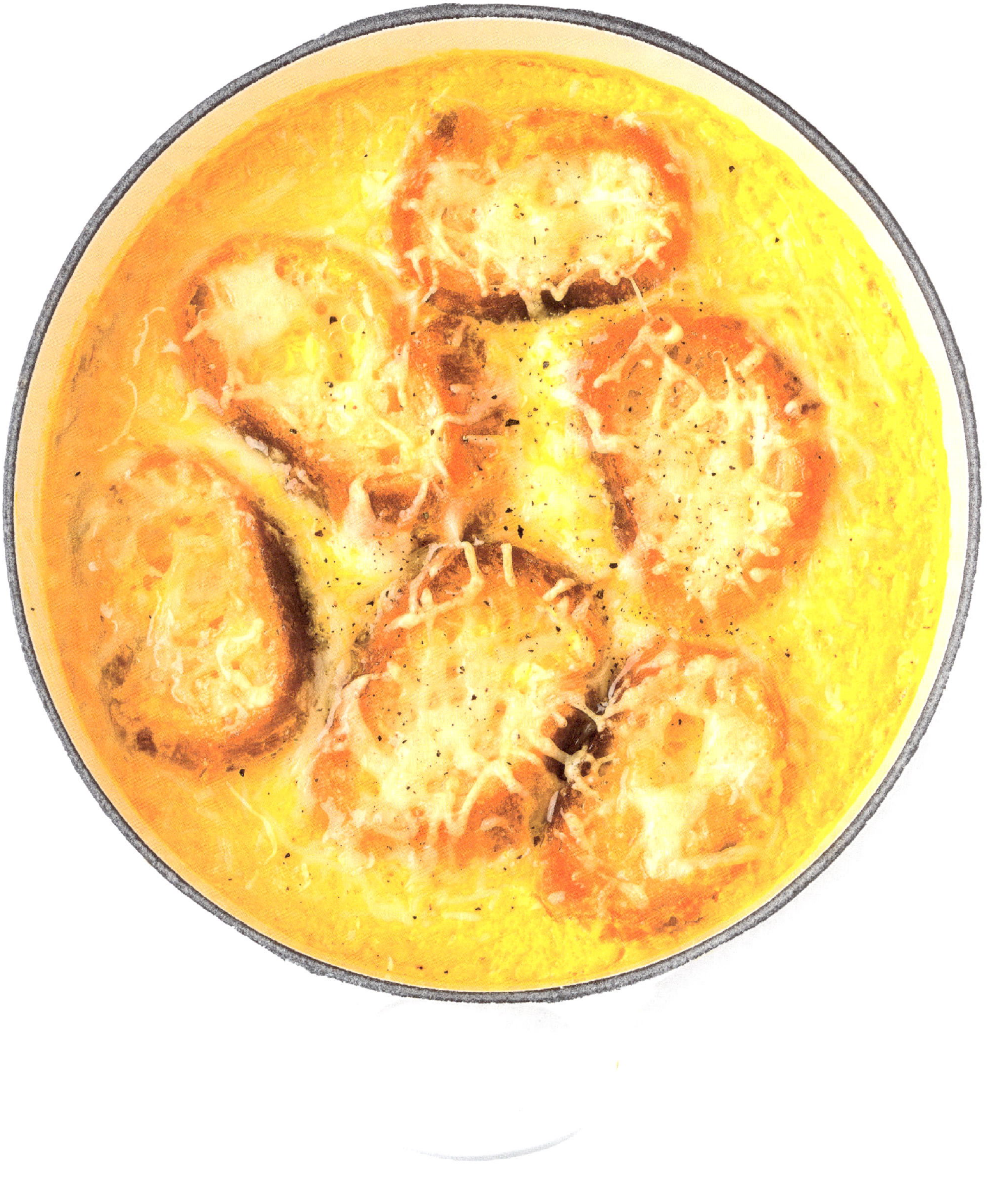

CRÈME DE CRESSON

Cresson
2 bottes

Crème liquide
20 cl

Pommes de terre
400 g

Bouillon de volaille
30 cl

Sel, poivre

Préparation : 10 min
Cuisson : 30 min

- Faites cuire à feu doux 30 min dans une cocotte à couvert, le **cresson** lavé et émincé, les **pommes de terre** épluchées et coupées en morceaux, le **bouillon** et la **crème**.
- Salez, poivrez, mixez avec un robot plongeant.
- Dégustez bien chaud.

GRATINÉE À L'OIGNON

Oignons doux
x 4

Bouillon de volaille
1 l

Beurre
20 g

Fromage râpé
120 g

Tranches de pain
x 20 (petites)

Sel, poivre

1 cuil. à soupe d'huile neutre

Préparation : 10 min
Cuisson : 45 min

- Préchauffez le gril du four.
- Épluchez et émincez les **oignons** et faites-les compoter 20 min dans une cocotte avec le **beurre** et 1 cuil. à soupe d'**huile**.
- Ajoutez le **bouillon** et laissez cuire 10 min de plus. Répartissez la soupe dans 4 bols.
- Ajoutez les **tranches de pain** et le **fromage râpé** et faites gratiner 15 min sous le gril du four.

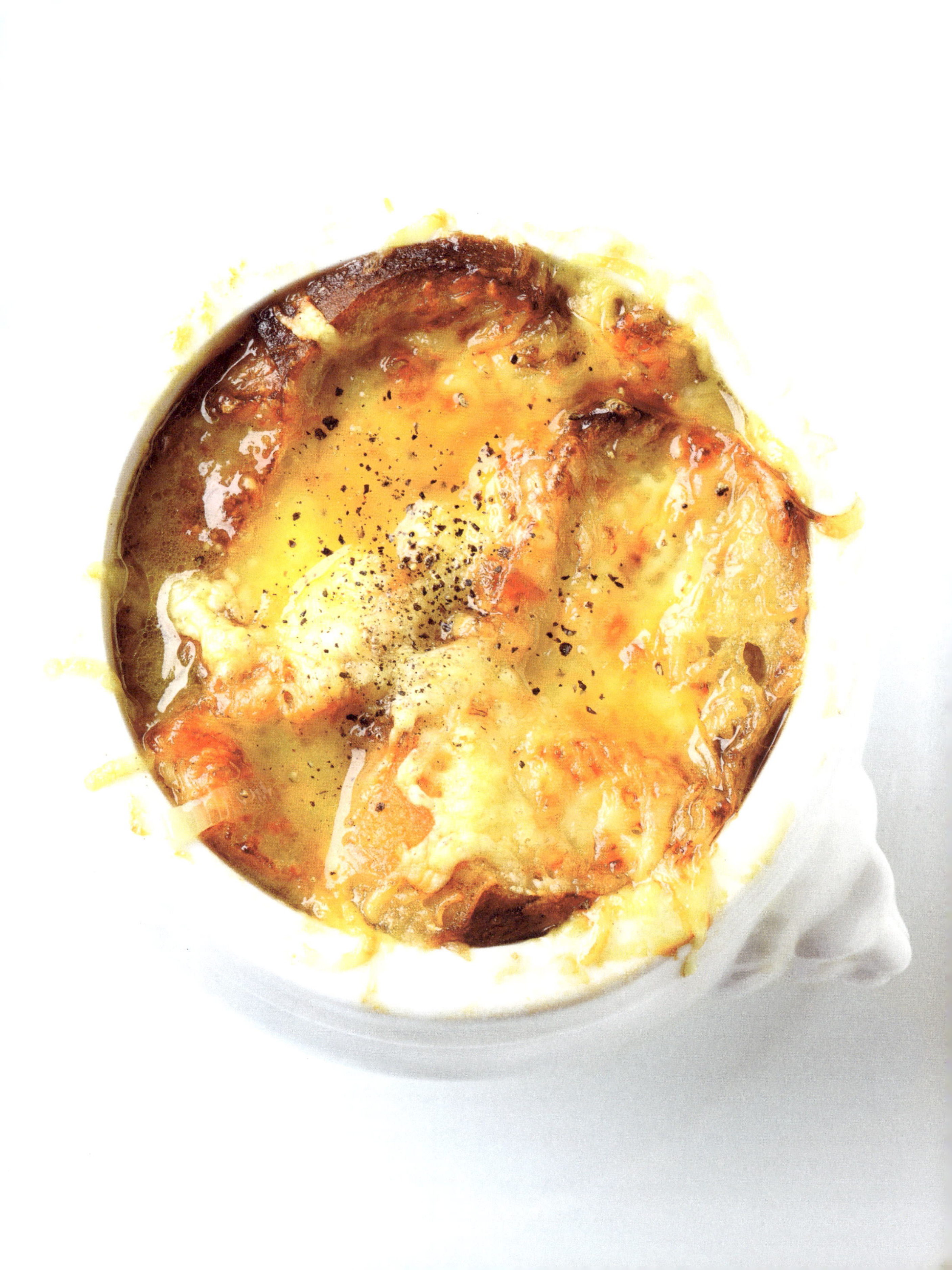

CRÈME DE CHAMPIGNONS

Champignons de Paris
500 g

Échalotes
x 2

Crème liquide
25 cl

Bouillon de volaille
50 cl

Sel, poivre

Préparation : 10 min
Cuisson : 30 min

- Faites colorer les **champignons** et les **échalotes** émincés avec le **beurre** dans une cocotte. Versez le **bouillon**, laissez mijoter 20 min. Versez la **crème**, laissez cuire 10 min de plus, salez, poivrez.
- Réservez quelques **champignons** pour décorer puis mixez la crème avec un robot plongeant et dégustez.

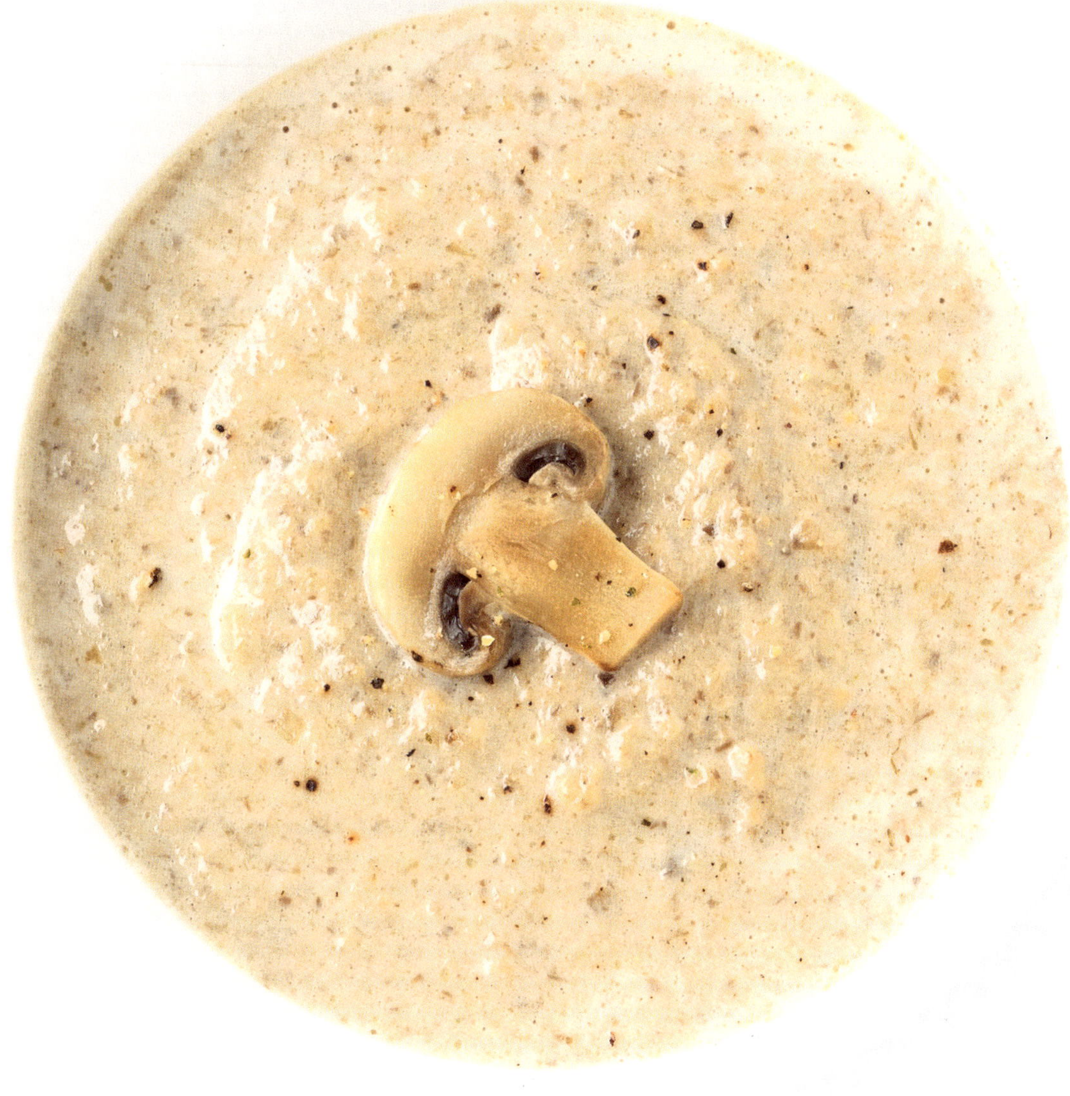

SOUPE AU PISTOU

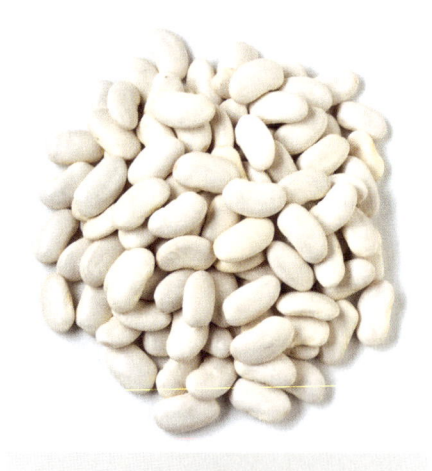

Haricots blancs secs
200 g

Légumes variés
(2 courgettes + 4 tomates, 2 carottes)

Coquillettes
70 g

Huile d'olive
4 cuil. à soupe

Basilic
2 bottes

Ail
4 gousses

Sel, poivre

Préparation : 15 min
Cuisson : 1 h 30

- La veille, mettez les **haricots secs** à tremper.
- Faites cuire dans une cocotte 1 h 15 à feu doux, les **haricots**, les **courgettes** et les **carottes** en cubes avec 2,5 l d'eau. Ajoutez les **coquillettes** et faites cuire 15 min de plus.
- Mixez les **tomates** avec l'**ail**, l'**huile d'olive** et le **basilic**. Ajoutez le pistou dans la soupe, salez, poivrez et dégustez.

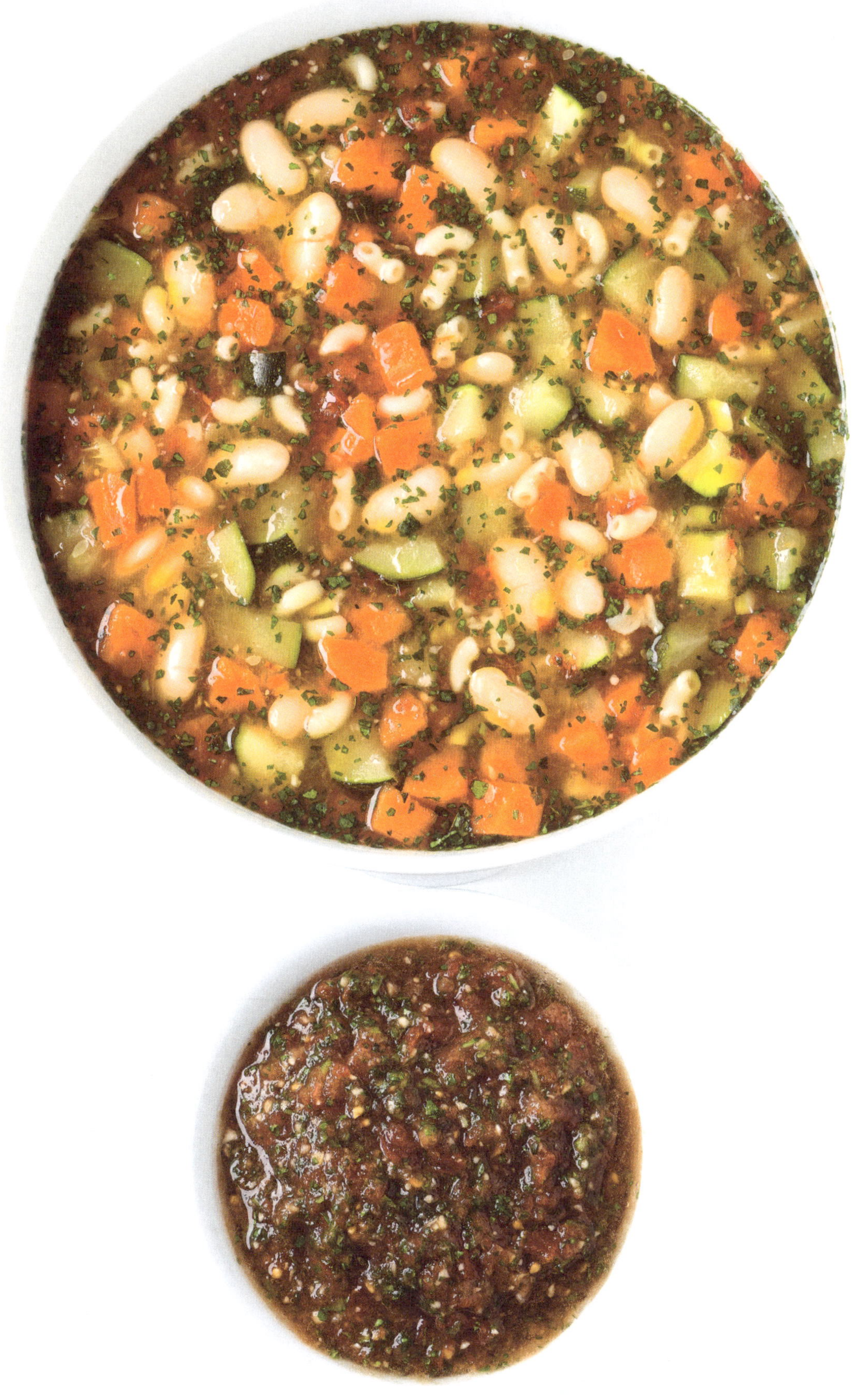

SOUPE DE POISSONS

Poissons
1 kg (têtes et colliers)

Ail
4 gousses

Concentré de tomates
1 petite boîte (70 g)

Oignon doux
x 2

Accompagnements
(rouille, croûtons et fromage râpé)

Bouquets garnis
x 2

Sel, poivre

4 cuil. à soupe d'huile neutre

: 4 à 6

Préparation : 10 min
Cuisson : 1 h

- Faites revenir 5 min les **oignons** et l'**ail** émincés avec 4 cuil. à soupe d'**huile** dans une cocotte.
- Ajoutez les **poissons**, les **bouquets garnis**, le **concentré de tomates** et 2 l d'eau. Laissez mijoter 1 h à feu doux en remuant.
- Passez la soupe au moulin à légumes (grosse grille), salez, poivrez et dégustez avec des **croûtons**, de la **rouille** et du **fromage râpé**.

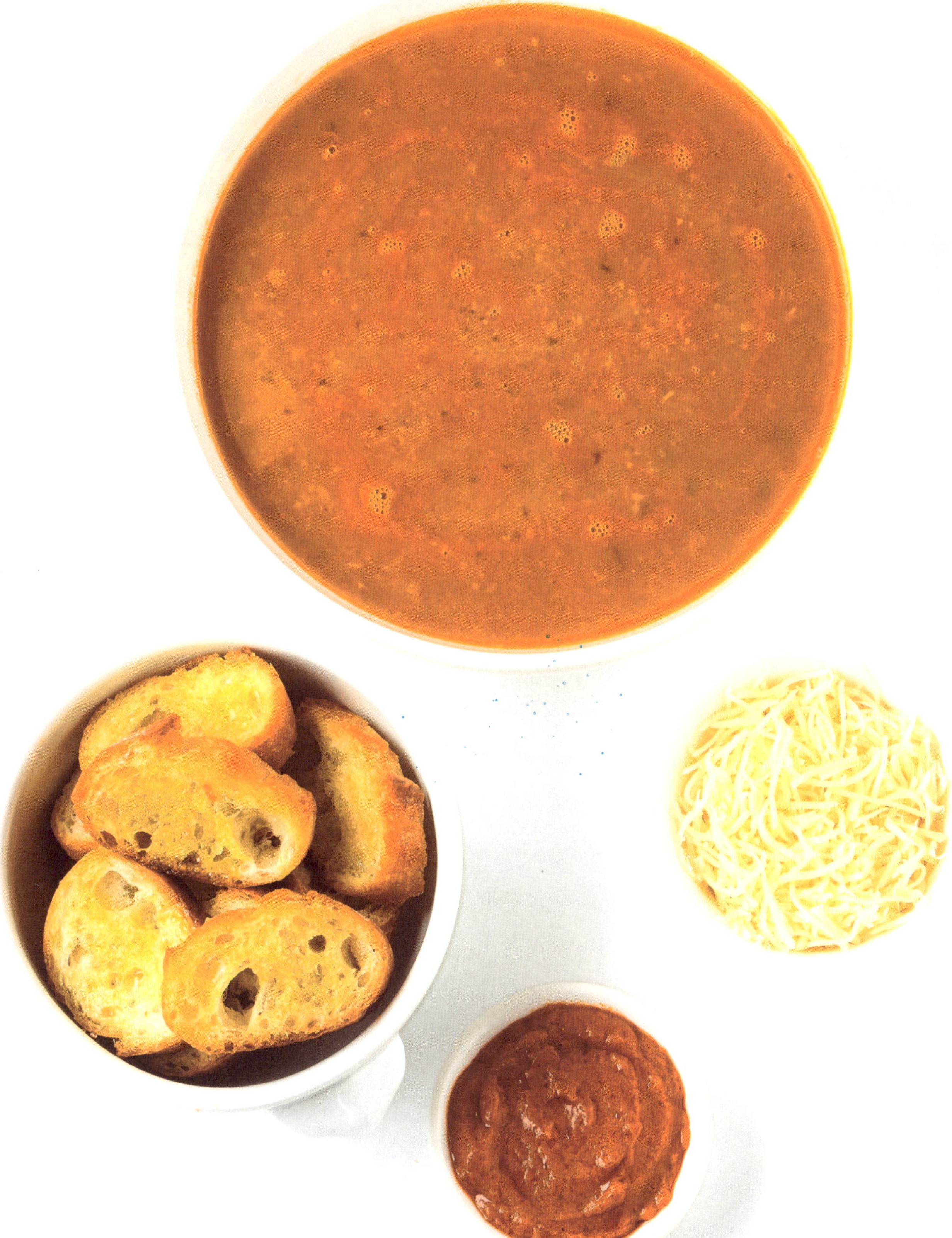

GARBURE

Légumes variés
(2 carottes, 1 poireau, 4 navets, 1 oignon, 4 pommes de terre)

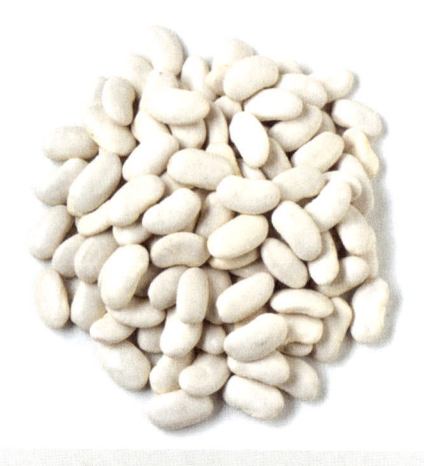

Haricots blancs secs
150 g (tarbais)

Cuisses de canard confit
x 2

Talon de jambon
x 1 (200 g)

Chou vert frisé
x ½

Sel, poivre
: 6 à 8

Préparation : 15 min
Cuisson : 2 h
Attente : 12 h

- La veille, faites tremper les **haricots secs**.
- Faites mijoter 1h30 à feu doux dans une cocotte avec 3 l d'eau, les **haricots**, les **légumes** épluchés, lavés et découpés en morceaux et le **talon de jambon** coupé en cubes.
- Ajoutez les **cuisses de canard** dans la cocotte, laissez mijoter 30 min de plus, salez, poivrez et dégustez.

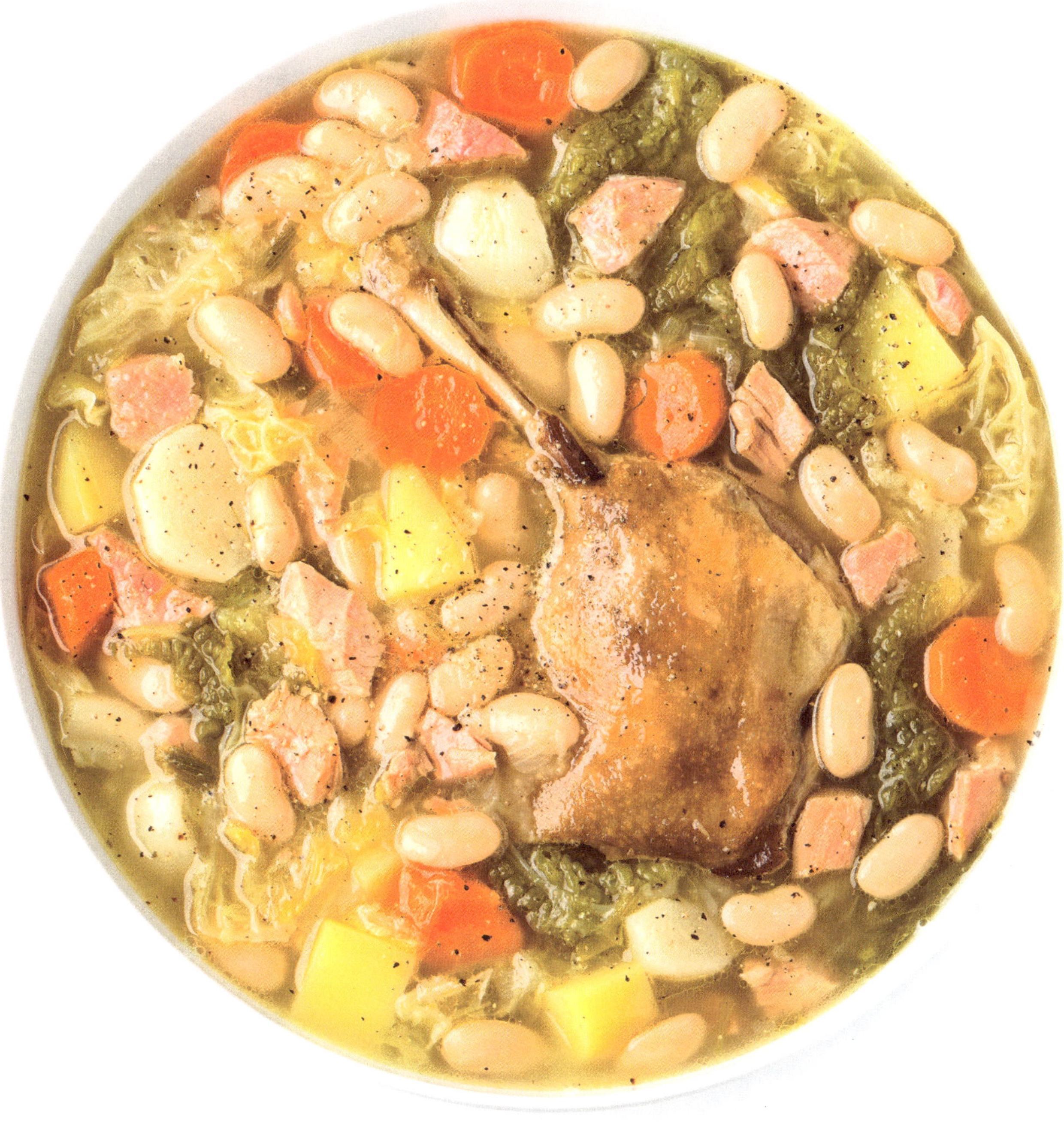

AUBERGINES À LA BONIFACIENNE

Aubergines
x 2 (grosses)

Ail
4 gousses

Concassé de tomates
1 grosse boîte (800 g)

Pecorino corse
150 g

Basilic
1 botte

Œuf
x 1

Sel, poivre

1 filet d'huile d'olive

Préparation : 10 min
Cuisson : 35 min

- Préchauffez le four à 180°C.
- Mixez l'**ail**, le **basilic**, le **pecorino** et l'**œuf** dans un robot. Salez, poivrez.
- Ébouillantez les **aubergines** 15 min, coupez-les en 2 dans la longueur, évidez la chair et mélangez-la avec le hachis. Farcissez les **aubergines** et enfournez-les 20 min avec le **concassé de tomates**. Dégustez avec 1 filet d'**huile d'olive**.

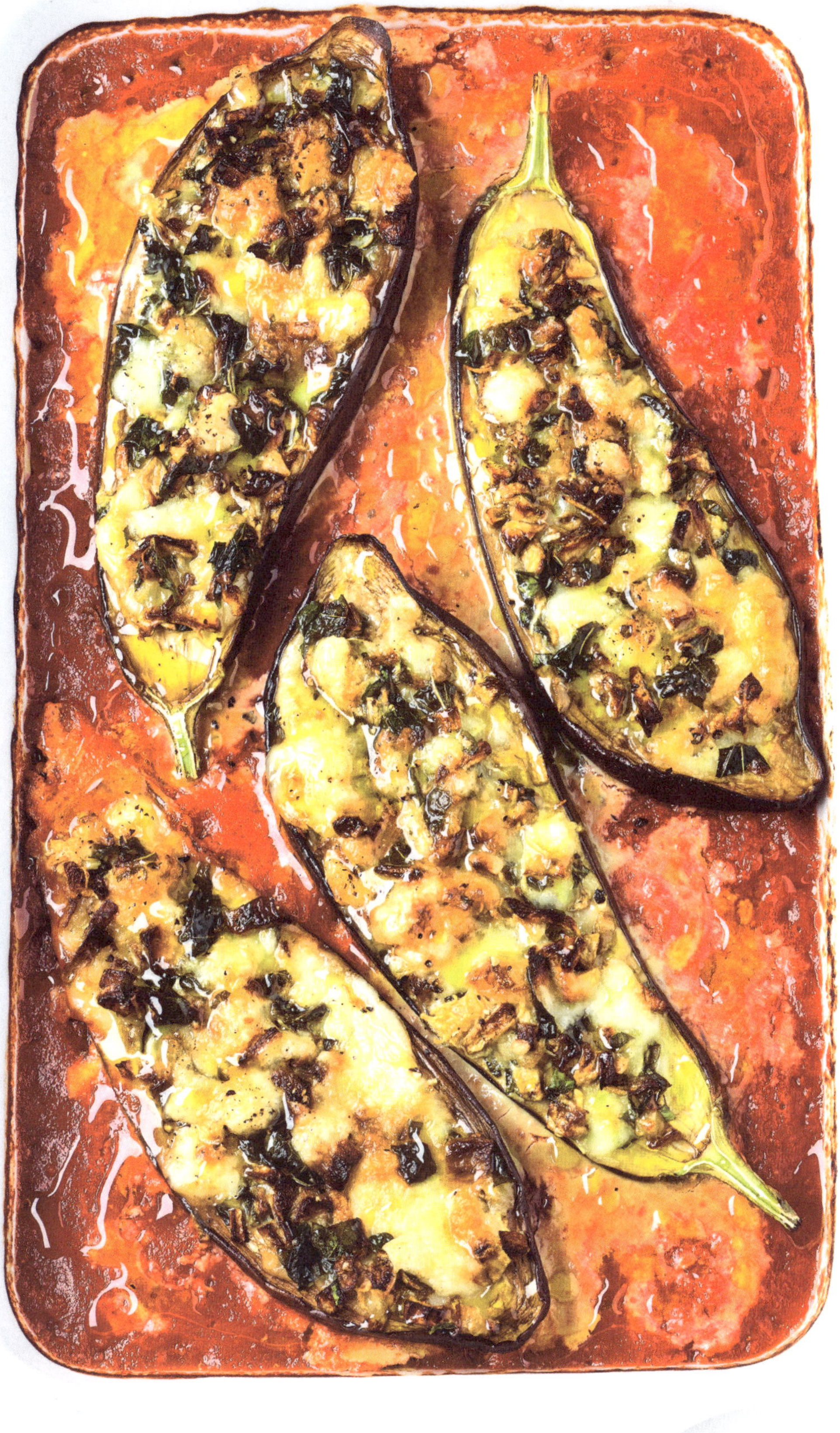

GRATIN DE MACARONIS

Macaronis
250 g (longs ou courts)

Jambon blanc
4 tranches

Fromage râpé
100 g

Crème liquide
25 cl

Sel, poivre

Préparation : 10 min
Cuisson : 35 min

- Faites cuire les **pâtes** (*al dente*) à l'eau bouillante salée. Égouttez-les et rafraîchissez-les.
- Préchauffez le four à 180°C.
- Mélangez les **pâtes** cuites et froides avec la **crème**, le **jambon** coupé en morceaux et le **fromage râpé** dans un grand saladier. Salez, poivrez. Dressez dans un plat à gratin et enfournez 25 min.

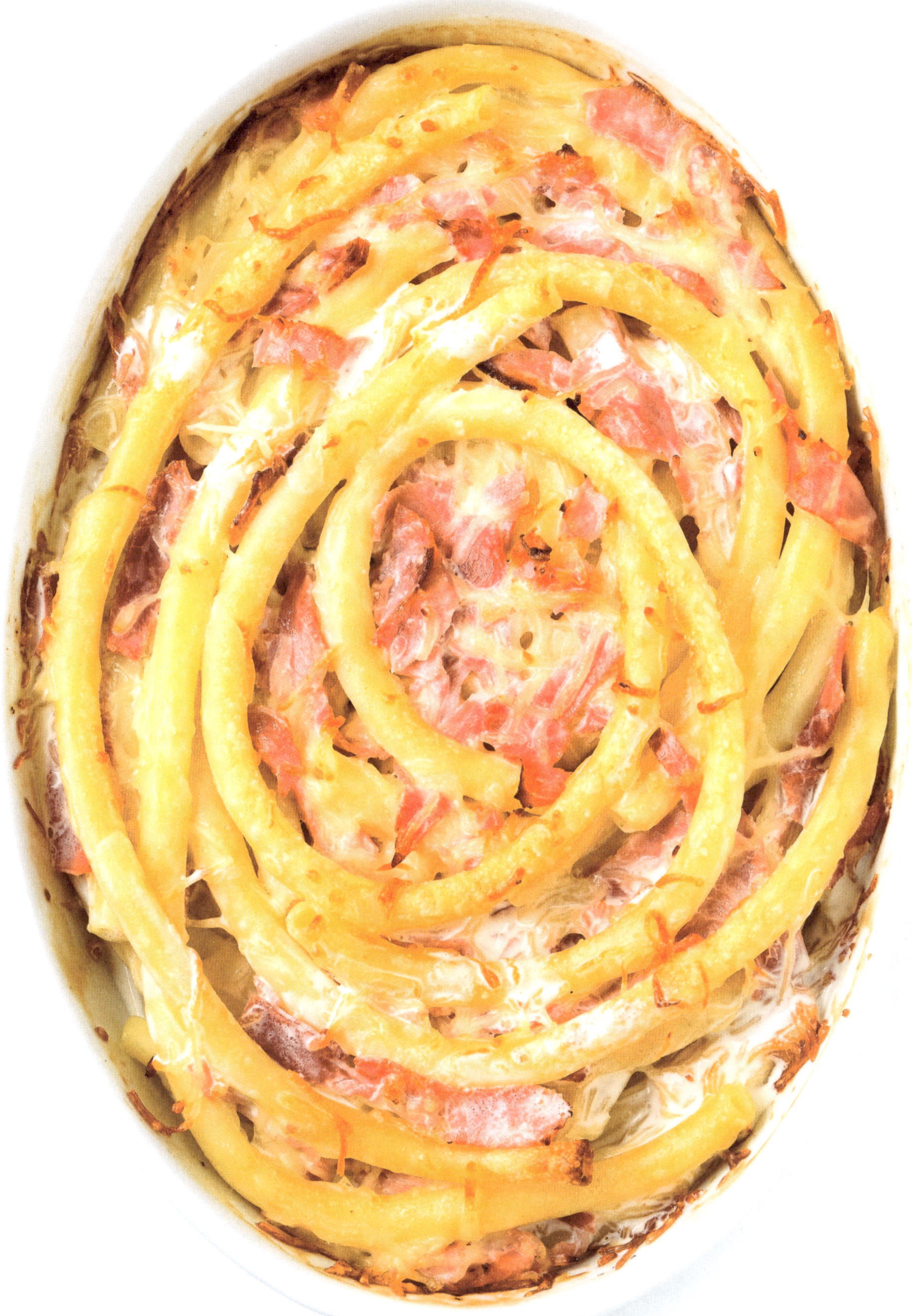

TOMATES FARCIES

Tomates
x 8

Riz
250 g

Persil plat
1 botte

Ail
4 gousses

Chair à saucisse
700 g

Sel, poivre

Préparation : 10 min
Cuisson : 45 min

- Préchauffez le four à 180°C.
- Versez le **riz** et 80 cl d'eau dans un plat à four. Coupez les chapeaux des **tomates**, évidez-les et mélangez la pulpe avec le **riz** dans le plat.
- Farcissez les **tomates** avec la **chair à saucisse** mélangée avec le **persil** et l'**ail** hachés. Salez, poivrez, reposez les chapeaux et disposez les **tomates** dans le plat. Enfournez 45 min.

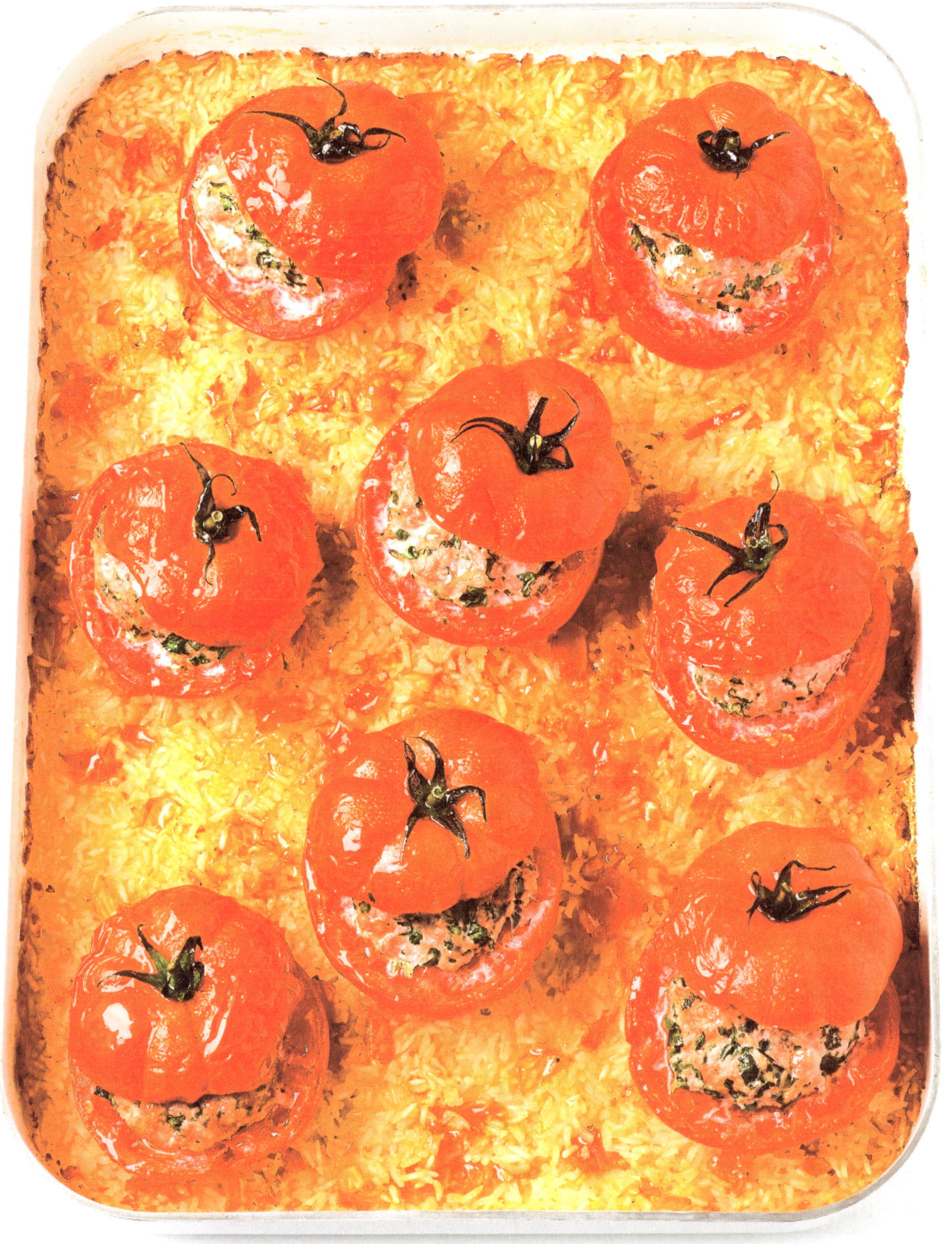

ŒUFS GRATINÉS AUX ÉPINARDS

Épinards 500 g (lavés)

Fromage râpé 100 g

Œufs x 4

Beurre 40 g

Crème 20 cl

Sel, poivre

1 cuil. à soupe d'huile neutre

4 personnes

Préparation : 10 min
Cuisson : 20 min

- Préchauffez le gril du four.
- Ébouillantez les **œufs** 5 min précisément, rafraîchissez-les et épluchez-les. Faites saisir les **épinards** 10 min dans une poêle avec le **beurre** et 1 cuil. à soupe d'**huile**. Ajoutez la **crème**, salez, poivrez, mélangez et versez dans un plat à gratin. Ajoutez les **œufs** et le **fromage râpé**.
- Faites gratiner 5 min.

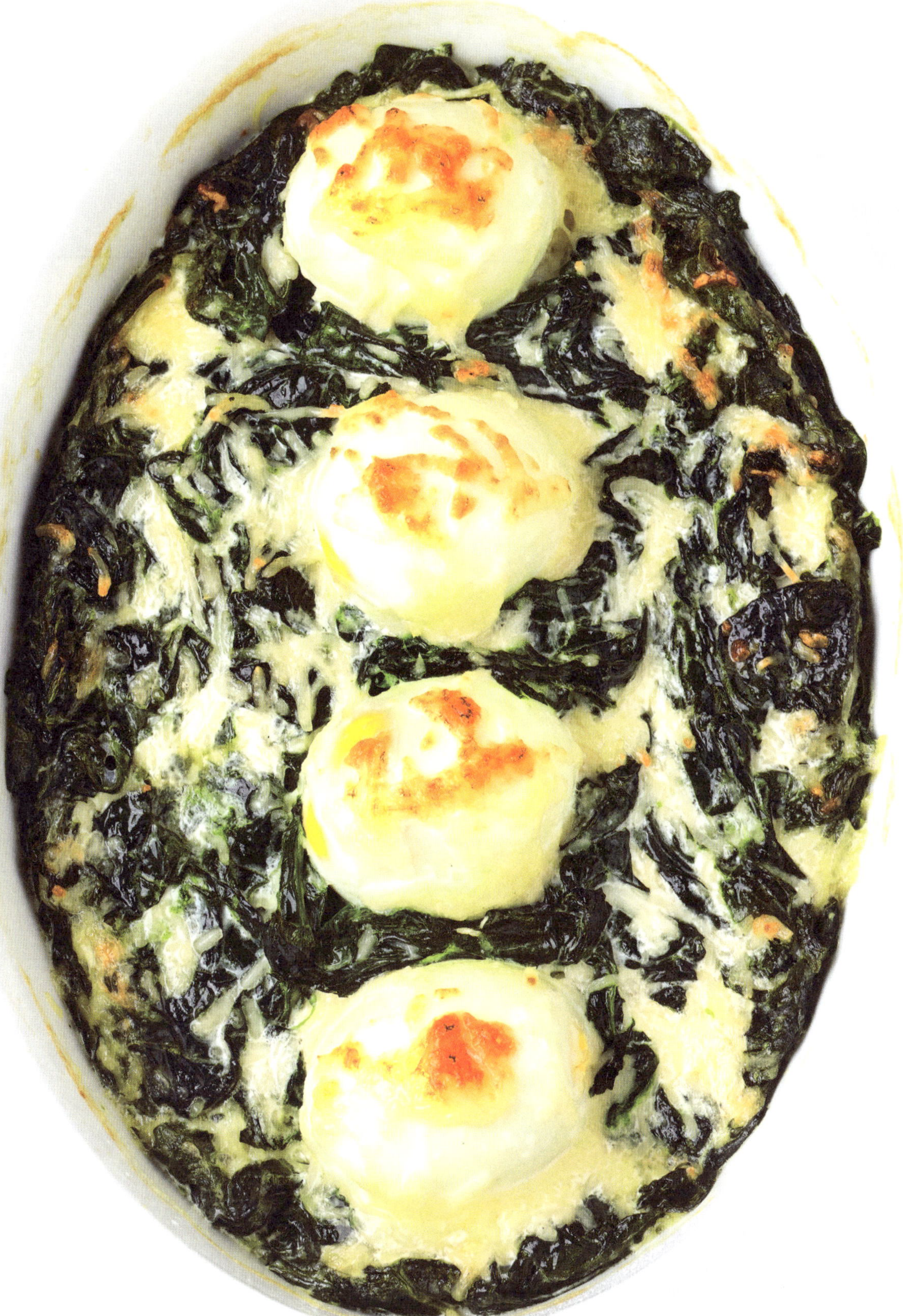

CROZIFLETTE

Crozets 400 g

Crème liquide 50 cl

Reblochon x 1

Lardons 250 g

Oignons doux x 2

Sel, poivre

1 cuil. à soupe d'huile neutre

Préparation : 10 min
Cuisson : 30 min

- Préchauffez le four à 200°C.
- Faites colorer les **oignons** émincés et les **lardons** dans une poêle 5 min avec 1 cuil. à soupe d'**huile**.
- Ébouillantez les **crozets** 15 min, égouttez-les et versez-les dans un plat. Ajoutez les **oignons**, les **lardons**, le **reblochon** en tranches, la **crème** et enfournez 15 min. Salez et poivrez.

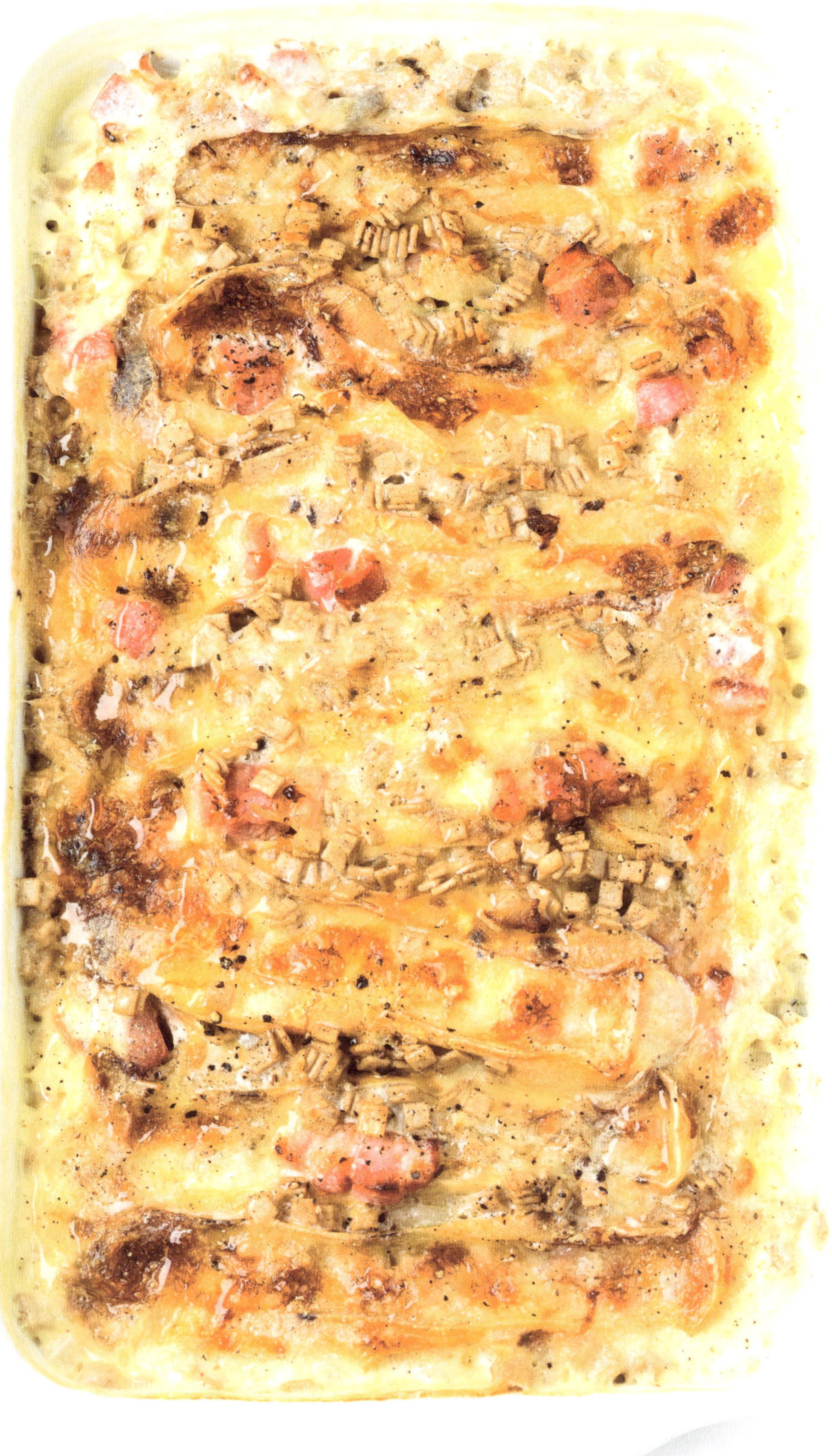

PETITS FARCIS

Légumes variés
(3 courgettes, 3 tomates, 1 aubergine, 2 oignons)

Ail
6 gousses

Chair à saucisse
600 g

Biscottes
x 4

Persil plat
4 brins

Sel, poivre

1 filet d'huile d'olive

4 à 6

Préparation : 15 min
Cuisson : 45 min

- Préchauffez le four à 180°C.
- Coupez les **courgettes**, les **oignons** et les **tomates** en 2, l'**aubergine** en 8 et évidez-les. Mélangez la **chair à saucisse** avec l'**ail**, le **persil** et la pulpe des **légumes** hachés.
- Farcissez les **légumes**, saupoudrez de **biscottes** écrasées, salez, poivrez et enfournez 45 min. Dégustez avec 1 filet d'**huile d'olive**.

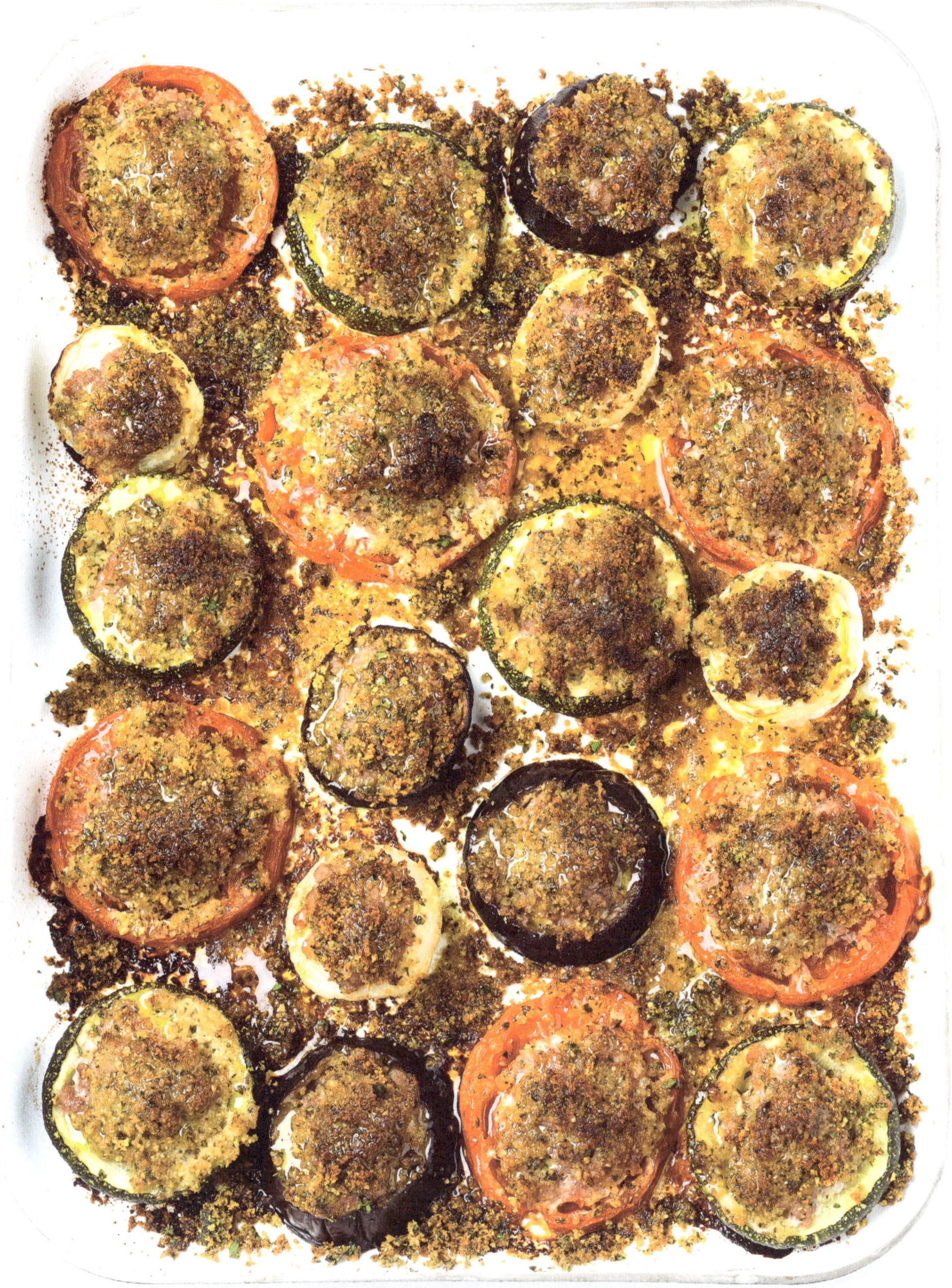

GRATIN DE CARDONS À LA MOELLE

Cardons
1 botte (environ 1 kg)

Moelle
250 g (désossée)

Crème liquide
33 cl

Fromage râpé
100 g

Sel, poivre

: 4 à 5

Préparation : 10 min
Cuisson : 1h

- Préchauffez le four à 180°C.
- Épluchez, découpez et ébouillantez les **cardons** 30 min.
- Faites chauffer 1 min la **moelle** coupée en morceaux avec la **crème**.
- Mettez les **cardons** dans un plat, ajoutez la **crème** et la **moelle**, répartissez le **fromage râpé**, salez, poivrez et enfournez 30 min.

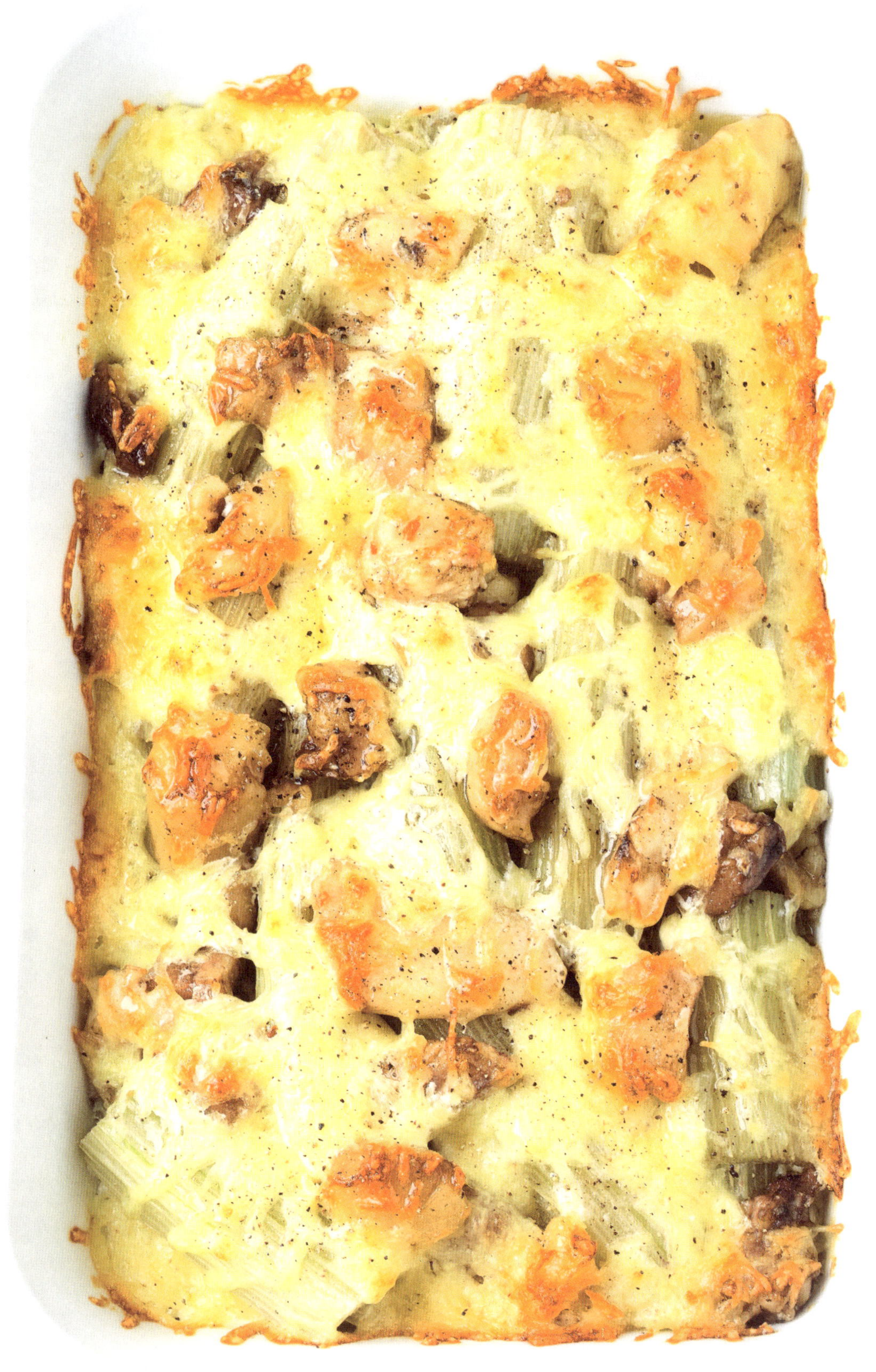

CANNELLONIS AU BROCCIU

Cannellonis
x 20

Blettes
1 botte

Brocciu (ou brousse)
500 g

Menthe
1 botte

Concassé de tomates
1 grosse boîte (800 g)

Sel, poivre

1 filet d'huile d'olive

Préparation : 15 min
Cuisson : 35 min

- Préchauffez le four à 180°C.
- Ébouillantez les **blettes** coupées en morceaux 20 min. Hachez-les et mélangez-les avec le **brocciu** et la **menthe** coupée aux ciseaux.
- Garnissez les **cannellonis** avec cette préparation, placez-les dans un plat à four avec le **concassé de tomates**. Salez, poivrez, enfournez 35 min et dégustez avec 1 filet d'**huile d'olive**.

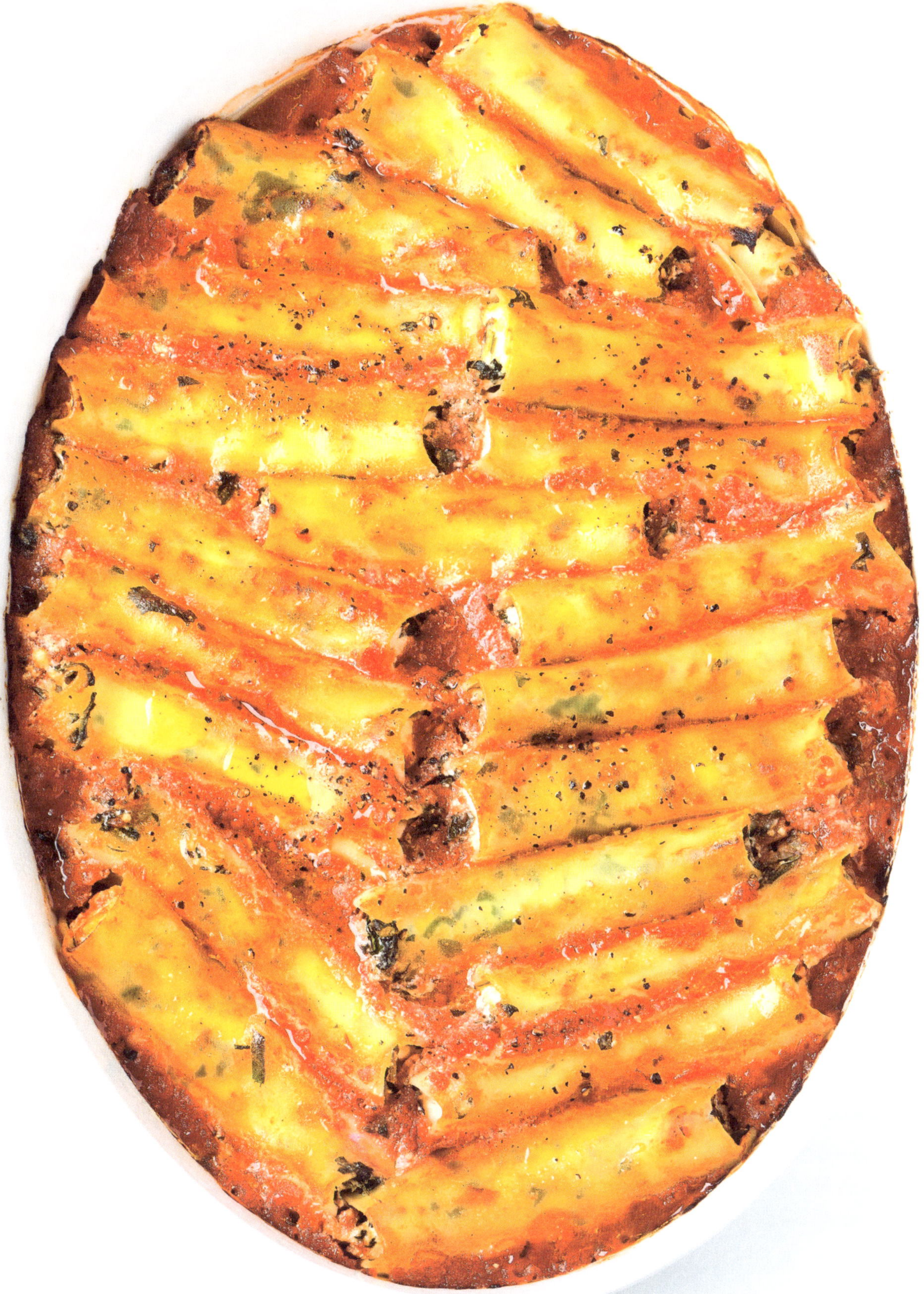

TARTIFLETTE

Pommes de terre 1 kg (grosses)	**Crème liquide** 25 cl	**Reblochon** x 1
Oignons doux x 2	**Lardons** 250 g (gros)	**Beurre** 50 g

Sel, poivre

: 4 à 5

Préparation : 10 min
Cuisson : 50 min

- Préchauffez le four à 180°C.
- Faites colorer les **lardons** et les **oignons** épluchés et émincés avec le **beurre**.
- Ébouillantez les **pommes de terre** 20 min, coupez-les en tranches et disposez-les dans un plat. Ajoutez les **lardons**, les **oignons**, le **reblochon** coupé en tranches avec la peau et la **crème**. Salez, poivrez et enfournez 30 min.

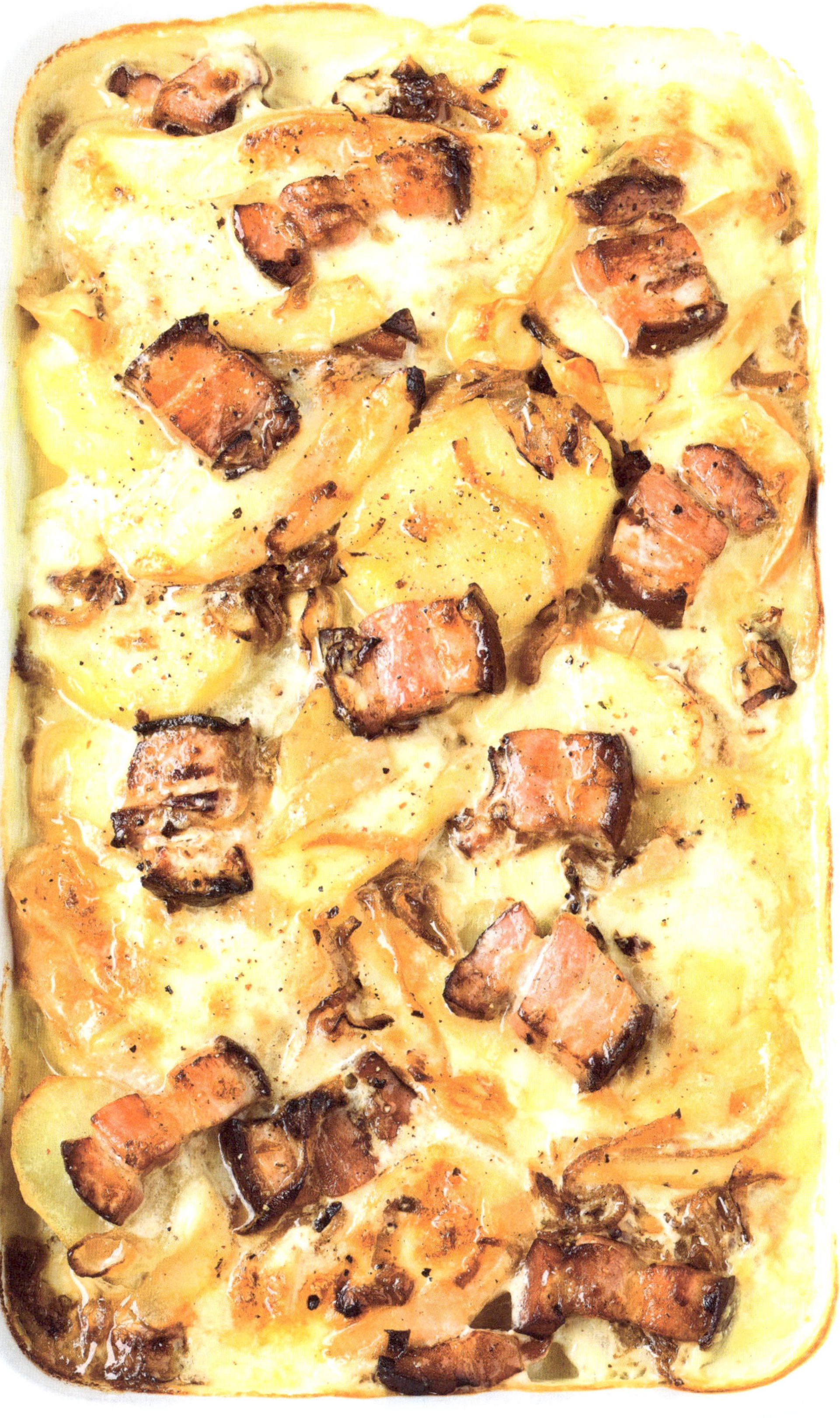

STORZAPRETTIS

Brocciu (ou brousse)
500 g

Blettes
1 botte

Œufs
x 3

Menthe
1 botte

Concassé de tomates
1 grosse boîte (800 g)

Pecorino corse
50 g

Sel, poivre
1 filet d'huile d'olive

Préparation : 15 min
Cuisson : 45 min

- Préchauffez le four à 180°C.
- Ébouillantez les **blettes** en morceaux 20 min et égouttez-les. Hachez-les et mélangez-les avec le **brocciu**, le **pecorino** râpé, les **œufs** et la **menthe** ciselée. Salez, poivrez.
- Formez des grosses boules, placez-les dans un plat avec le **concassé de tomates**. Enfournez 30 min et dégustez avec 1 filet d'**huile d'olive**.

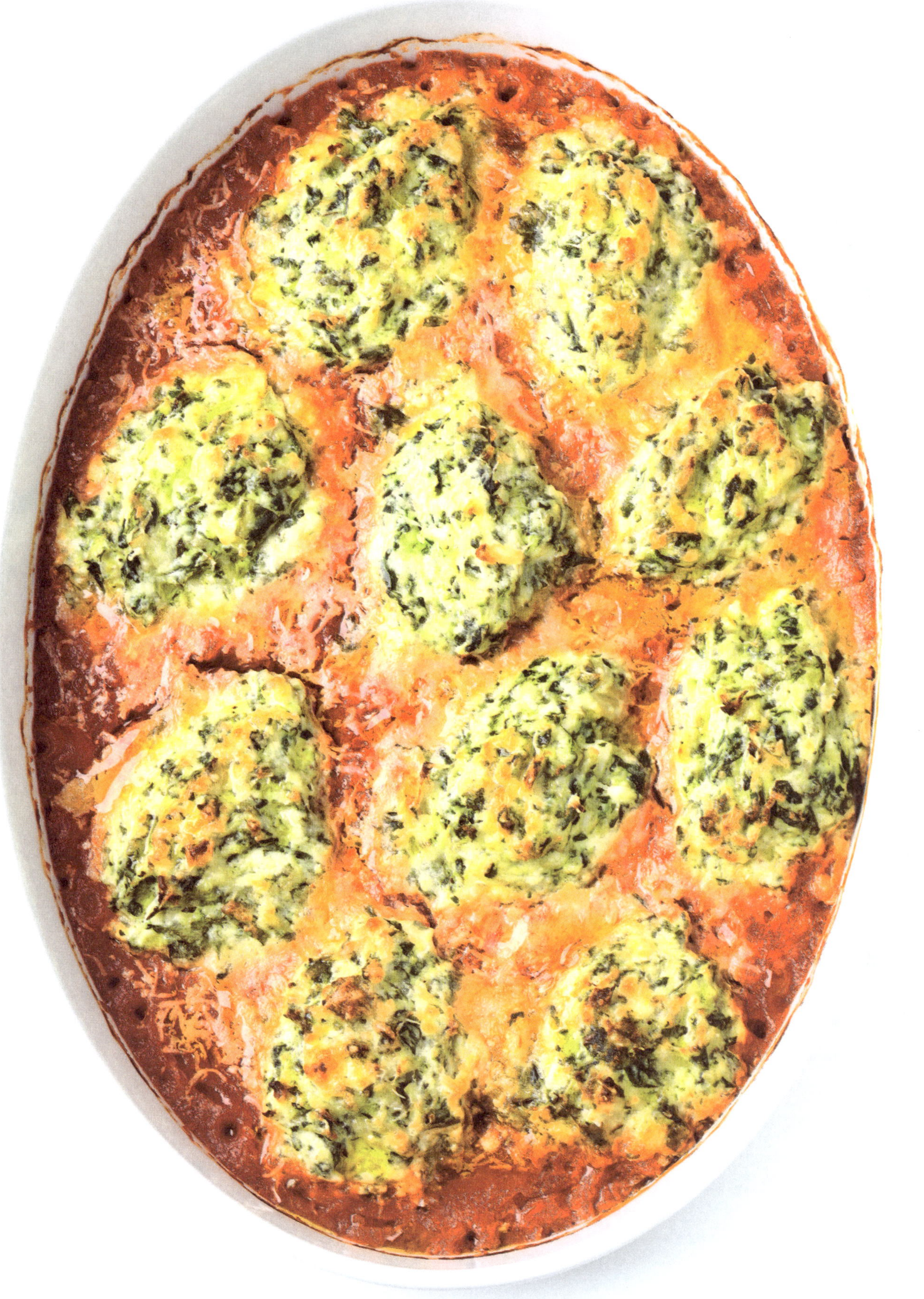

VEAU À LA CORSE

Sauté de veau
1,2 kg

Olives vertes
160 g (dénoyautées)

Vin rouge
1 bouteille (75 cl)

Bouquets garnis
x 2

Coulis de tomates
50 cl

Ail
1 tête

Sel, poivre

4 cuil. à soupe d'huile neutre

Préparation : 5 min
Cuisson : 2 h

- Faites colorer le **veau** dans une cocotte avec 4 cuil. à soupe d'**huile**. Ajoutez l'**ail** entier, les **bouquets garnis**, le **coulis de tomates**, les **olives** et le **vin**. Laissez mijoter 2 h à couvert à feu très doux en remuant de temps en temps.
- Salez, poivrez et dégustez.

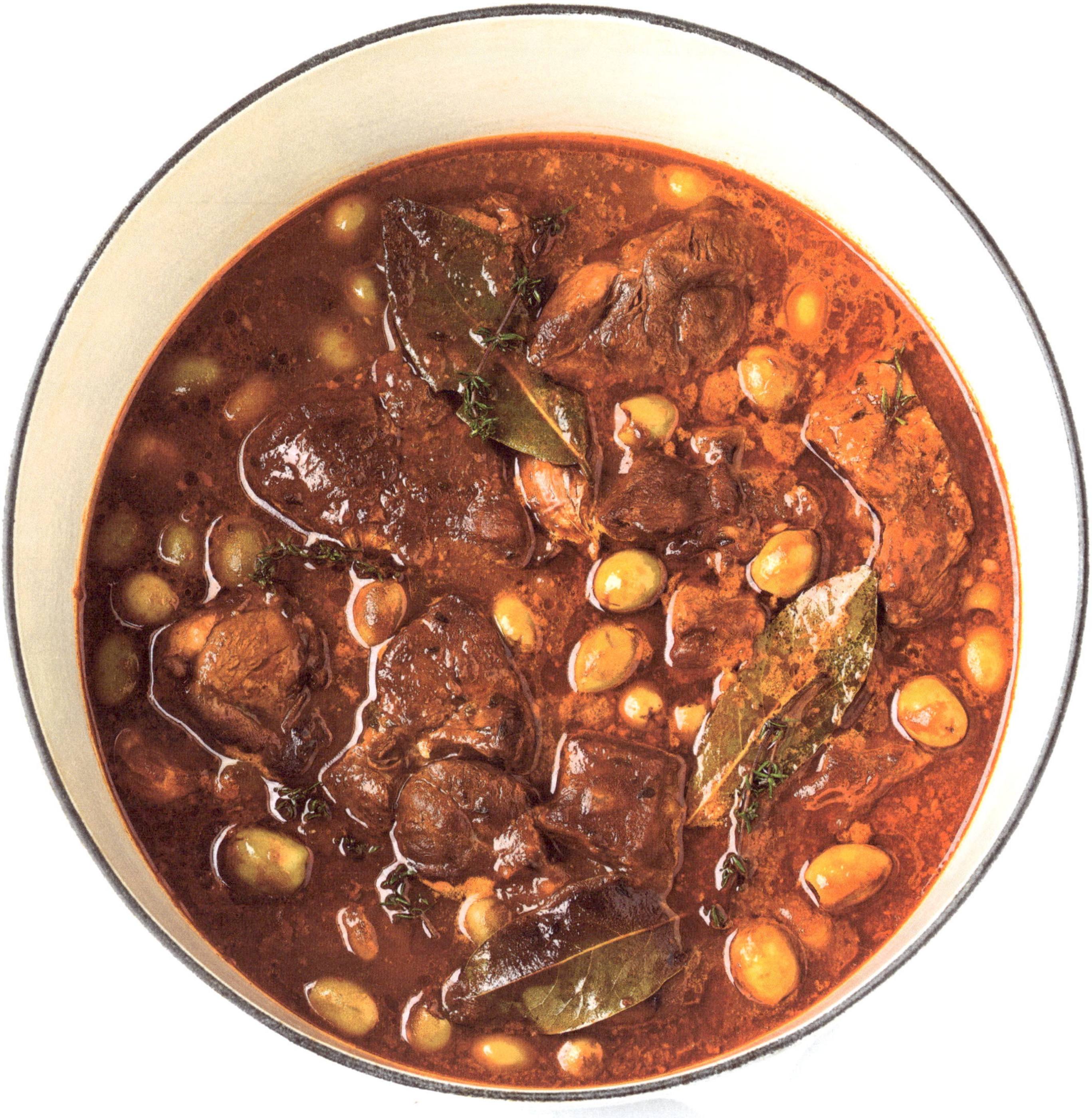

CAILLETTES

Blettes
6 côtes

Chair à saucisse
700 g

Salade
x 1 (petite)

Crépine
250 g

Épinards
250 g

Sel, poivre

Préparation : 15 min
Cuisson : 1 h 20

- Préchauffez le four à 180°C.
- Ébouillantez les **blettes** en morceaux, les **épinards** et la **salade** 20 min. Pressez-les et hachez-les. Salez, poivrez. Étalez 8 carrés de **crépine**, répartissez la **chair à saucisse**, les **légumes**, ramenez les bords et formez les caillettes. Enfournez 1 h en les arrosant régulièrement. Dégustez chaud ou froid.

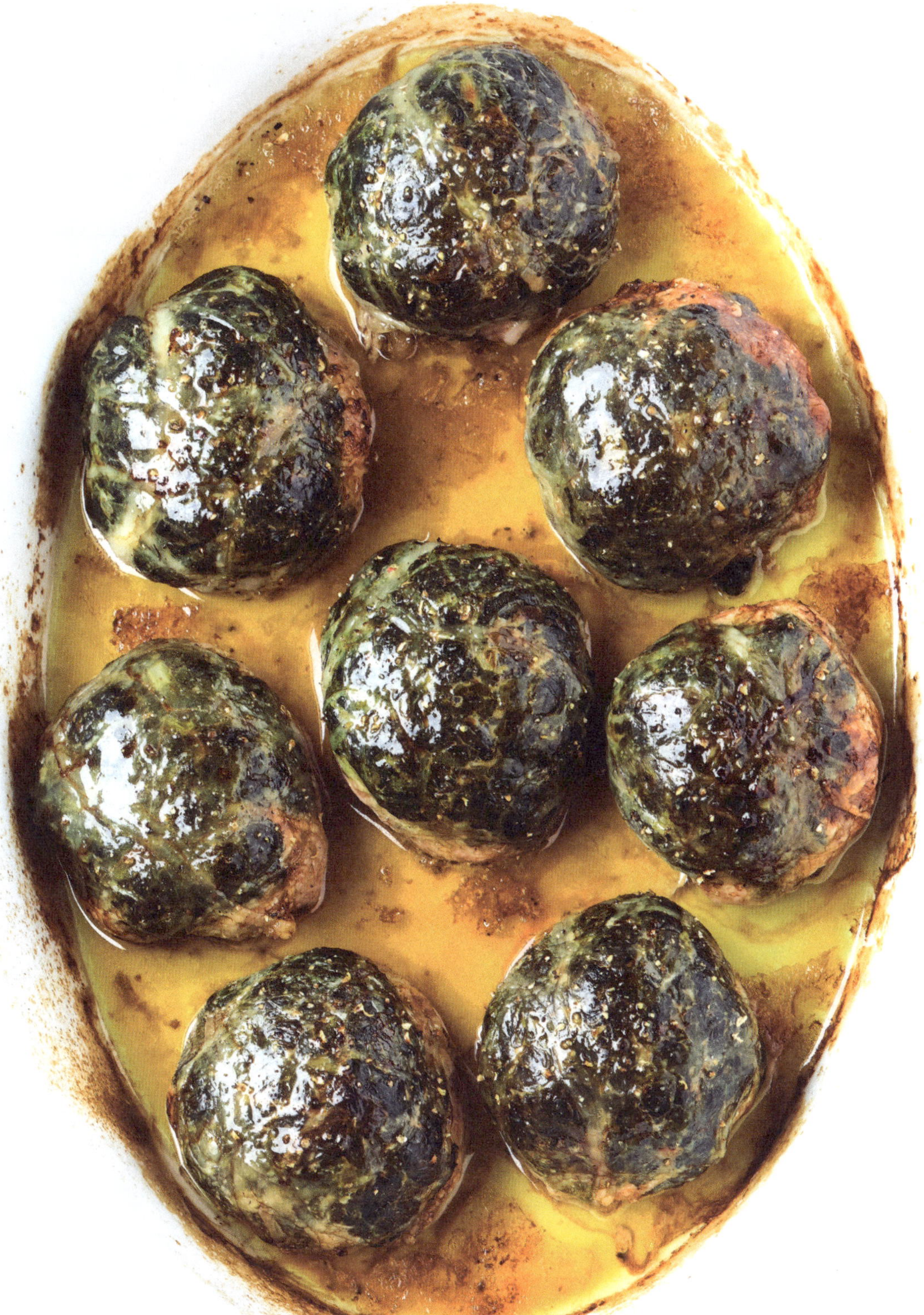

ENDIVES AU JAMBON

Endives (ou chicons)
x 12 (petites)

Jambon blanc
8 tranches

Crème liquide
60 cl

Fromage râpé
150 g

Sel, poivre

👤 : 4 à 6

⏱
Préparation : 10 min
Cuisson : 30 min

- Préchauffez le four à 180°C.
- Découpez les tranches de **jambon** en 3 et les **endives** en 2. Enveloppez-les de **jambon** et disposez-les dans un grand plat à gratin.
- Mélangez le **fromage râpé** et la **crème** et répartissez le mélange sur les **endives**.
- Salez, poivrez, enfournez 30 min et dégustez.

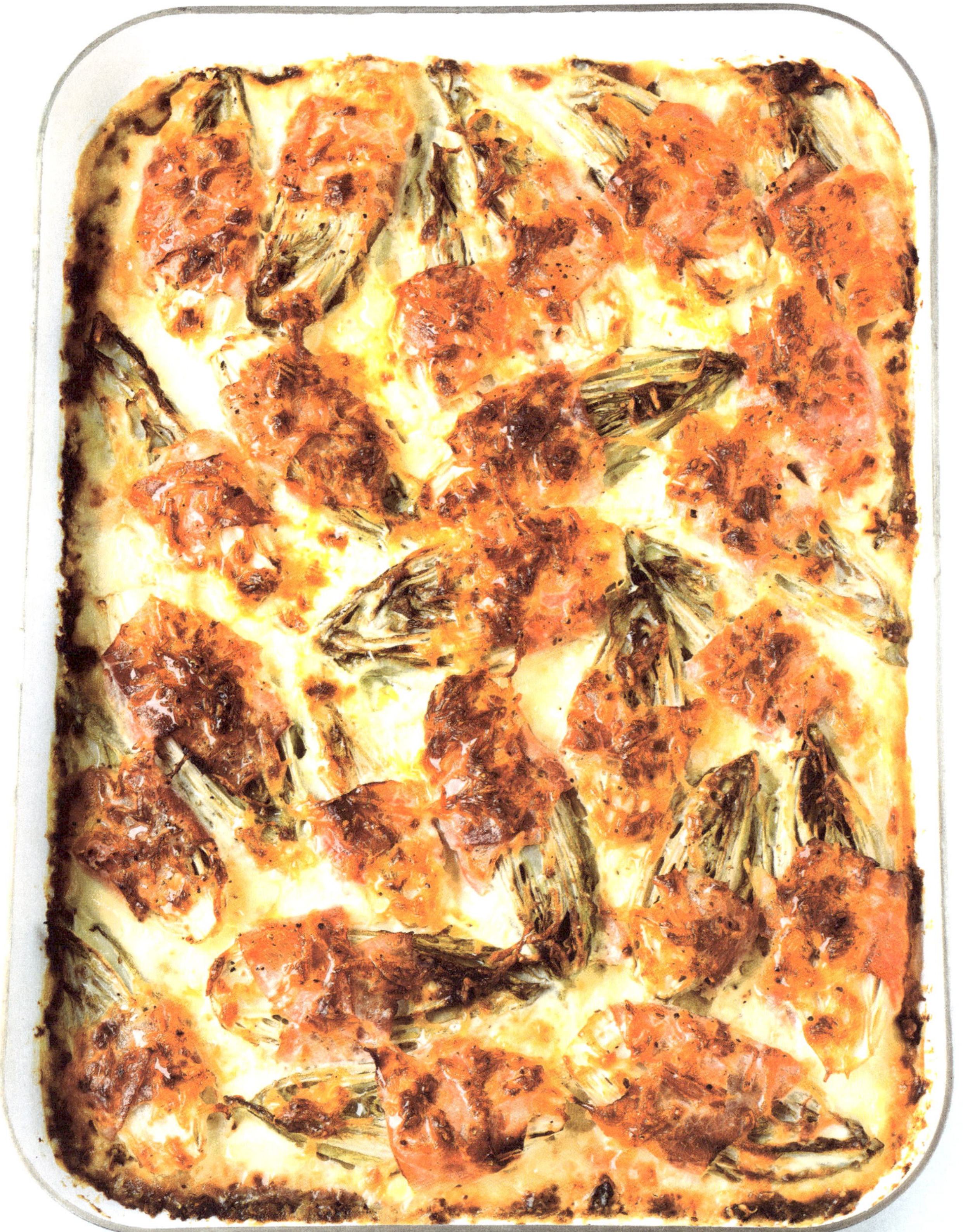

POULET AUX MORILLES

Poulet x 1 (en morceaux)	**Crème liquide** 50 cl	**Vin jaune** ½ bouteille (37,5 cl)
Morilles 350 g (fraîches)	**Beurre** 50 g	

Sel, poivre

👤 : 4 à 5

⏱ Préparation : 5 min
Cuisson : 1h

- Faites saisir les morceaux de **poulet** avec le **beurre** dans une cocotte. Versez le **vin jaune**, laissez réduire 10 min et ajoutez la **crème**. Laissez cuire 40 min à feu doux.
- Ajoutez les **morilles**, salez, poivrez, mélangez, laissez cuire 10 min de plus et dégustez.

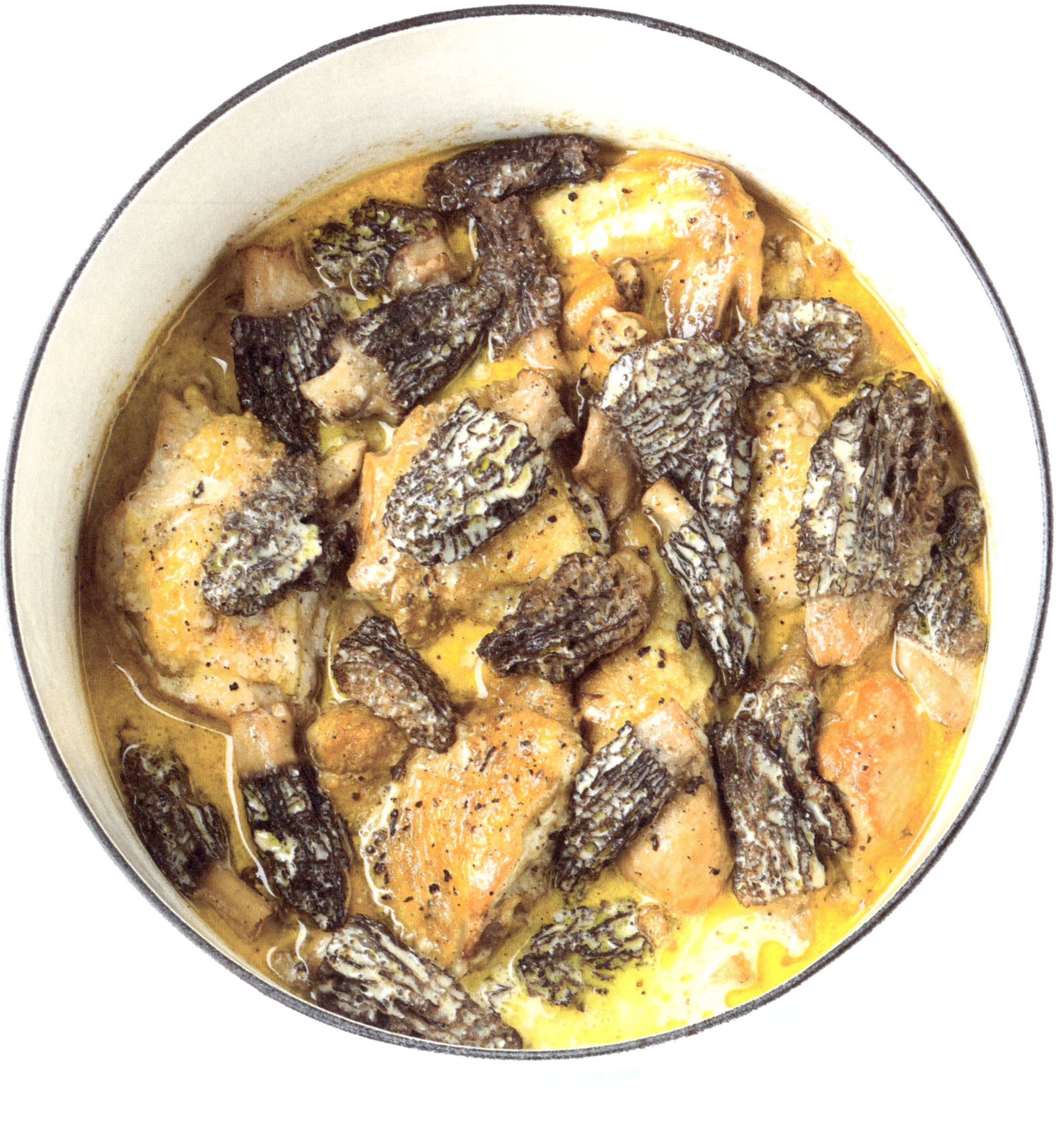

POULET EN CROÛTE DE SEL

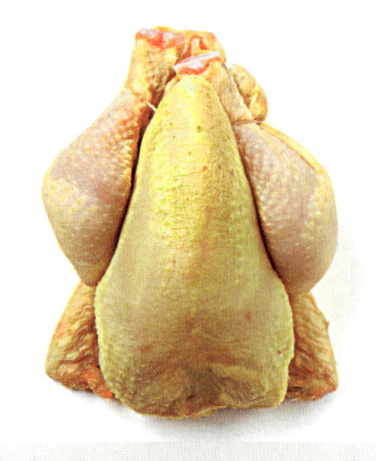

Poulet	Gros sel gris	Œufs
x 1	1 kg	x 3

Farine	Romarin
300 g	5 brins

Poivre

👨‍👨‍👨‍👨

Préparation : 10 min
Cuisson : 1 h

- Préchauffez le four à 180°C.
- Mélangez le **sel** avec la **farine**, le **romarin** coupé aux ciseaux et les **œufs** jusqu'à l'obtention d'une pâte homogène.
- Enveloppez le **poulet** avec la pâte à sel dans un plat à four. Enfournez 1 h.
- Cassez la croûte, découpez le **poulet** en morceaux, poivrez et dégustez.

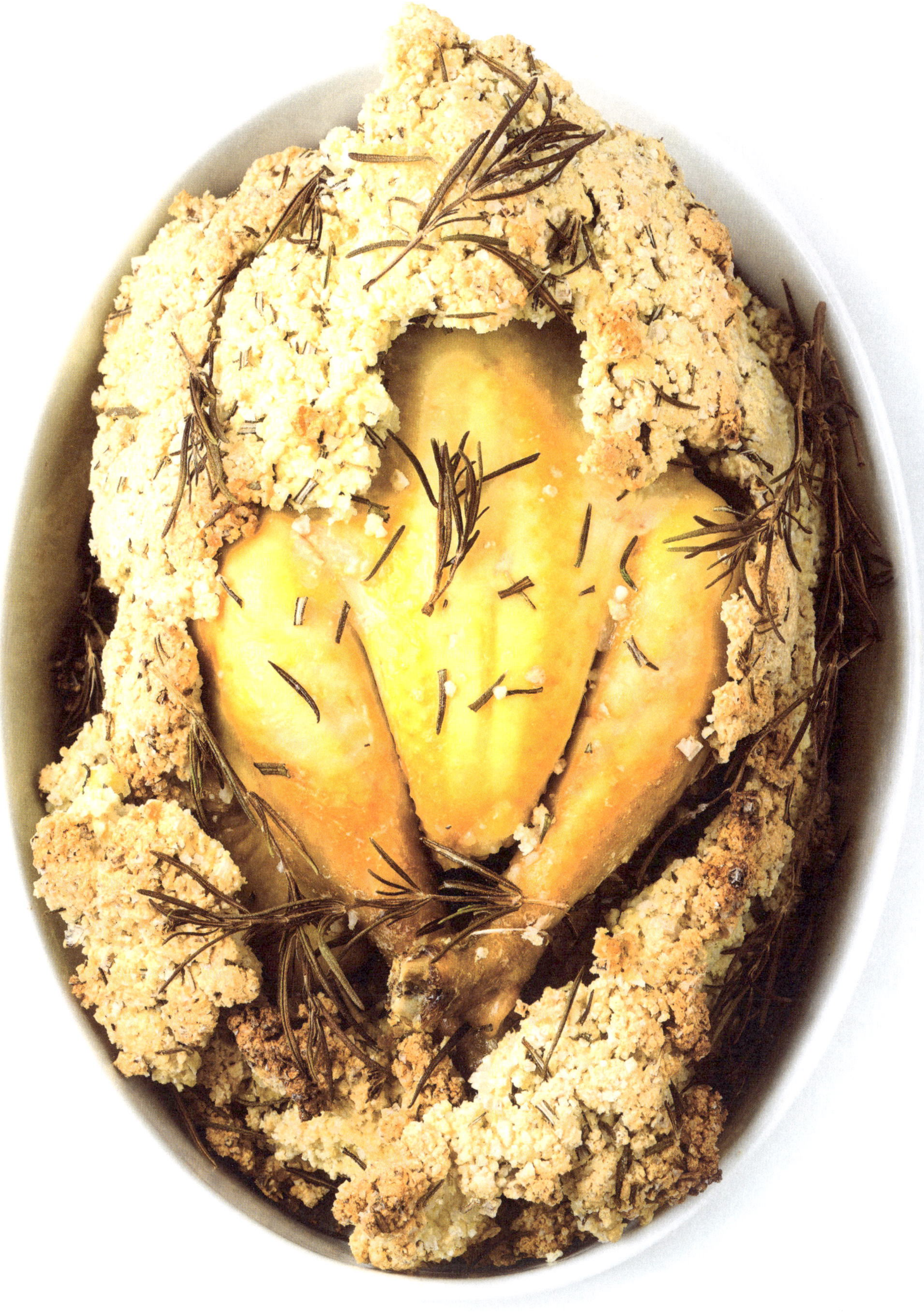

JAMBON SAUCE MADÈRE

Jambon à l'os
900 g (tranches épaisses)

Champignons de Paris
400 g

Pousses d'épinards
100 g

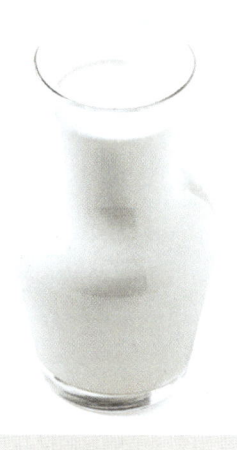

Crème liquide
33 cl

Madère
8 cuil. à soupe

Sel, poivre

2 cuil. à soupe d'huile neutre

Préparation : 10 min
Cuisson : 30 min

- Faites colorer les **champignons** émincés 10 min dans une poêle avec 2 cuil. à soupe d'**huile**. Versez le **madère** puis la **crème**, laissez cuire 10 min à feu doux.
- Ajoutez les **pousses d'épinards**, mélangez puis ajoutez les tranches de **jambon**, salez, poivrez et faites cuire 10 min de plus à feu doux puis dégustez.

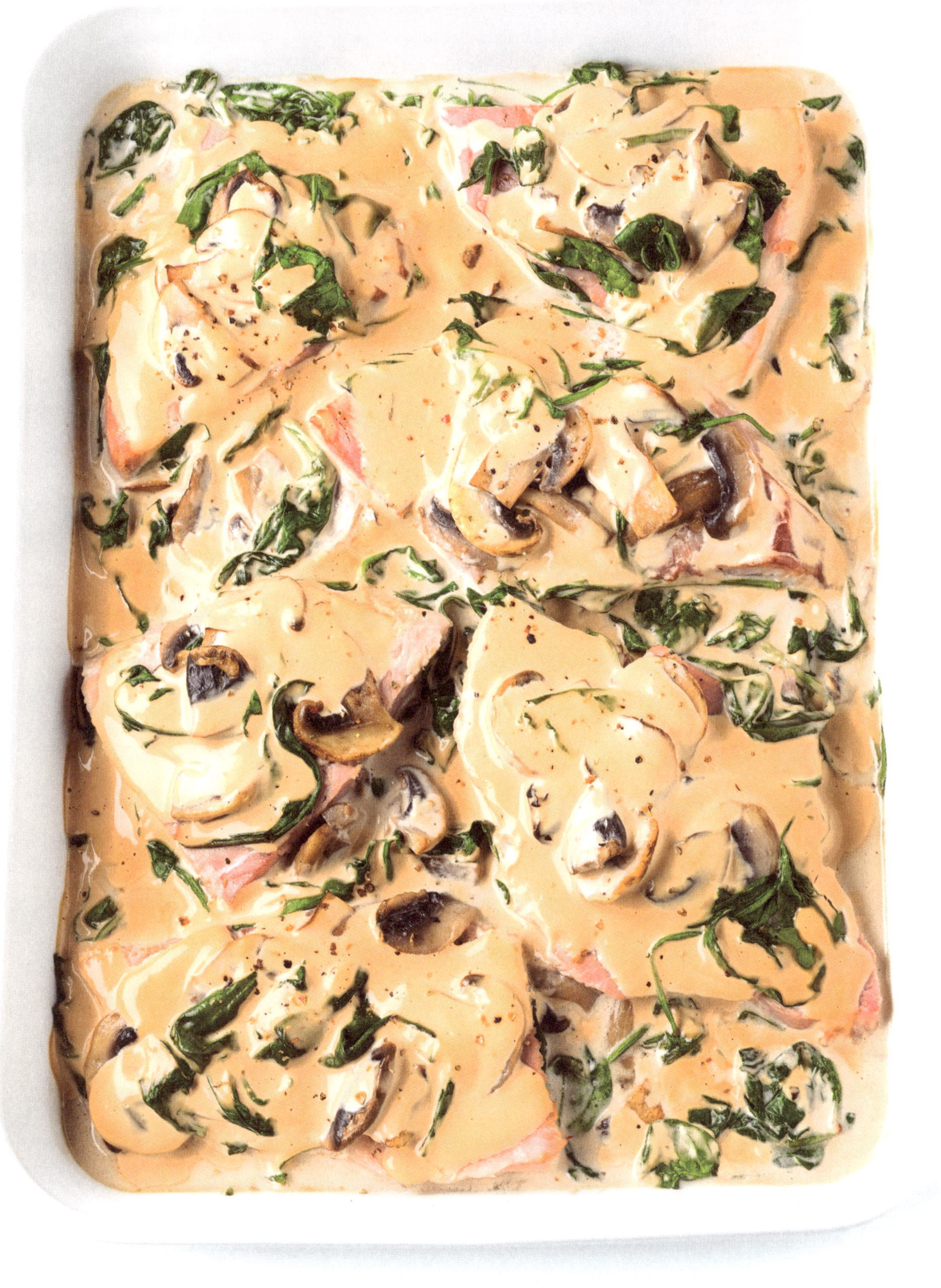

CANARD AUX NAVETS

Canard (ou canette)
x 1

Navets
x 10

Bouillon de volaille
40 cl

Miel liquide
3 cuil. à soupe

Bouquets garnis
x 3

Sel, poivre

2 cuil. à soupe d'huile neutre

Préparation : 10 min
Cuisson : 45 min

- Préchauffez le four à 180°C.
- Faites colorer 5 min la **canette** dans une cocotte avec 2 cuil. à soupe d'**huile**.
- Ajoutez les **bouquets garnis**, les **navets** épluchés et coupés en morceaux, le **miel** et le **bouillon de volaille**.
- Salez, poivrez, enfournez 40 min à couvert et dégustez.

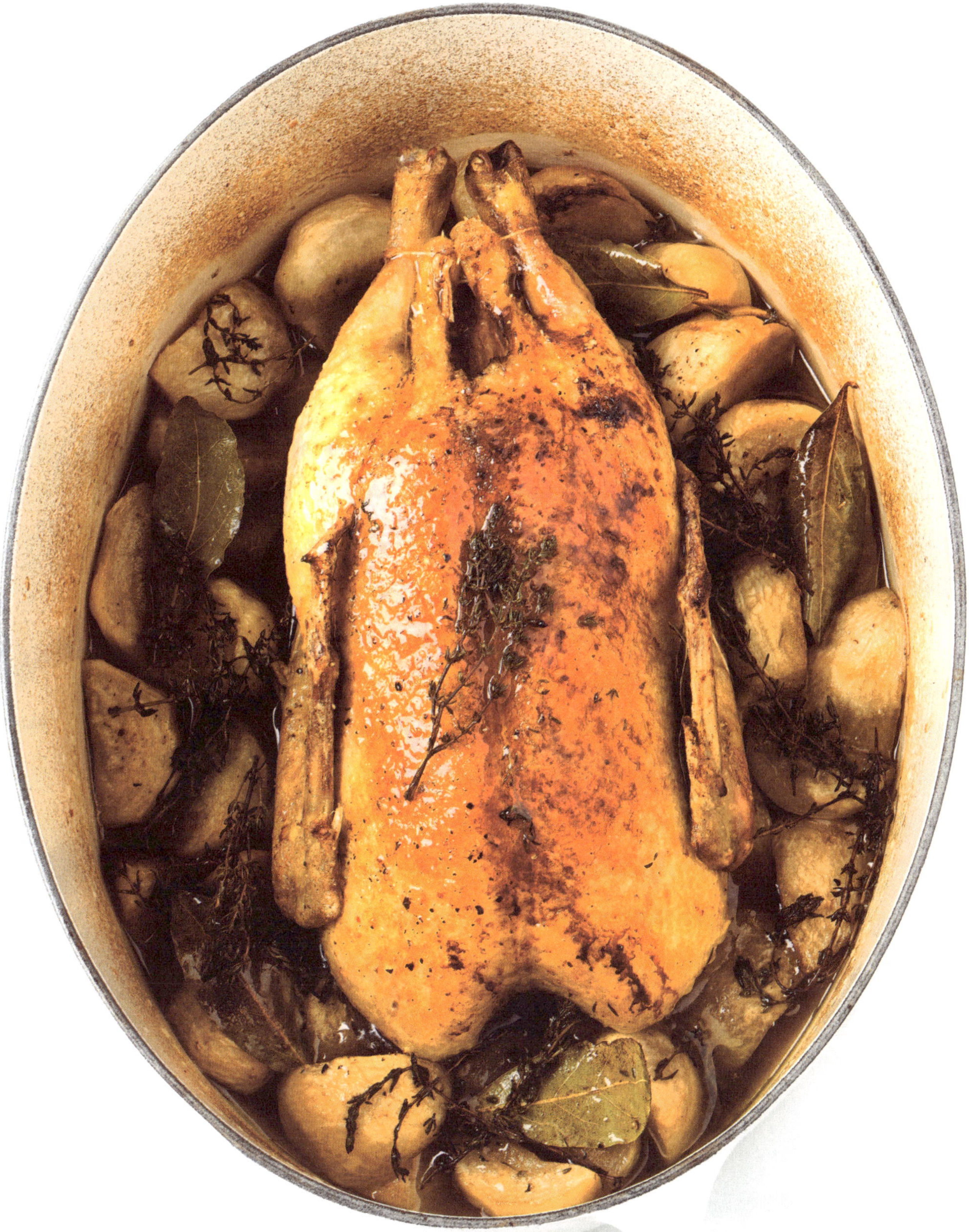

CÔTES DE PORC CHARCUTIÈRES

Côtes de porc
x 4 (dans l'échine)

Vin blanc
20 cl

Coulis de tomates
25 cl

Moutarde forte
2 cuil. à soupe

Cornichons
x 20

Sel, poivre

2 cuil. à soupe d'huile neutre

Préparation : 5 min
Cuisson : 35 min

- Faites colorer les **côtes de porc** 5 min avec 2 cuil. à soupe d'**huile** dans une poêle.
- Mélangez le **vin blanc**, la **moutarde** et le **coulis de tomates** et versez ce mélange sur les **côtes de porc**. Ajoutez les **cornichons** émincés, salez, poivrez et laissez cuire 30 min à feu doux puis dégustez. Ajoutez un peu d'eau si la sauce réduit trop vite.

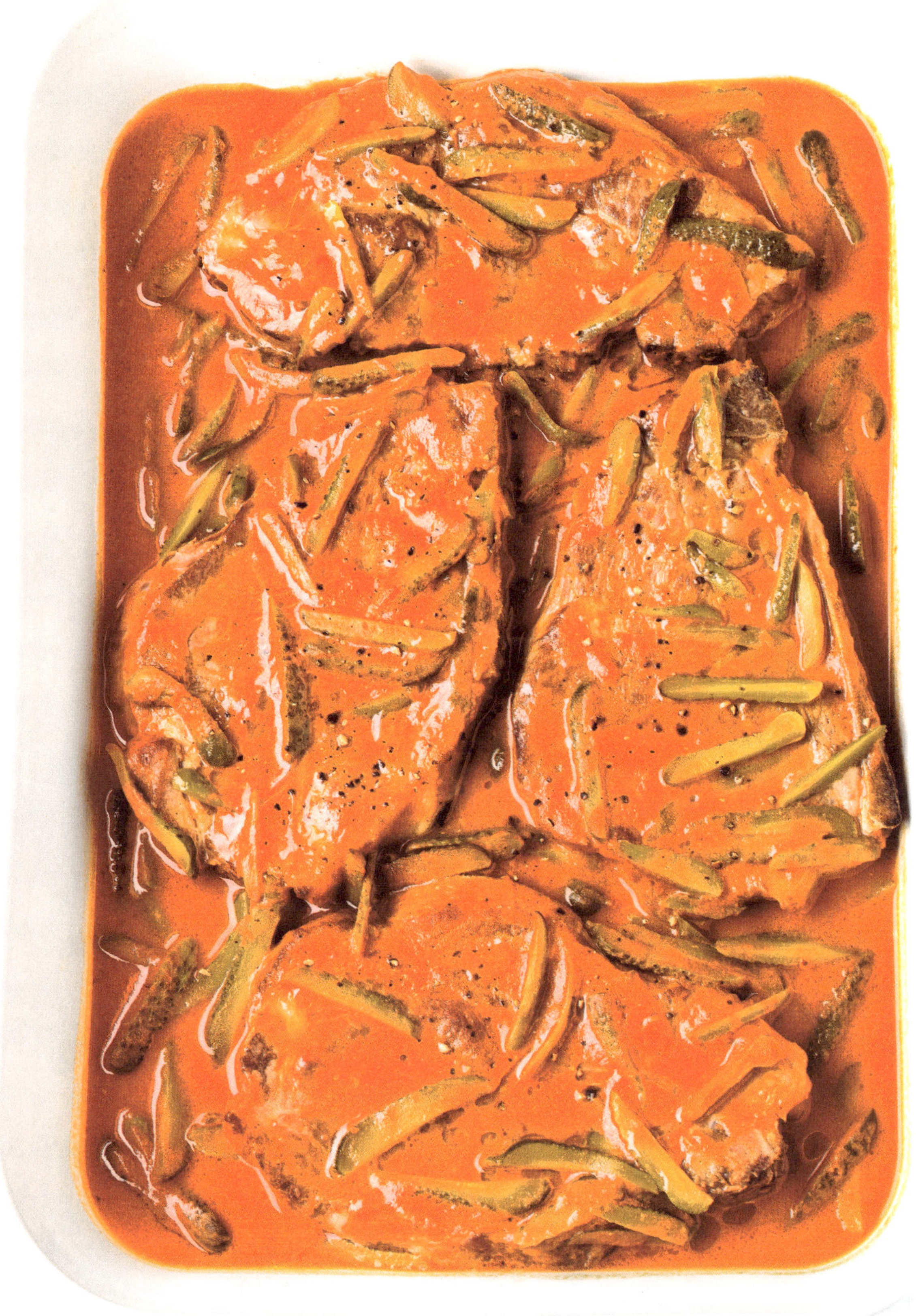

LE VRAI GIGOT DE 7 HEURES

Gigot
x 1 (raccourci)

Vin rouge
1 bouteille (75 cl)

Oignon doux
x 1

Bouquets garnis
x 3

Ail
1 tête

Carottes
x 2

Sel, poivre

: 4 à 5

Préparation : 5 min
Cuisson : 7 h

- Préchauffez le four à 160°C.
- Placez le **gigot** dans une cocotte. Ajoutez le **vin**, l'**oignon** épluché et coupé en 4, la tête d'**ail** coupée en 2, les **bouquets garnis**, les **carottes** épluchées et 50 cl d'eau.
- Couvrez et enfournez 7 h à 160°C (ou 4 h à 170°C ou 3 h à 190°C). Salez, poivrez et dégustez.

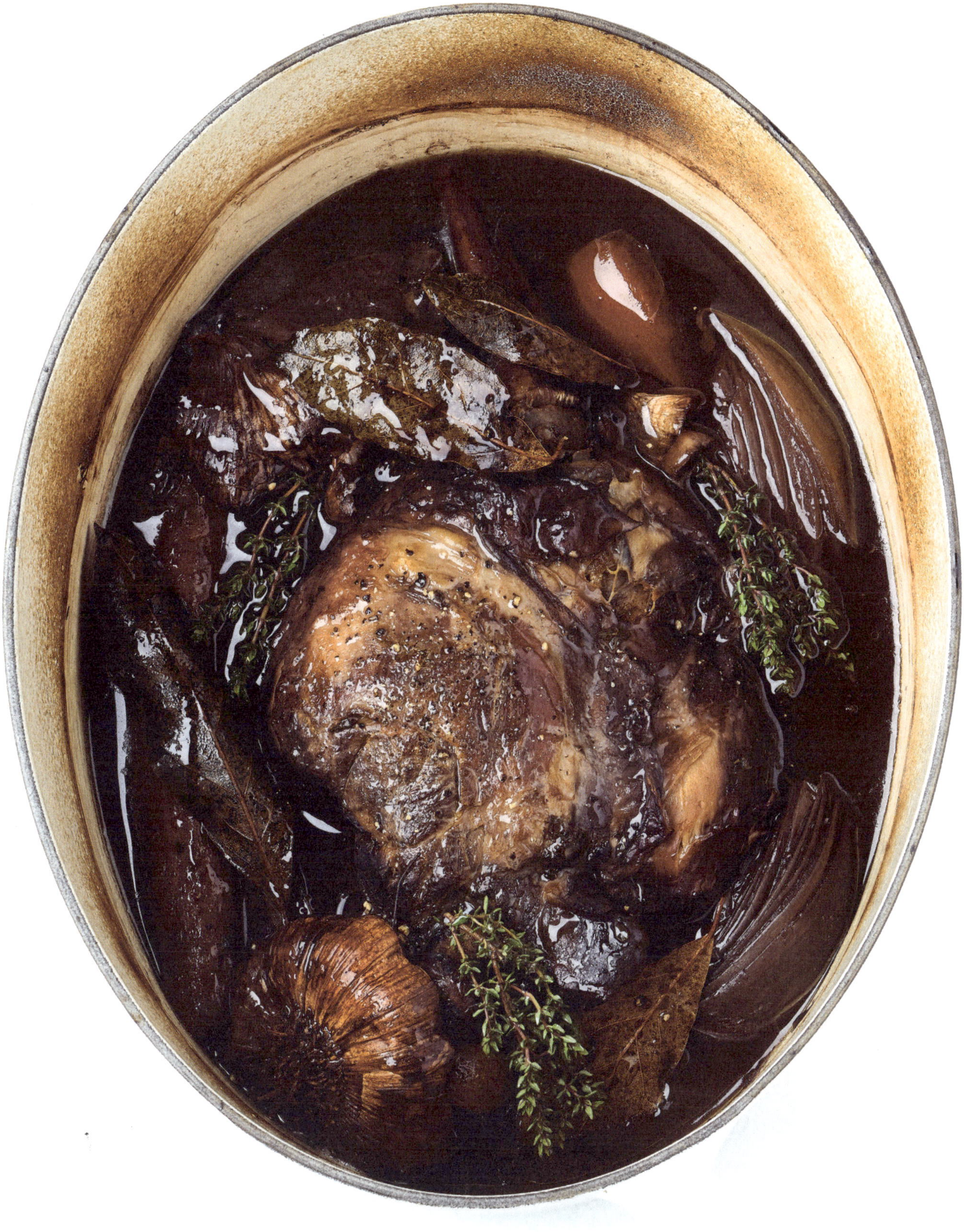

CHOU FARCI

Chou vert frisé
x 1 (moyen)

Chair à saucisse
800 g

Beurre
100 g

Ail
2 gousses

Thym séché
2 cuil. à soupe

Sel, poivre

: 4 à 5

Préparation : 15 min
Cuisson : 1 h 20

- Ébouillantez le **chou** entier 20 min, égouttez-le et laissez-le refroidir.
- Préchauffez le four à 180°C.
- Répartissez la **chair à saucisse** préalablement mélangée avec le **thym** et l'**ail** haché entre les feuilles de **chou**. Serrez-le bien et posez-le dans un plat à four. Salez, poivrez, ajoutez le **beurre** sur le dessus et 4 verres d'eau. Enfournez 1 h.

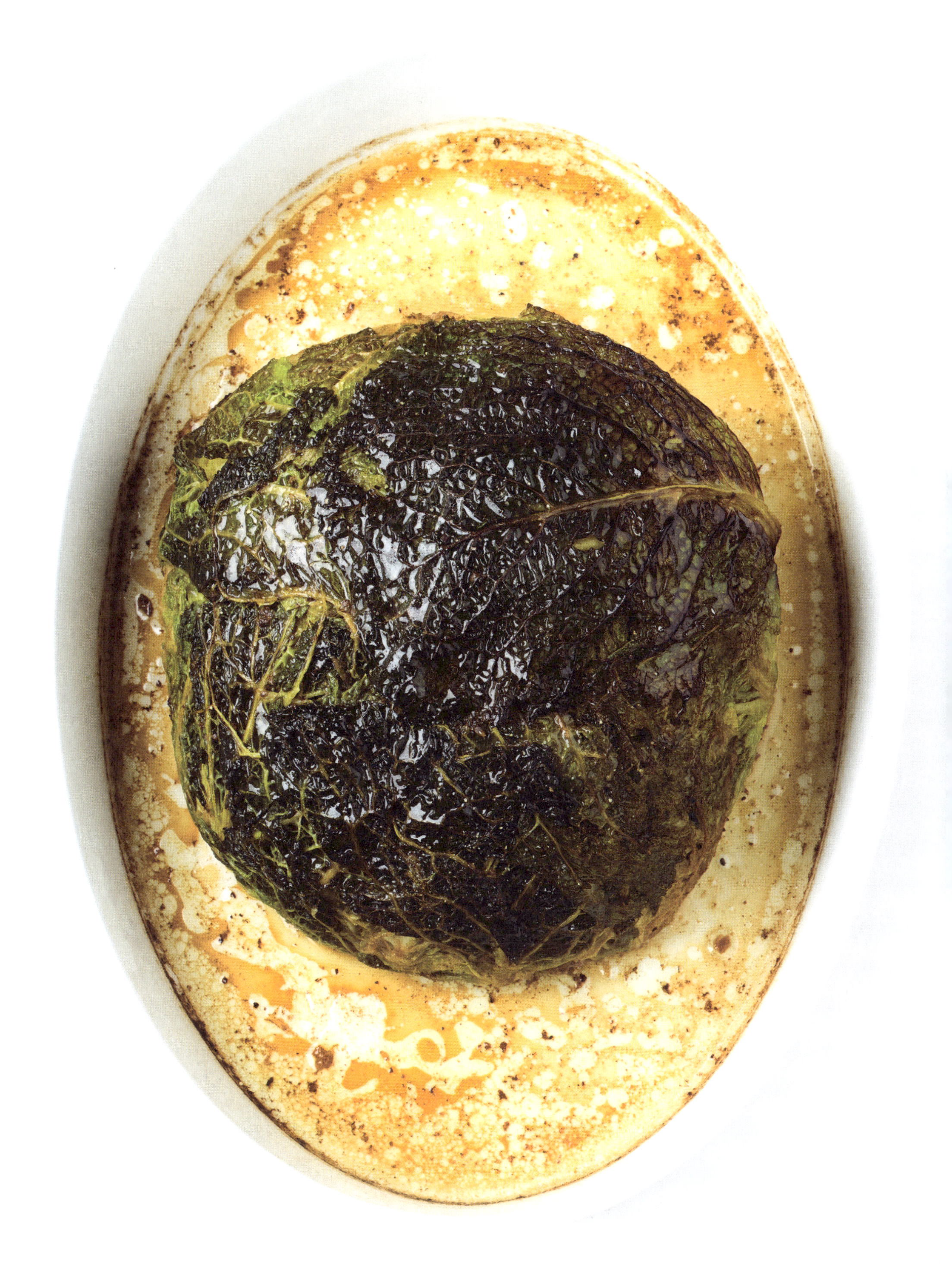

HARICOTS À LA CORSE

Gros haricots blancs secs
250 g (Soissons)

Figatellu
x 1

Bouquets garnis
x 3

Concassé de tomates
1 grosse boîte (800 g)

Ail
6 gousses

Sel, poivre

👤 : 4 à 6

⏱ Préparation : 5 min
Cuisson : 1 h 30
Trempage : 12 h

- La veille, faites tremper les **haricots secs**.
- Mettez les **haricots** dans une cocotte, ajoutez le **figatellu** coupé en morceaux, les gousses d'**ail** entières, le **concassé de tomates**, les **bouquets garnis** et 80 cl d'eau.
- Faites mijoter 1 h 30 à feu doux sans couvrir en remuant de temps en temps.
- Salez, poivrez et dégustez.

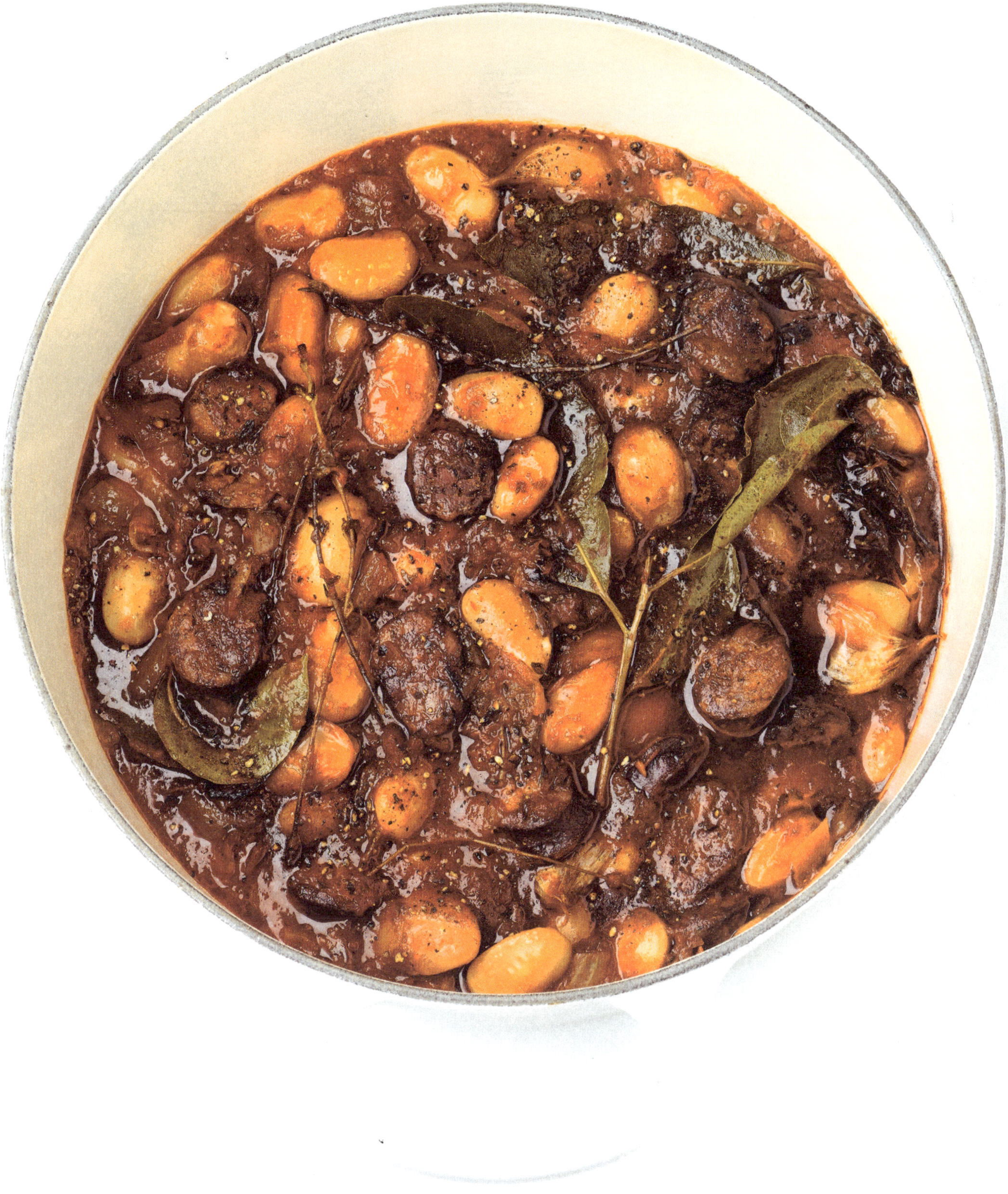

POULET À LA TOULOUSAINE

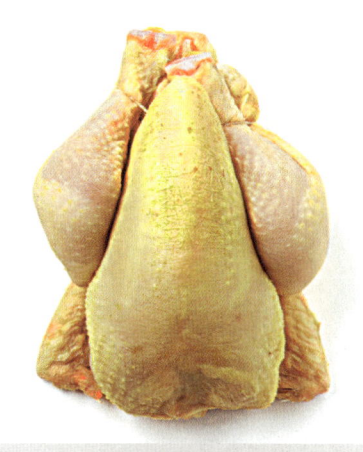

Poulet x 1	**Saucisse de Toulouse** 400 g	**Persil plat** 1 botte
Olives vertes 100 g (dénoyautées)	**Pain** 6 tranches	**Ail** 5 gousses

Sel, poivre

4 personnes

Préparation : 15 min
Cuisson : 1h

- Préchauffez le four à 180°C.
- Salez, poivrez le **poulet**. Enfournez-le 15 min.
- Retirez la peau de la **saucisse**, mélangez la chair avec le **persil** coupé aux ciseaux, l'**ail** haché et les **olives**. Sortez le **poulet** du four et farcissez-le avec les ¾ de la farce. Répartissez le reste sur les tranches de **pain** et enfournez 45 min de plus en l'arrosant régulièrement.

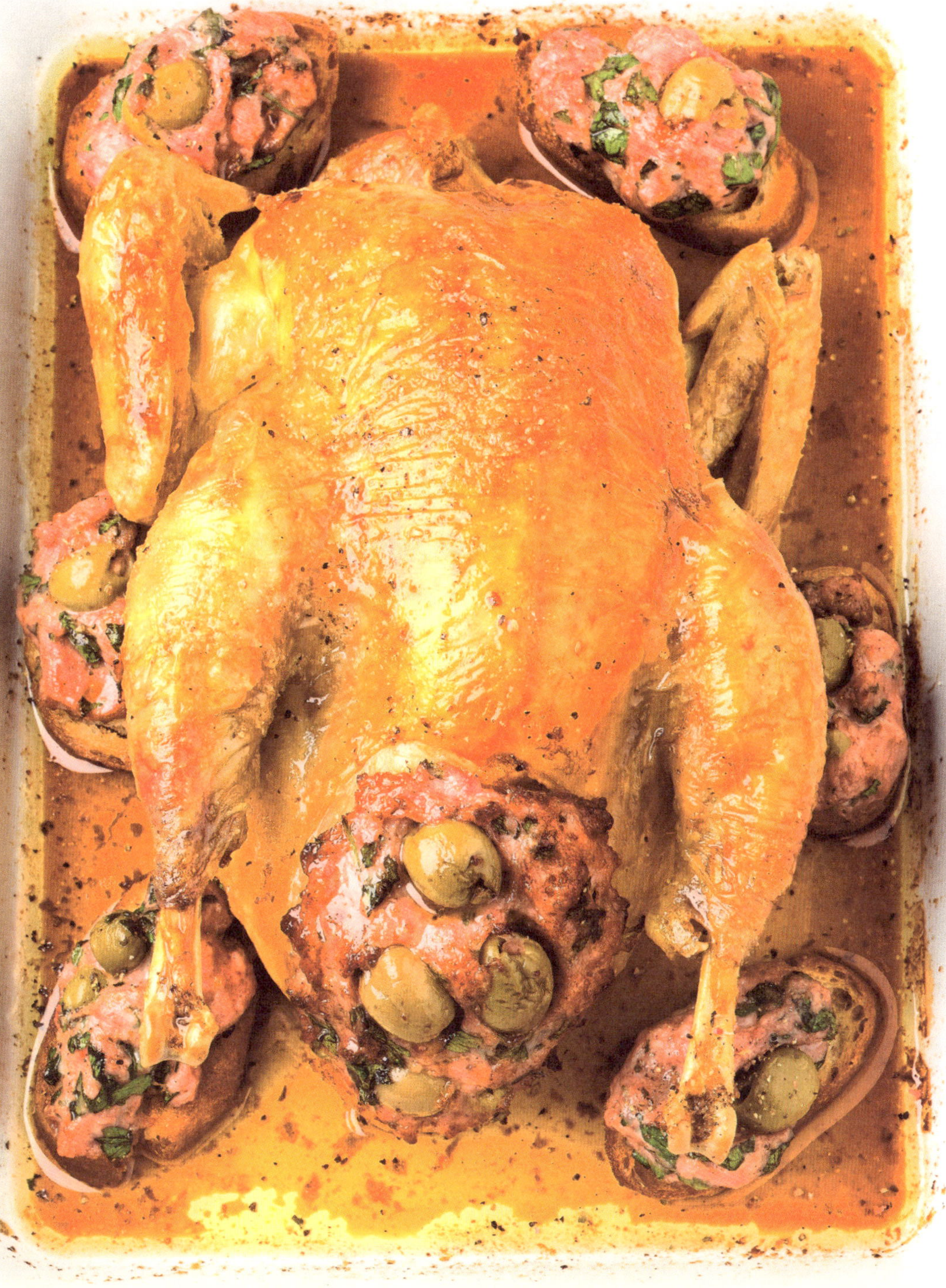

ENTRECÔTES MARCHAND DE VIN

Entrecôtes
x 4 (190 g chacune)

Bouquets garnis
x 2

Échalotes
x 10

Bouillon de volaille
20 cl

Vin rouge
½ bouteille (37,5 cl)

Sel, poivre

3 cuil. à soupe d'huile neutre

Préparation : 10 min
Cuisson : 44 min

- Faites revenir 5 min les **échalotes** émincées avec 2 cuil. à soupe d'**huile** dans une poêle. Ajoutez le **vin rouge**, les **bouquets garnis** et le **bouillon**. Laissez réduire 40 min à feu doux.
- Faites saisir les **entrecôtes** dans une poêle 2 min de chaque côté avec 1 cuil. à soupe d'**huile**.
- Stoppez le feu, nappez de sauce, salez et poivrez.
- Dégustez immédiatement.

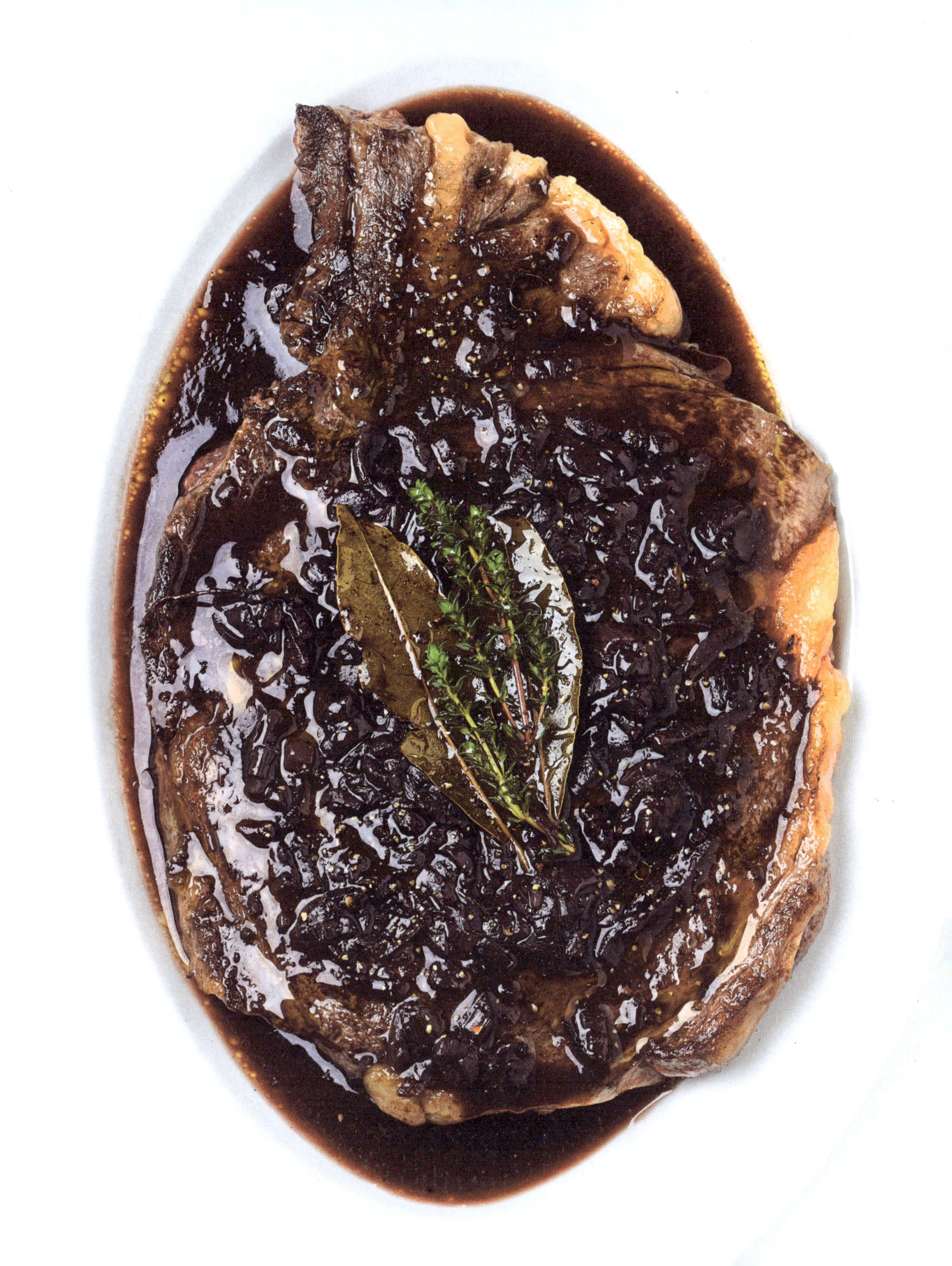

TARTARE CLASSIQUE AU COUTEAU

Filet de bœuf 700 g	**Persil plat** 1 botte	**Ketchup** 4 cuil. à soupe
Mayonnaise 4 cuil. à soupe (recette p. 373)	**Câpres** 4 cuil. à soupe	**Œufs** x 4 (jaunes)

Sel, poivre

Préparation : 10 min

- Découpez le **bœuf** en petits dés. Pour que ce soit meilleur à la dégustation, rassemblez les dés de **viande** les uns avec les autres et concassez-les avec le couteau.

- Assaisonnez le tartare avec le **ketchup**, les **câpres**, le **persil** coupé aux ciseaux et la **mayonnaise**. Salez, poivrez et dégustez avec 1 **jaune d'œuf** par portion.

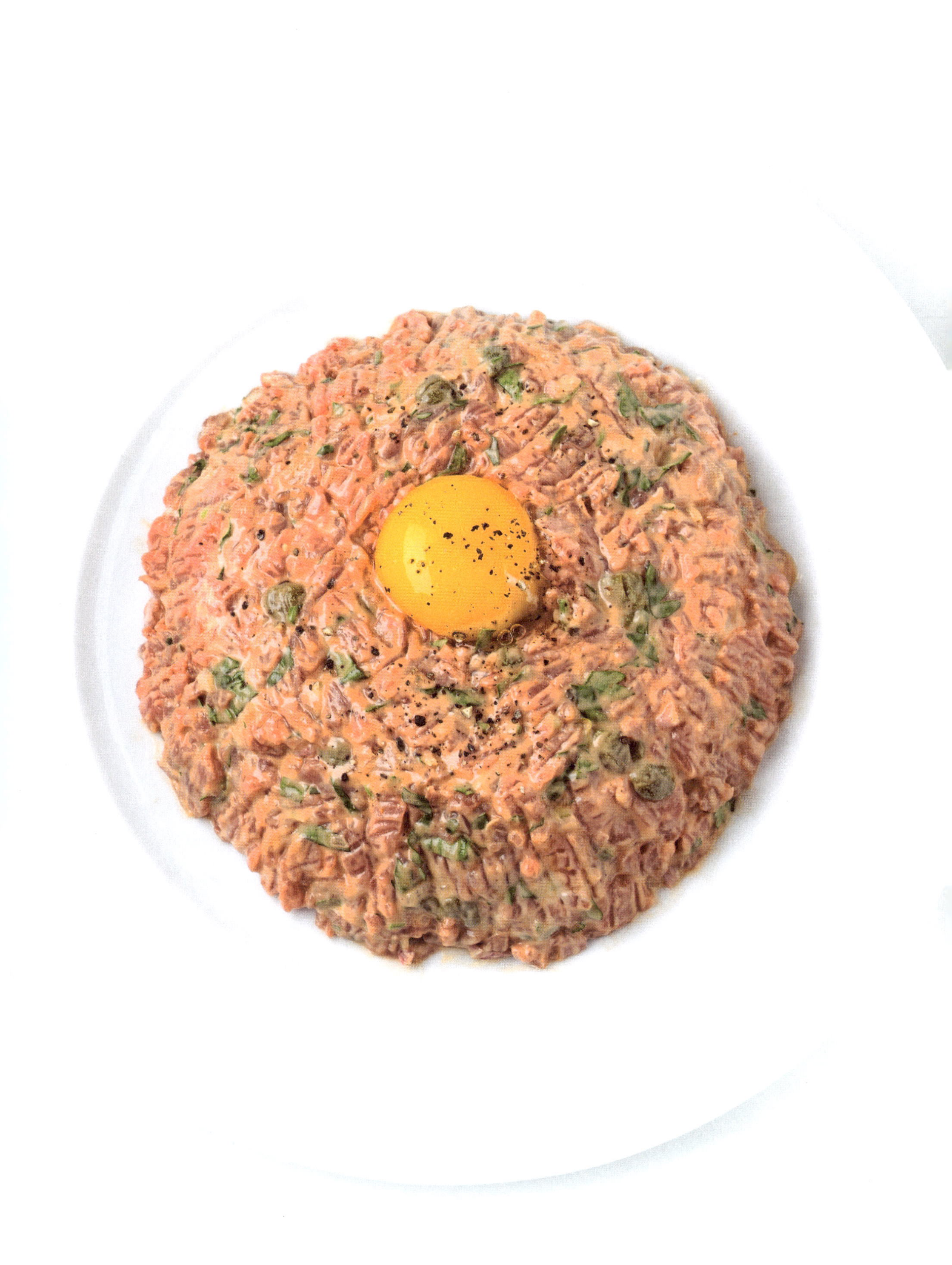

PAVÉS DE BŒUF AU ROQUEFORT

Pavés de rumsteck
x 4

Roquefort
200 g

Porto
10 cl

1 cuil. à soupe d'huile neutre

Préparation : 5 min
Cuisson : 10 min

- Faites saisir les **pavés** 3 min de chaque côté dans une poêle avec 1 cuil. à soupe d'**huile**.
- Dressez les **pavés** dans les assiettes et répartisssez le **roquefort** en morceaux.
- Versez le **porto** dans la poêle, faites réduire de moitié et nappez les **pavés**.

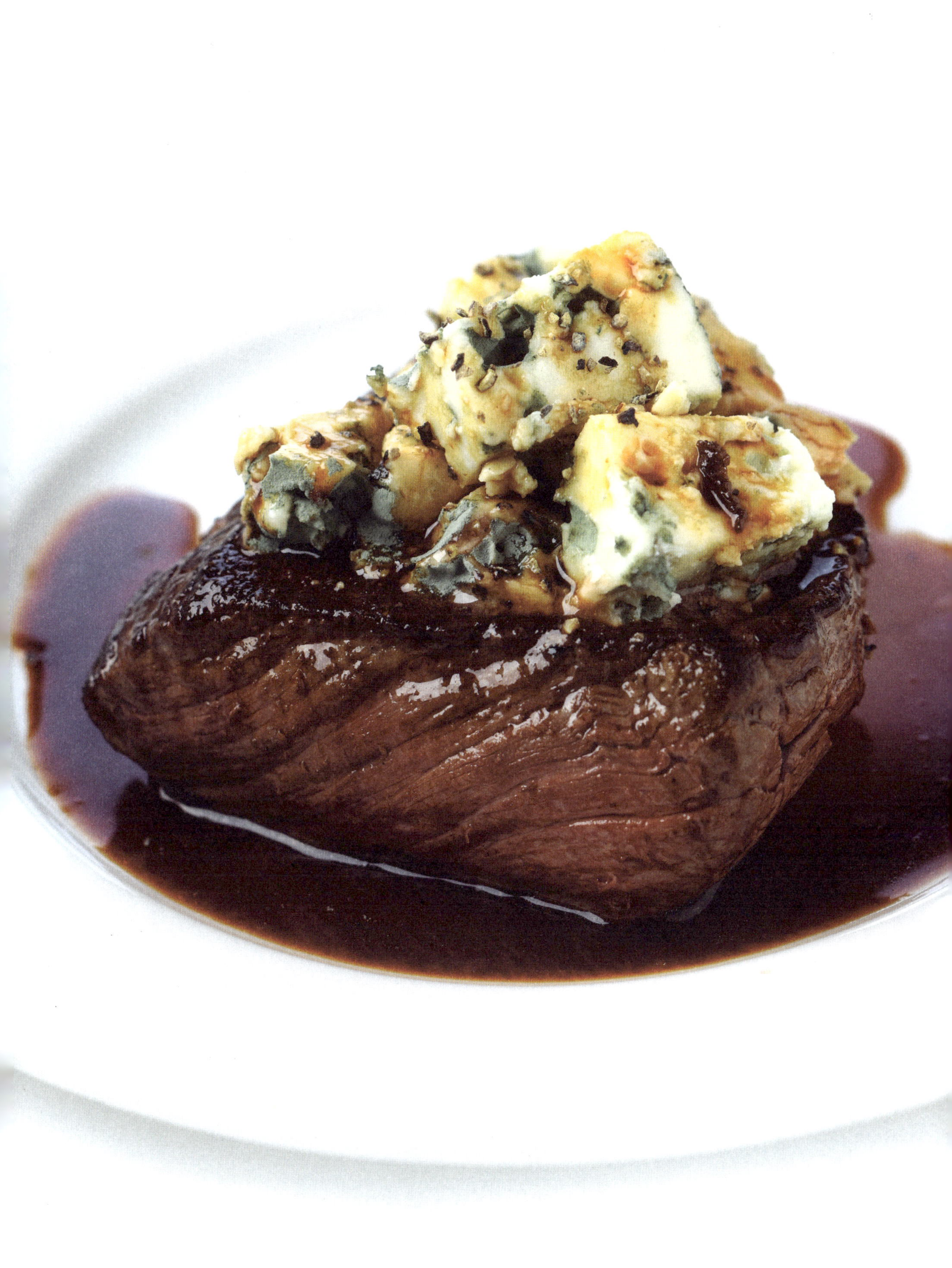

FILET DE BŒUF EN BRIOCHE

Rôti de filet de bœuf
1 kg (non ficelé)

Pâte à brioche
(650 g, recette p. 372)

Champignons de Paris
x 15

Estragon
1 botte

Sel, poivre

4 cuil. à soupe d'huile neutre

: 4 à 6

Préparation : 15 min
Cuisson : 35 min

- Préchauffez le four à 180°C.
- Faites saisir le **bœuf** 5 min avec 4 cuil. à soupe d'**huile** dans une poêle, salez, poivrez et laissez-le refroidir. Mixez les **champignons** et l'**estragon**. Faites revenir 5 min le hachis dans la poêle. Étalez la **pâte à brioche**, répartissez le hachis et la **viande** au centre, rabattez la **pâte** pour envelopper l'ensemble et enfournez 25 min.

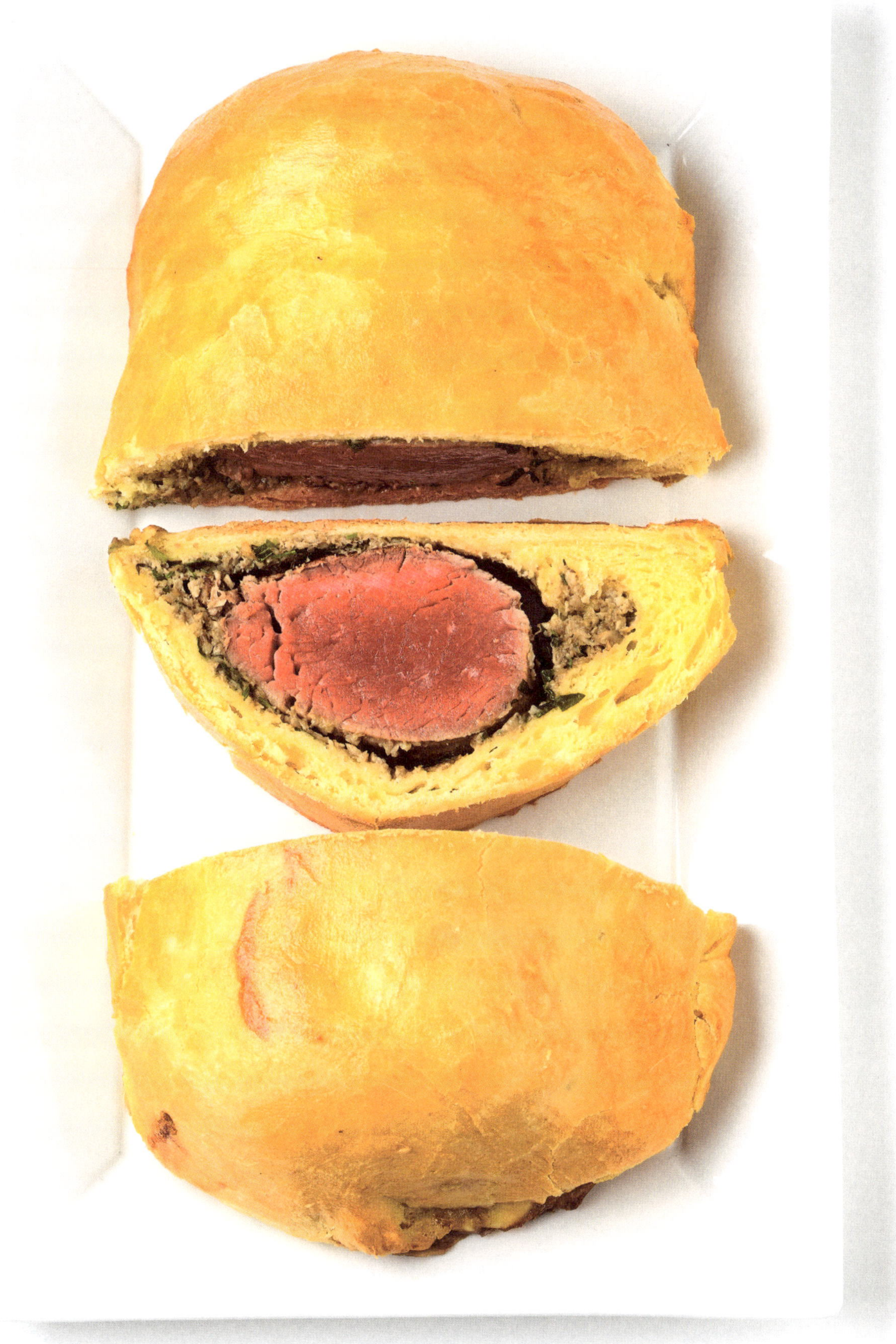

CÔTE DE BŒUF BEURRE MAÎTRE D'HÔTEL

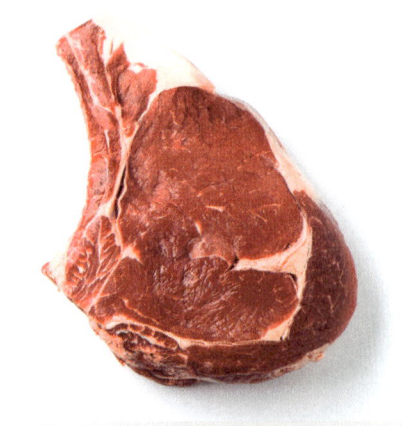

Côte de bœuf
x 1 (1,2 kg)

Beurre
100 g

Échalotes
x 2 (petites ou 1 grande)

Persil plat
1 botte

Ail semoule
1 cuil. à café

Sel, poivre
1 filet d'huile neutre

Préparation : 10 min
Congélation : 30 min
Cuisson : 25 min
Attente : 10 min

- Préchauffez le four à 200°C.
- Mixez les **échalotes**, le **persil**, l'**ail** et le **beurre**, salez, poivrez. Placez le **beurre** sur du papier film, formez un rouleau et mettez-le 30 min au congélateur. Placez la **côte de bœuf** dans un plat, salez, poivrez, arrosez d'1 filet d'**huile** et enfournez 25 min. Laissez reposer 10 min et dégustez avec le beurre coupé en rondelles.

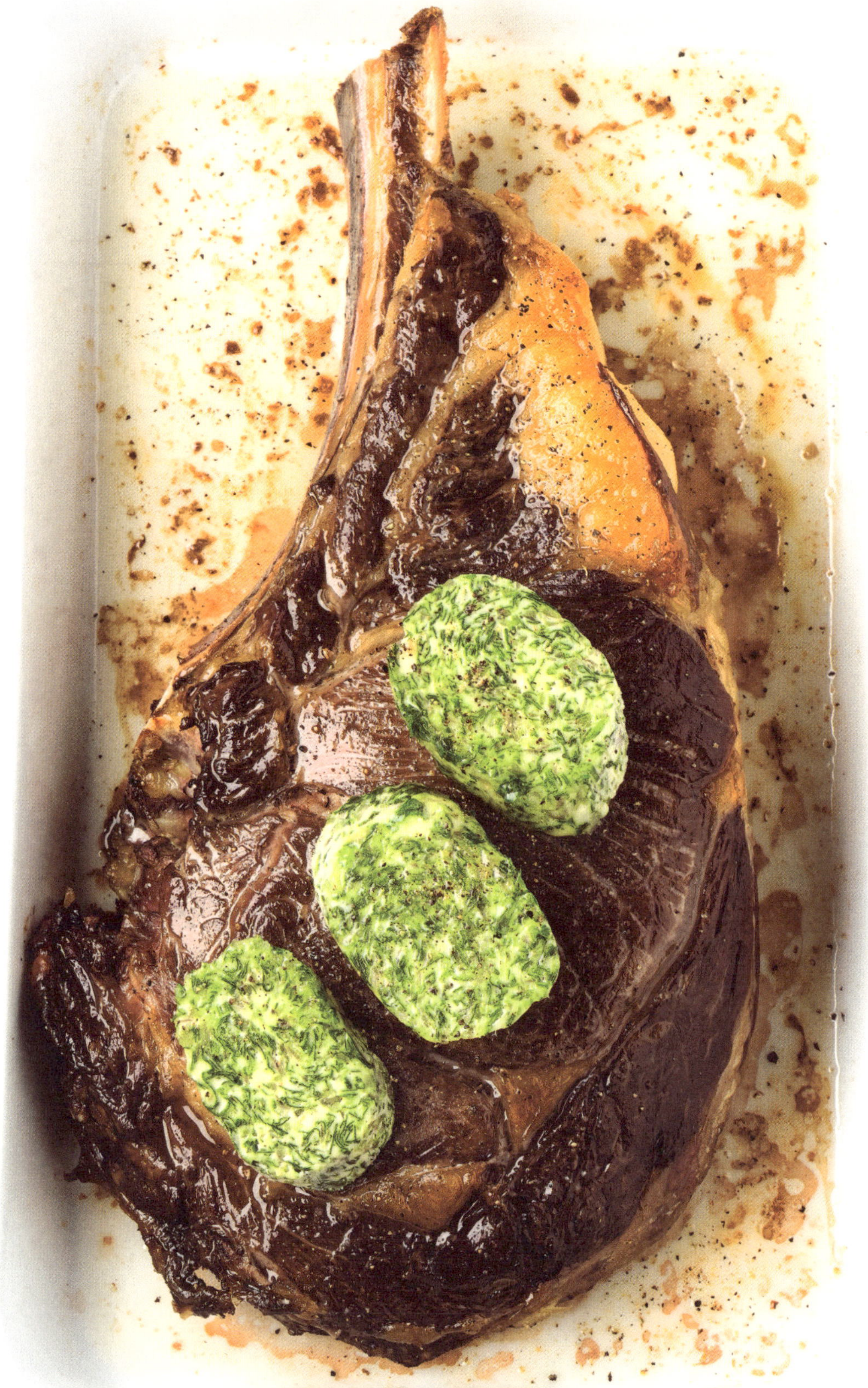

BAVETTES À L'ÉCHALOTE

Bavettes
x 4

Échalotes
x 10

Beurre
100 g

Sel, poivre

2 cuil. à soupe d'huile neutre

Préparation : 10 min
Cuisson : 25 min

- Faites saisir et colorer 20 min les **échalotes** épluchées et émincées avec le **beurre** et 1 cuil. à soupe d'**huile** dans une poêle en remuant. Réservez-les.
- Faites saisir les **bavettes** 2/3 min de chaque côté avec 1 cuil. à soupe d'**huile** dans la poêle.
- Salez, poivrez, ajoutez les **échalotes**, mélangez et dégustez.

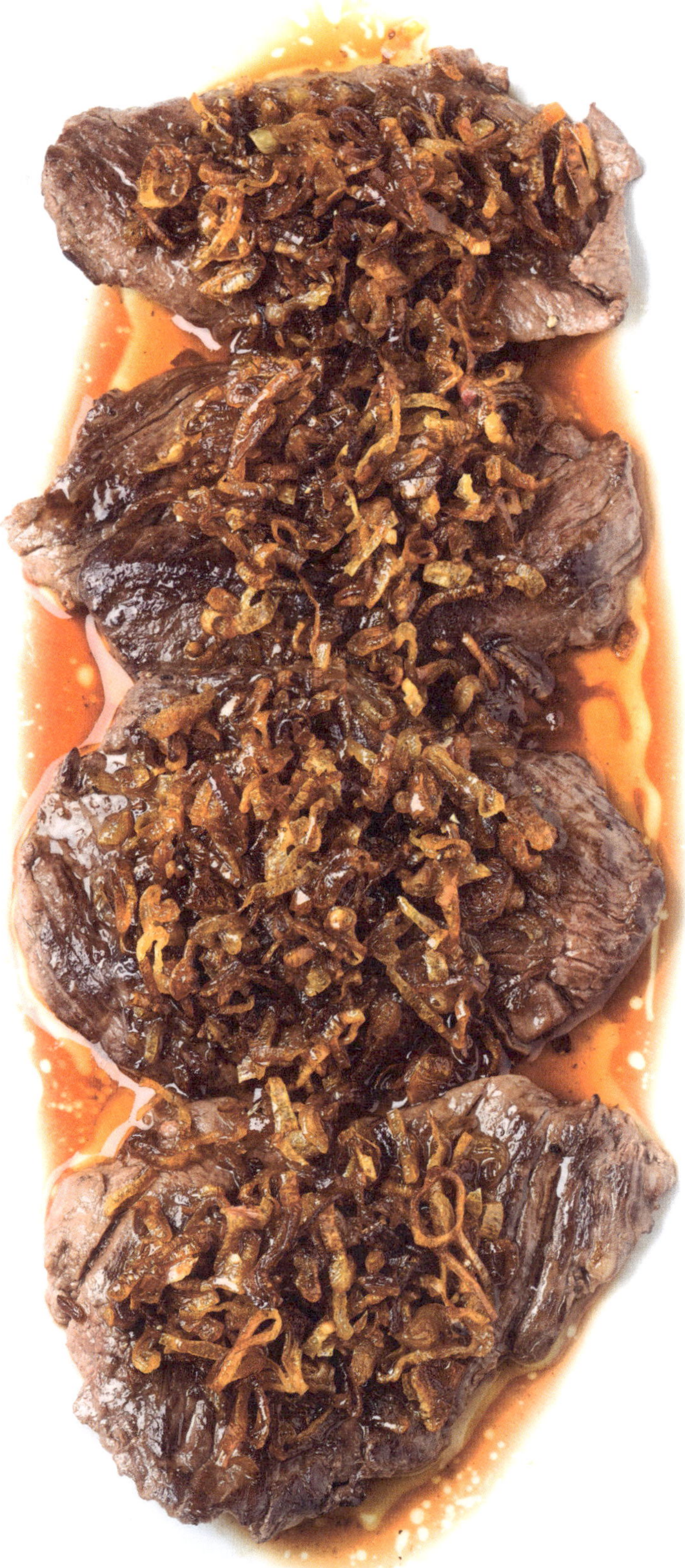

PIPERADE AU JAMBON

Poivrons
x 4

Oignons doux
x 2

Tomates
x 3

Thym
4 brins

Jambon cru
4 tranches (épaisses)

Huile d'olive
6 cuil. à soupe

Sel, poivre

Préparation : 10 min
Cuisson : 40 min

- Faites saisir 30 min les **poivrons** et les **oignons** émincés, les **tomates** coupées en morceaux et le **thym** avec l'**huile d'olive** dans une cocotte à couvert.
- Ajoutez les tranches de **jambon** coupées en gros morceaux, mélangez et laissez cuire 10 min de plus.
- Salez, poivrez et dégustez.

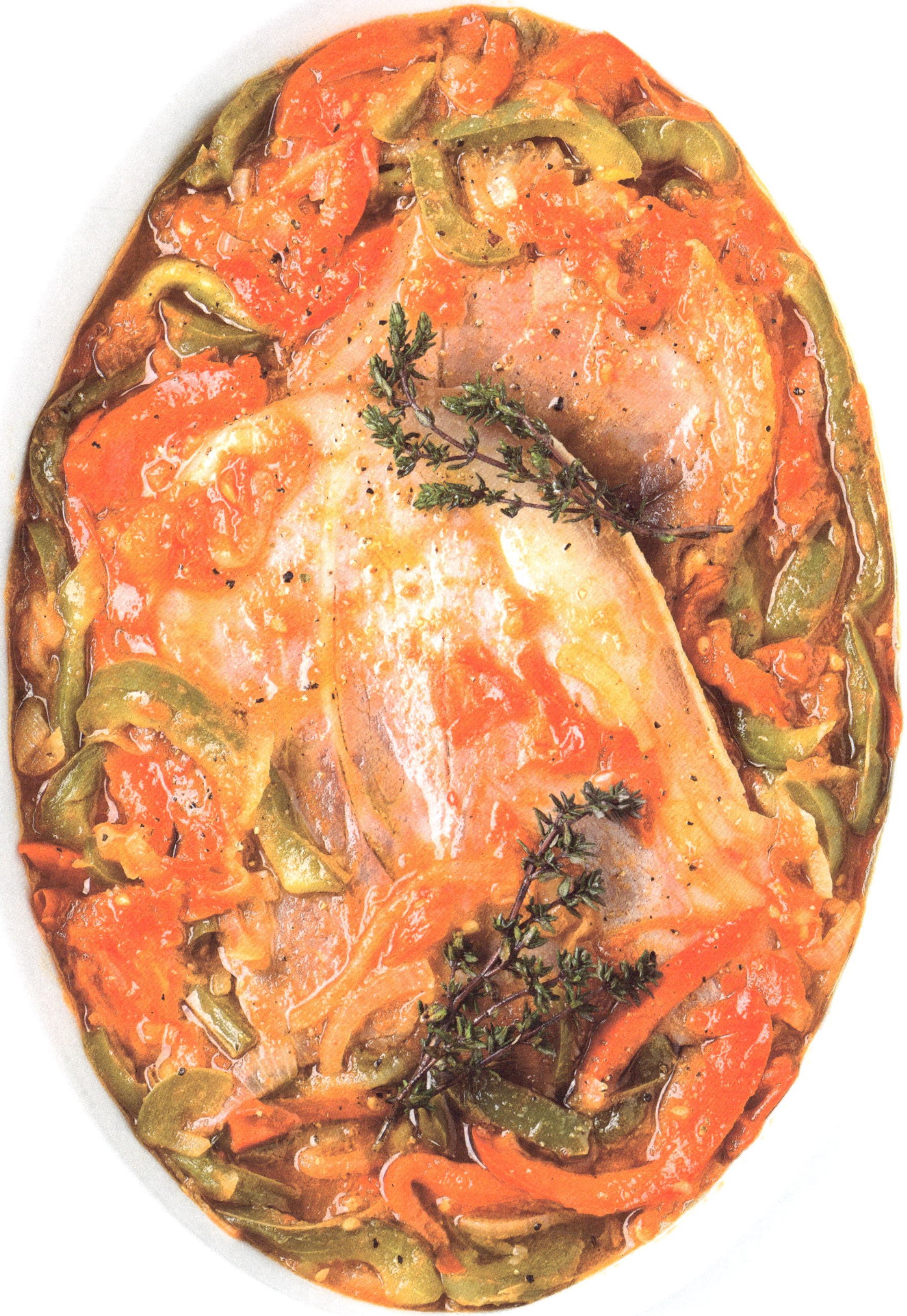

ANDOUILLE-PURÉE

Andouille de Guéméné
8 tranches (épaisses, 500 g)

Lait
25 cl

Pommes de terre
1,2 kg (grosses)

Beurre
50 g

Sel, poivre

Préparation : 10 min
Cuisson : 1 h 10

- Préchauffez le four à 180°C.
- Faites cuire les **pommes de terre** épluchées à l'eau bouillante salée 30 min. Égouttez-les et écrasez-les avec un presse-purée. Ajoutez le **lait**, le **beurre**, salez, poivrez et mélangez.
- Versez la purée dans un plat à four, plantez les tranches d'**andouille** dans la purée. Enfournez 40 min et dégustez.

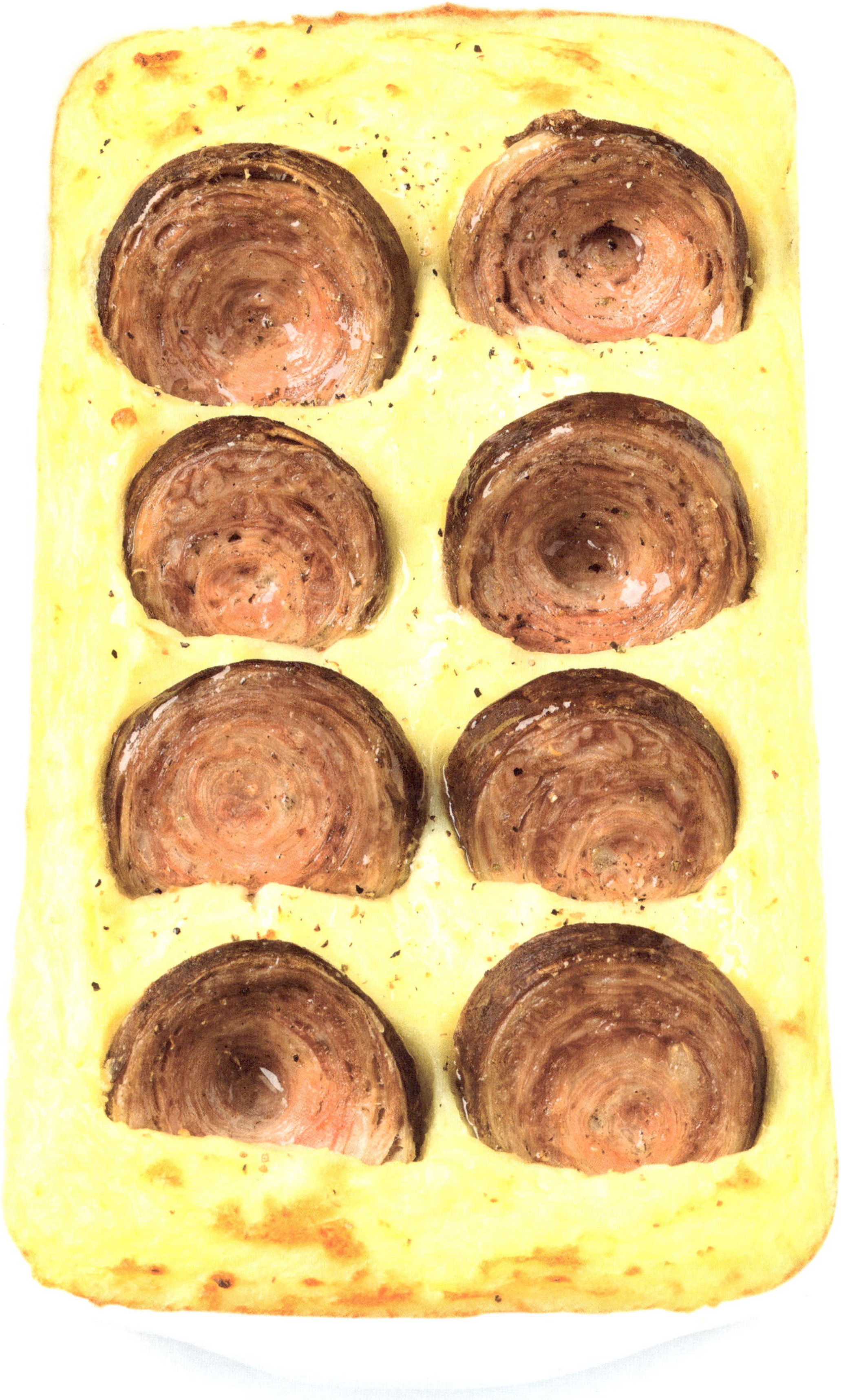

BOUDIN AUX POMMES

Boudin au mètre
900 g

Oignons doux
x 2

Pommes
x 4

Bouquets garnis
x 2

Sel, poivre

2 cuil. à soupe d'huile neutre

Préparation : 10 min
Cuisson : 40 min

- Faites colorer 20 min les **oignons** épluchés et émincés, les **bouquets garnis** et les **pommes** coupées en quartiers avec 2 cuil. à soupe d'**huile**.
- Préchauffez le four à 180°C.
- Placez le **boudin** dans un plat à four avec les **oignons** et les **pommes**. Salez, poivrez et enfournez 20 min.

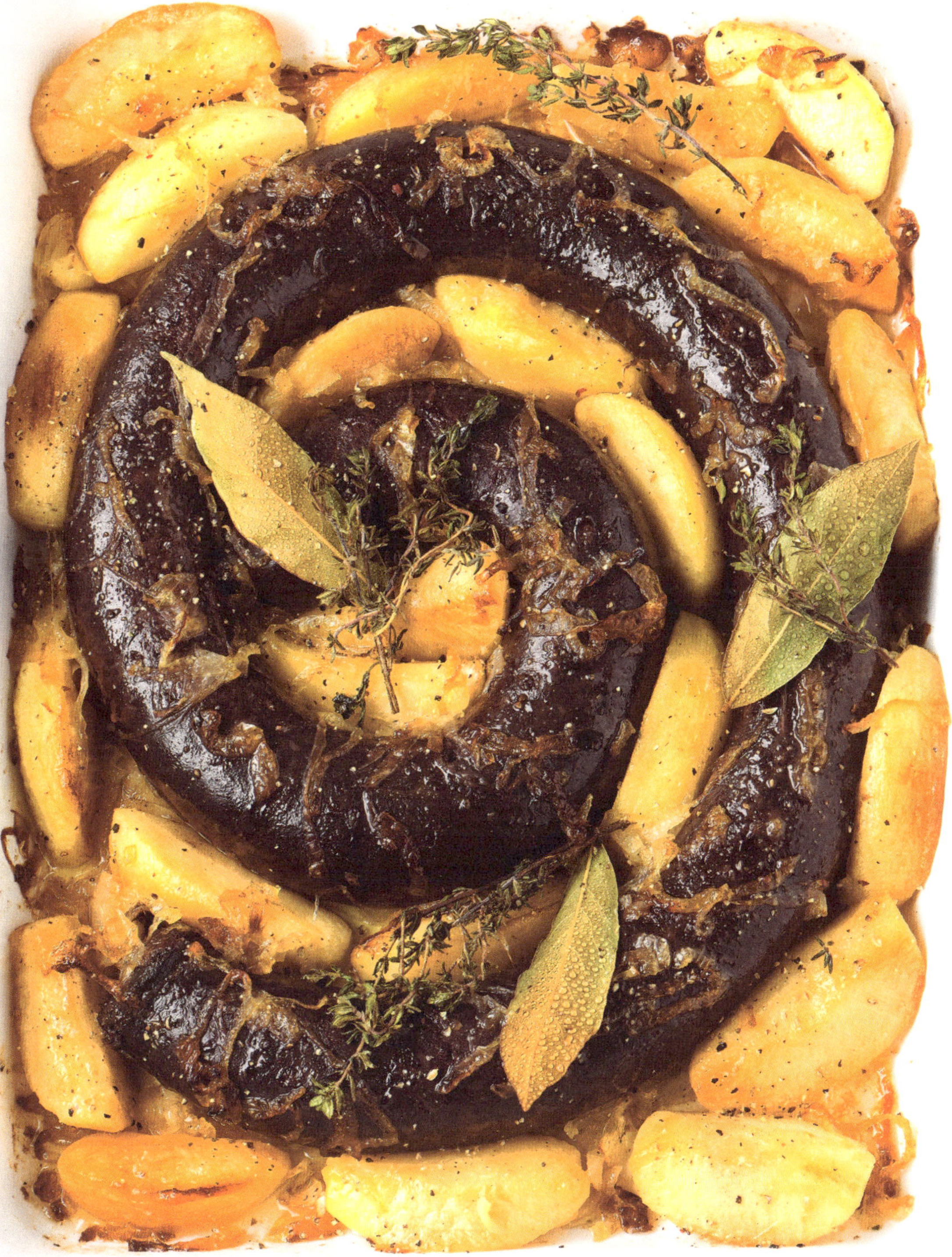

POTÉE AUVERGNATE

Porc demi-sel
2 kg (poitrine, palette, jarret)

Navets
x 5

Chou vert frisé
x 1

Carottes
x 4

Bouquets garnis
x 3

Saucisses fumées
x 2

Poivre

: 4 à 6

Préparation : 10 min
Dessalage : 12 h
Cuisson : 2 h

- La veille, mettez la **viande** à dessaler en changeant l'eau régulièrement.
- Placez la **viande** et les **bouquets garnis** dans une cocotte, versez de l'eau à hauteur et laissez mijoter 1h à feu doux. Ajoutez les **saucisses**, le **chou** coupé en morceaux, les **carottes** et les **navets** épluchés, refaites cuire 1h, poivrez et dégustez avec des pommes de terre à l'eau.

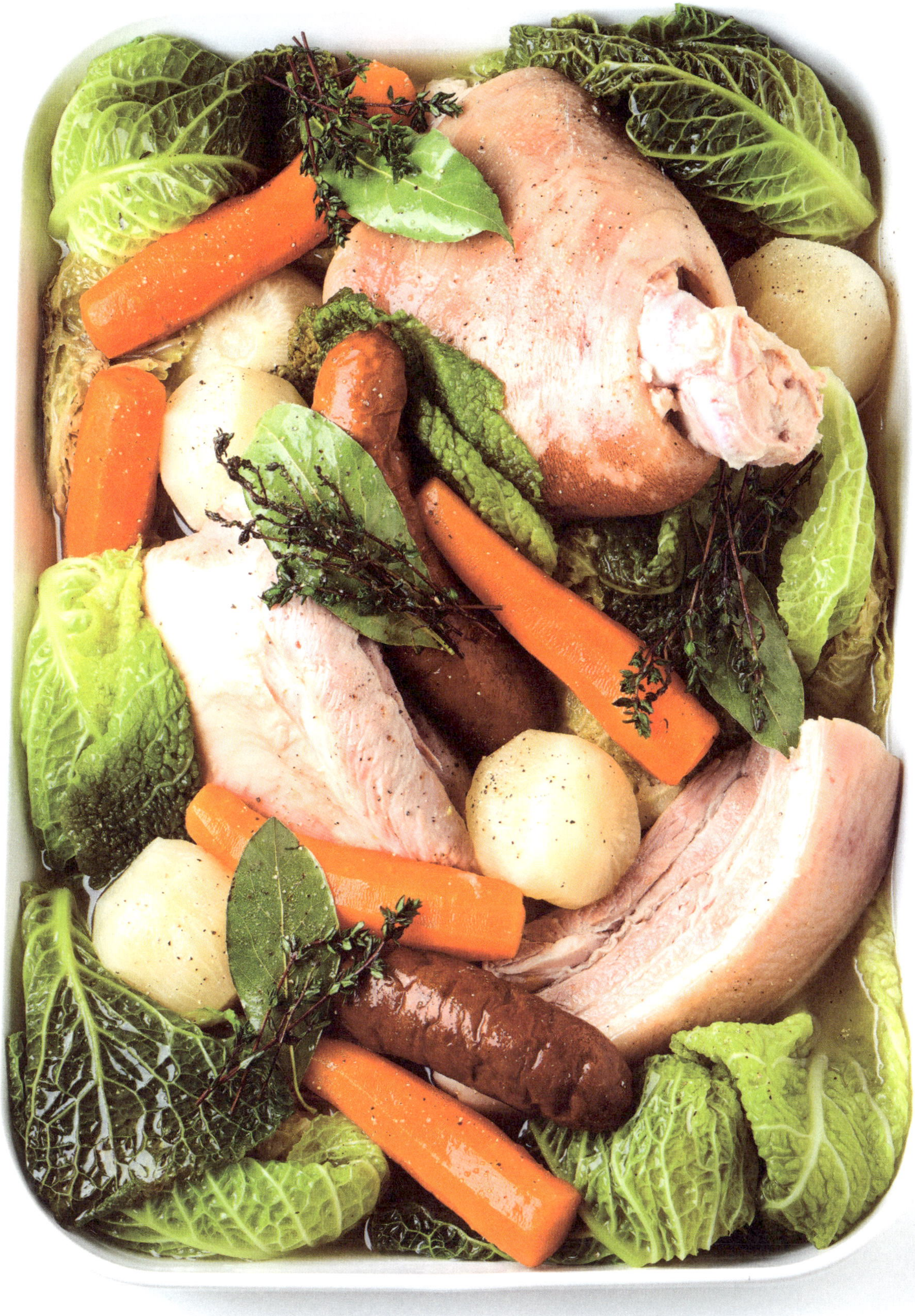

CHOUCROUTE GARNIE

Viande pour choucroute
3 kg (palette, jambon, poitrine, saucisses fumées & Strasbourg)

Choucroute crue
1,2 kg

Laurier
4 feuilles

Baies de genièvre
x 25

Bière blonde
1 l

Pommes de terre
x 8 (moyennes ou 4 grosses)

Sel, poivre

: 6 à 8

Préparation : 15 min
Cuisson : 1 h

- Placez la **choucroute**, le **genièvre**, le **laurier**, les **saucisses fumées**, la **poitrine** et la **palette** dans une cocotte. Versez la **bière** et 20 cl d'eau. Faites cuire 45 min à feu doux et à couvert. Faites cuire les **pommes de terre** 20 min à l'eau bouillante salée et faites chauffer les **saucisses** 2 min dans l'eau de cuisson.
- Dressez sur un plat et dégustez.

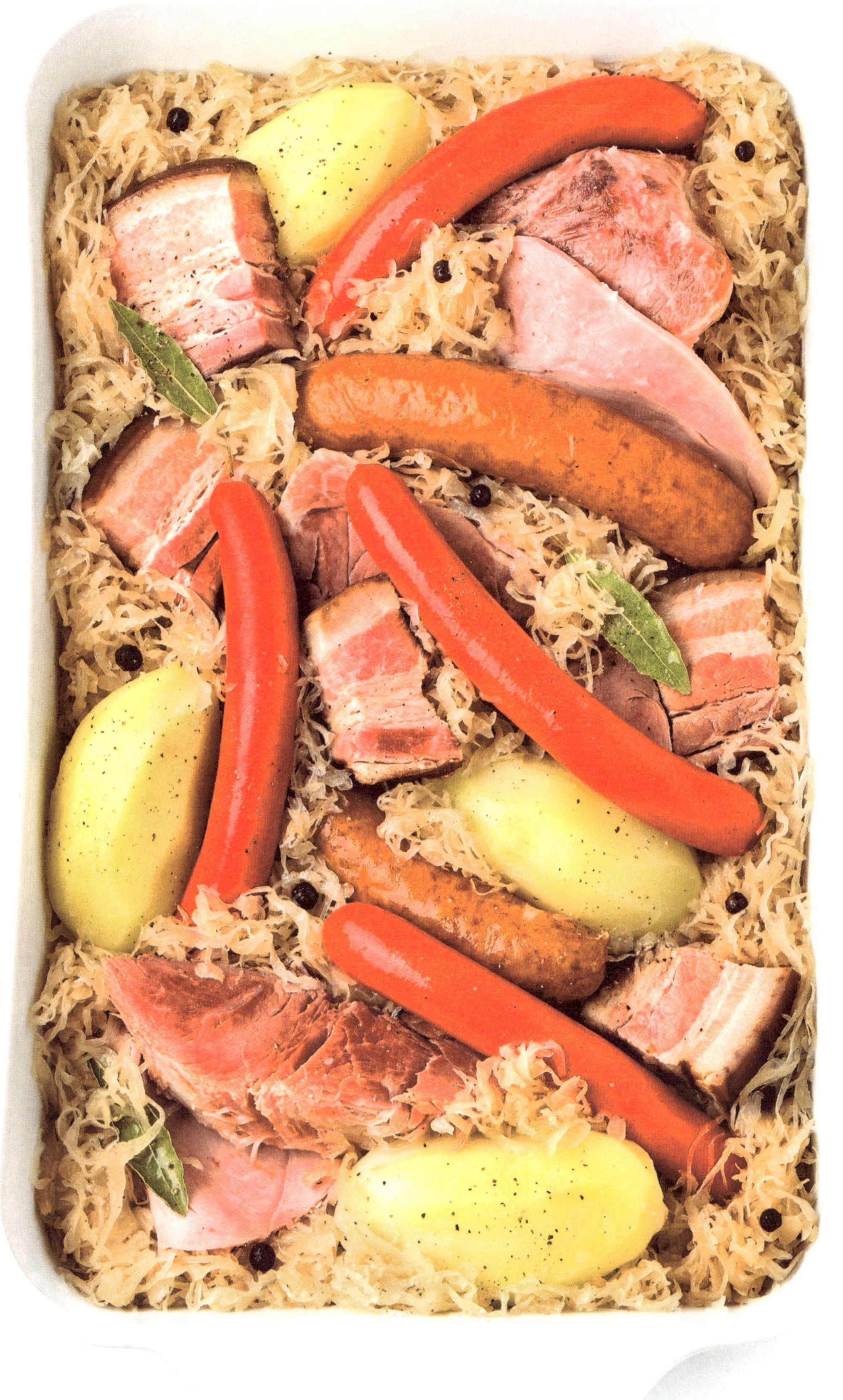

CASSOULET

Viande pour cassoulet
2 kg (cuisses de canard, échine, saucisse, poitrine)

Haricots blancs secs
400 g (tarbais)

Bouillon de volaille
3,5 l

Oignon
x 1

Graisse de canard
3 cuil. à soupe

Ail
3 gousses

Sel, poivre

👤 : 6 à 8

Préparation : 20 min
Trempage : 12 h
Cuisson : 3 h 25

- La veille mettez les **haricots secs** à tremper.
- Préchauffez le four à 180°C. Ébouillantez les **haricots** 20 min. Faites colorer dans la **graisse**, l'**oignon** et l'**ail** émincés, l'**échine**, la **poitrine** et la **saucisse** en morceaux. Versez dans un plat avec les **haricots** et le **bouillon**. Enfournez 2 h en remuant dès qu'une croûte se forme. Ajoutez le **canard**, refaites cuire 1 h. Salez et poivrez.

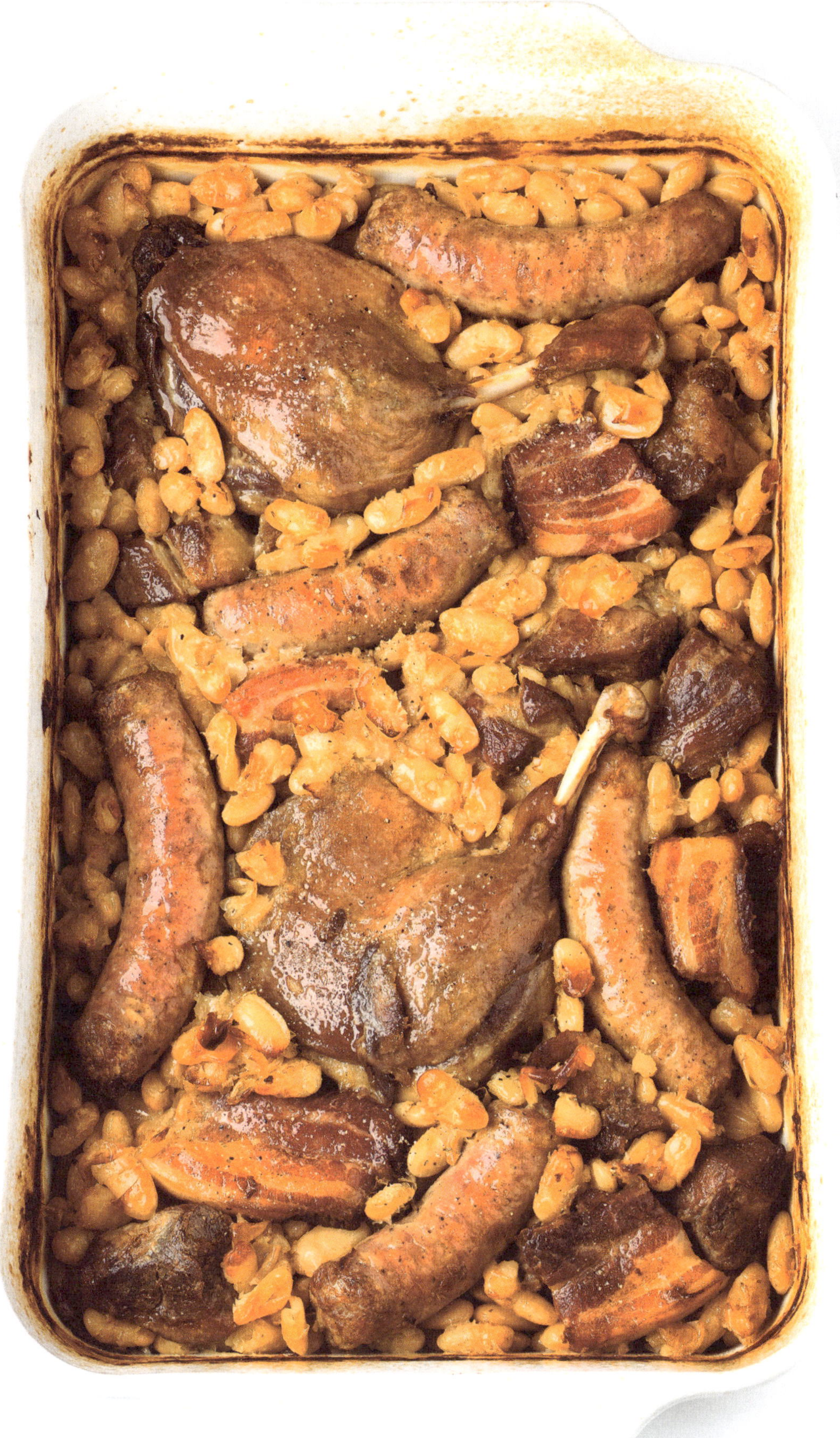

POT-AU-FEU

Viande à pot-au-feu 2 kg	**Carottes** x 4	**Poireaux** x 2
Pommes de terre x 4 (grosses)	**Navets** x 4	**Os à moelle** x 4

Sel, poivre

👤 : 4 à 6

🕐 Préparation : 10 min
Cuisson : 2 h 30

- Mettez la **viande** et la **moelle** dans une grande cocotte, versez de l'eau 10 cm au-dessus de la hauteur et faites cuire 1 h 30 à feu très doux et à couvert en écumant de temps en temps.
- Ajoutez tous les **légumes** entiers, lavés et épluchés et laissez cuire 1 h 30 de plus à feu très doux. Salez, poivrez. Dégustez le bouillon puis les **légumes** et la **viande**.

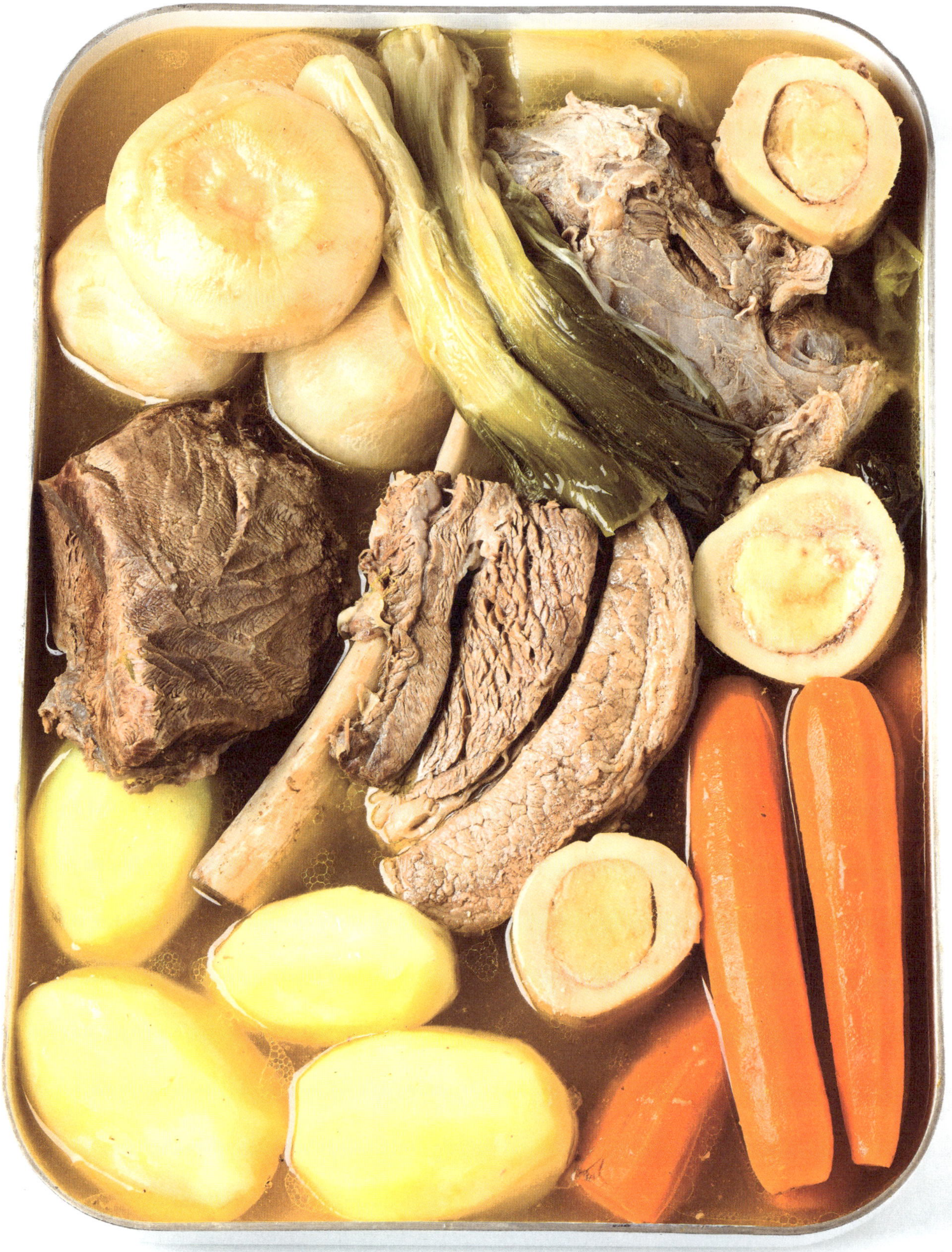

PETIT SALÉ AUX LENTILLES

Porc demi-sel
2 kg (travers, poitrine)

Lentilles vertes
500 g

Bouillon de volaille
2 l

Bouquets garnis
x 2

Poivre

👤 : 4 à 6

Préparation : 5 min
Cuisson : 2 h
Dessalage : 2 h

- Placez la **viande** coupée en morceaux dans de l'eau froide 2 h en changeant l'eau toutes les 30 min.
- Mettez la **viande** dans une cocotte avec les **bouquets garnis** et le **bouillon**.
- Faites cuire à couvert 1 h 15 à feu doux à partir de l'ébullition. Ajoutez les **lentilles** et refaites cuire à couvert 45 min à feu doux. Poivrez et dégustez.

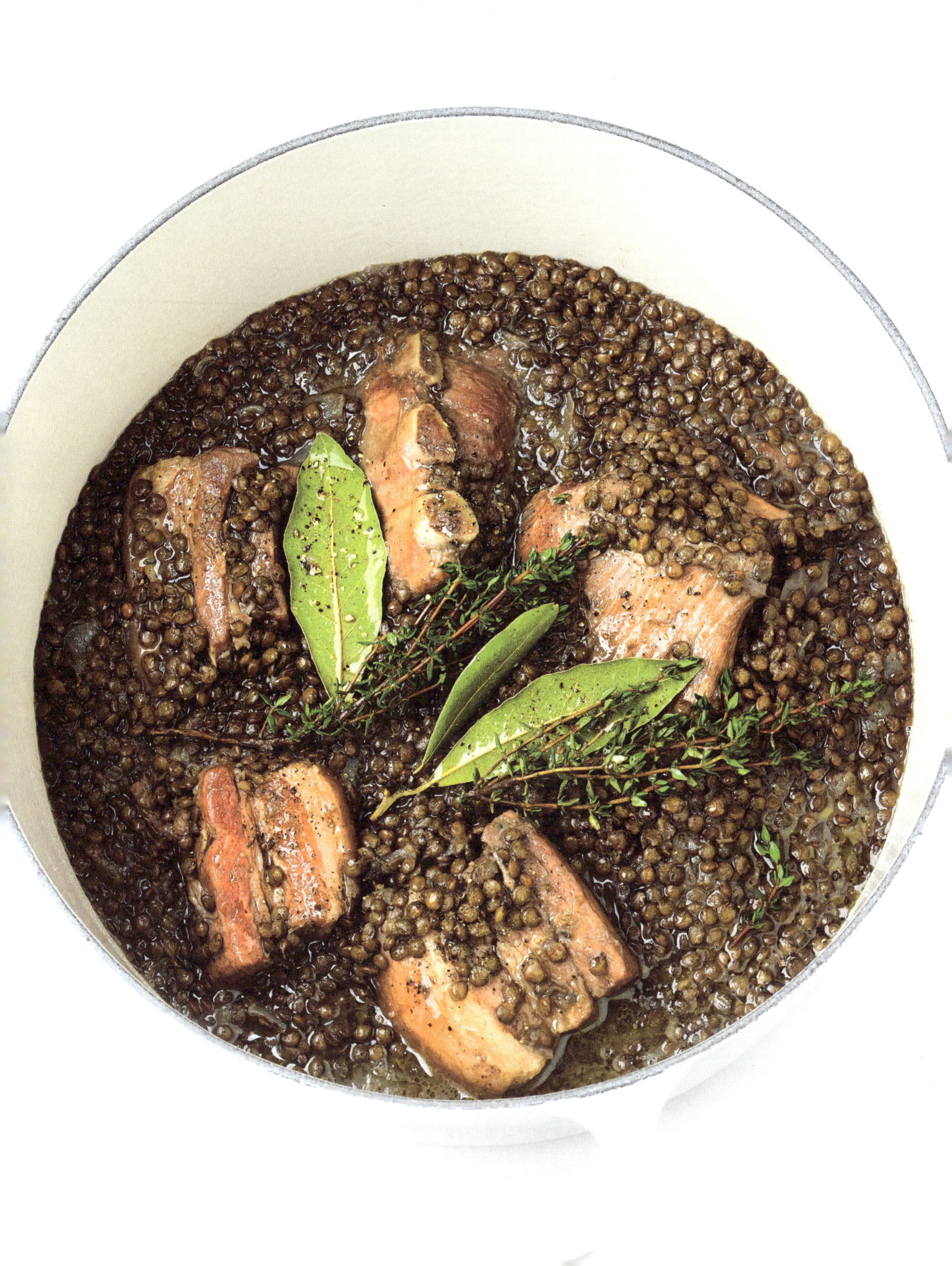

HARICOTS DE MOUTON

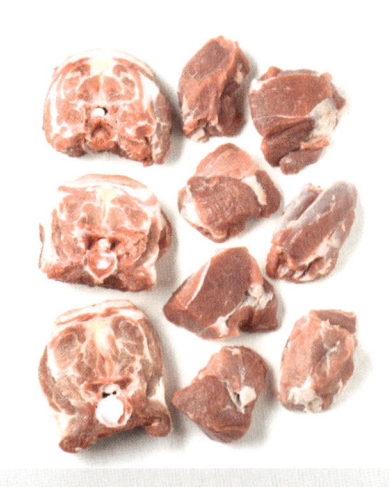

Collier et épaule
1,5 kg (mouton ou agneau)

Haricots blancs secs
250 g

Bouquets garnis
x 3

Tomates
x 6

Ail
1 tête

Bouillon de volaille
1,5 l

Sel, poivre

2 cuil. à soupe d'huile neutre

: 4 à 6

Préparation : 10 min
Trempage : 12 h
Cuisson : 2 h

- La veille, faites tremper les **haricots secs**.
- Faites colorer les morceaux d'**agneau** dans une cocotte avec 2 cuil. à soupe d'**huile**.
- Ajoutez l'**ail** coupé en 2, les **bouquets garnis**, les **tomates** coupées en cubes, les **haricots** et le **bouillon**.
- Faites cuire 2 h à feu doux et à couvert. Salez, poivrez et dégustez.

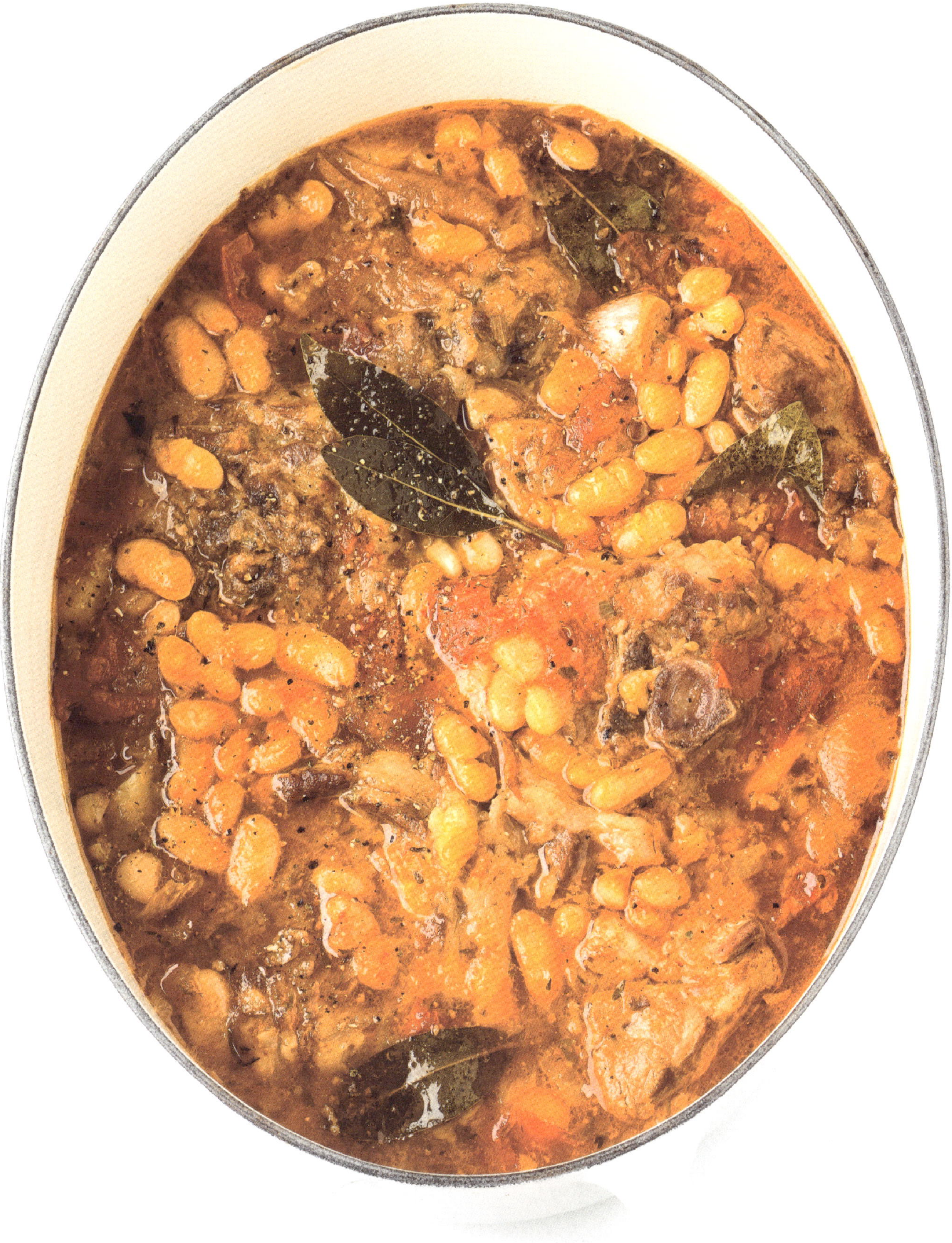

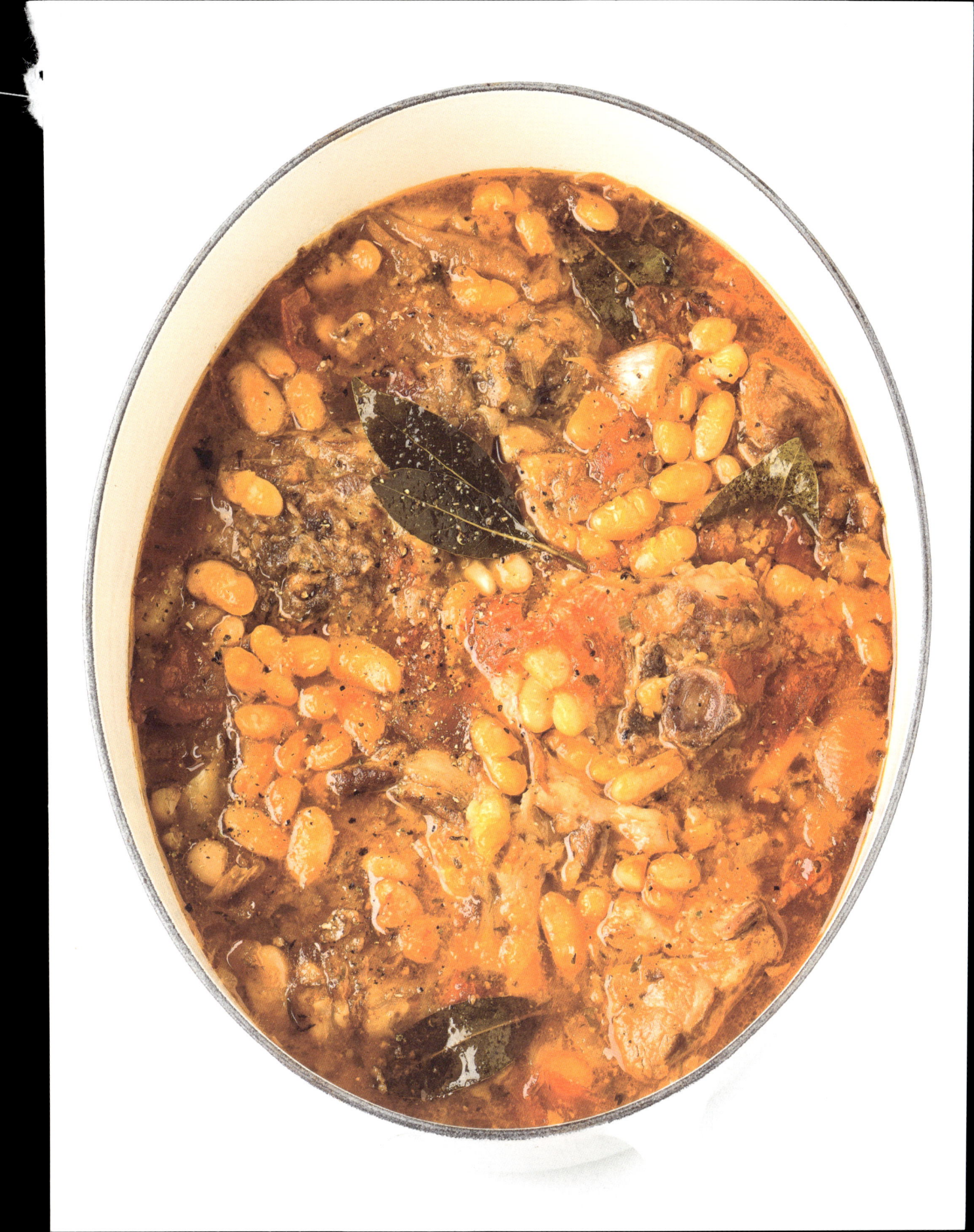

GIGOT AU THYM ET FLAGEOLETS

Gigot
x 1 (raccourci, 2 kg)

Flageolets
900 g (en bocal)

Thym séché
2 cuil. à soupe

Moutarde forte
2 cuil. à soupe

Crème liquide
25 cl

Œuf
x 1 (jaune)

Sel, poivre

: 6 à 8

Préparation : 10 min
Cuisson : 50 min

- Préchauffez votre four à 180°C.
- Salez, poivrez et enfournez 25 min le **gigot**.
- Mélangez la **moutarde**, les ¾ du **thym** et le **jaune d'œuf**. Badigeonnez-en le **gigot** et faites cuire 25 min de plus en l'arrosant avec le jus de cuisson. Réchauffez les **flageolets** avec la **crème**, le jus de cuisson et le reste du **thym**.
- Salez, poivrez et dégustez avec le **gigot**.

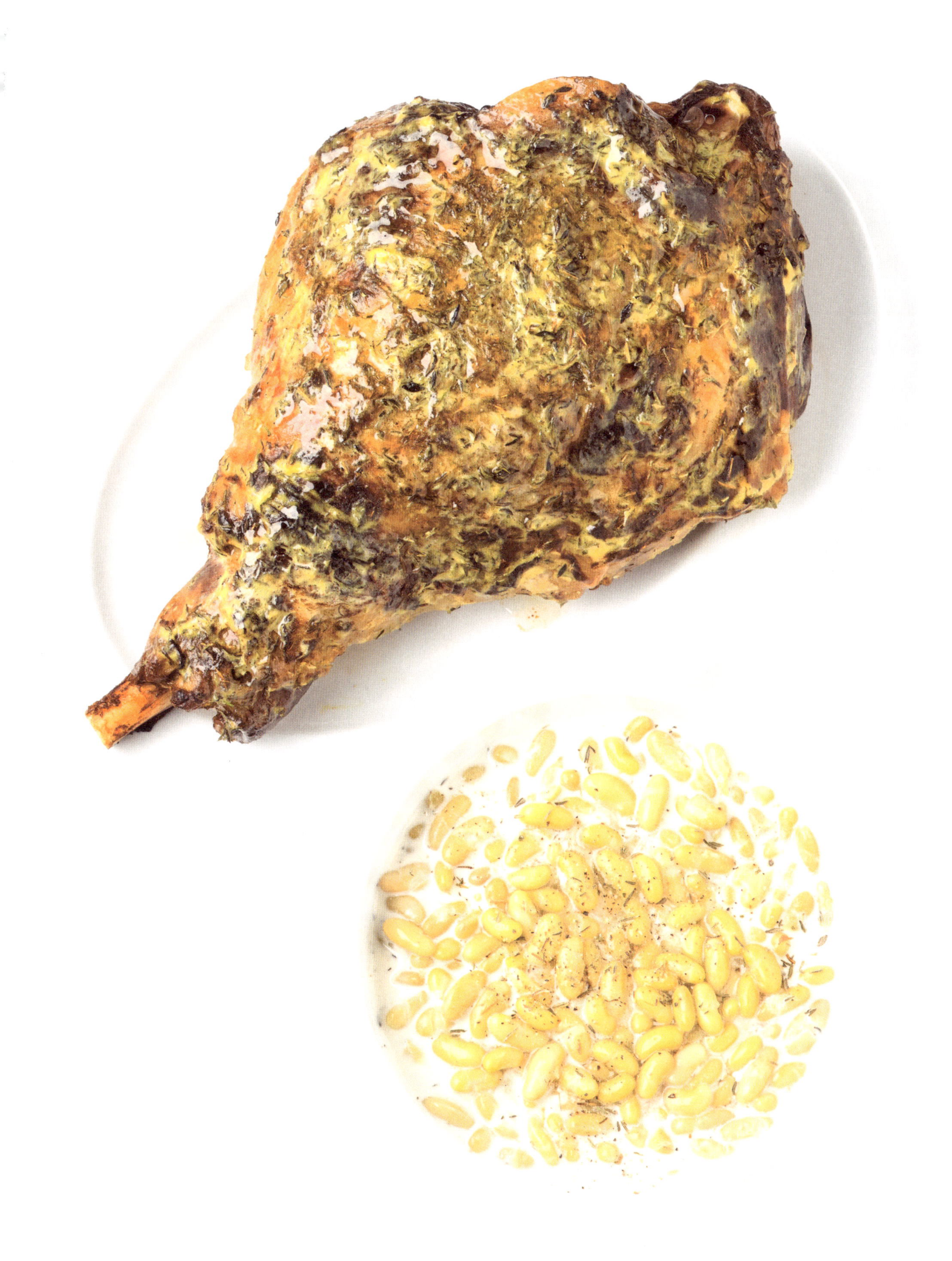

TRIPES À LA MODE DE CAEN

Tripes blanchies
1 kg

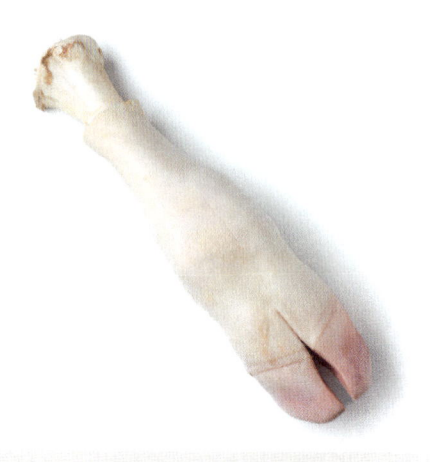

Pied de veau
x ½ (fendu en 2)

Carottes
x 3

Cidre brut
2 bouteilles (1,5 l au total)

Bouquets garnis
x 3

Sel, poivre

: 4 à 6

Préparation : 10 min
Cuisson : 2h

- Faites mijoter 1h à feu doux dans une cocotte les **tripes** découpées en morceaux, le **pied de veau**, le **cidre** et les **bouquets garnis**.
- Ajoutez les **carottes** épluchées et découpées en rondelles épaisses et faites cuire 1h de plus à feu doux en remuant de temps en temps.
- Salez, poivrez et dégustez bien chaud avec des pommes de terre à l'eau.

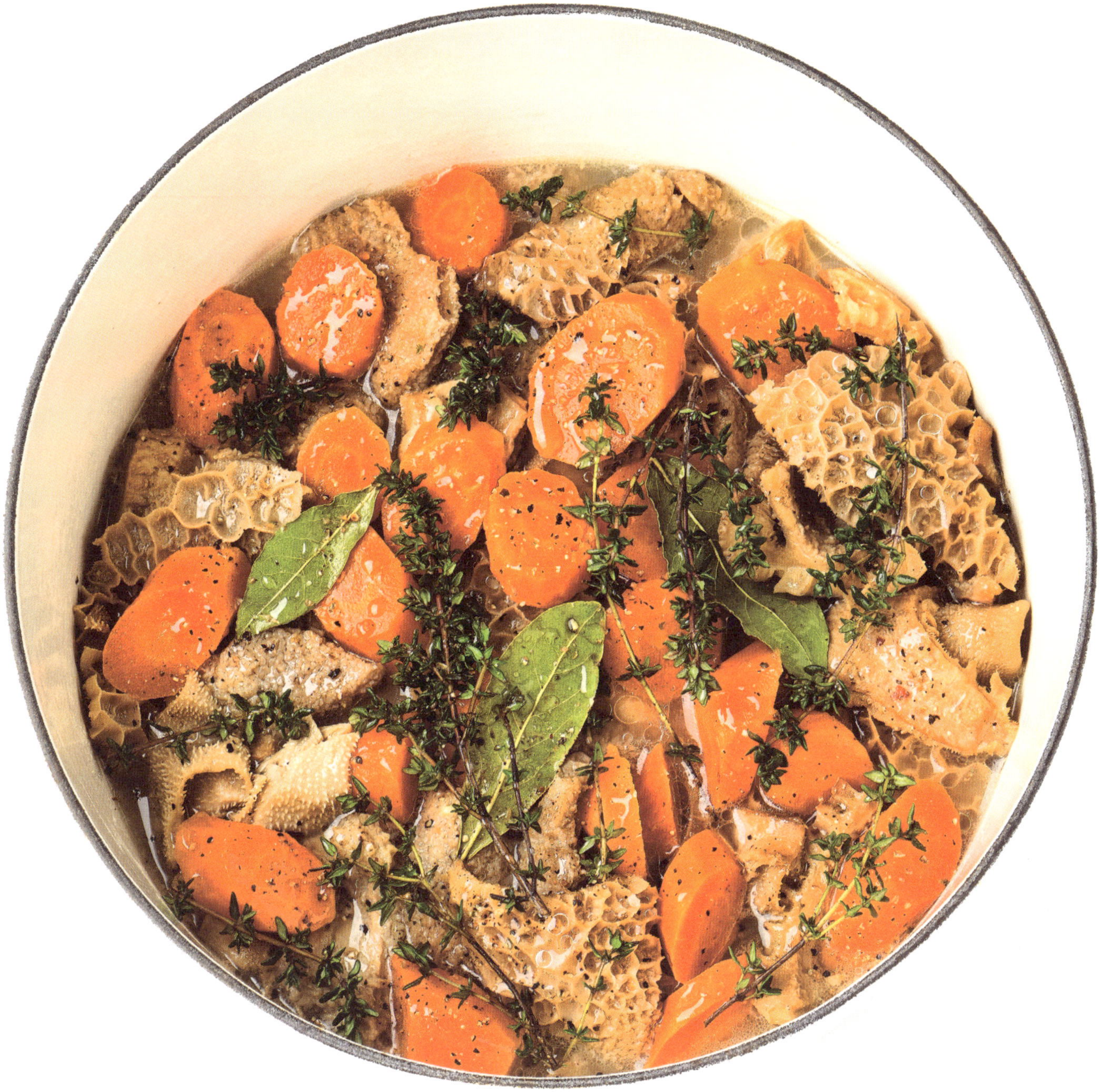

POULE AU POT

Poule x 1

Poireau x 1

Navets x 4

Bouquets garnis x 3

Carottes x 4

Sel, poivre

Préparation : 10 min
Cuisson : 2 h

- Placez la **poule** dans une grande cocotte, ajoutez tous les **légumes** lavés et épluchés, les **bouquets garnis**. Versez de l'eau 5 cm au-dessus des ingrédients, salez, poivrez.
- Couvrez et laissez mijoter 2 h à feu doux.
- Dégustez le bouillon puis la **poule** avec les **légumes**.

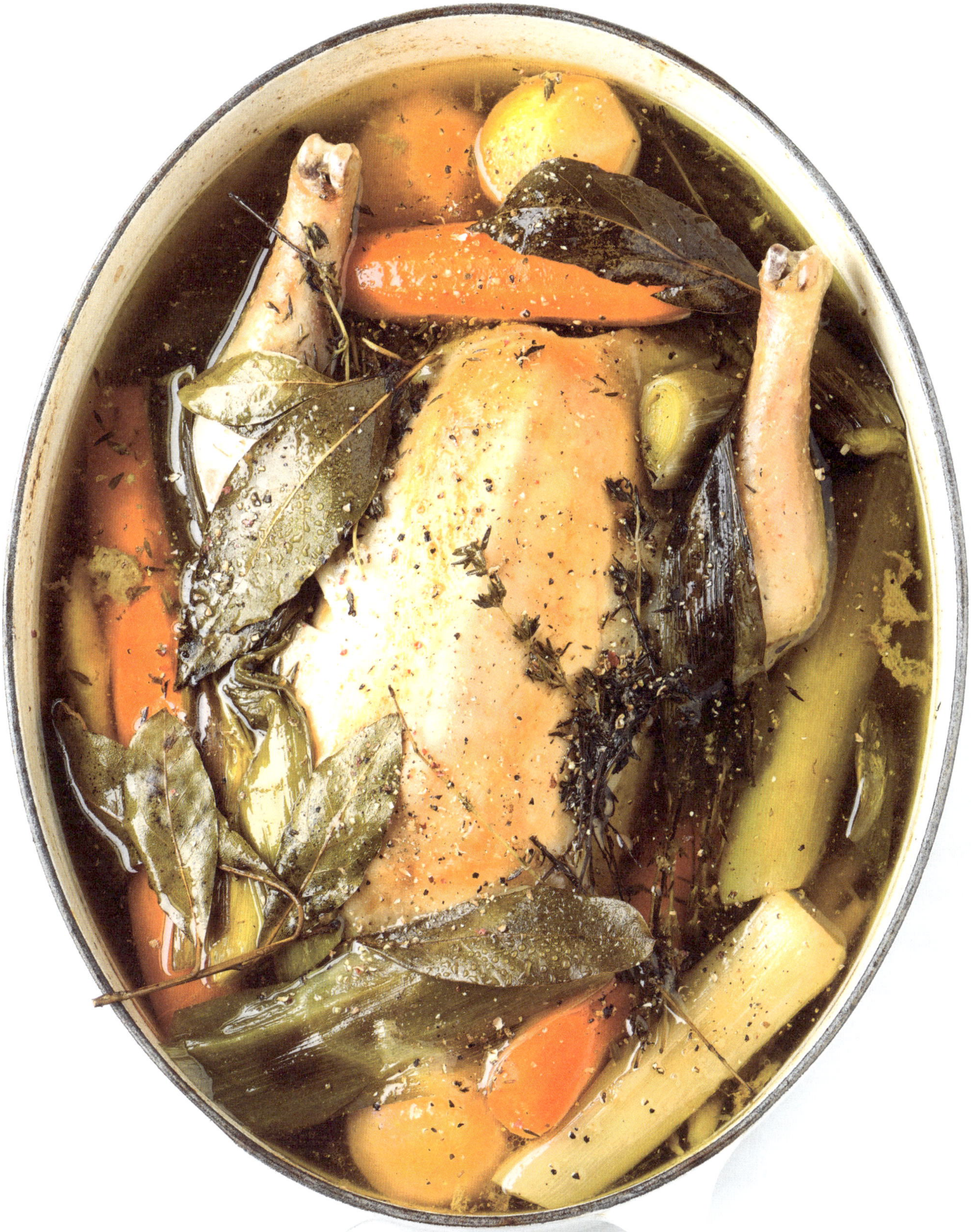

FOIE DE VEAU À LA LYONNAISE

Foie de veau
2 tranches (épaisses)

Beurre
50 g

Vinaigre de vin
4 cuil. à soupe

Farine
2 cuil. à soupe

Oignons doux
x 3

Sel, poivre

1 cuil. à soupe d'huile neutre

Préparation : 10 min
Cuisson : 20 min

- Faites colorer et compoter 10 min les **oignons** épluchés et émincés avec le **beurre** dans une poêle. Égouttez-les sur une assiette.
- Farinez les tranches de **foie** coupées en 2 et faites-les saisir 4 min de chaque côté dans la poêle avec 1 cuil. à soupe d'**huile**, salez, poivrez.
- Remettez les **oignons**, versez le **vinaigre**, laissez cuire 2 min et dégustez.

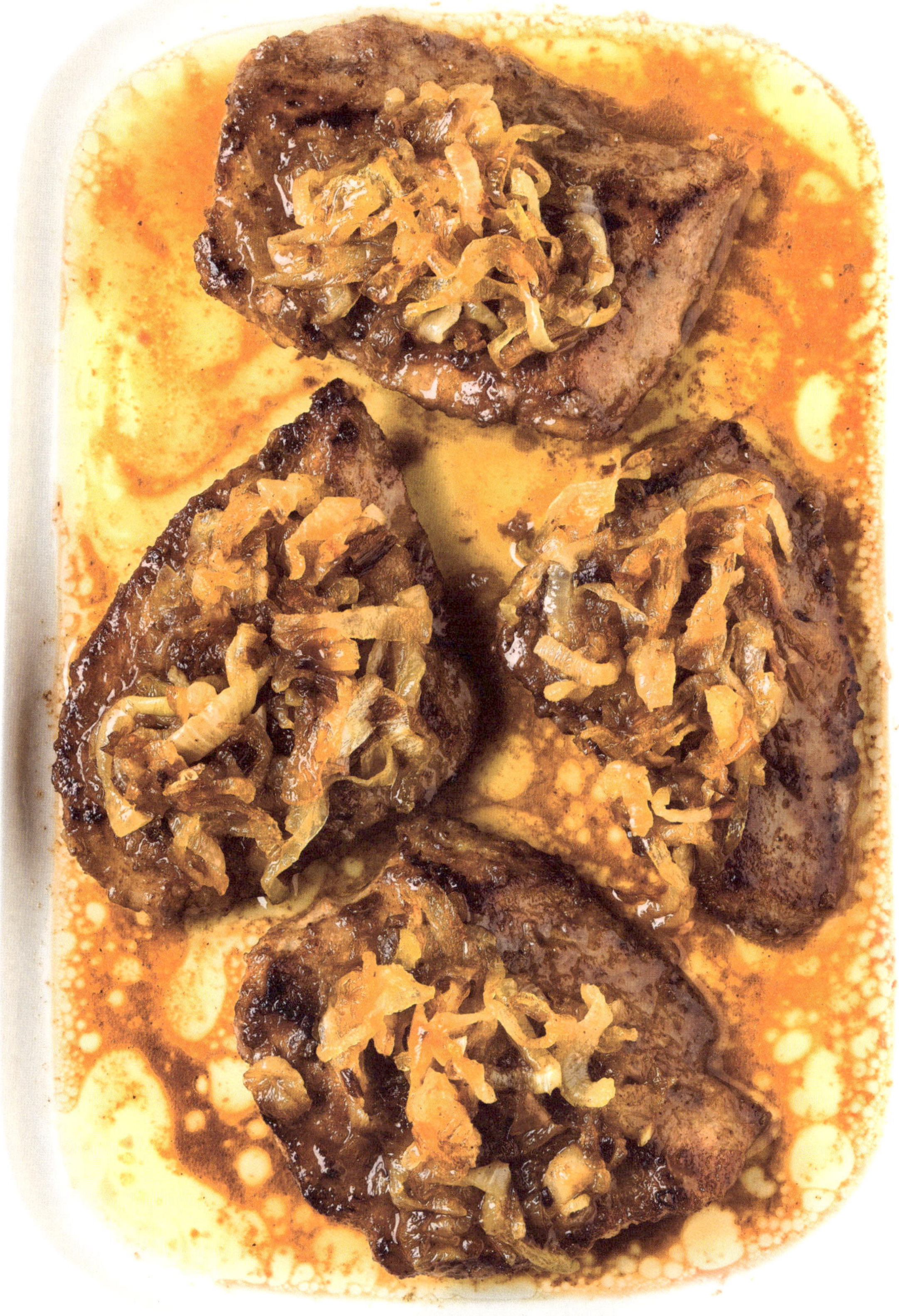

LAPIN À LA NORMANDE

Lapin
x 1 (en morceaux)

Crème
50 cl

Lardons
250 g

Cidre brut
1 bouteille (75 cl)

Pommes
x 2

Beurre
50 g

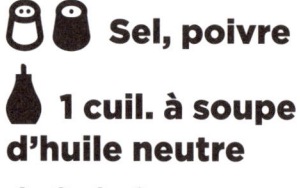

Sel, poivre
1 cuil. à soupe d'huile neutre

Préparation : 10 min
Cuisson : 1h10

- Faites saisir les morceaux de **lapin** et les **lardons** avec 1 cuil. à soupe d'**huile** dans une cocotte. Ajoutez le **cidre** et la **crème** et laissez mijoter 1h à feu doux et à couvert. Salez, poivrez.
- Épluchez et découpez les **pommes** en quartiers. Faites-les colorer à la poêle avec le **beurre**.
- Ajoutez-les dans la cocotte et dégustez.

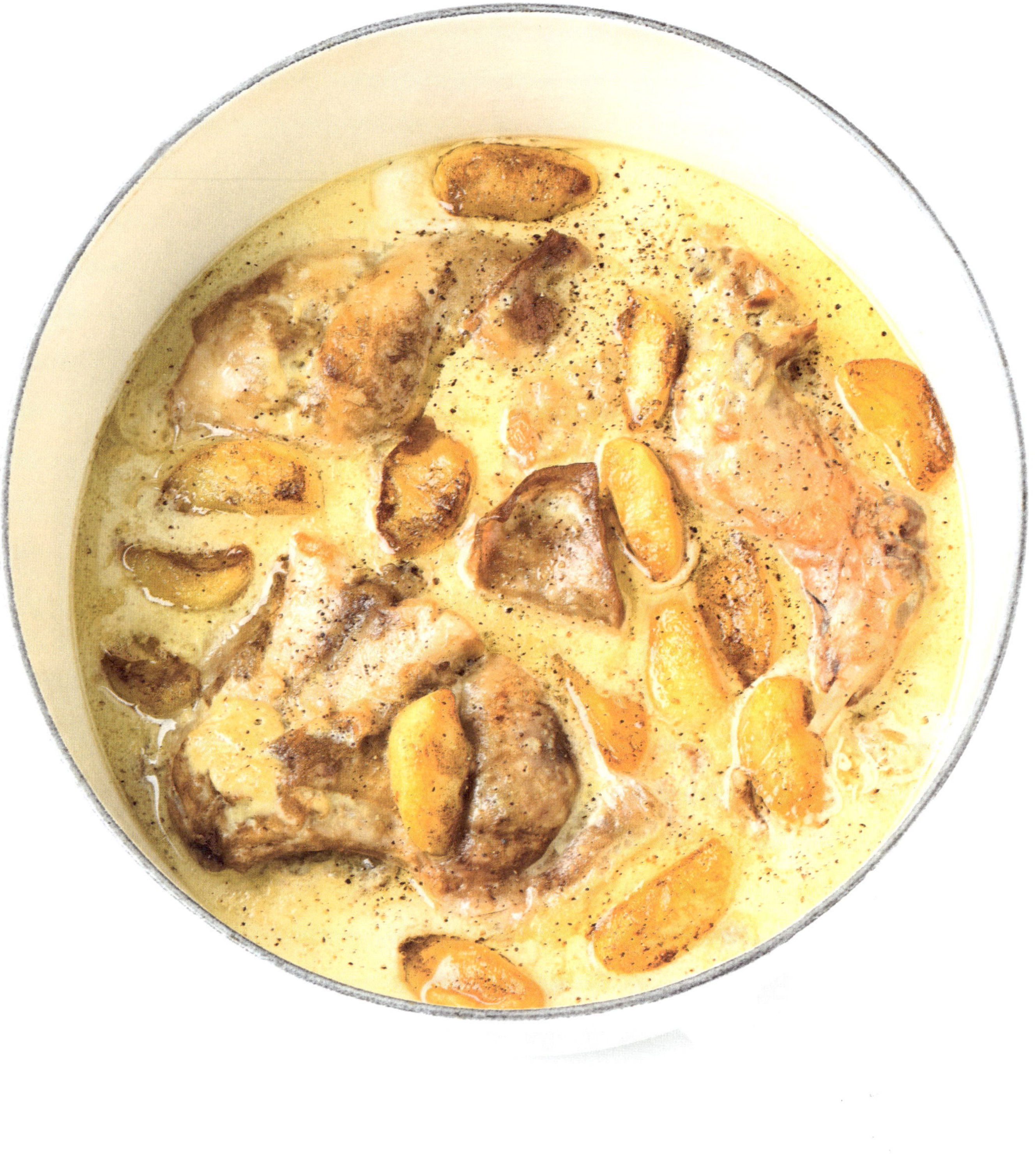

TÊTE DE VEAU SAUCE GRIBICHE

Tête de veau roulée
x 1 (environ 1 kg)

Légumes variés
(4 carottes, 1 poireau, 8 pommes de terre)

Vinaigre de vin
2 cuil. à soupe

Œufs
x 2

Câpres
2 cuil. à soupe

Ciboulette
2 bottes

Sel, poivre
5 cl d'huile neutre
: 4 à 5
Préparation : 10 min
Cuisson : 2 h

- Faites cuire à feu doux 2 h dans une cocotte la **tête de veau**, le **poireau** et les **carottes**. Ajoutez les **pommes de terre** à mi-cuisson.
- Ébouillantez les **œufs** 10 min, épluchez-les, écrasez-les et mélangez-les avec la **ciboulette** ciselée, les **câpres**, le **vinaigre** et 5 cl d'**huile**, salez et poivrez. Dégustez bien chaud avec les **légumes** et la sauce.

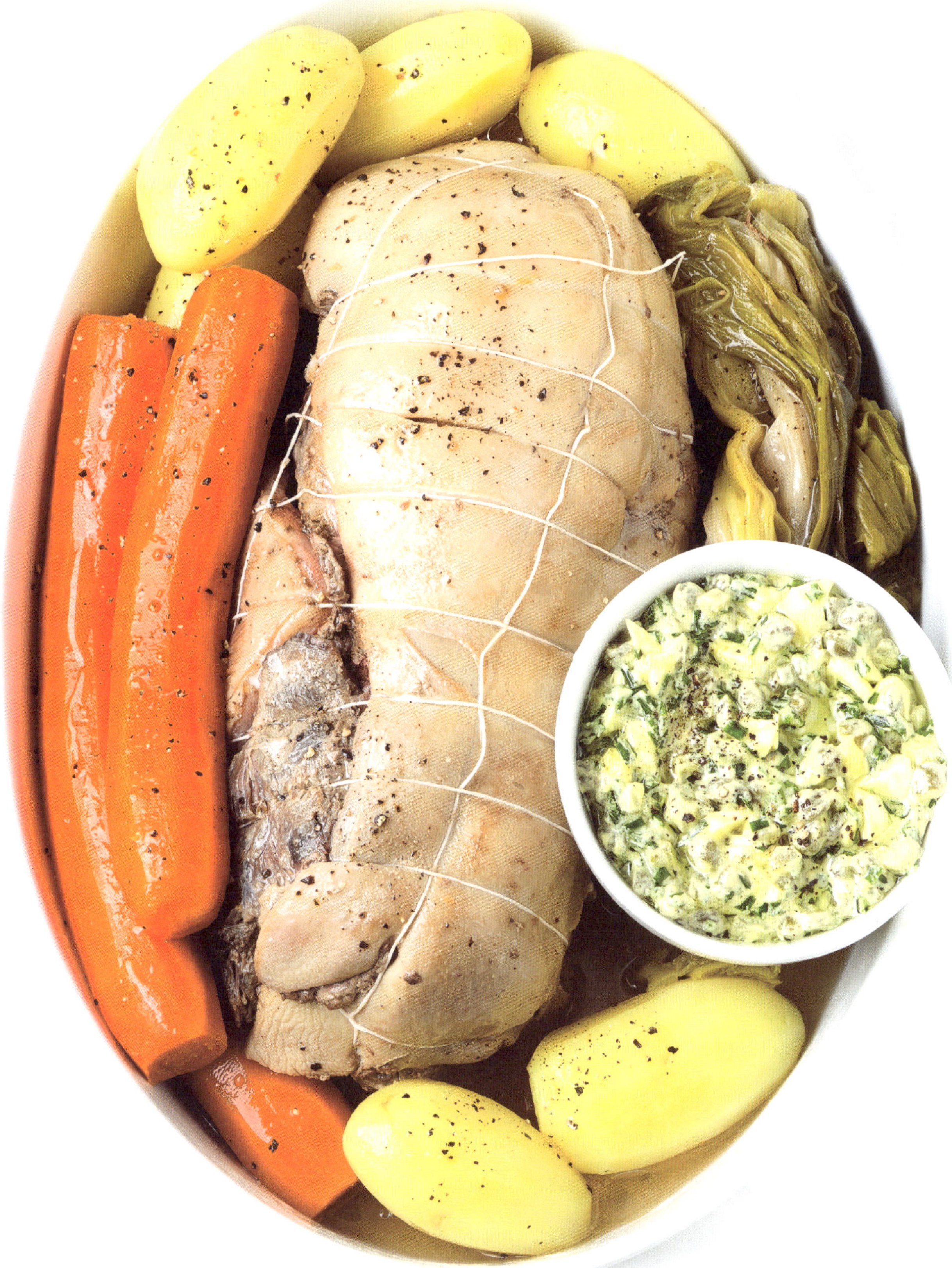

SAUCISSE-PURÉE

Saucisse au couteau
900 g (au couteau)

Lait
25 cl

Pommes de terre
800 g (grosses)

Beurre
50 g

Thym séché
2 cuil. à soupe

Sel, poivre

Préparation : 5 min
Cuisson : 1h

- Faites cuire les **pommes de terre** épluchées à l'eau bouillante salée 30 min. Égouttez-les et écrasez-les avec un presse-purée. Ajoutez le **lait**, le **beurre**, salez, poivrez et mélangez.
- Préchauffez votre four à 180°C.
- Versez la purée dans un plat, posez la **saucisse** dessus, saupoudrez de **thym**, enfournez 30 min et dégustez.

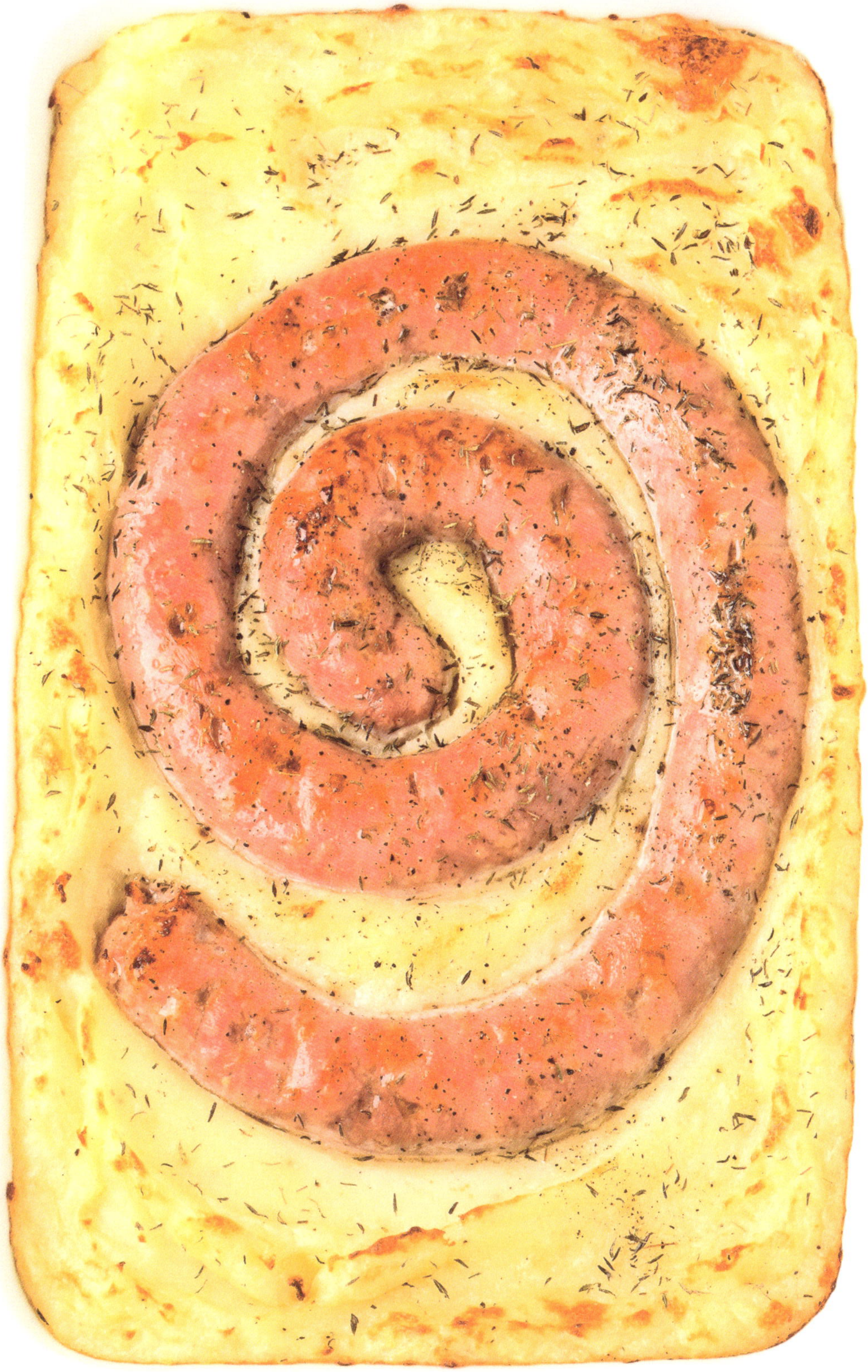

POULET BASQUAISE

Poulet
x 1 (en morceaux)

Poivrons
x 6

Ail
6 gousses

Piment d'Espelette
2 cuil. à soupe

Huile d'olive
4 cuil. à soupe

Bouquets garnis
x 3

Sel, poivre

Préparation : 15 min
Cuisson : 1h

- Préchauffez le four à 180°C.
- Faites saisir les **poivrons** émincés 20 min avec l'**huile d'olive** dans une poêle.
- Placez les morceaux de **poulet** dans un plat à four. Ajoutez les gousses d'**ail** entières, les **bouquets garnis** et les **poivrons**. Saupoudrez de **piment d'Espelette** et enfournez 40 min.
- Salez, poivrez et dégustez.

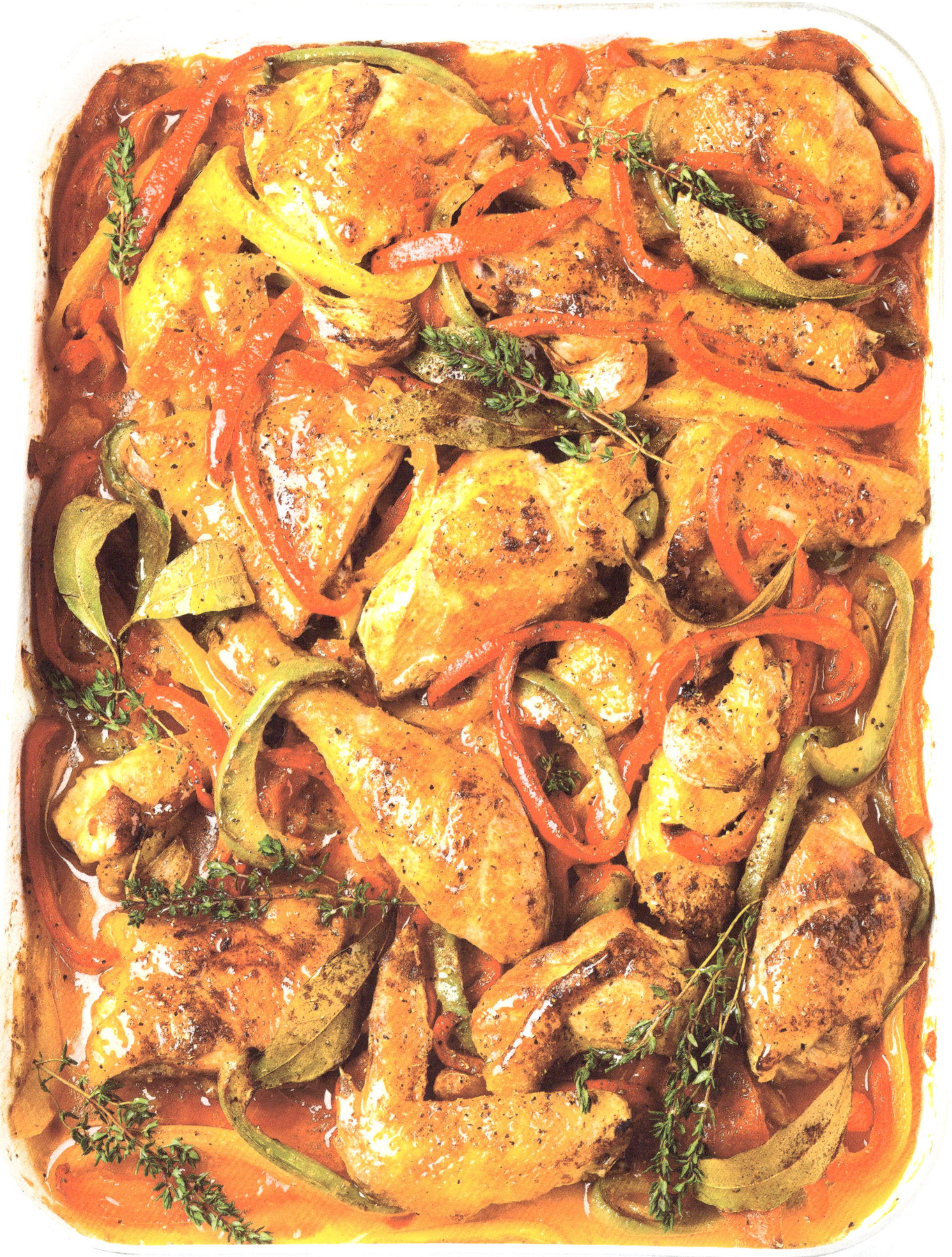

BŒUF BOURGUIGNON

Bourguignon 1,2 kg (en cubes)	Bouquets garnis x 2	Vin rouge 1 bouteille (75 cl)
Champignons de Paris 250 g	Lardons 250 g	Farine 1 cuil. à soupe

Sel, poivre

2 cuil. à soupe d'huile neutre

Préparation : 10 min
Cuisson : 2 h 30

- Faites colorer 10 min la **viande** dans une cocotte avec 2 cuil. à soupe d'**huile**. Ajoutez la **farine**, les **bouquets garnis** et mélangez puis versez le **vin**, 30 cl d'eau. Faites mijoter 2 h à feu doux.
- Faites saisir à feu vif, les **lardons** et les **champignons** dans une poêle avec 1 cuil. à soupe d'**huile**, versez-les dans la cocotte, laissez cuire 15 min de plus, salez, poivrez et dégustez.

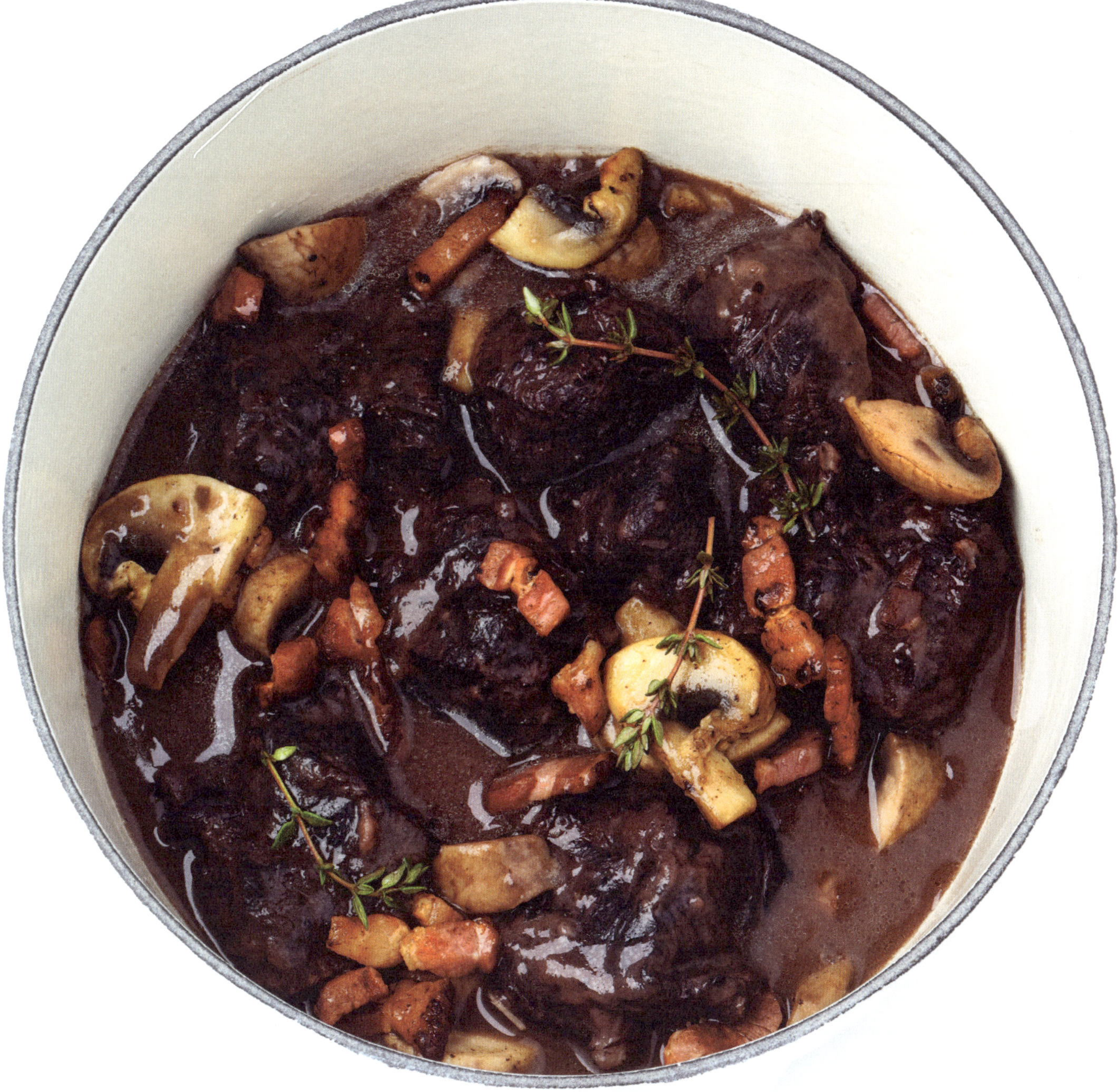

WATERZOÏ DE POULET

Blancs de poulet
x 4

Crème liquide
50 cl

Poireau
x 1

Céleri
2 branches

Beurre
50 g

Carottes
x 2

Sel, poivre

Préparation : 15 min
Cuisson : 40 min

- Faites saisir 10 min les **légumes** lavés, épluchés et émincés dans une cocotte sans coloration avec le **beurre**.
- Ajoutez les **blancs de poulet**, la **crème** et laissez cuire 30 min à couvert et à feu doux.
- Salez, poivrez et dégustez.

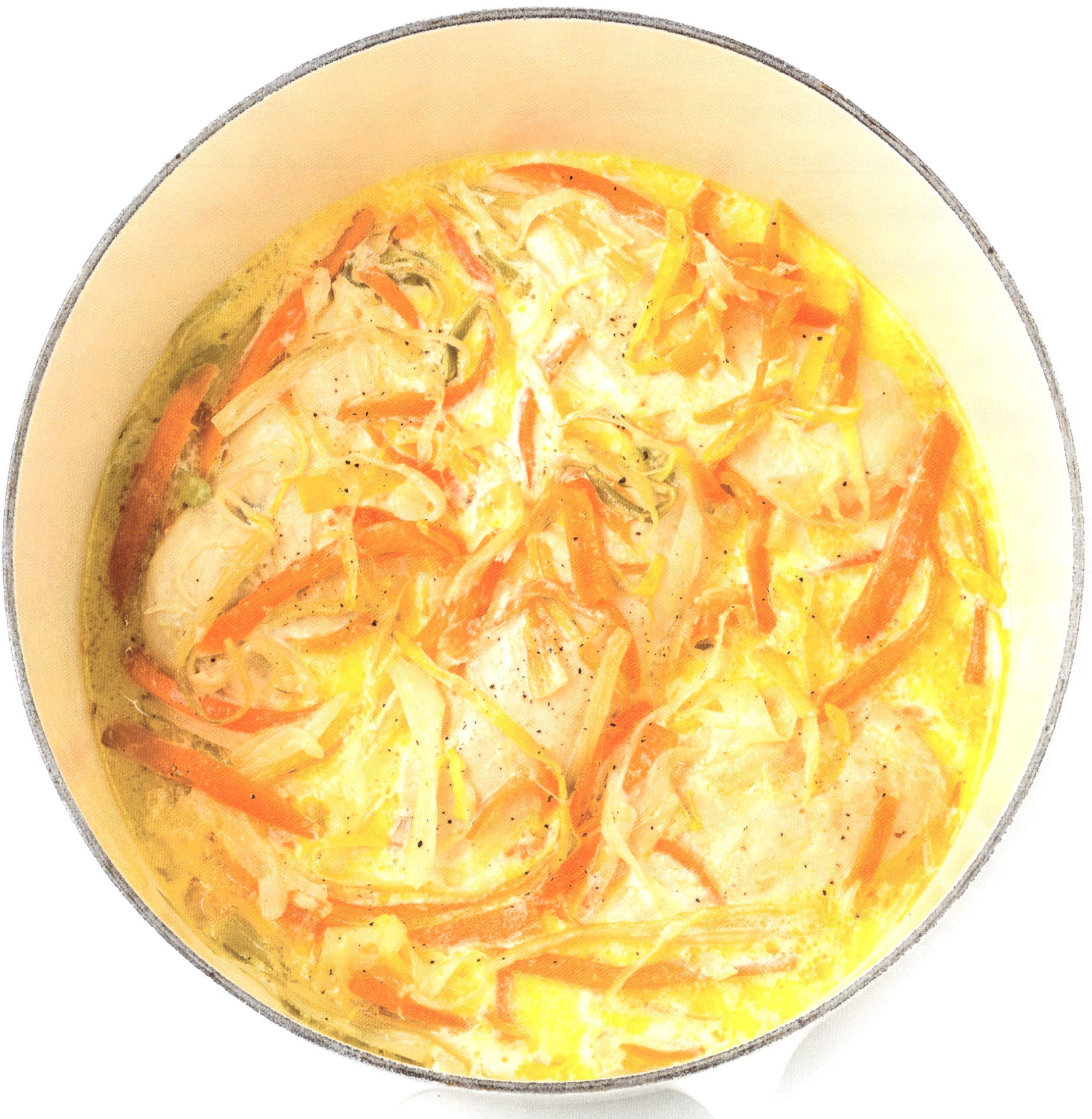

FILET MIGNON DE PORC AUX PRUNEAUX

Filet mignon de porc
x 1

Pruneaux
x 16

Cidre brut
1 bouteille (75 cl)

Oignons doux
x 3

Sel, poivre

4 cuil. à soupe d'huile neutre

Préparation : 10 min
Cuisson : 40 min

- Dans une cocotte, faites colorer les **oignons** épluchés et émincés avec 4 cuil. à soupe d'**huile**.
- Ajoutez le **filet mignon**, le **cidre**, les **pruneaux** et laissez cuire 40 min à feu doux.
- Salez, poivrez et dégustez.

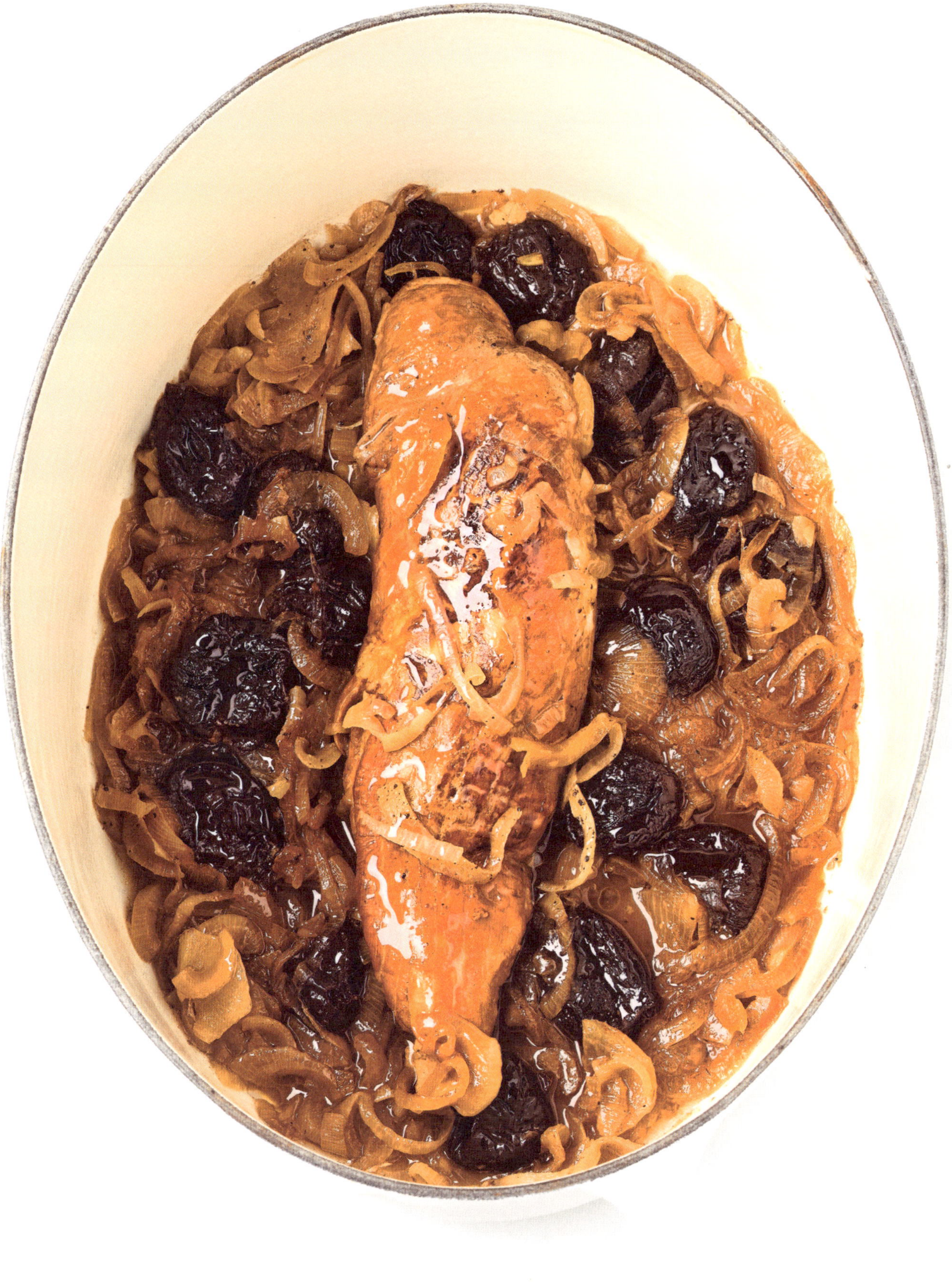

ROGNONS À LA PROVENÇALE

Rognons de veau
x 3 (gros ou 4 petits)

Basilic
1 botte

Concassé de tomates
1 petite boîte (400 g)

Ail
6 gousses

Huile d'olive
4 cuil. à soupe

Sel, poivre

Préparation : 10 min
Cuisson : 25 min

- Faites saisir et colorer les **rognons** coupés en morceaux avec l'**huile d'olive** dans une poêle 10 min en remuant.
- Ajoutez l'**ail** épluché et émincé et le **concassé de tomates**, laissez cuire 15 min à feu doux.
- Ajoutez les feuilles de **basilic**, mélangez. Salez, poivrez et dégustez.

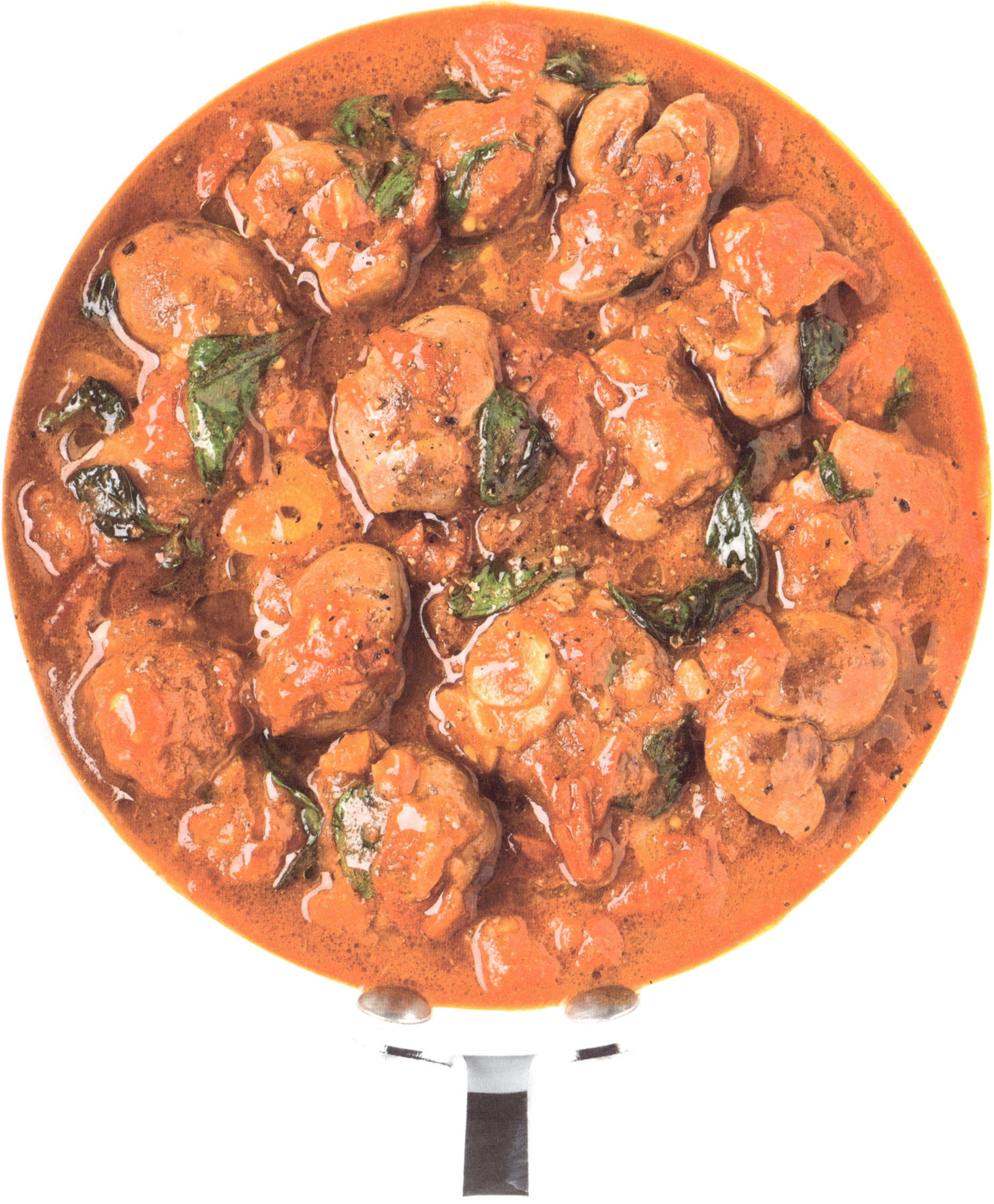

CANARD À L'ORANGE

Canard (ou canette) x 1	**Bouquets garnis** x 2	**Oranges** x 4
Vinaigre balsamique 5 cuil. à soupe	**Sucre** 2 cuil. à soupe	**Bouillon de volaille** 20 cl

Sel, poivre

Préparation : 10 min
Cuisson : 45 min

- Préchauffez le four à 180°C.
- Faites colorer le **canard** dans une cocotte et réservez-le. Versez le **sucre**, laissez caraméliser puis déglacez avec le **vinaigre**. Ajoutez le jus et les zestes de 3 **oranges**, le **bouillon** et les **bouquets garnis**. Remettez le **canard** avec les tranches de l'**orange** restante, couvrez et faites cuire 45 min à feu doux. Salez, poivrez.

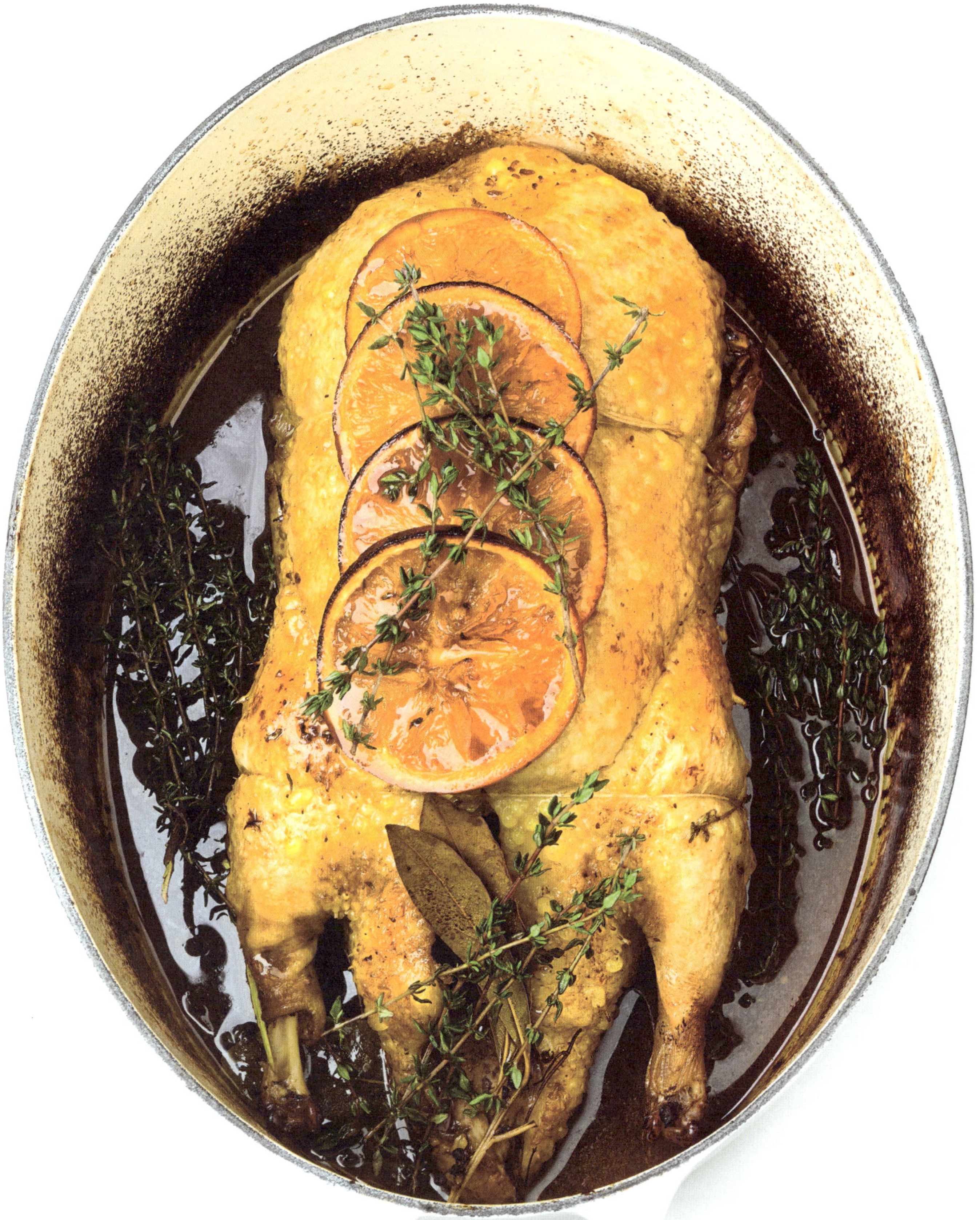

BŒUF À LA FICELLE

Filet de bœuf
1 kg (en rôti)

Bouquets garnis
x 2

Carottes
x 4

Bouillon de bœuf
2,5 l

Navets
x 4

Poireaux
x 2

Sel, poivre

: 4 à 6

Préparation : 10 min
Cuisson : 1 h 15

- Faites cuire 1h à feu doux dans une cocotte avec le **bouillon** et les **bouquets garnis**, les **légumes** lavés et épluchés.
- Accrochez le **rôti** avec une ficelle et plongez-le 15 min dans le **bouillon** en ébullition.
- Coupez la **viande** en tranches épaisses et dégustez avec le **bouillon** et les **légumes**.

210

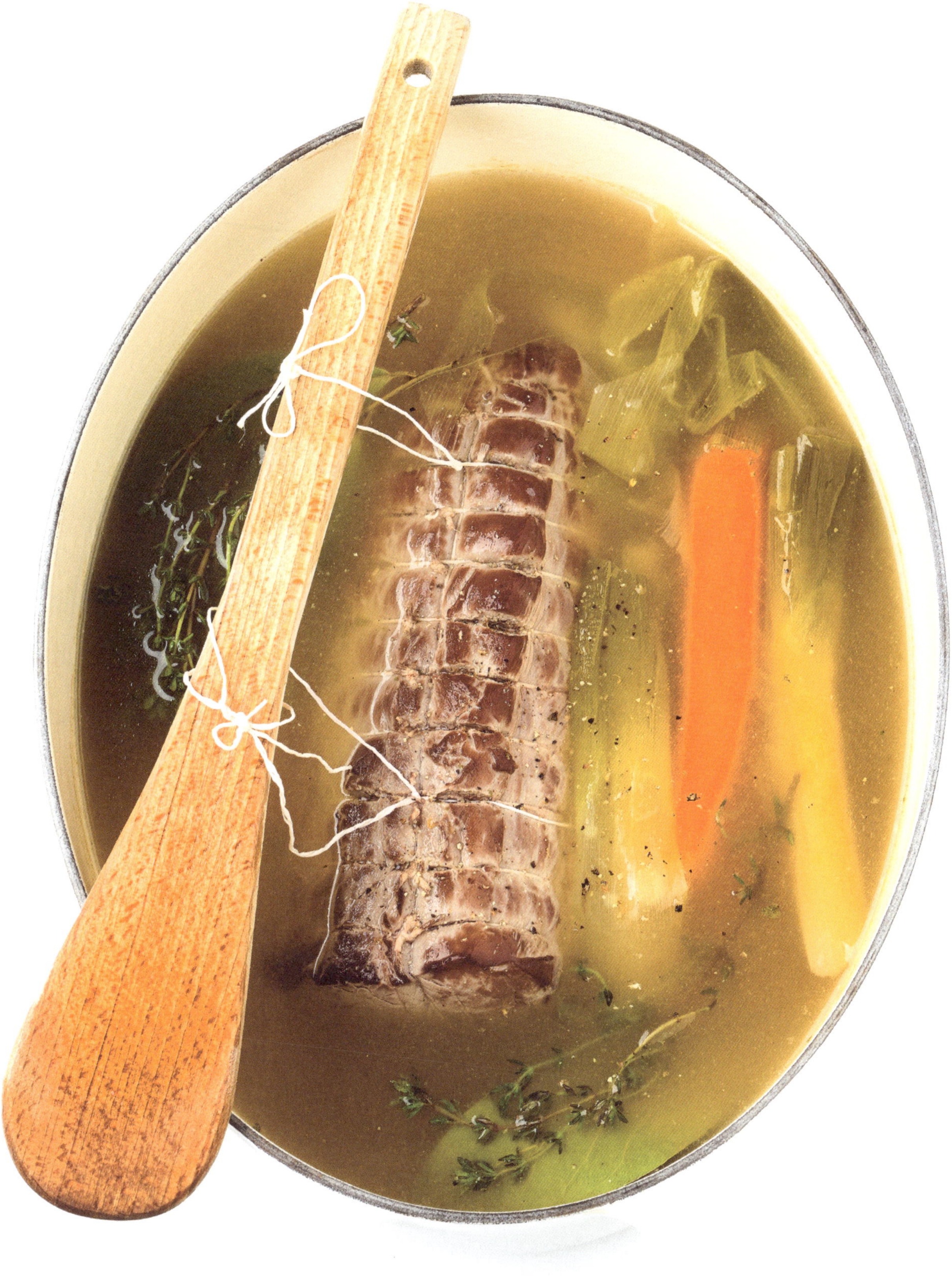

BAECKEOFFE

Viandes pour baeckeoffe
2 kg (épaule d'agneau, échine de porc, paleron de bœuf)

Oignons doux
x 3

Bouquets garnis
x 4

Vin blanc
1 bouteille (75 cl)

Pommes de terre
1,5 kg

Sel, poivre

: 6 à 8

Préparation : 15 min
Marinade : 12 h
Cuisson : 3 h

- Faites mariner les **viandes** coupées en gros cubes 12 h avec le **vin**, les **bouquets garnis** et les **oignons** émincés.
- Préchauffez le four à 170°C.
- Mettez les **pommes de terre** épluchées et coupées en rondelles, la **viande** puis la marinade dans un plat à baeckeoffe (ou une cocotte). Salez, poivrez, mélangez, tassez, couvrez et enfournez 3 h.

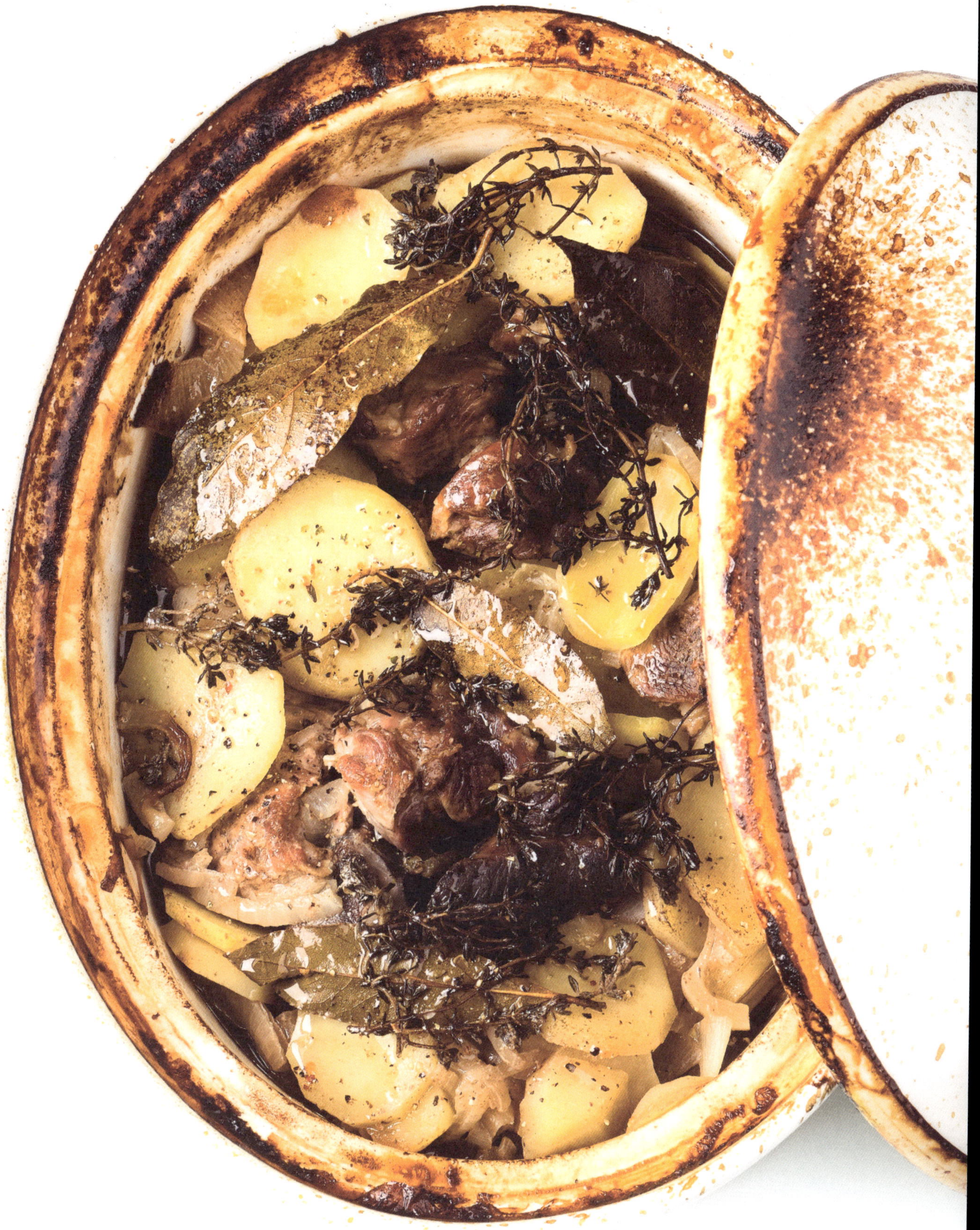

SAUCISSON AU BEAUJOLAIS

Saucisson à cuire
x 1 (nature ou pistaché)

Vin rouge
1 bouteille (75 cl)

Beurre
30 g

Bouquet garni
x 1

Échalotes
x 4

Sel, poivre

Préparation : 5 min
Cuisson : 55 min

- Faites saisir les **échalotes** épluchées et émincées avec le **beurre** et le **bouquet garni** 10 min en remuant dans une cocotte.
- Ajoutez le **saucisson** et le **vin rouge**. À ébullition, baissez le feu et laissez mijoter 40 min à feu doux.
- Salez, poivrez et dégustez avec des pommes de terre à l'eau.

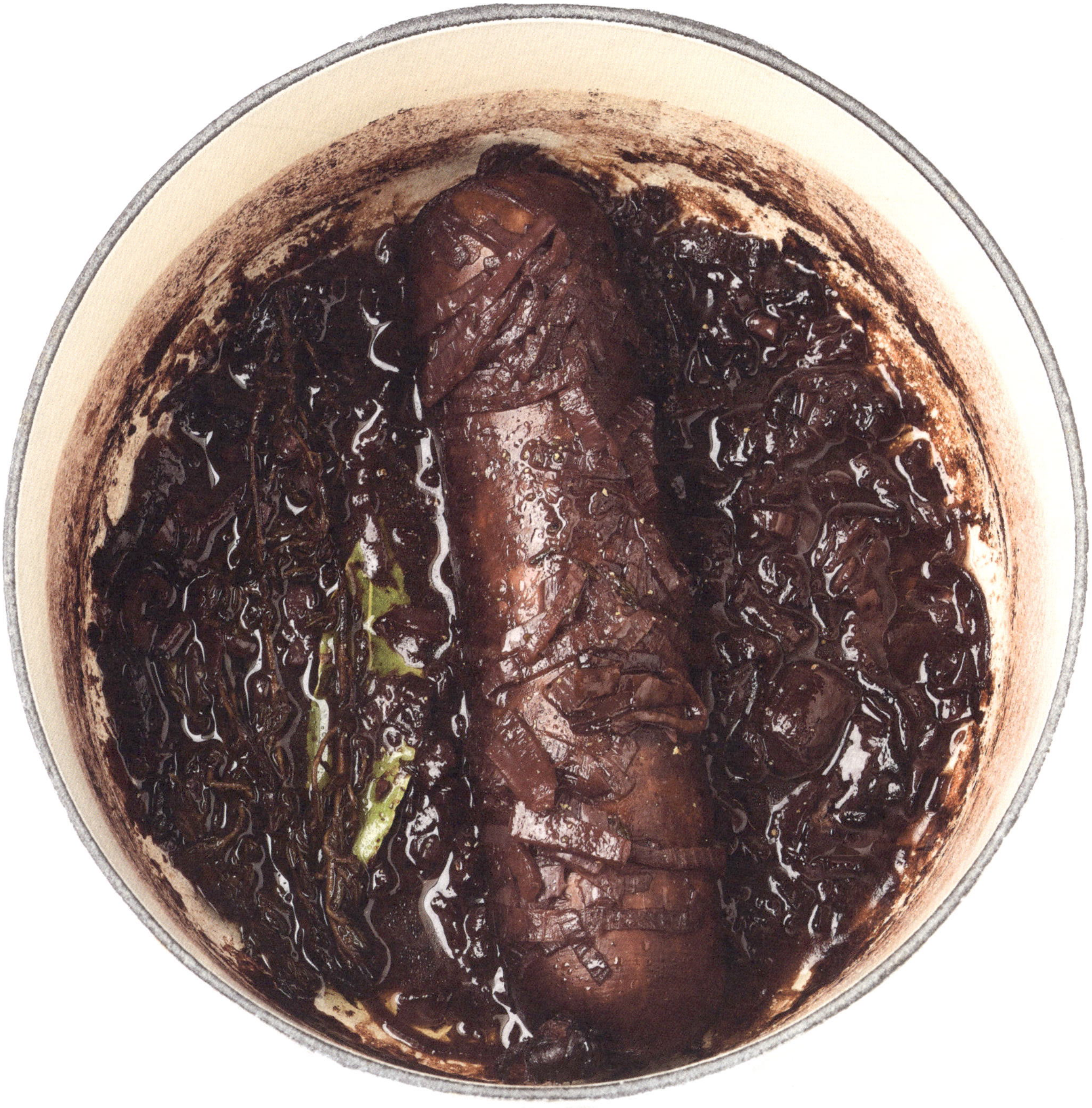

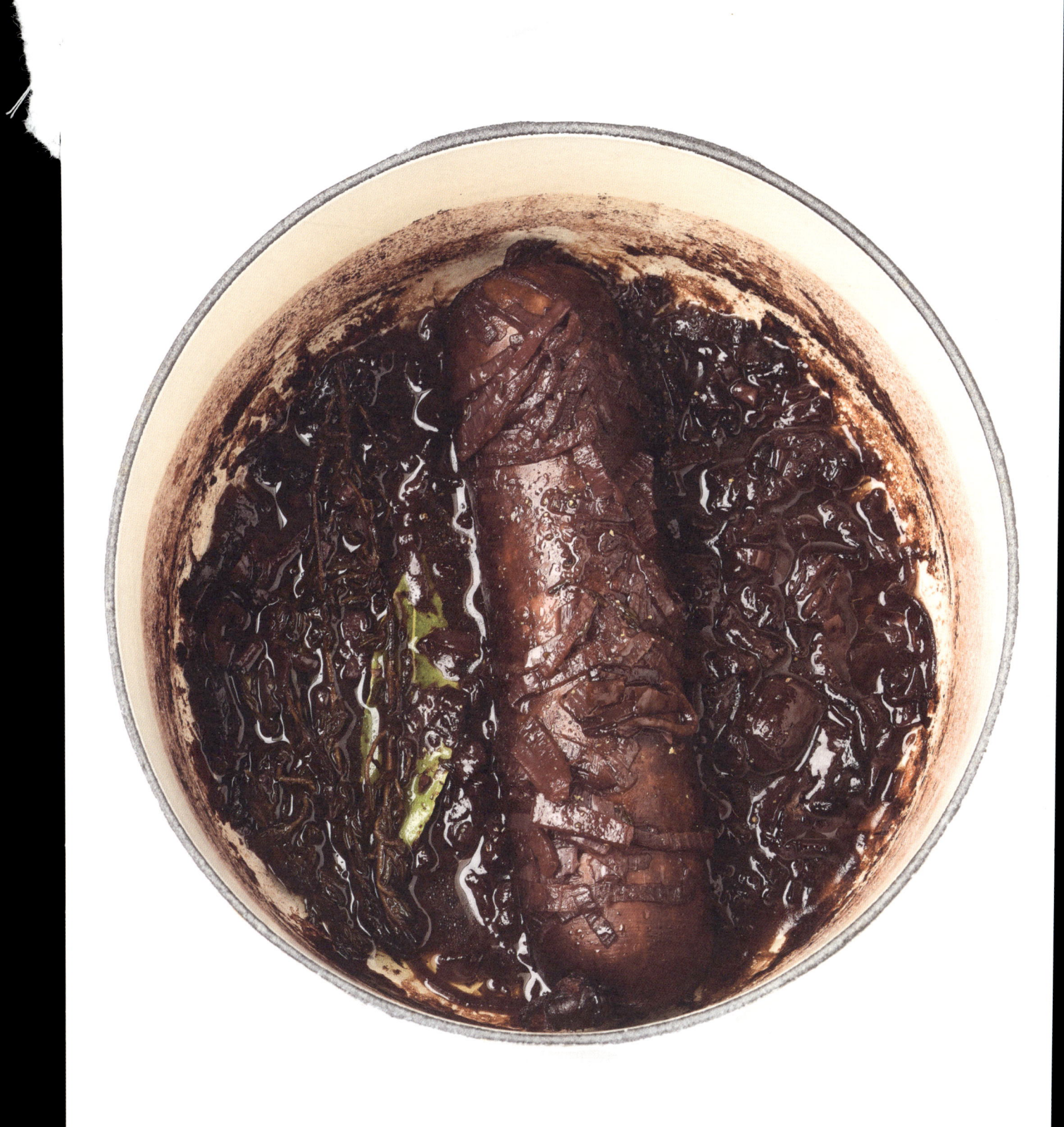

CARRÉ D'AGNEAU EN PERSILLADE

Carrés d'agneau
x 2 (400 g chacun)

Ail
4 gousses

Biscottes
x 4

Œuf
x 1 (jaune)

Persil plat
1 botte

Sel, poivre

Préparation : 10 min
Cuisson : 20 min
Repos : 5 min

- Préchauffez le four à 200°C.
- Mixez dans un robot les gousses d'**ail** épluchées, les **biscottes**, le **persil** et le **jaune d'œuf**.
- Placez les **carrés d'agneau** dans un plat à four, recouvrez-les d'une couche épaisse de persillade, salez, poivrez et enfournez 20 min.
- Laissez reposer 5 min et dégustez.

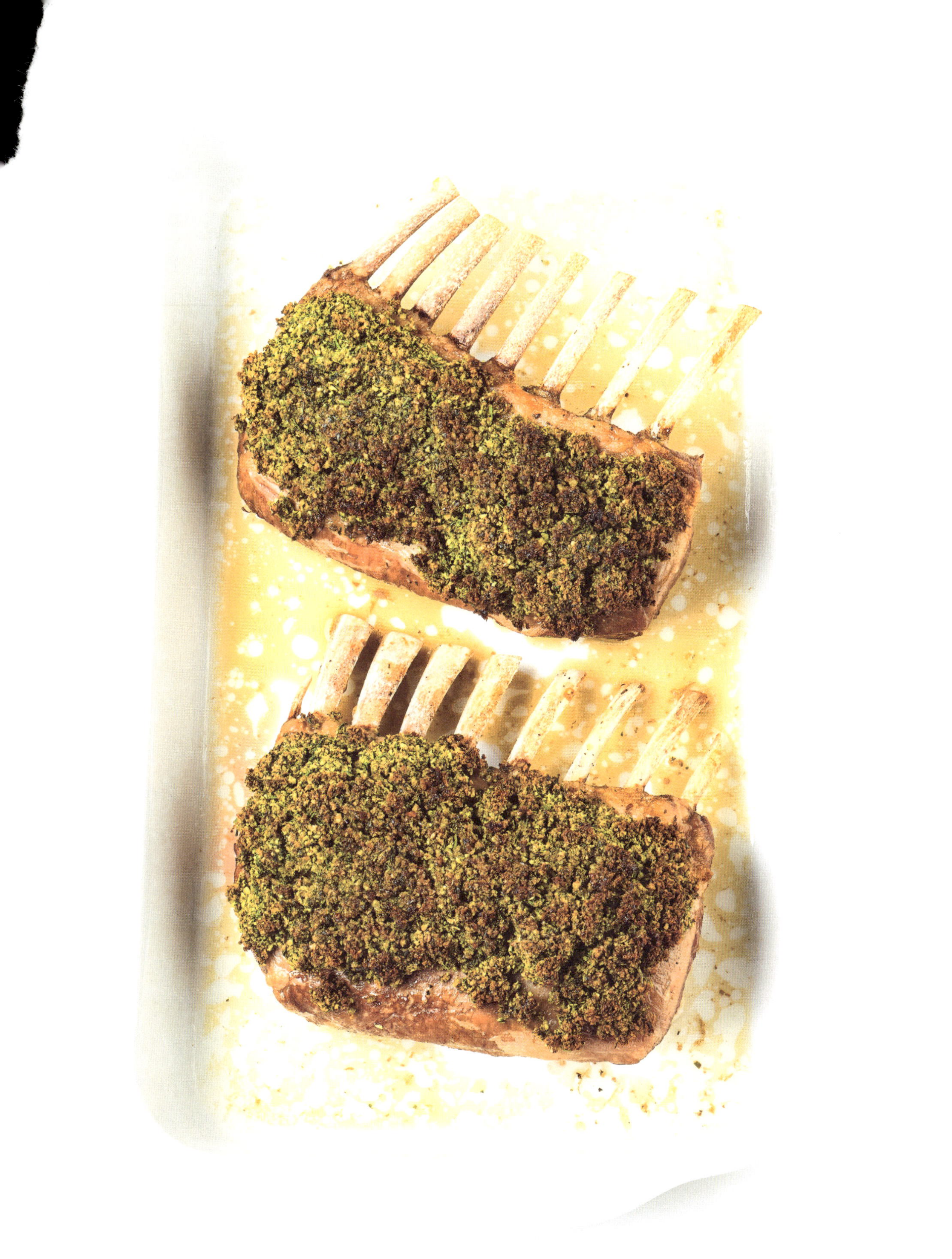

PIGEONS AUX PETITS POIS

Pigeons
x 2

Petits pois
600 g (frais ou surgelés)

Lardons
250 g

Bouquets garnis
x 2

Oignons doux
x 2

Sel, poivre
4 cuil. à soupe d'huile neutre

Préparation : 10 min
Cuisson : 45 min

- Faites saisir et colorer sur toutes les faces les **pigeons** avec 4 cuil. à soupe d'**huile** dans une cocotte. Ajoutez les **lardons** et les **oignons** épluchés et émincés. Laissez cuire 20 min à feu doux et à couvert. Ajoutez les **petits pois**, les **bouquets garnis**, 2 verres d'eau et faites cuire 25 min de plus toujours à couvert.
- Salez, poivrez, mélangez et dégustez.

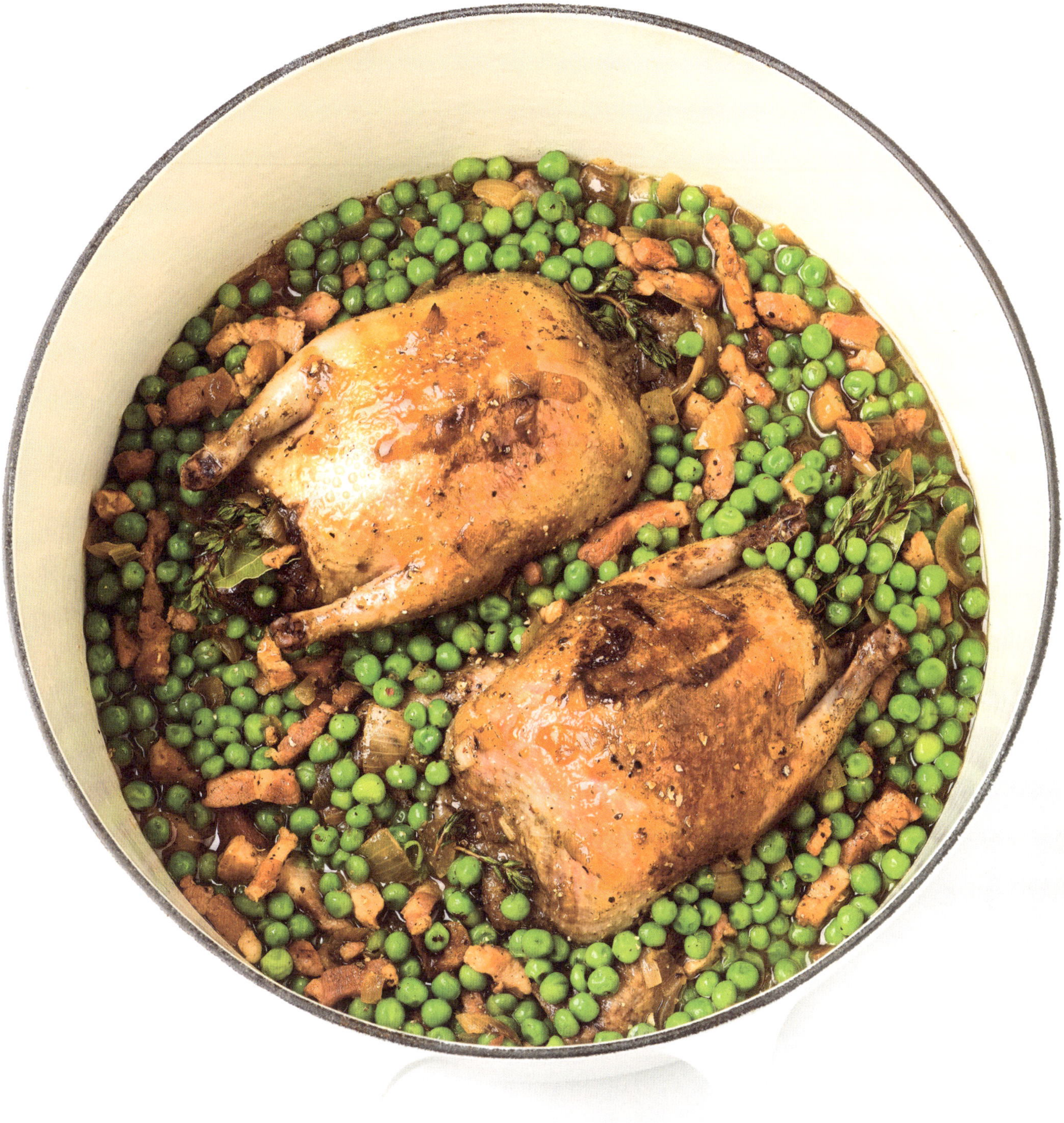

POULE AU RIZ

Poule
x 1

Légumes variés
(4 carottes, 2 poireaux, 2 bouquets garnis)

Riz
300 g

Farine
2 cuil. à soupe

Beurre
60 g

Crème liquide
25 cl

Sel, poivre

: 4 à 6

Préparation : 15 min
Cuisson : 2 h

- Faites cuire 1 h 30 à feu doux la **poule** et les **légumes** avec 3 l d'eau. Faites cuire le **riz** 20 min dans 1 l de bouillon de cuisson.
- Faites fondre le **beurre**, ajoutez la **farine**, mélangez puis versez ½ l de **bouillon** de cuisson et la **crème** en fouettant. Laissez cuire 10 min, salez, poivrez. Dégustez la **poule** avec les **légumes** et le **riz**, le tout nappé de sauce.

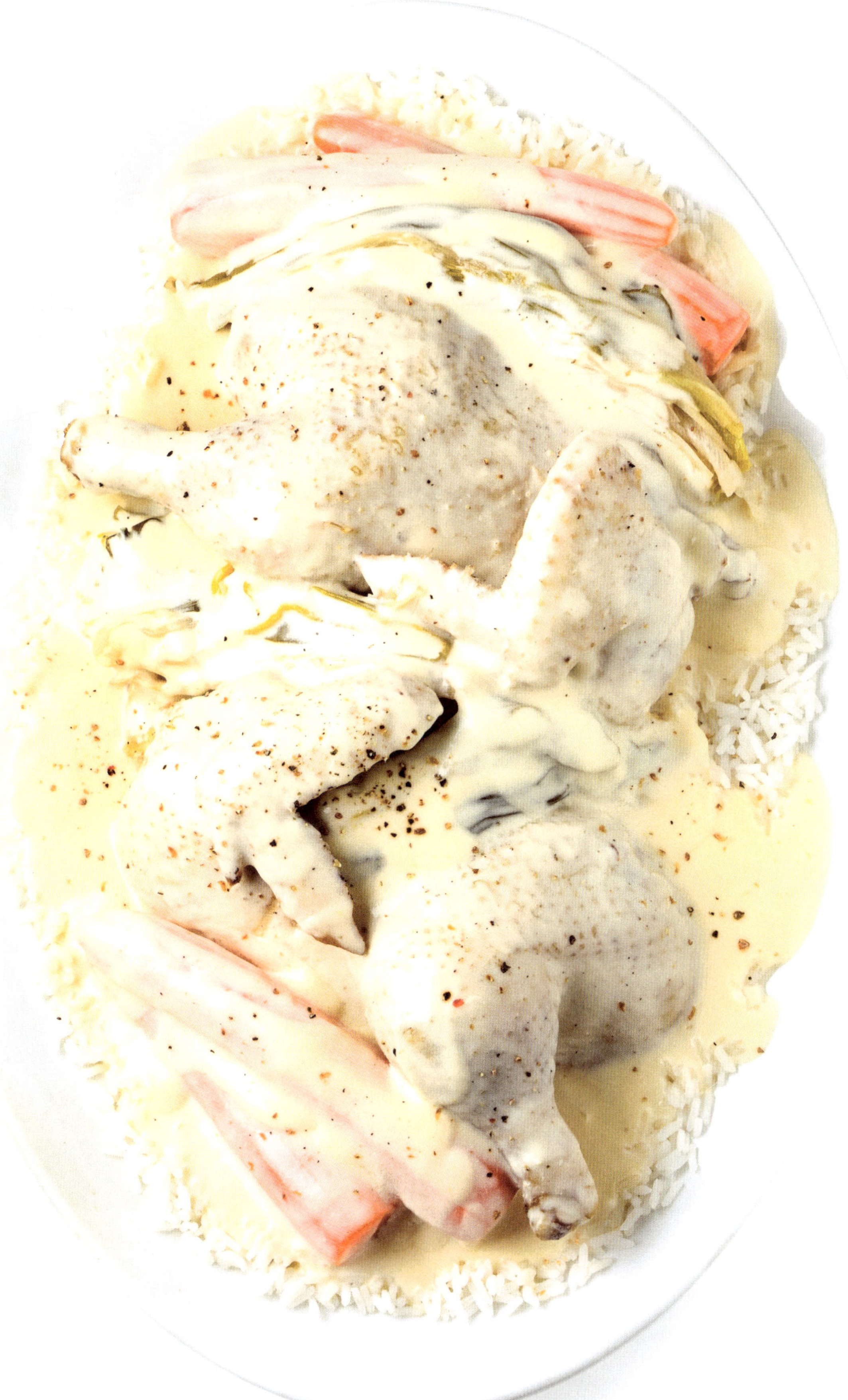

COMPOTE DE LIÈVRE

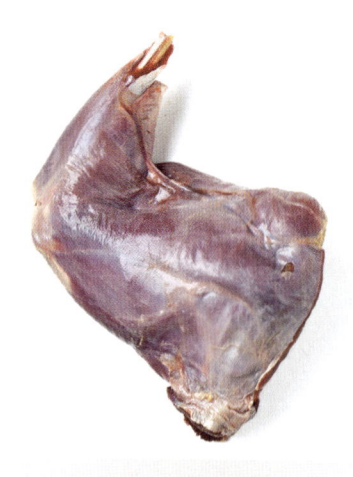

Cuisses de lièvre
x 4 (ou 1 lièvre entier)

Bouquets garnis
x 2

Lardons
250 g

Crème liquide
25 cl

Vin rouge
1 bouteille (75 cl)

Sel, poivre

2 cuil. à soupe d'huile neutre

: 4 à 5

Préparation : 5 min
Cuisson : 3 h 30

- Faites colorer le **lièvre** et les **lardons** dans une cocotte avec 2 cuil. à soupe d'**huile**.
- Ajoutez le vin, 10 cl d'eau et les **bouquets garnis**, couvrez et laissez mijoter 3 h à feu doux.
- Égouttez le **lièvre**, retirez la chair et remettez-la dans le jus de cuisson. Versez la **crème** et faites cuire encore 30 min.
- Salez, poivrez et dégustez.

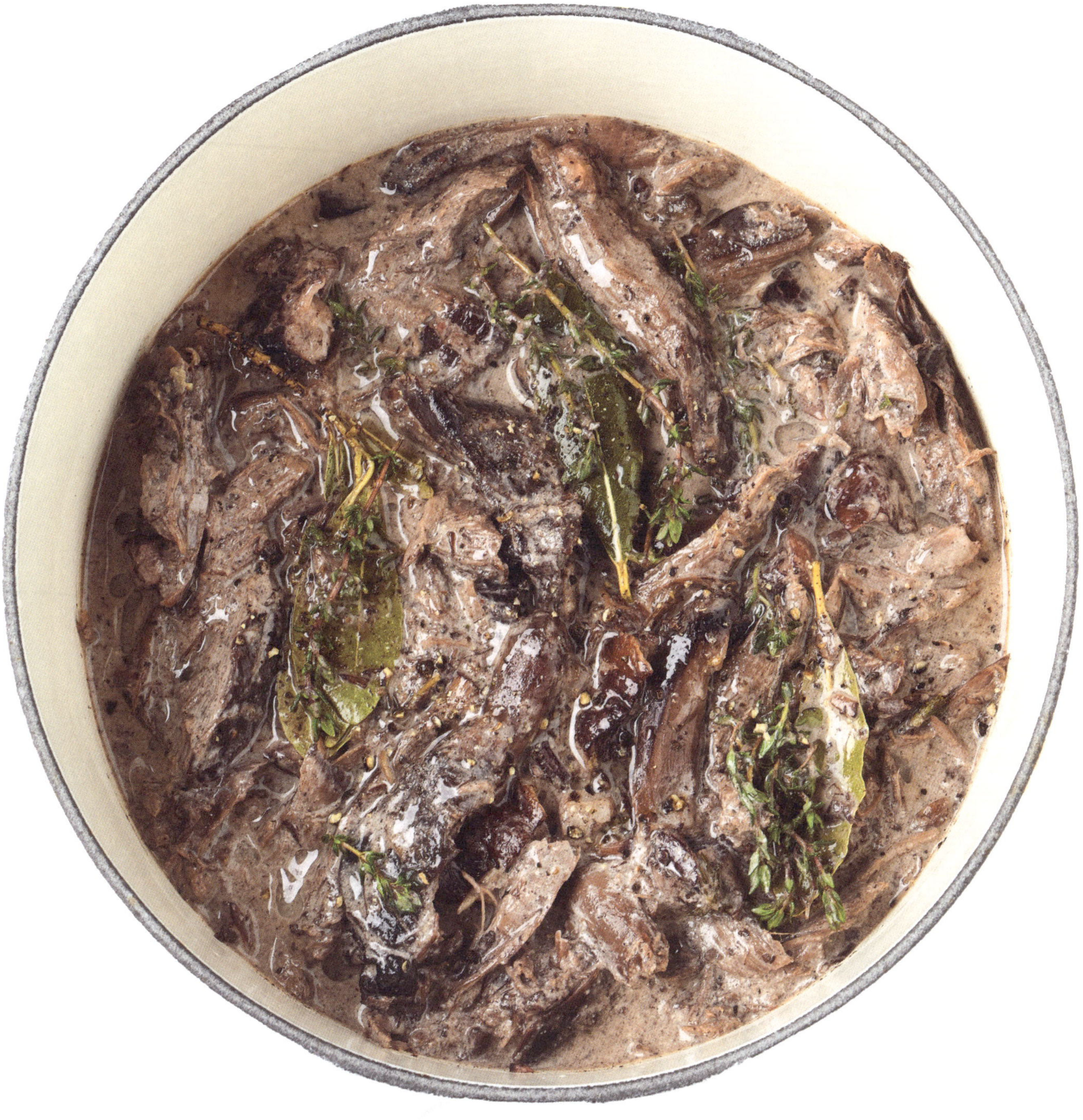

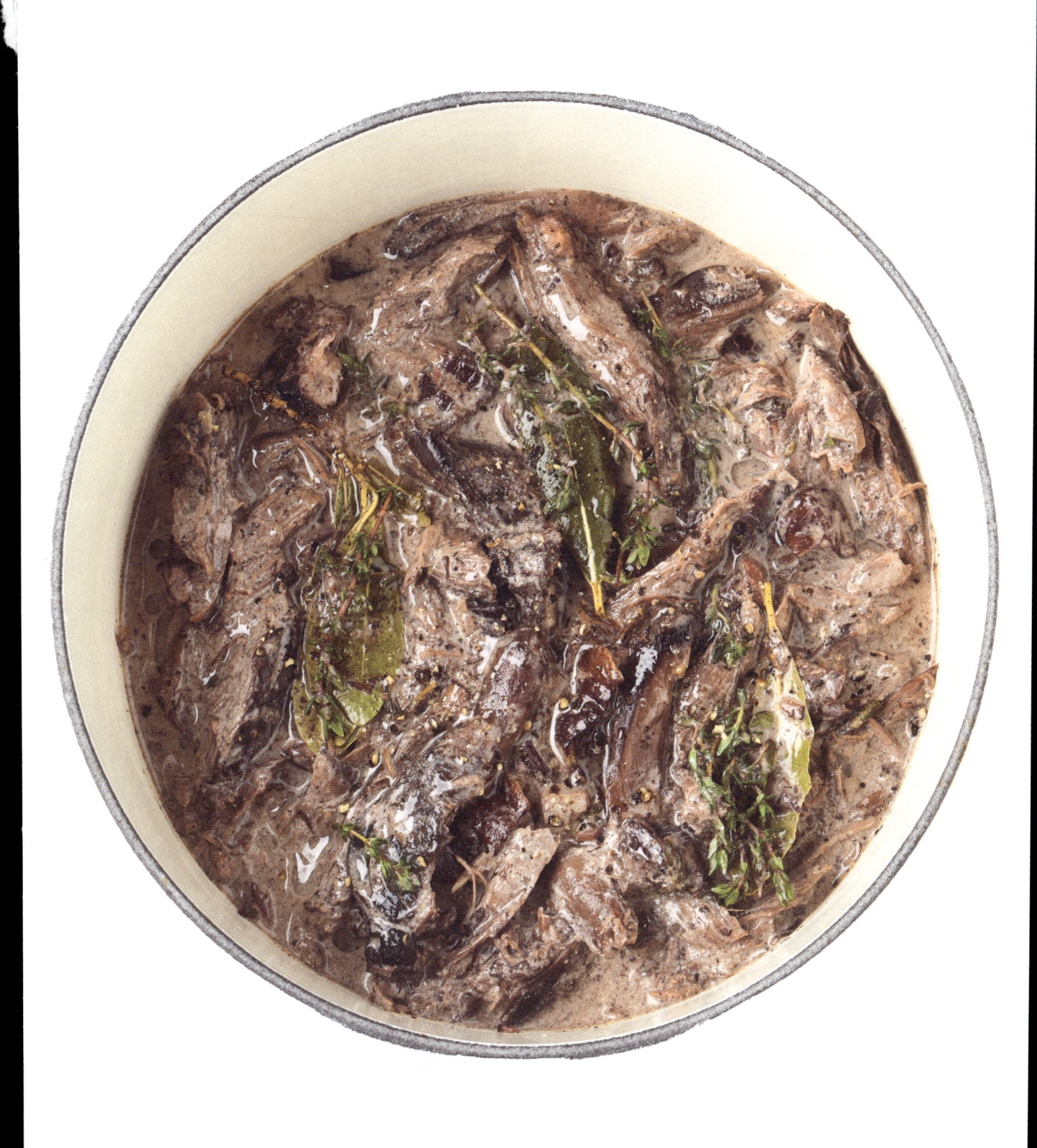

GIGUE DE CHEVREUIL AUX AIRELLES

Gigue de chevreuil
x 1 (2 kg)

Crème liquide
33 cl

Vin rouge
1 bouteille (75 cl)

Airelles
160 g (en bocal ou surgelées)

Sel, poivre
1 filet d'huile neutre
: 4 à 6

Préparation : 10 min
Marinade : 12 h
Cuisson : 40 min

- Faites mariner la **gigue** 12 h avec le **vin rouge**.
- Préchauffez le four à 180°C. Disposez la **gigue** dans un plat, arrosez-la d'1 filet d'**huile** et enfournez 20 min. Faites réduire la marinade de moitié dans une casserole. Ajoutez la **crème** et les **airelles**, salez, poivrez.
- Versez la sauce sur la **gigue**, refaites cuire 20 min et dégustez.

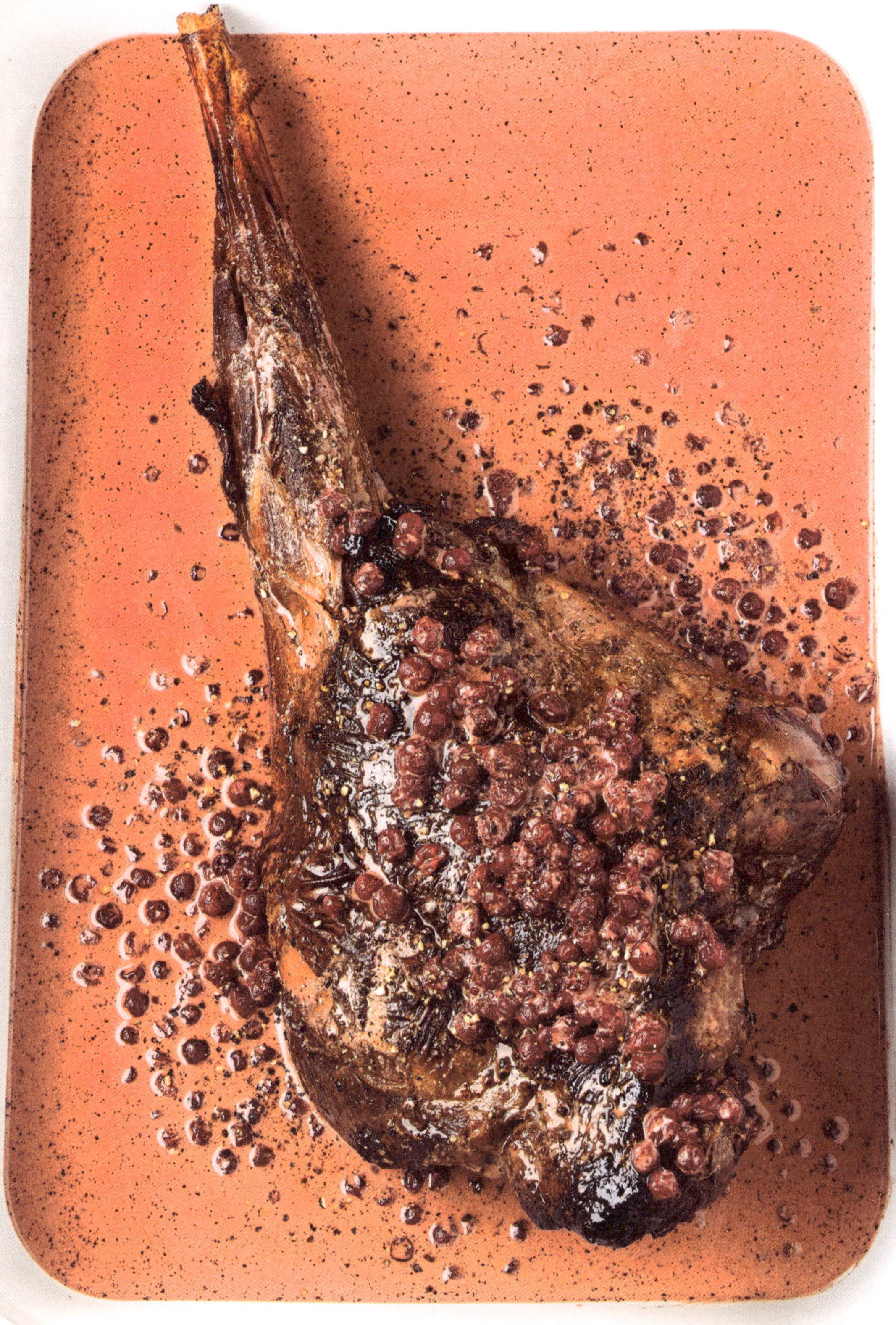

STEAKS AU POIVRE

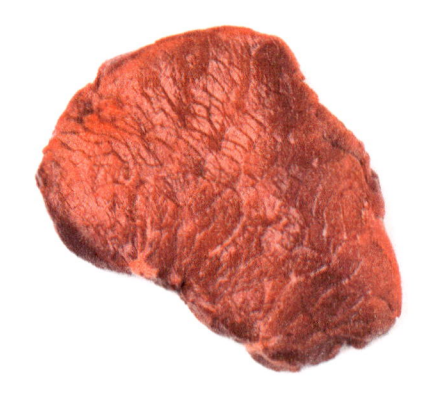

Steaks
x 4 (800 g au total)

Poivre mignonnette
1 cuil. à soupe

Beurre
30 g

Crème liquide
20 cl

Whisky
5 cl

Sel

1 cuil. à soupe d'huile neutre

Préparation : 5 min
Cuisson : 10 min

- Saupoudrez les **steaks** avec le **poivre mignonnette**.
- Faites saisir les **steaks** 3 min de chaque côté dans une poêle avec le **beurre** et 1 cuil. à soupe d'**huile**. Flambez avec le **whisky**, réservez les **steaks**. Versez la **crème** dans la poêle, laissez cuire 5 min en remuant et salez.
- Remettez les **steaks** dans la sauce et dégustez.

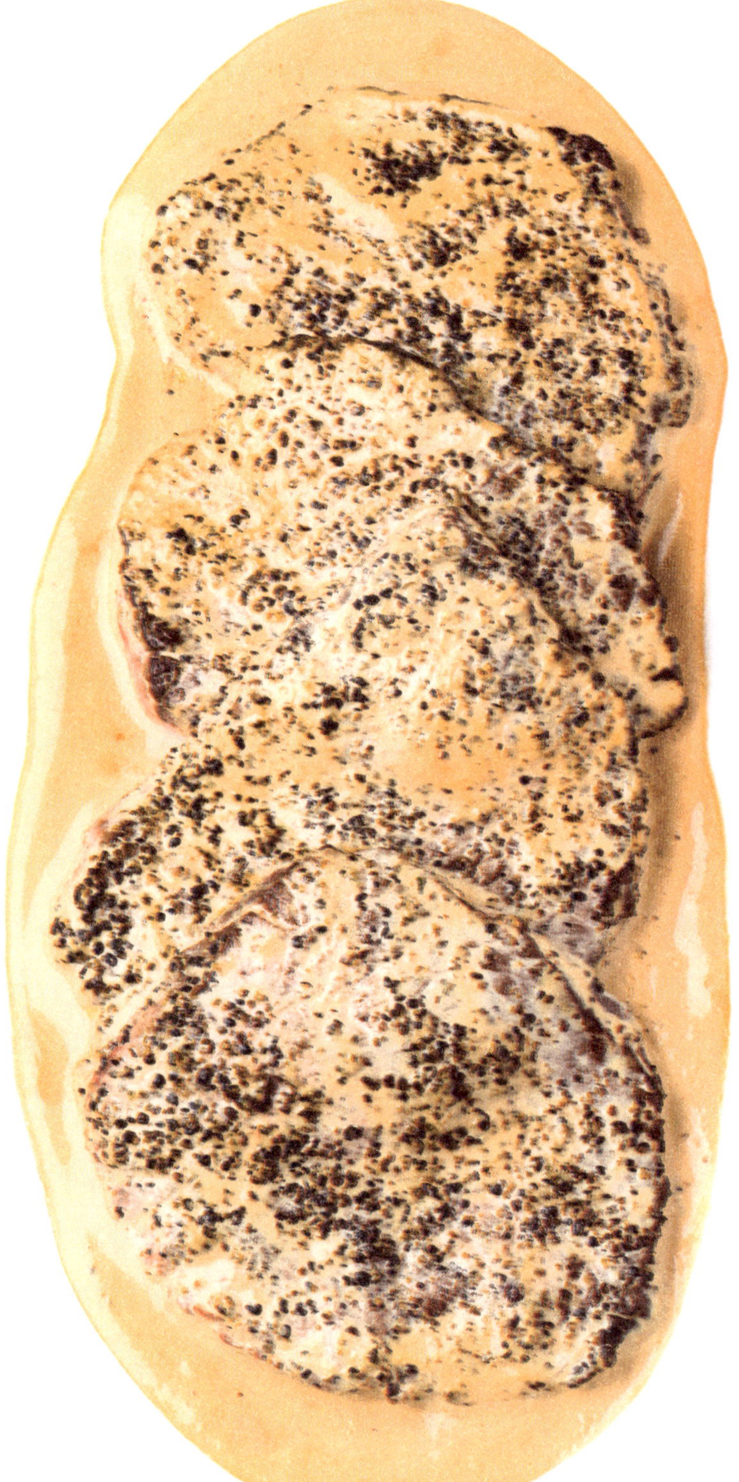

ALOUETTES SANS TÊTE

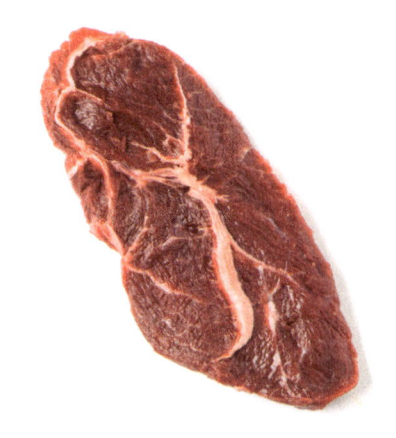

| **Tranches de paleron** x 4 (aplaties, 700 g) | **Chair à saucisse** 200 g | **Vin rouge** 1 bouteille (75 cl) |

| **Concentré de tomates** 1 petite boîte (70 g) | **Ail** 4 gousses | **Persil plat** 1 botte |

Sel, poivre

2 cuil. à soupe d'huile neutre

Préparation : 15 min
Cuisson : 2 h 05

- Mixez l'**ail** et le **persil** et mélangez-les avec la **chair à saucisse**. Répartissez la farce sur les tranches de **paleron**, roulez-les et ficelez-les.
- Faites colorer les rouleaux 5 min avec 2 cuil. à soupe d'**huile**, ajoutez le **concentré de tomates**, le **vin rouge** et laissez mijoter 2 h à feu doux à découvert.
- Salez, poivrez et dégustez.

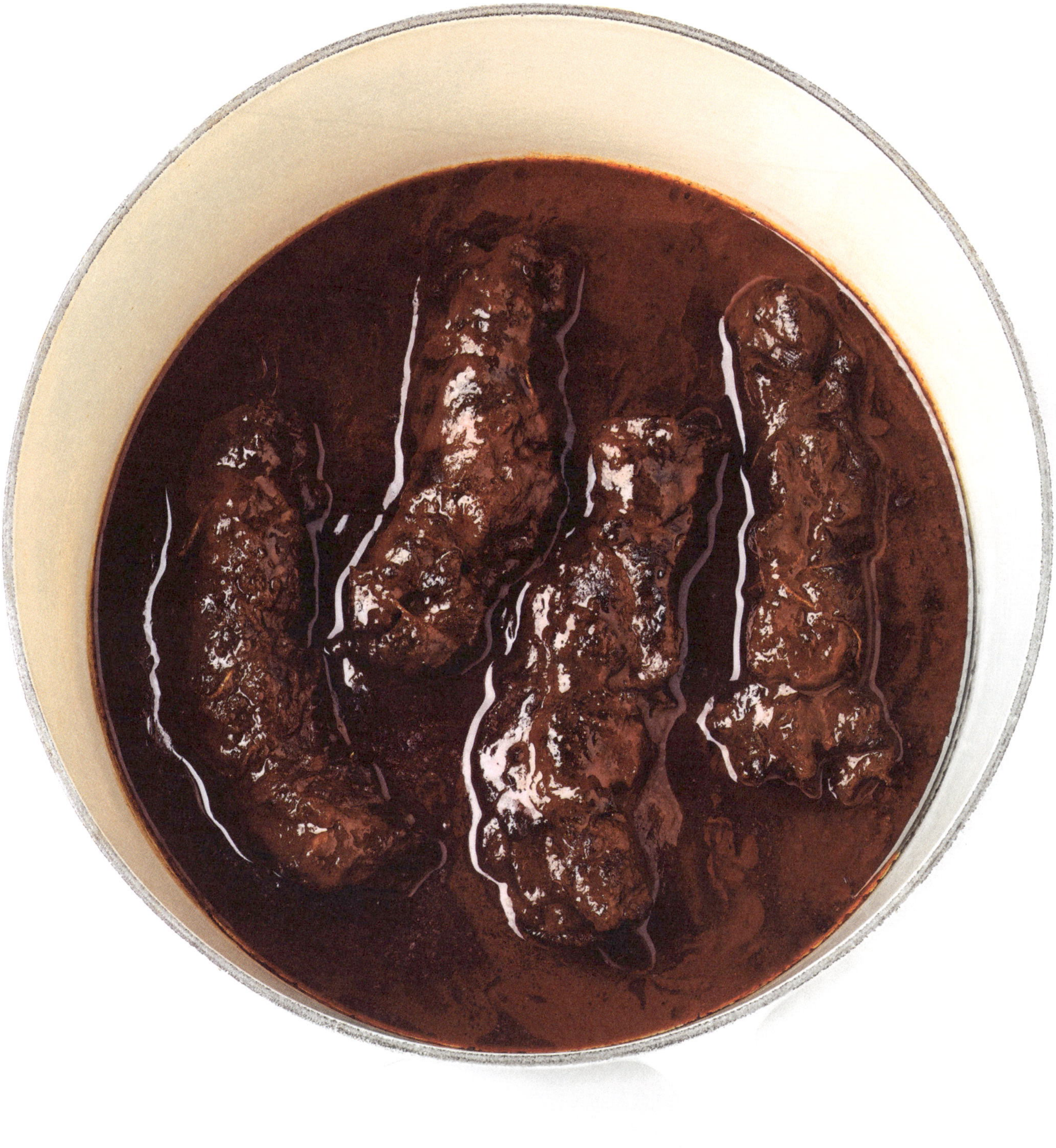

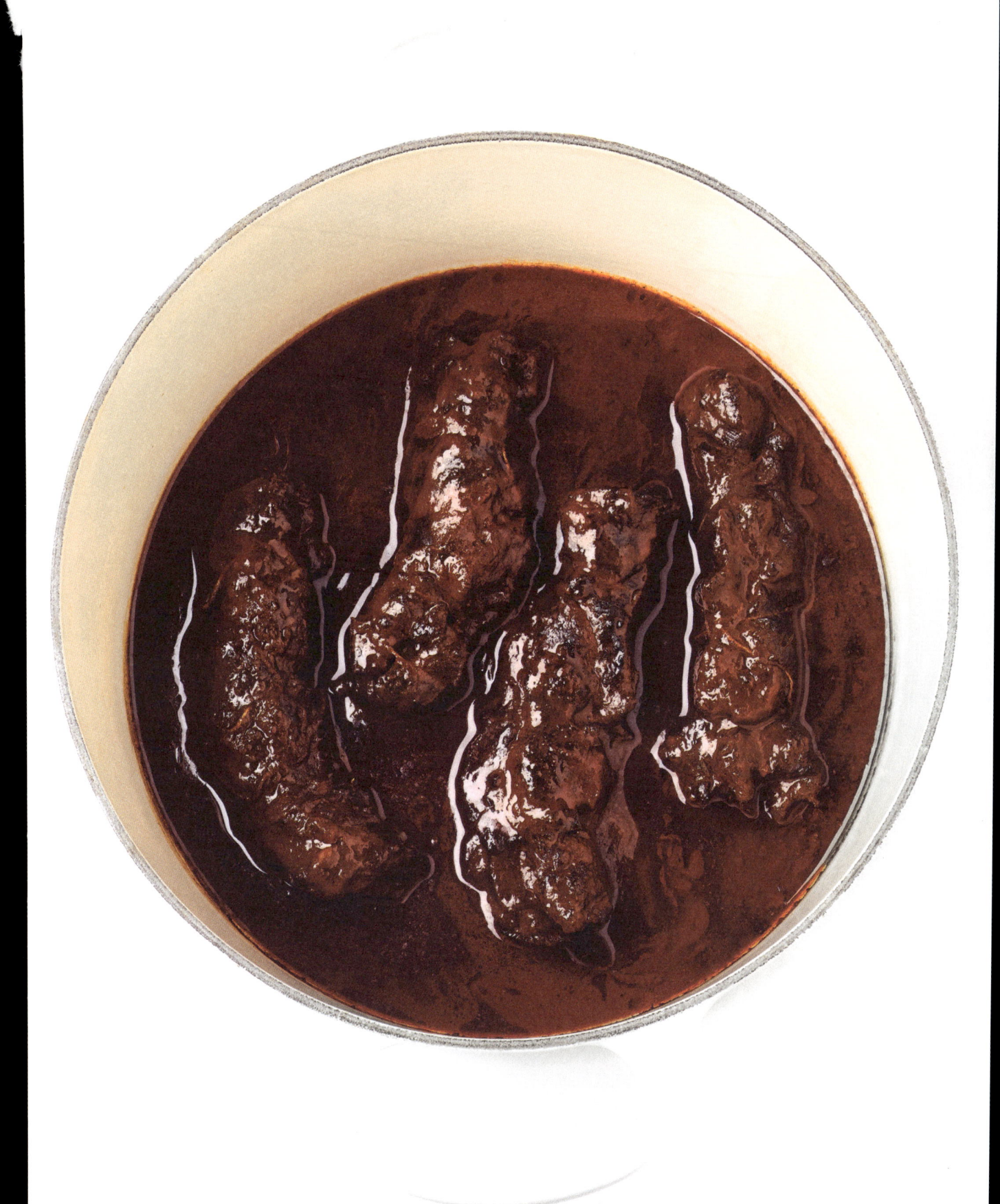

RÔTI DE PORC GRAND-MÈRE

Rôti de porc
x 1 (dans l'échine, 1 kg)

Oignons grelots
250 g

Bouquets garnis
x 3

Pommes de terre
500 g (grenailles)

Lardons
250 g

Sel, poivre

3 cuil. à soupe d'huile neutre

: 4 à 5

Préparation : 5 min
Cuisson : 45 min

- Préchauffez le four à 180°C.
- Placez le **rôti** dans un plat à four. Ajoutez autour les **grenailles** avec la peau, les **oignons** épluchés, les **lardons** et les **bouquets garnis**. Salez, poivrez, arrosez avec 3 cuil. à soupe d'**huile** et enfournez 45 min. Arrosez régulièrement le **rôti** et la garniture avec l'huile de cuisson.
- Dégustez bien chaud.

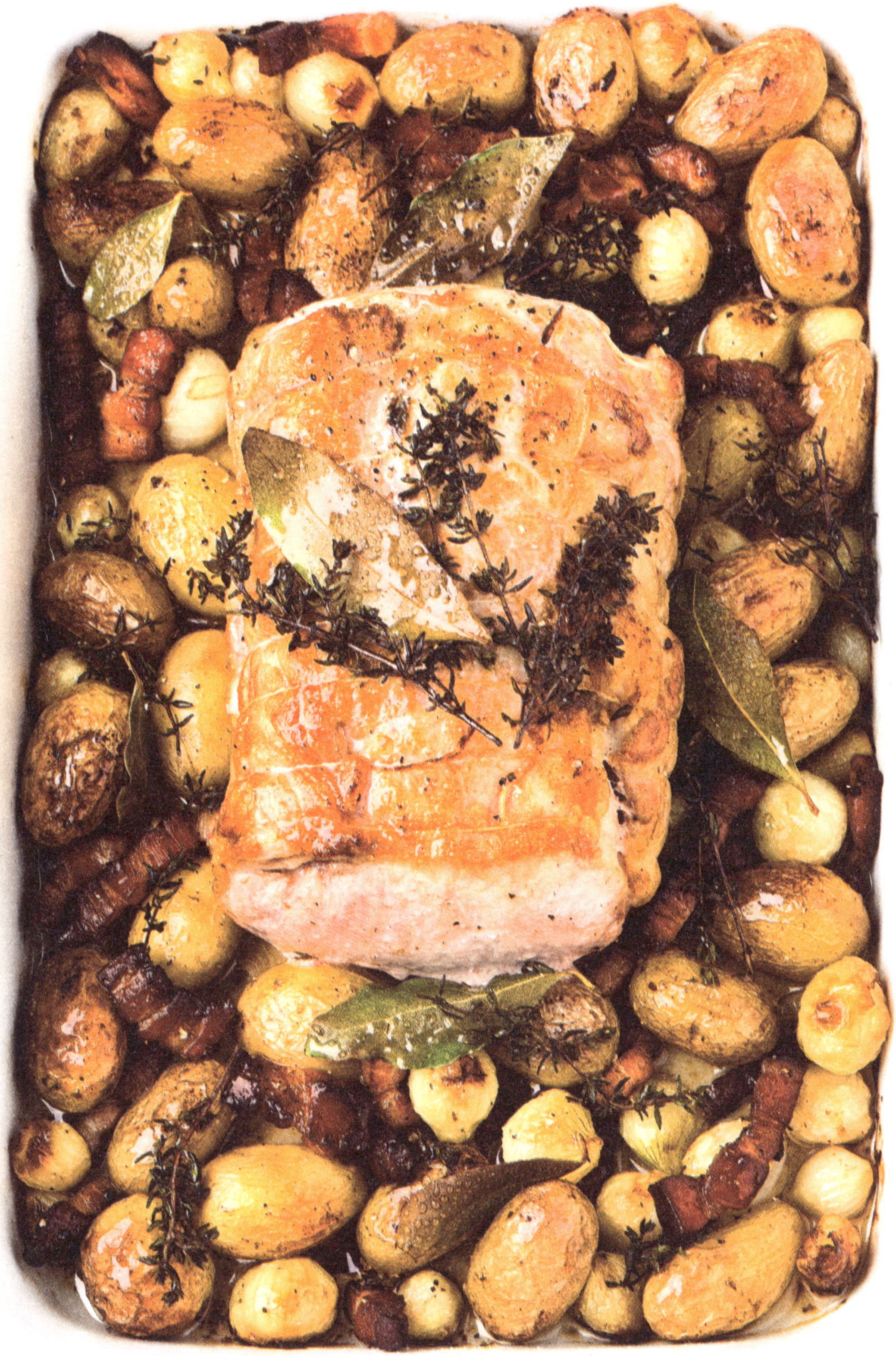

CAILLES AUX RAISINS

Jambon cru
4 tranches fines

Cailles
x 4

Beurre
80 g

Raisin blanc
40 grains (sans pépins)

Cognac
2 cl

Bouquet garni
x 1

Sel, poivre

Préparation : 10 min
Cuisson : 30 min

- Ficelez une tranche de **jambon** autour de chaque **caille**. Faites-les saisir dans une cocotte avec le **beurre**, versez le **cognac**, flambez et faites cuire 20 min à feu doux.
- Ajoutez les grains de **raisin**, le **bouquet garni** et laissez cuire 10 min de plus en remuant.
- Servez directement dans la cocotte et dégustez les **cailles** accompagnées d'une purée de marrons.

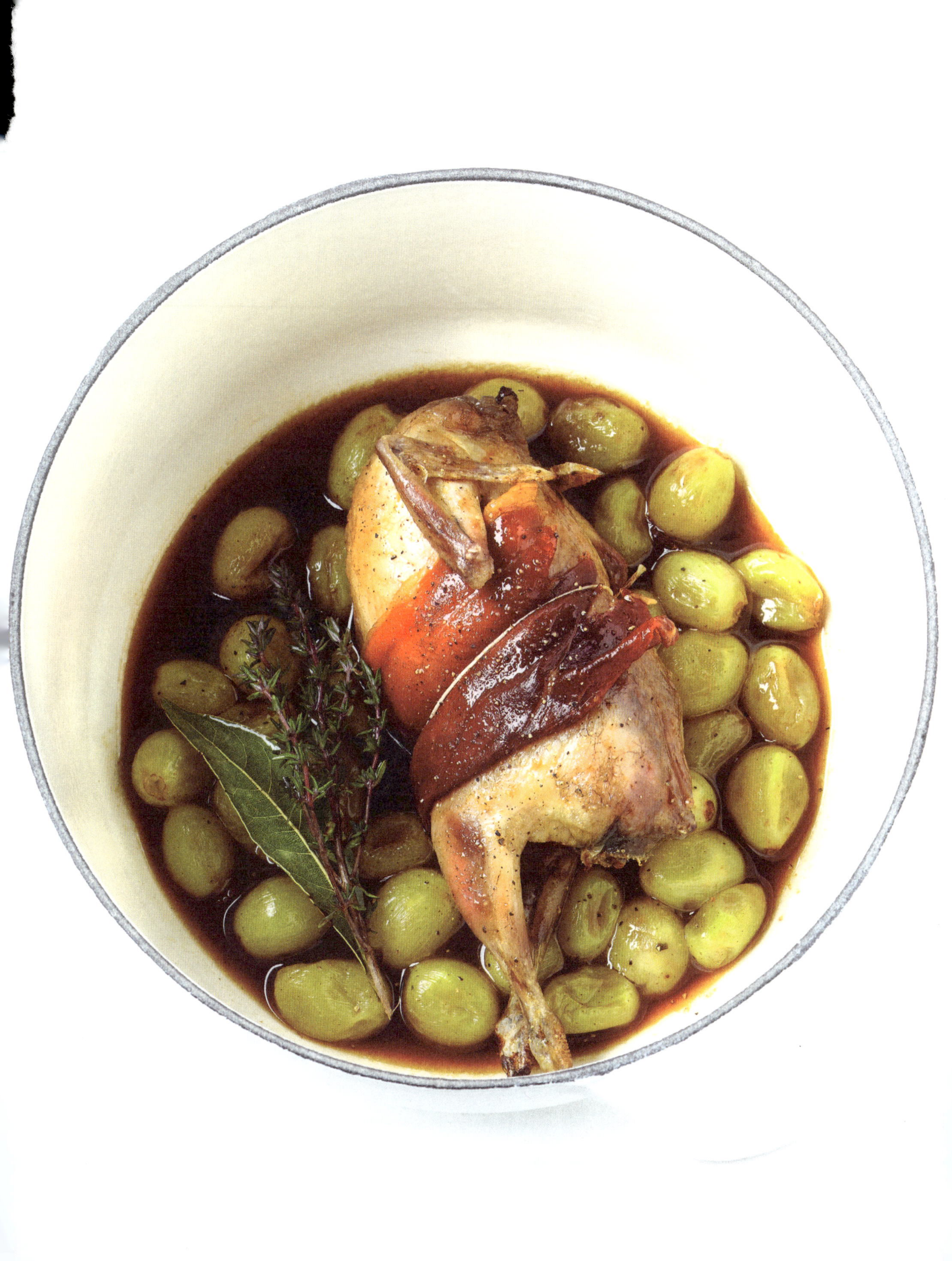

PINTADE AU CHOU

Chou vert frisé
x 1 (environ 1 kg)

Pintade
x 1 (en morceaux)

Thym
4 brins

Lard cuit
2 tranches

Sel, poivre

Préparation : 10 min
Cuisson : 1 h 30

- Coupez le **chou** en 6 et lavez-le. Mettez les morceaux de **pintade** et de **chou** dans une cocotte en fonte.
- Ajoutez le **lard** découpé en morceaux, le **thym** et 4 verres d'eau.
- Couvrez et laissez cuire 1 h 30 à feu très doux.
- Servez directement dans la cocotte, salez, poivrez et dégustez.

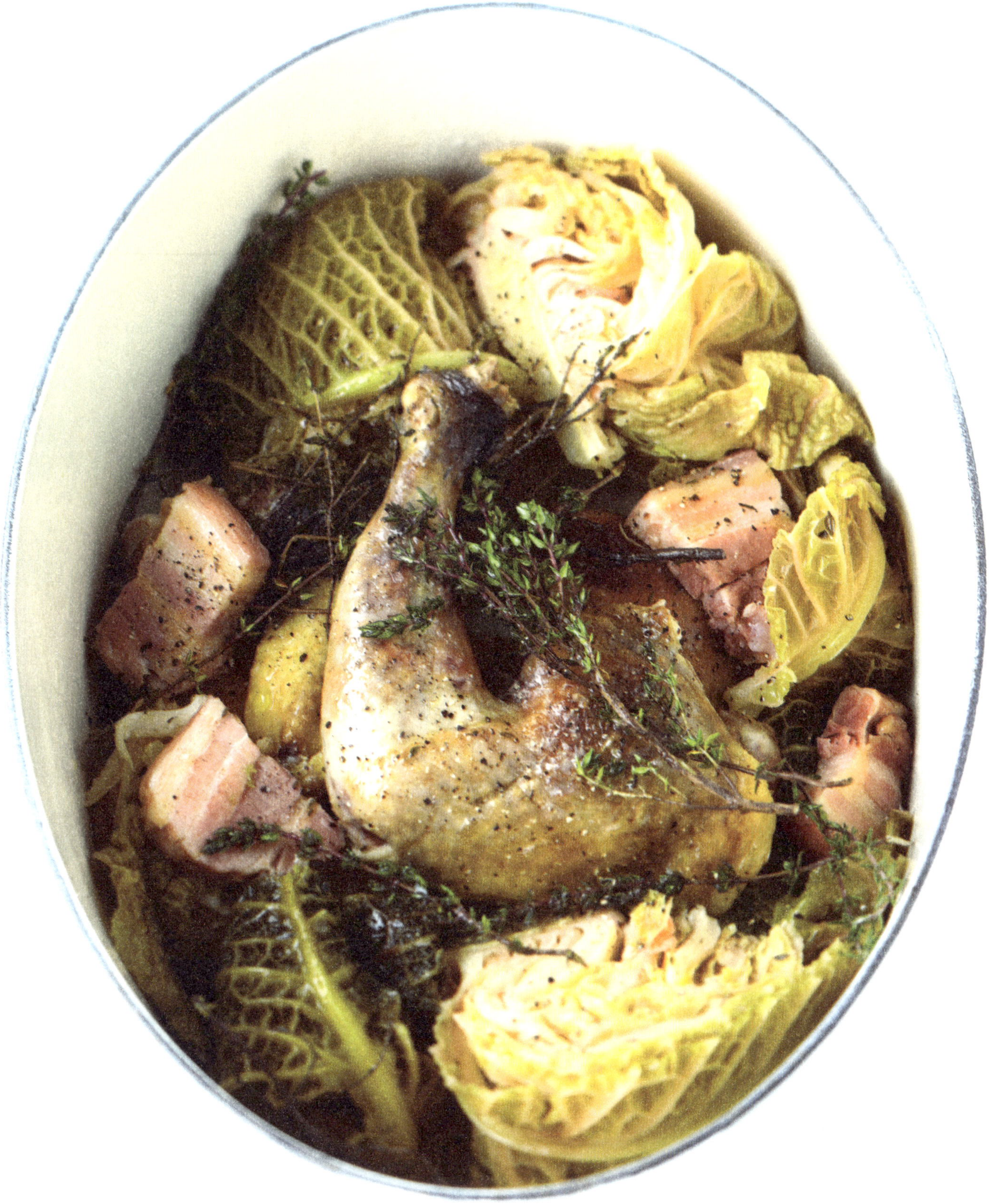

COQ AU VIN

Coq
x 1 (en morceaux)

Bourgogne rouge
1 bouteille (75 cl)

Échalotes
x 6

Bouquets garnis
x 3

Lardons
250 g

Sel, poivre

2 cuil. à soupe d'huile neutre

: 4 à 6

Préparation : 10 min
Cuisson : 2 h

- Faites mariner les morceaux de **coq** 12 h avec le **vin rouge** et les **bouquets garnis**.
- Faites saisir les **échalotes** émincées et les morceaux de **coq** dans une cocotte avec 2 cuil. à soupe d'**huile**.
- Ajoutez les **lardons**, la **marinade** et 50 cl d'eau.
- Laissez mijoter 2 h à feu doux. Salez, poivrez et dégustez.

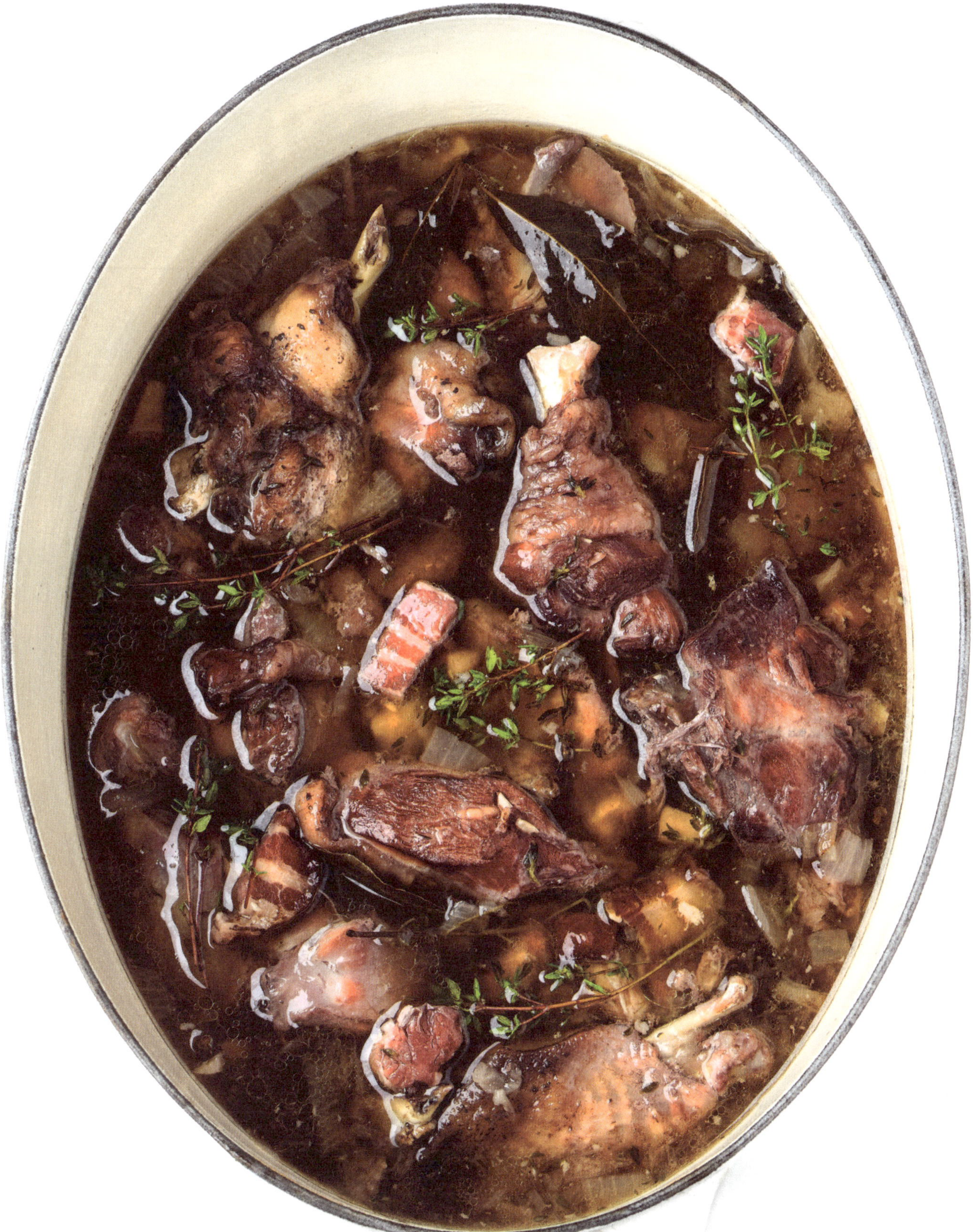

ROGNONS SAUCE MADÈRE

Rognons de veau
x 3 (gros ou 4 petits)

Champignons de Paris
250 g

Madère
8 cuil. à soupe

Échalotes
x 2

Crème liquide
33 cl

Sel, poivre

2 cuil. à soupe d'huile neutre

Préparation : 10 min
Cuisson : 25 min

- Faites saisir et colorer les **rognons** coupés en gros morceaux dans une cocotte avec 2 cuil. à soupe d'**huile**, ajoutez les **champignons** et les **échalotes** épluchés et émincés et le **madère**.
- Laissez cuire 5 min puis versez la **crème** et faites cuire 20 min de plus à feu doux.
- Salez, poivrez et dégustez.

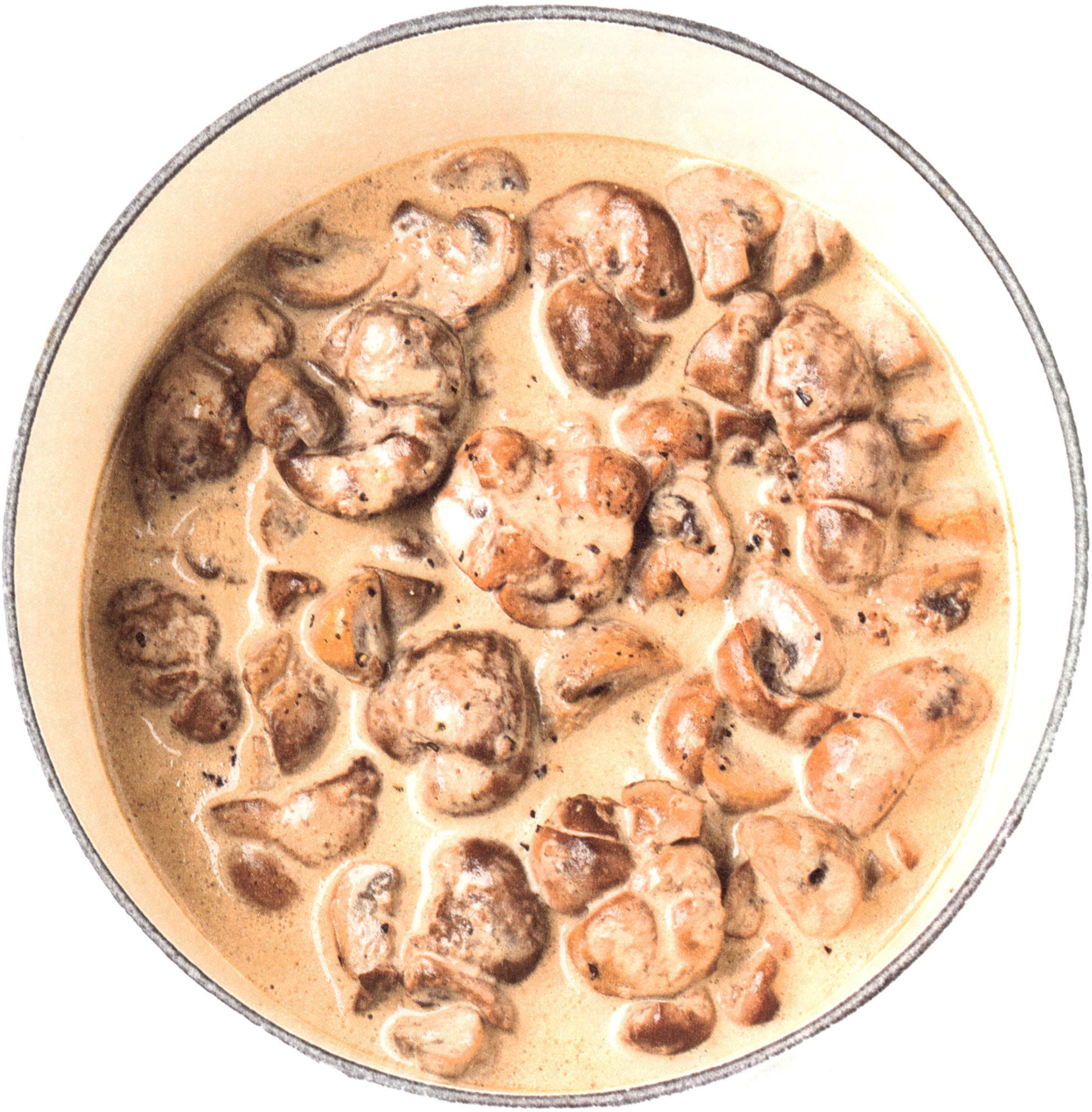

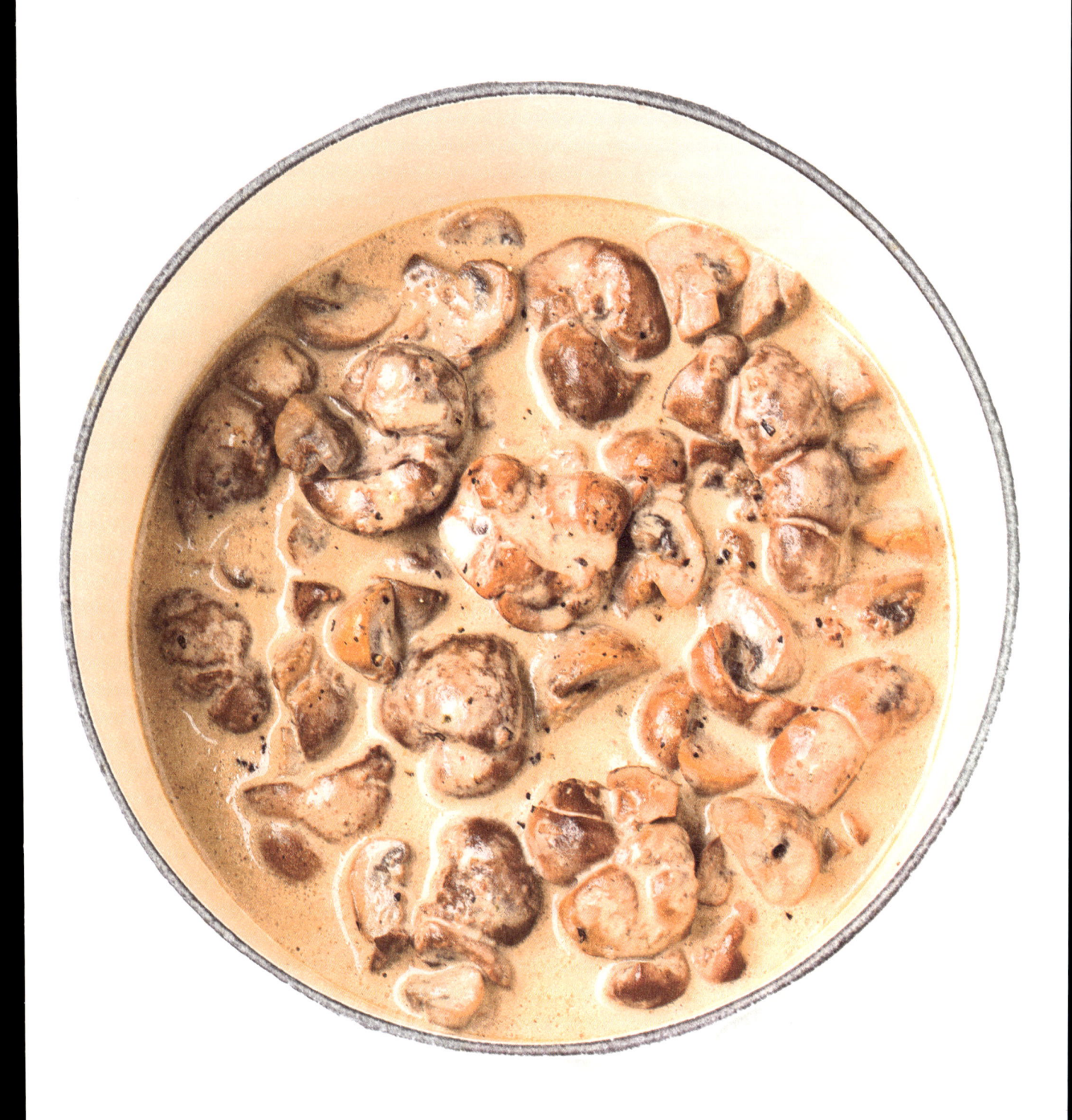

LAPIN À LA MOUTARDE

Lapin
x 1 (en morceaux)

Moutarde forte
5 cuil. à soupe

Thym séché
2 cuil. à soupe

Vin blanc
50 cl

Ail
6 gousses

Sel, poivre

3 cuil. à soupe d'huile neutre

Préparation : 10 min
Cuisson : 1h

- Préchauffez le four à 180°C.
- Mélangez la **moutarde**, l'**ail** haché, le **thym** et 3 cuil. à soupe d'**huile**, salez, poivrez. Posez le **lapin** dans un plat et badigeonnez-le avec la préparation. Mélangez le reste avec le **vin** et versez-la au fond du plat.
- Enfournez 1h en arrosant de temps en temps avec le jus de cuisson et dégustez.

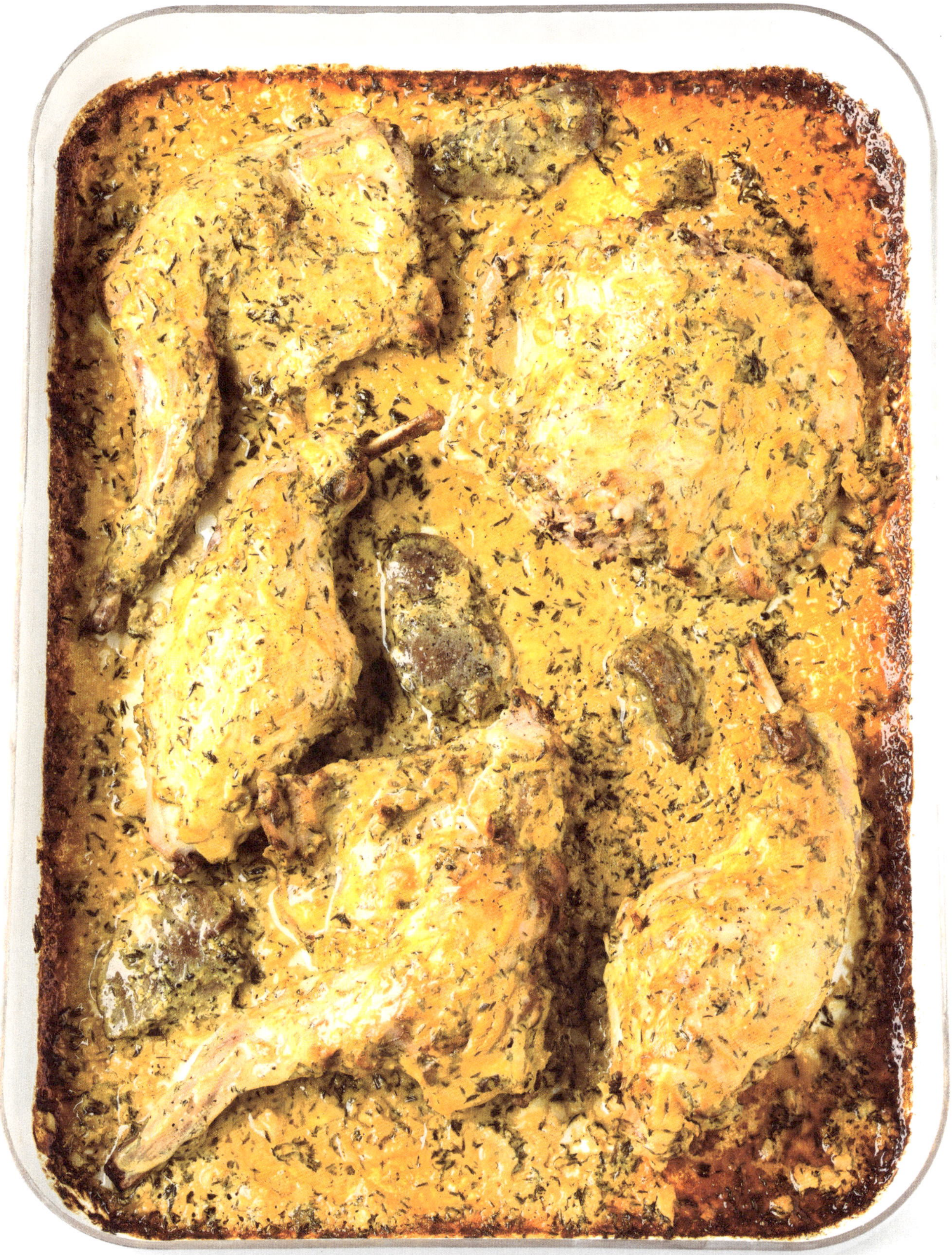

DAUBE PROVENÇALE

Bourguignon
1,2 kg (en cubes)

Carottes
x 4 (grosses)

Vin rouge
1 bouteille (75 cl)

Ail
1 tête

Bouquets garnis
x 3

Sel, poivre

1 cuil. à soupe d'huile neutre

: 4 à 6

Préparation : 10 min
Cuisson : 2 h

- Faites saisir les morceaux de **viande** avec 1 cuil. à soupe d'**huile** dans une cocotte.
- Ajoutez les gousses d'**ail** entières, les **bouquets garnis**, les **carottes** épluchées et coupées en rondelles. Versez le **vin rouge** et 50 cl d'eau, salez, poivrez.
- Laissez mijoter 2 h à feu doux et à couvert puis dégustez.

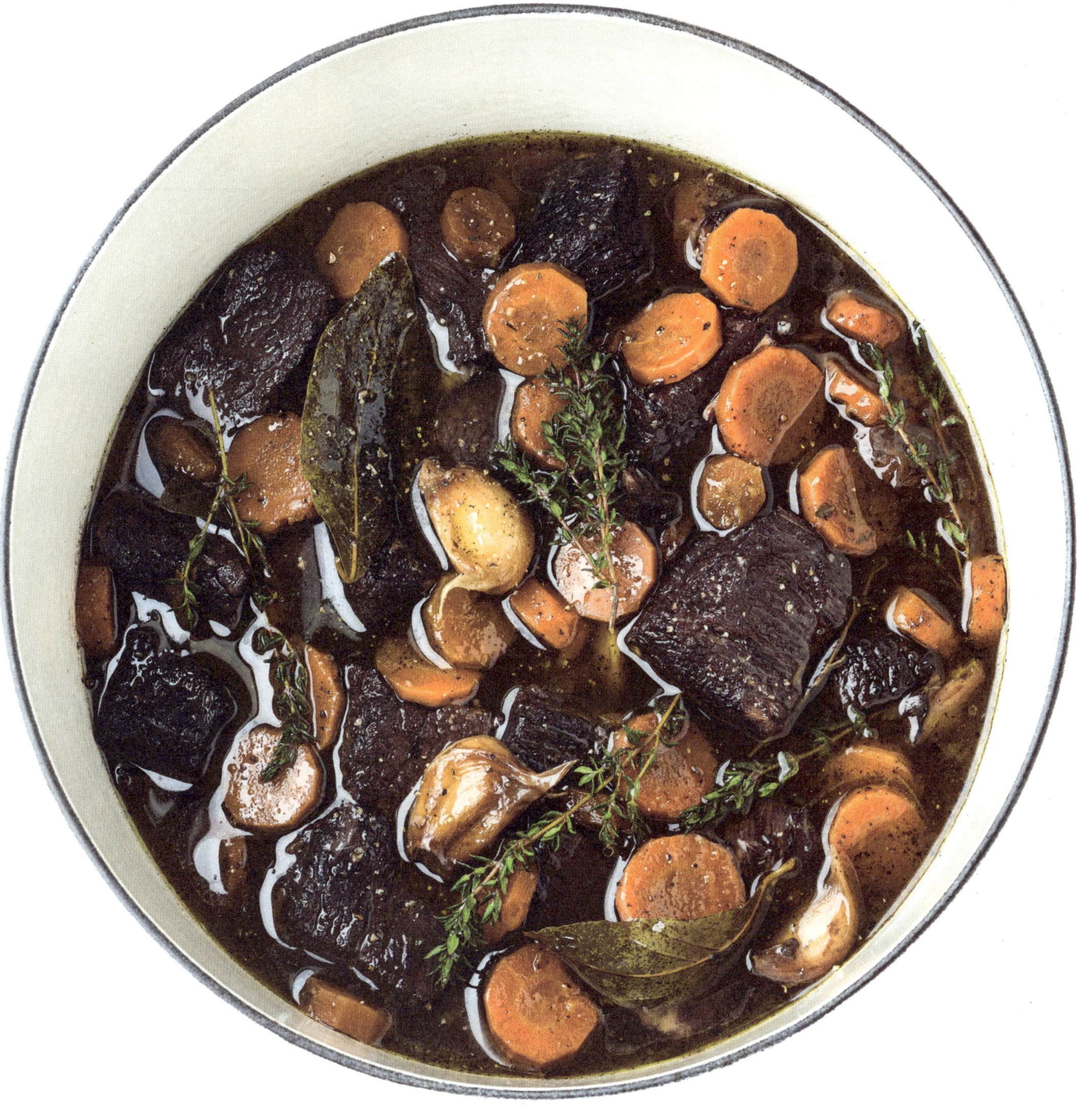

CONFIT DE CANARD

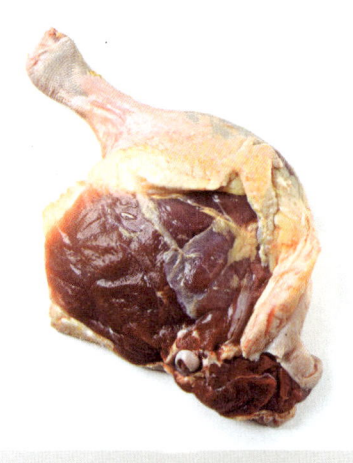

Cuisses de canard
x 4

Gros sel gris
500 g

Graisse de canard
2 boîtes (1,4 kg au total)

👤👤👤👤

🕐

Préparation : 5 min
Cuisson : 2 h
Salage : 12 h

- Recouvrez les **cuisses de canard** avec le **sel** et réservez-les 12 h au frais.
- Faites fondre la **graisse de canard** dans une cocotte. Sortez les cuisses du **sel**, essuyez-les et plongez-les dans la **graisse**. Laissez cuire 2 h à feu très doux.
- Dégustez le confit doré à la poêle ou au four.

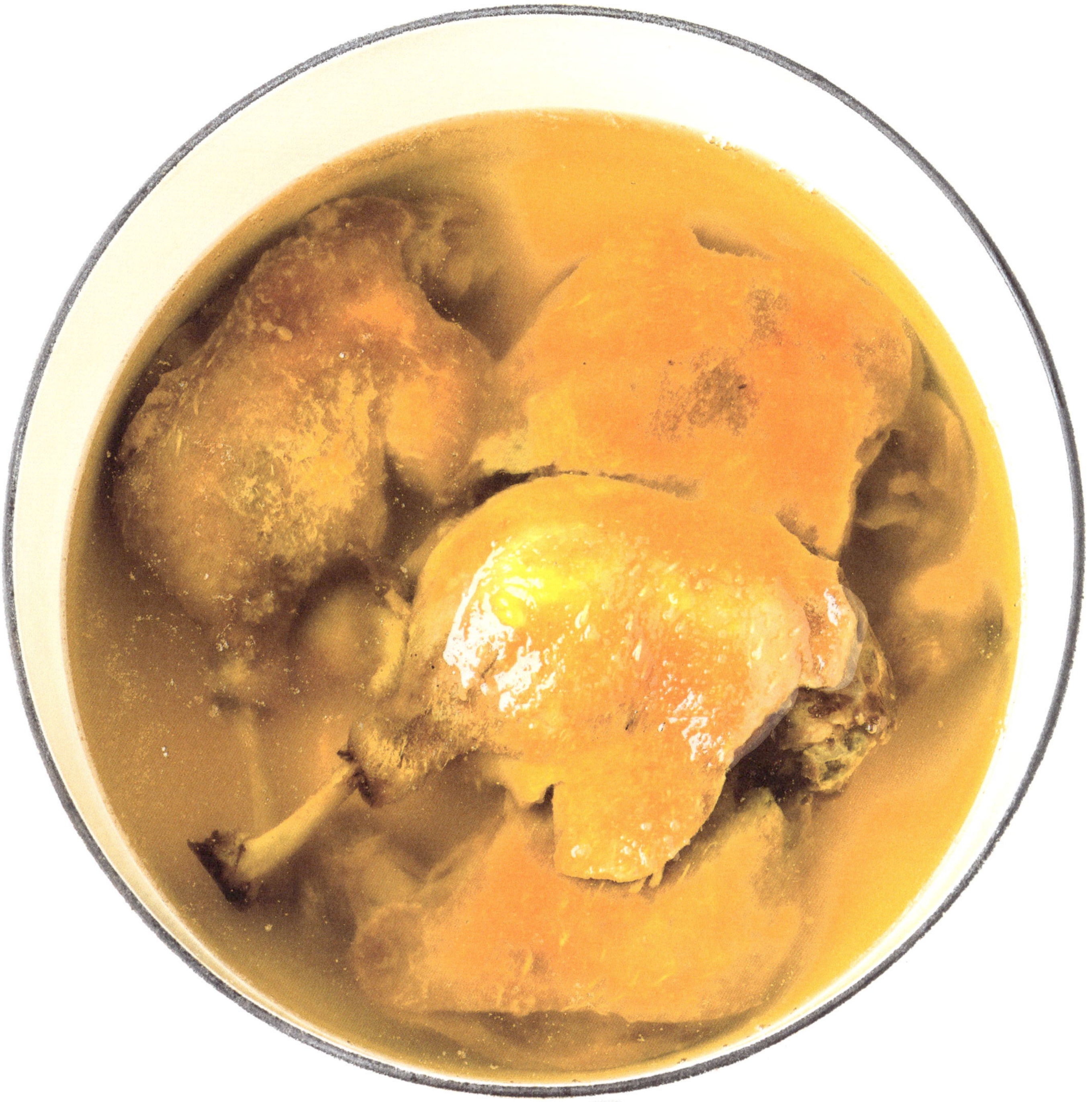

CARBONADE FLAMANDE

Bourguignon
1,2 kg (en cubes)

Oignons doux
x 2

Bière brune
1 l

Pain d'épice
5 tranches

Lardons
250 g

Sel, poivre
1 cuil. à soupe d'huile neutre
: 4 à 6
Préparation : 10 min
Cuisson : 2 h

- Faites saisir les morceaux de **viande** avec 1 cuil. à soupe d'**huile** dans une cocotte.
- Ajoutez les **oignons** épluchés et émincés, les **lardons**, la **bière** et le **pain d'épice** coupé en morceaux. Salez, poivrez.
- Laissez mijoter 2 h à feu doux et à couvert puis dégustez.

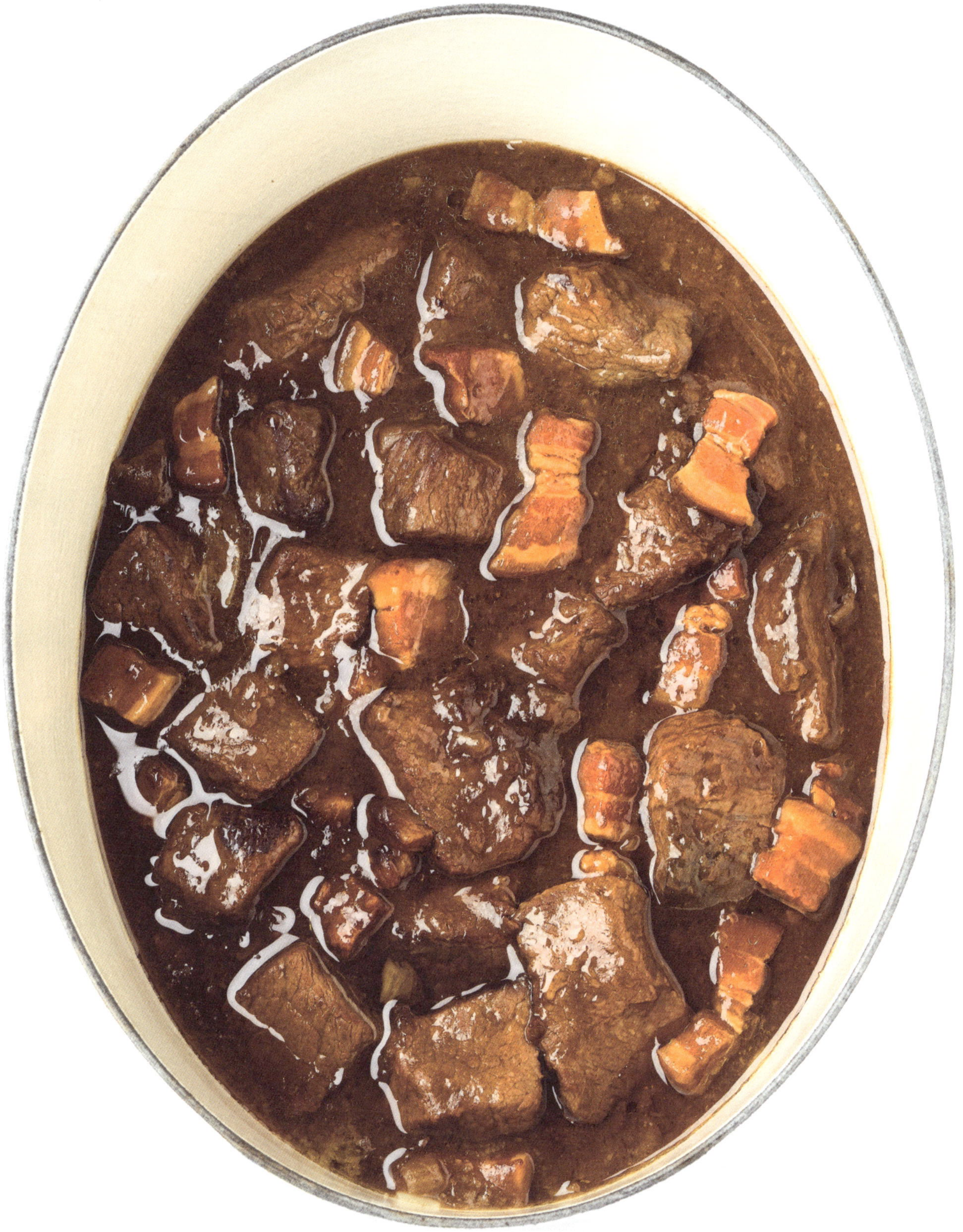

POULET AU VINAIGRE

Poulet
x 1 (en morceaux)

Concentré de tomates
1 petite boîte (70 g)

Moutarde forte
2 cuil. à soupe

Vinaigre de vin
6 cuil. à soupe

Crème liquide
25 cl

Sel, poivre

2 cuil. à soupe d'huile neutre

Préparation : 10 min
Cuisson : 55 min

- Faites colorer les morceaux de **poulet** dans une cocotte avec 2 cuil. à soupe d'**huile**.
- Ajoutez le **vinaigre**, la **moutarde**, le **concentré de tomates** et la **crème**.
- Laissez mijoter 50 min à feu doux et à couvert. Salez, poivrez et dégustez.

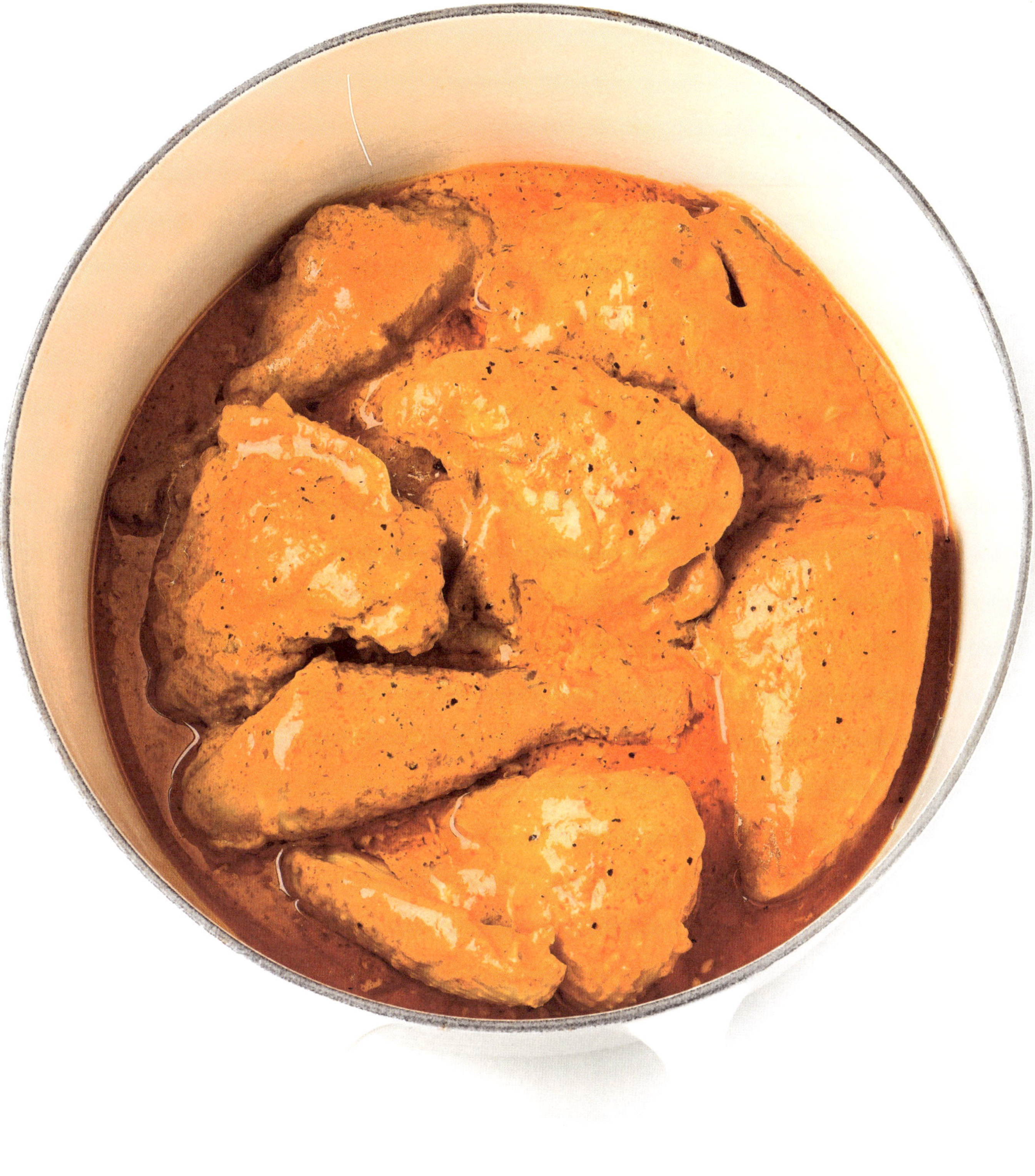

ANDOUILLETTES À LA MOUTARDE

Andouillettes de Troyes
x 6

Moutarde en grains
5 cuil. à soupe

Vin blanc
30 cl

Crème liquide
25 cl

Échalotes
x 4

Sel, poivre

1 cuil. à soupe d'huile neutre

👤 : 6

Préparation : 10 min
Cuisson : 25 min

- Préchauffez le four à 180°C.
- Placez les **andouillettes** dans un plat à four. Faites saisir les **échalotes** épluchées et émincées avec 1 cuil. à soupe d'**huile** dans une casserole. Versez le **vin blanc**, laissez réduire aux ¾, ajoutez la **crème** et la **moutarde**, portez à ébullition et versez sur les **andouillettes**.
- Enfournez 25 min. Salez, poivrez et dégustez.

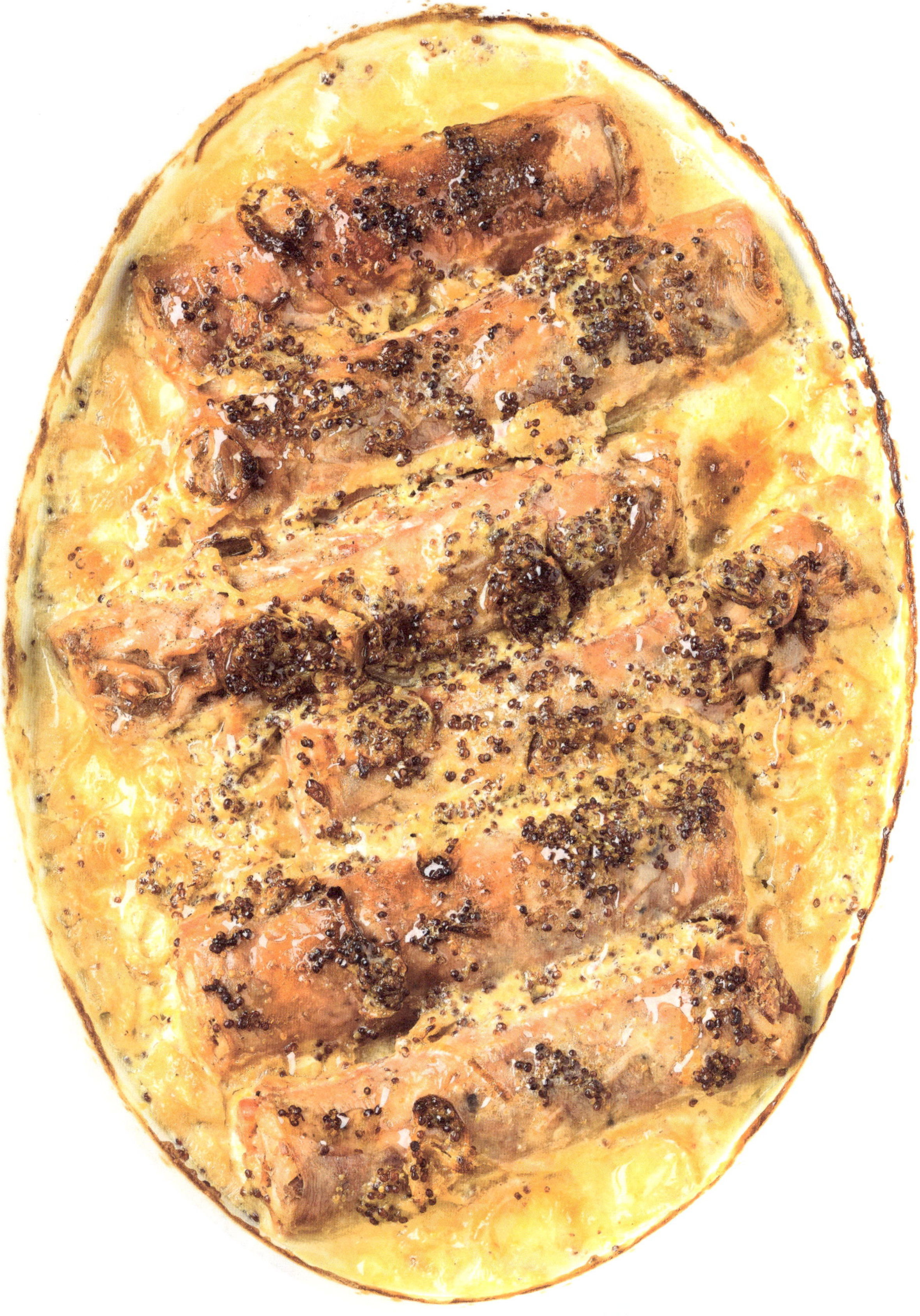

NAVARIN D'AGNEAU AUX LÉGUMES

Sauté d'agneau
1,2 kg (épaule ou gigot)

Huile d'olive
4 cuil. à soupe

Thym
2 brins

Petits pois
200 g (frais ou surgelés)

Concassé de tomates
1 boîte (800 g)

Pois gourmands
200 g

Sel, poivre

Préparation : 5 min
Cuisson : 1 h 25

- Faites saisir les morceaux de **viande** dans une cocotte avec l'**huile d'olive**.
- Ajoutez le **thym** et le **concassé de tomates**, salez, poivrez, baissez le feu et laissez mijoter 1 h à feu doux à couvert.
- Ajoutez les **petits pois** et les **pois gourmands**. Laissez cuire 20 min de plus et dégustez.

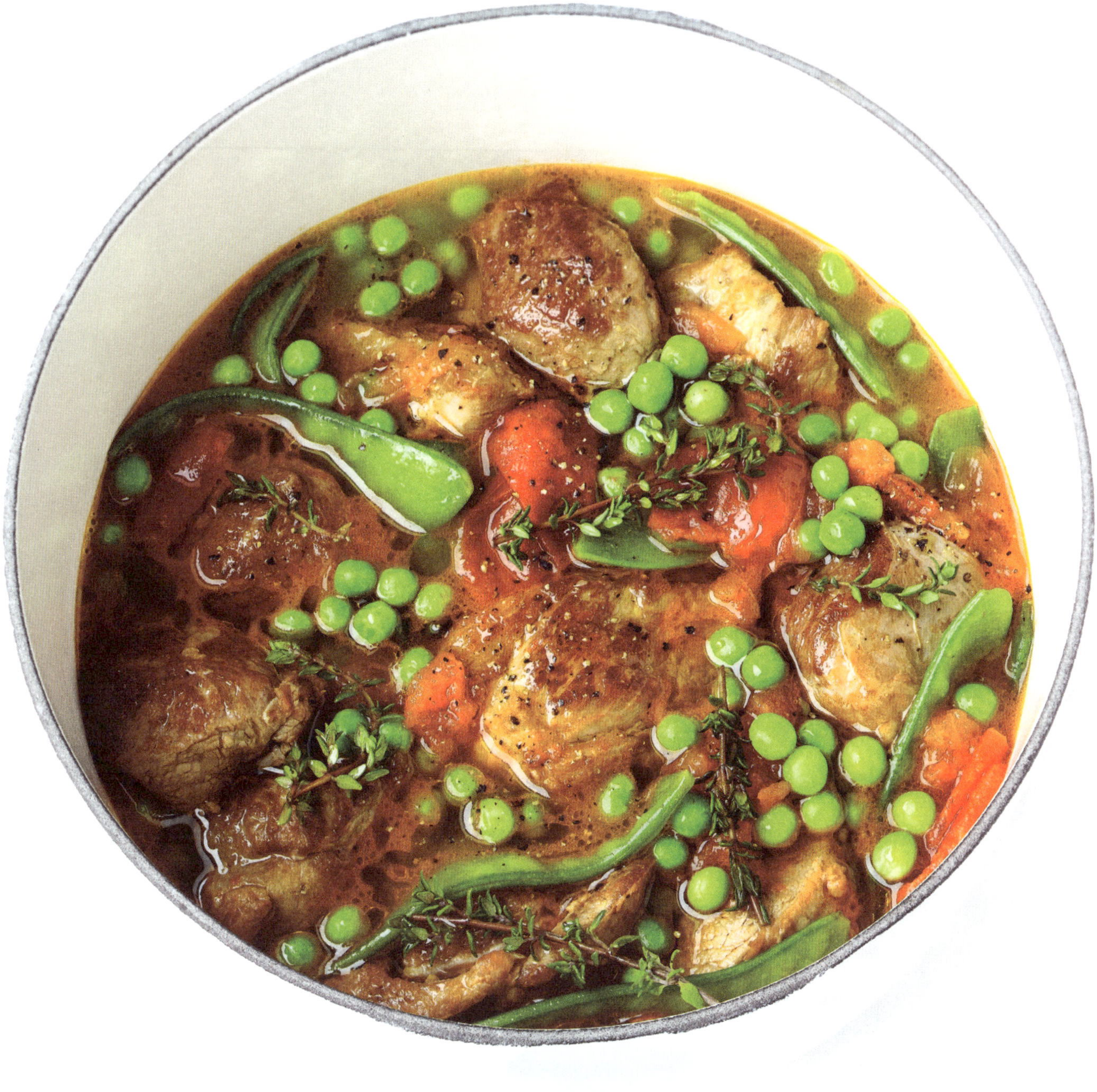

ESCALOPES À LA CRÈME

Escalopes de veau
x 4

Champignons de Paris
500 g

Beurre
25 g

Crème
400 g

Sel, poivre

1 cuil. à soupe d'huile neutre

Préparation : 10 min
Cuisson : 20 min

- Faites saisir et colorer les **escalopes** 5 min dans une grande poêle avec le **beurre** et 1 cuil. à soupe d'**huile**.
- Ajoutez les **champignons** émincés, laissez cuire 5 min.
- Versez la **crème**, salez, poivrez, laissez cuire 10 min à feu doux et dégustez.

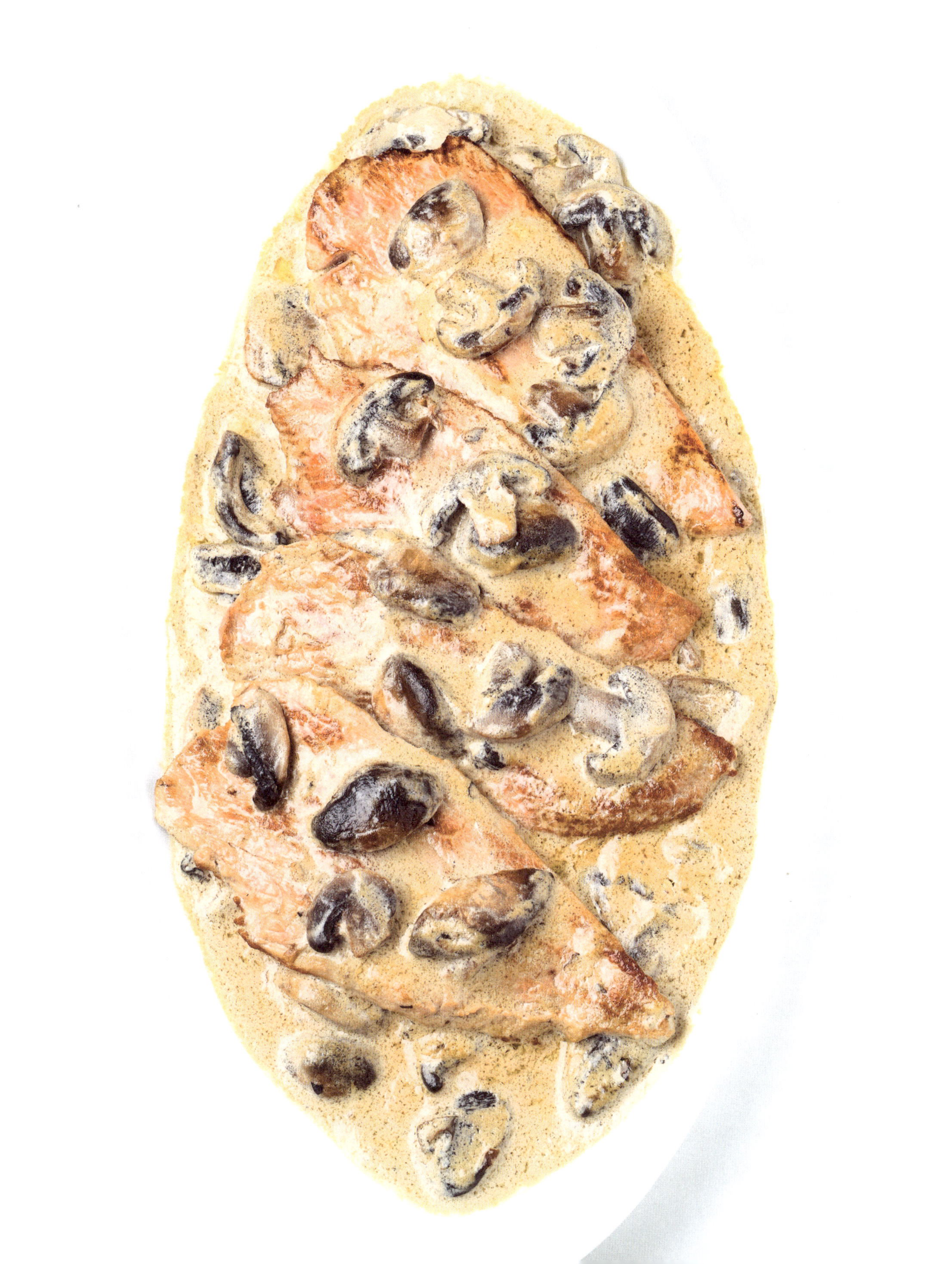

AXOA DE VEAU

Jambon de Bayonne
2 tranches

Noix de veau
800 g

Coulis de tomates
25 cl

Piment d'Espelette
2 cuil. à soupe

Poivrons
x 4

Vin blanc
2 verres

Sel, poivre

2 cuil. à soupe d'huile neutre

Préparation : 15 min
Cuisson : 30 min

- Faites saisir 5 min à feu vif le **veau** et les **poivrons** coupés en petits morceaux dans une cocotte avec 2 cuil. à soupe d'**huile**. Ajoutez le **piment**, le **vin blanc**, le **coulis de tomates** et le **jambon** coupé en morceaux, salez et poivrez.
- Laissez cuire 25 min à feu doux et dégustez.

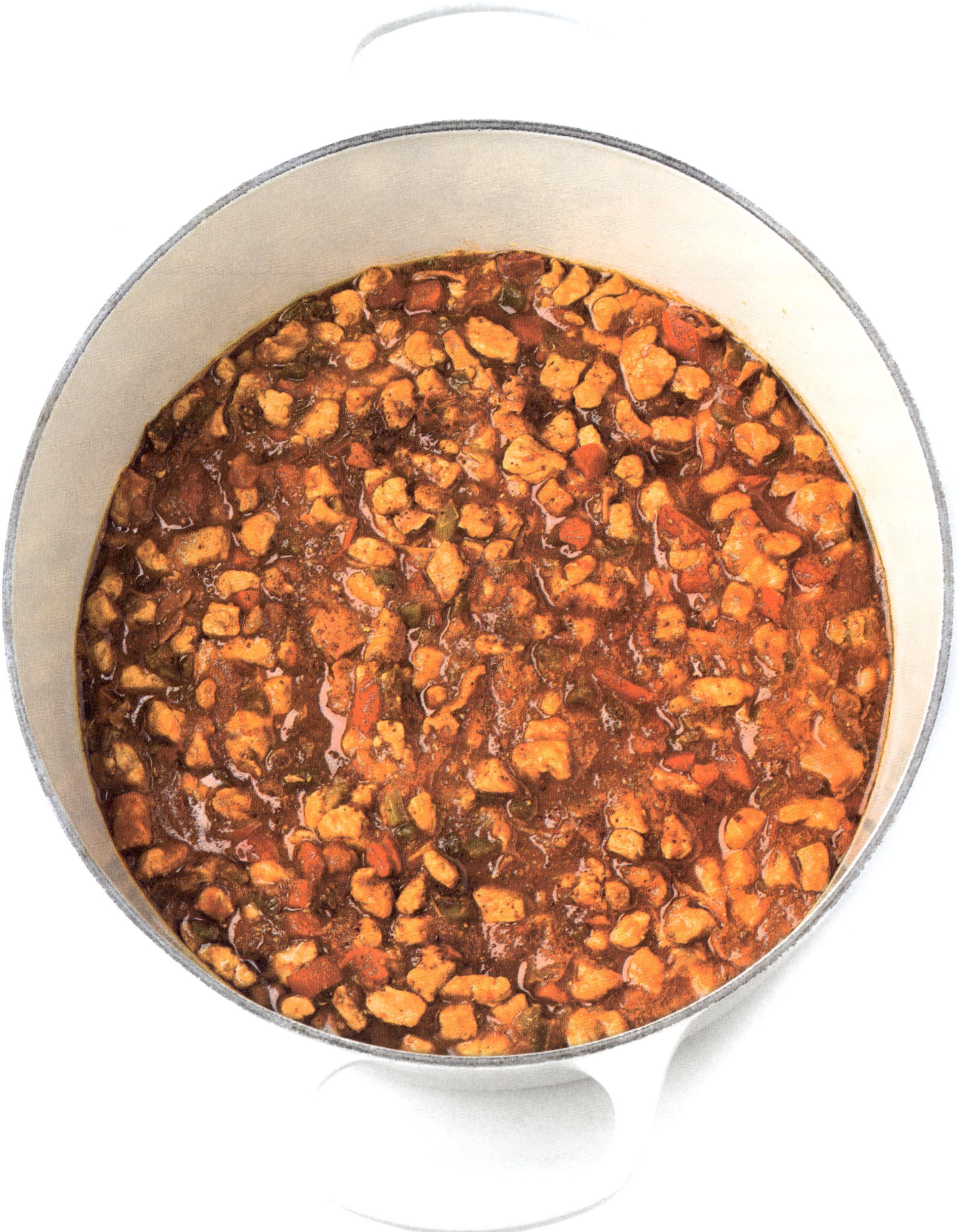

RÔTI DE PORC AU LAIT

Rôti de porc
x 1 (dans le filet, 1 kg)

Lait
1 l

Oignons doux
x 2

Pommes de terre
x 4 (grosses)

Bouquets garnis
x 3

Sel, poivre

2 cuil. à soupe d'huile neutre

Préparation : 10 min
Cuisson : 50 min

- Préchauffez le four à 180°C.
- Faites colorer le **rôti** sur toutes les faces 5 min à la poêle avec 2 cuil. à soupe d'**huile**.
- Épluchez et découpez les **pommes de terre** en rondelles et mettez-les dans une cocotte avec le **rôti**, les **bouquets garnis**, les **oignons** émincés et le **lait**. Salez, poivrez et enfournez 45 min sans couvercle.

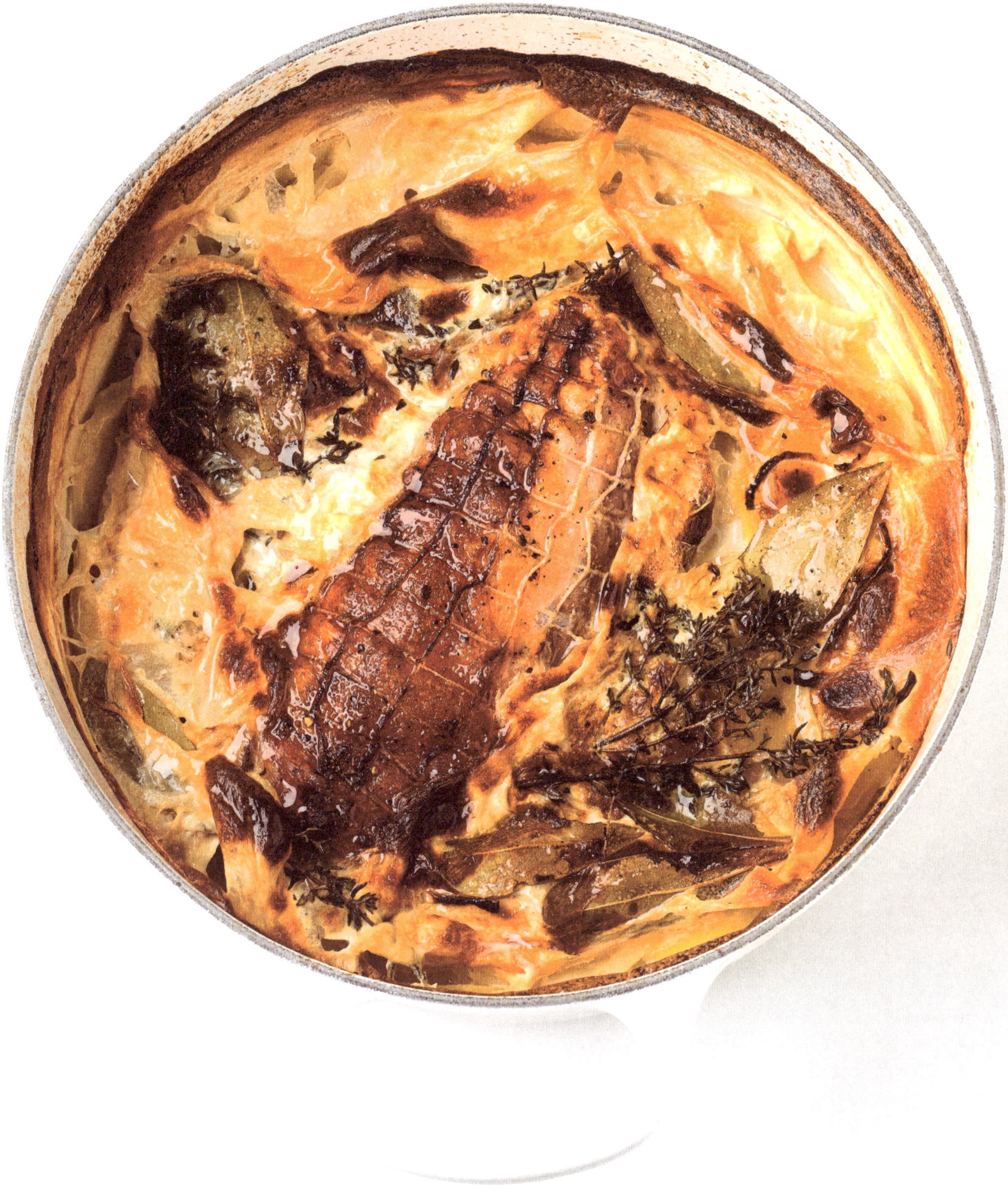

BOULETTES À LA CATALANE

Chair à saucisse 300 g	**Bœuf haché** 300 g	**Olives vertes** 100 g (dénoyautées)
Œufs x 2	**Pain rassis** ¼ de baguette	**Coulis de tomates** 50 cl

Sel, poivre
1 filet d'huile d'olive

Préparation : 15 min
Cuisson : 45 min

- Préchauffez le four à 180°C.
- Mettez le **pain** à ramollir dans un peu d'eau tiède. Malaxez le **pain**, la **chair à saucisse**, le **bœuf haché**, les **œufs** et les **olives**. Salez, poivrez et formez 12 boulettes.
- Placez les boulettes recouvertes de **coulis** dans un plat, enfournez 45 min et dégustez avec 1 filet d'**huile d'olive**.

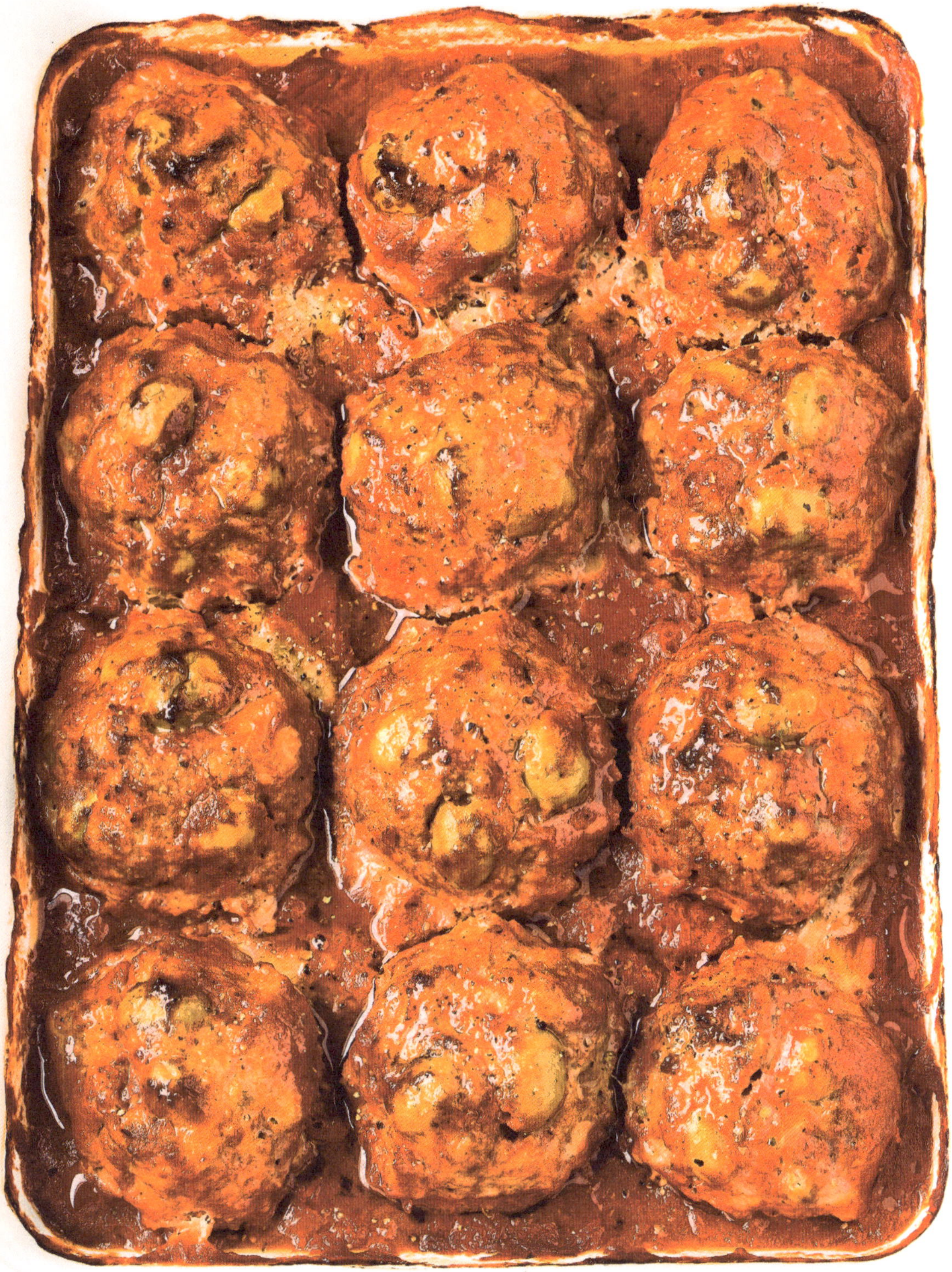

BLANQUETTE DE VEAU

Sauté de veau
1,2 kg (en morceaux)

Beurre
50 g

Champignons de Paris
250 g

Farine
2 cuil. à soupe

Carottes
x 4

Crème liquide
33 cl

Sel, poivre

Préparation : 10 min
Cuisson : 1 h 20

- Mettez le **veau**, les **carottes** en rondelles et les **champignons** dans une cocotte avec de l'eau à hauteur et faites mijoter 1 h 15 à feu doux.
- Faites fondre le **beurre** dans une casserole. Ajoutez la **farine** et fouettez à feu doux en versant 70 cl de bouillon de cuisson et la **crème**. Ajoutez la **viande** et la garniture dans la sauce, refaites cuire 5 min. Salez, poivrez et dégustez.

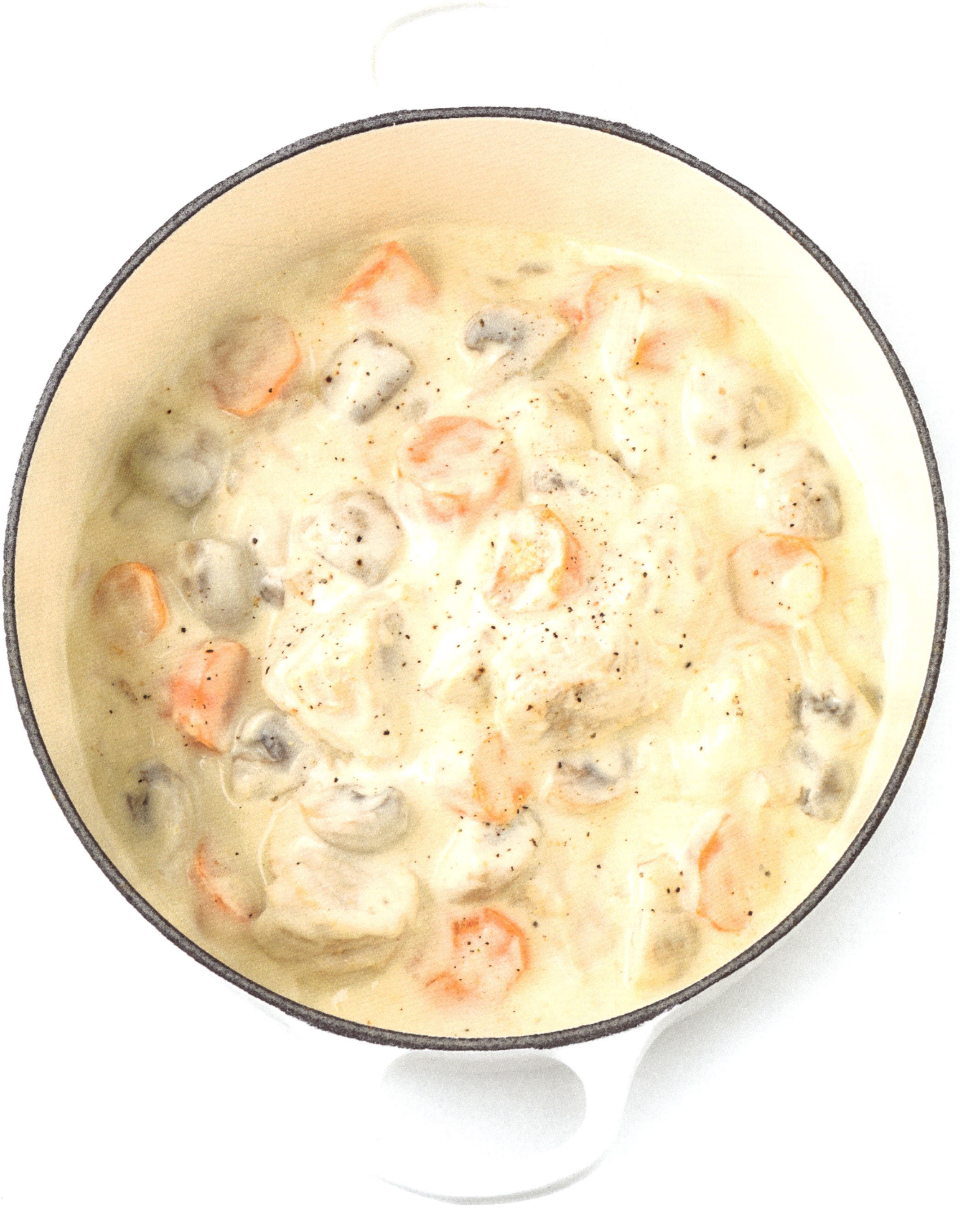

GIBELOTTE DE LAPIN

Lapin x 1 (en morceaux)	**Vin blanc** 1 bouteille (75 cl)	**Persil plat** 1 botte

Champignons de Paris 500 g	**Lardons** 250 g	**Farine** 2 cuil. à soupe

Sel, poivre

2 cuil. à soupe d'huile neutre

Préparation : 10 min
Cuisson : 1h30

- Faites colorer les morceaux de **lapin**, les **champignons** coupés en morceaux et les **lardons** dans une cocotte avec 2 cuil. à soupe d'**huile**.
- Versez la **farine**, mélangez, ajoutez le **vin blanc** et laissez mijoter 1h30 à couvert.
- Ajoutez le **persil** coupé aux ciseaux, salez, poivrez et dégustez.

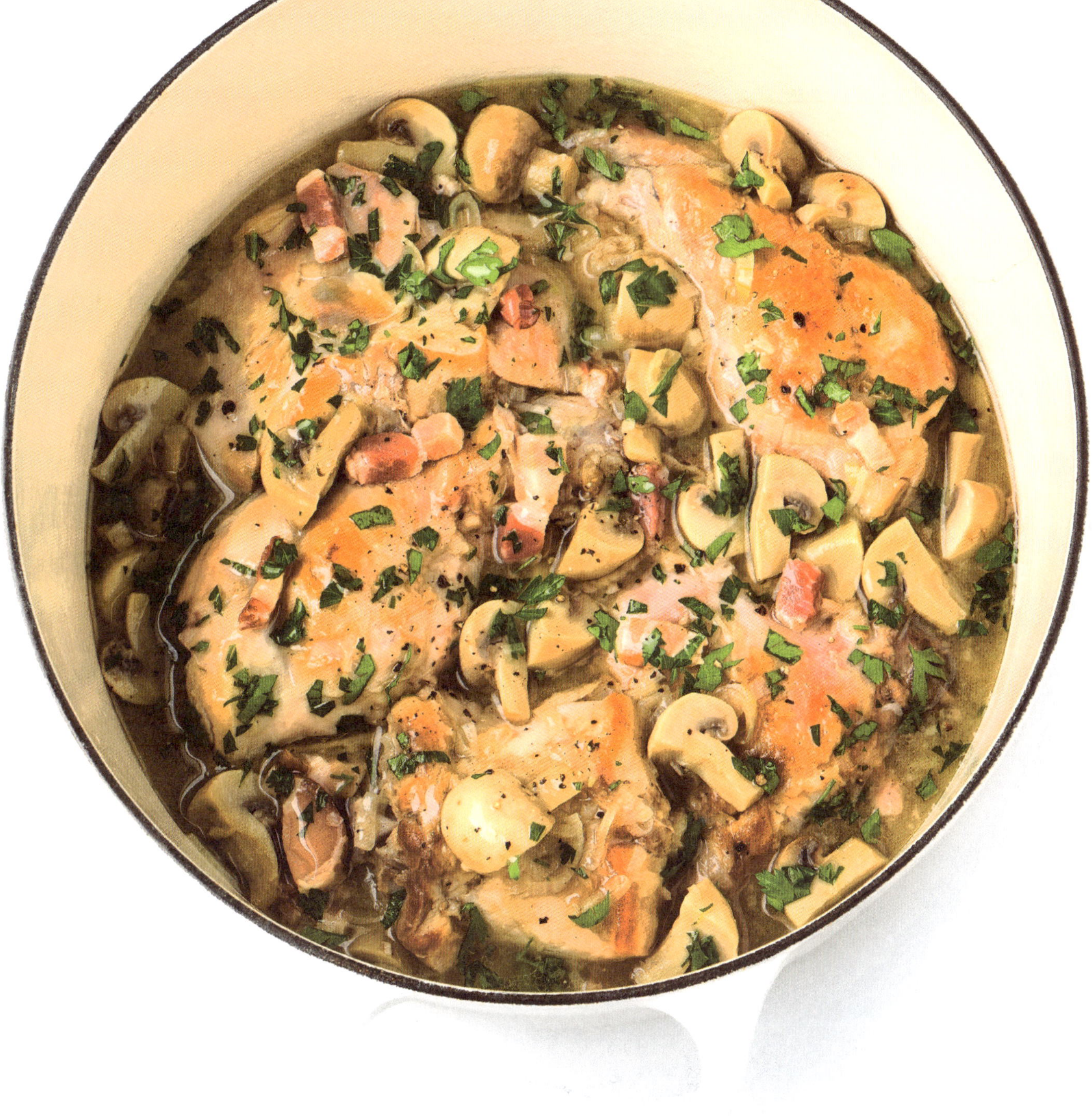

ALIGOT

Pommes de terre 1 kg

Tomme fraîche 500 g

Beurre 30 g

Crème 250 g

Ail 3 gousses

Sel, poivre

Préparation : 10 min
Cuisson : 50 min

- Râpez la **tomme**. Faites cuire les **pommes de terre** et l'**ail** épluchés 35 min à l'eau bouillante.
- Faites chauffer la **crème** et le **beurre** dans une cocotte. Passez les **pommes de terre** et l'**ail** au moulin à légumes au-dessus de la cocotte, salez, poivrez, mélangez. Faites chauffer doucement puis ajoutez la **tomme** râpée en remuant jusqu'à ce que l'aligot file.

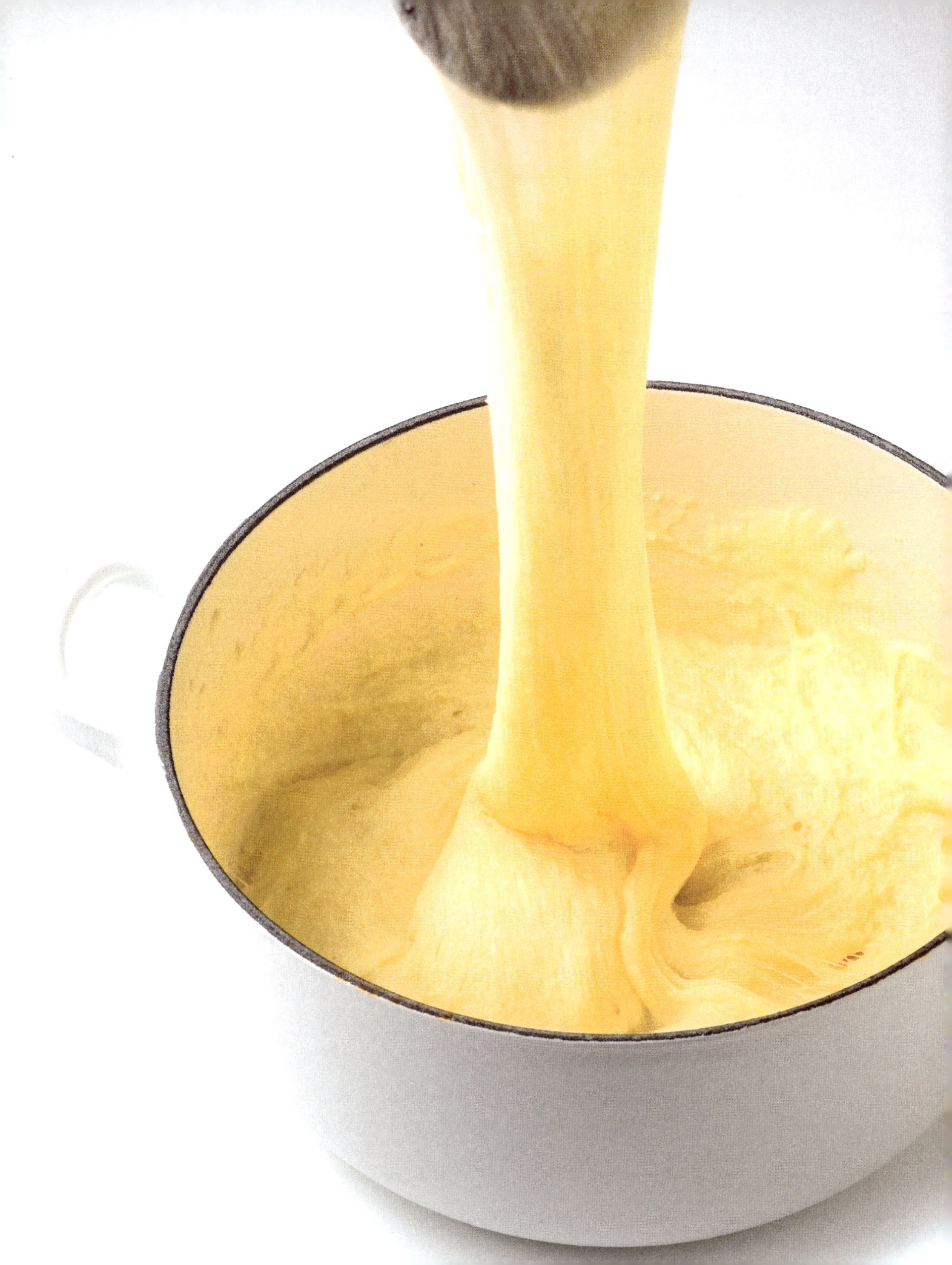

POMMES BOULANGÈRES

Pommes de terre
1,3 kg (grosses)

Bouquets garnis
x 4

Bouillon de volaille
1,5 l

Oignons doux
x 3

Sel, poivre

👤 : 4 à 6

🕐
Préparation : 15 min
Cuisson : 1h

- Préchauffez le four à 180°C.
- Répartissez les **pommes de terre** épluchées et coupées en fines lamelles et les **oignons** émincés dans un plat.
- Ajoutez le **bouillon**, les **bouquets garnis**, salez, poivrez, mélangez et enfournez 1h.
- Dégustez bien chaud.

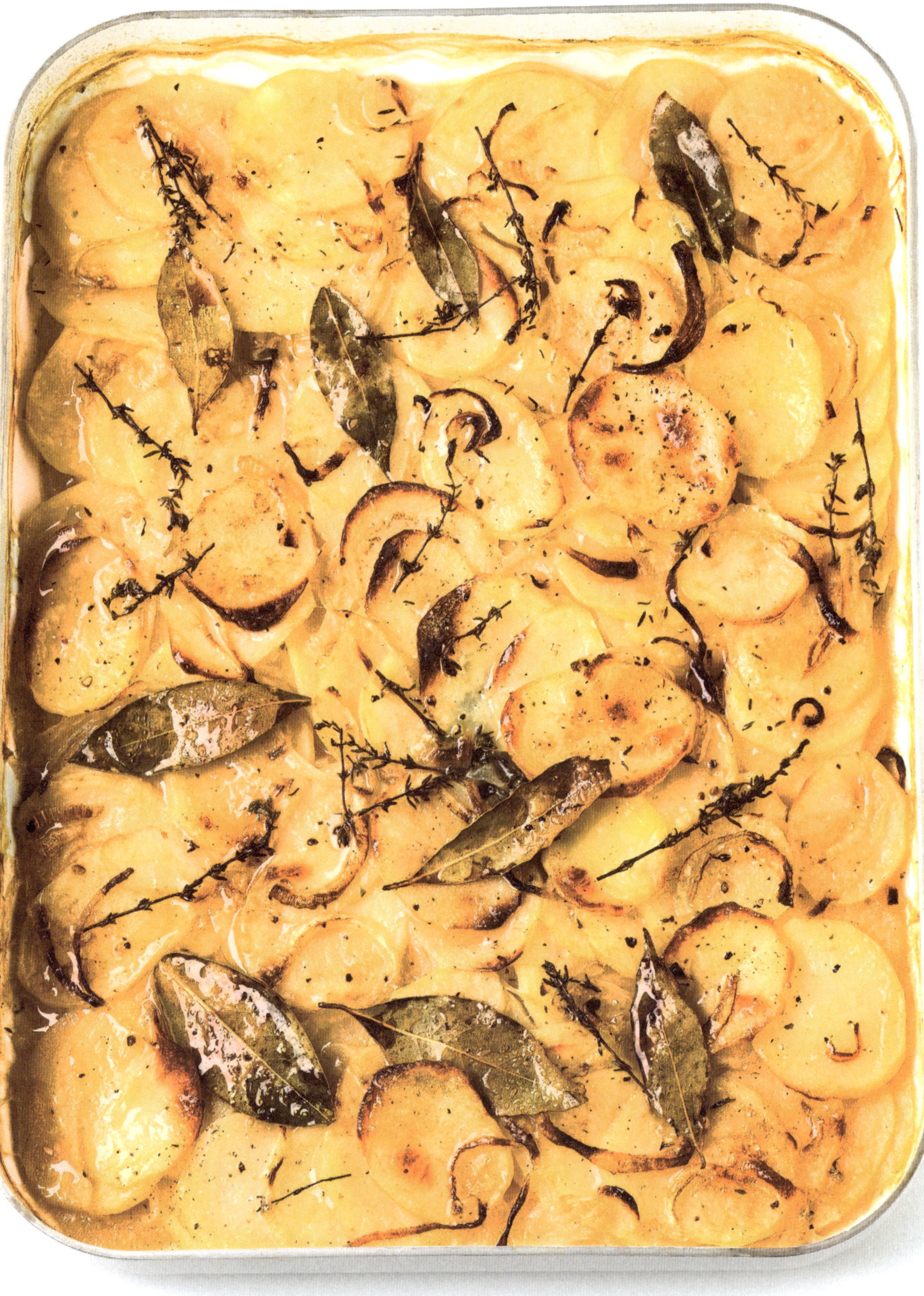

CAROTTES VICHY

Carottes
1 kg

Beurre
60 g

Eau de Vichy
½ bouteille

Sucre
1 cuil. à café

Sel, poivre

Préparation : 10 min
Cuisson : 25 min

- Épluchez et coupez les **carottes** en rondelles pas trop fines. Mettez-les dans une casserole avec l'**eau de Vichy**, le **sucre** et le **beurre**.
- Faites cuire 25 min à feu très doux sans remuer.
- Salez, poivrez, mélangez délicatement et dégustez.

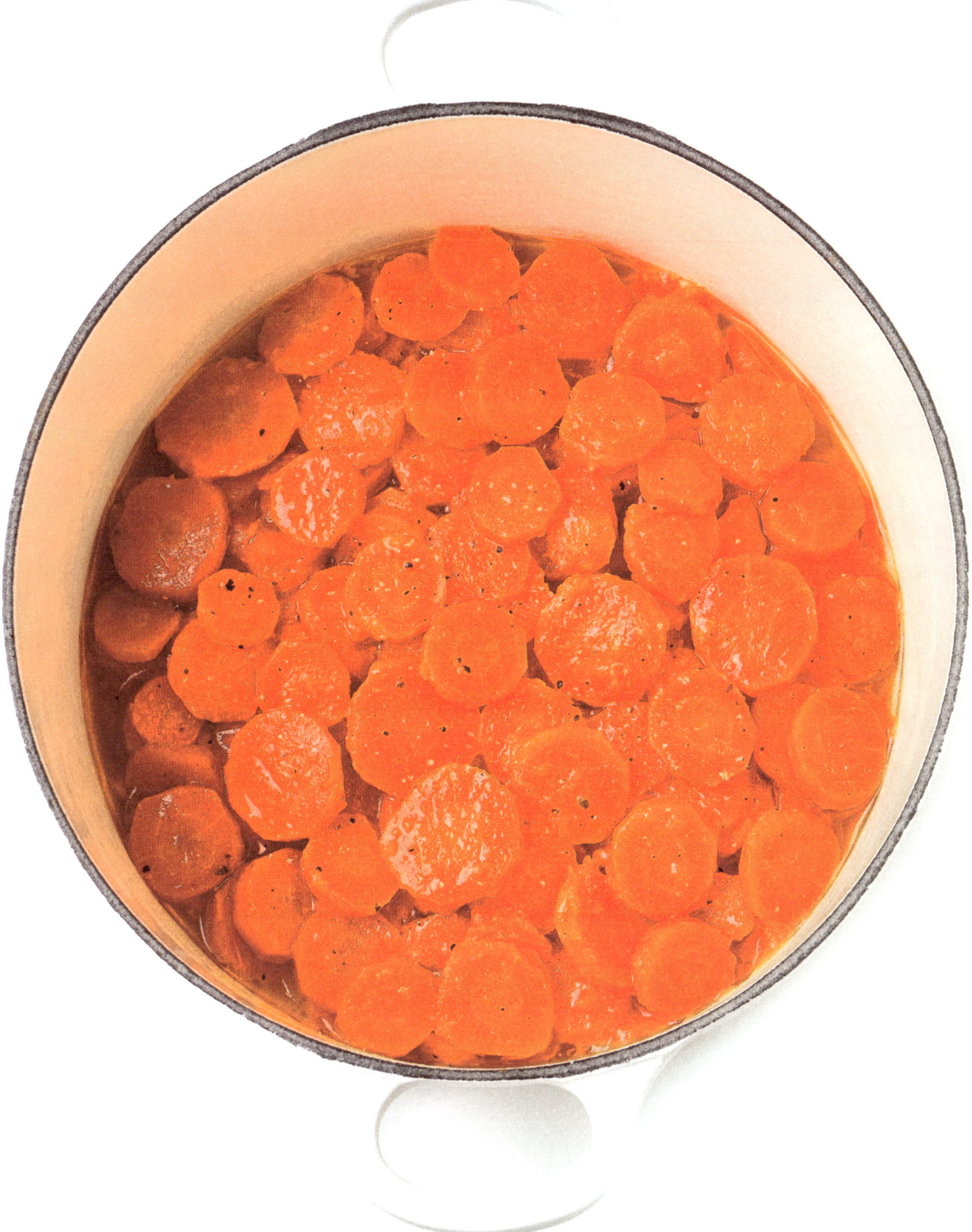

PETITS POIS À LA FRANÇAISE

Petits pois
600 g (frais ou surgelés)

Oignons doux
x 2

Laitue
x 1

Beurre
50 g

Lardons
250 g

Sel, poivre

Préparation : 10 min
Cuisson : 30 min

- Faites colorer 10 min les **oignons** épluchés et émincés et les **lardons** dans une cocotte avec le **beurre**.
- Ajoutez la **laitue** lavée et émincée et les **petits pois** puis versez 1 verre d'eau (10 cl). Salez, poivrez et faites cuire 20 min à feu doux et à couvert en remuant de temps en temps.
- Dégustez immédiatement.

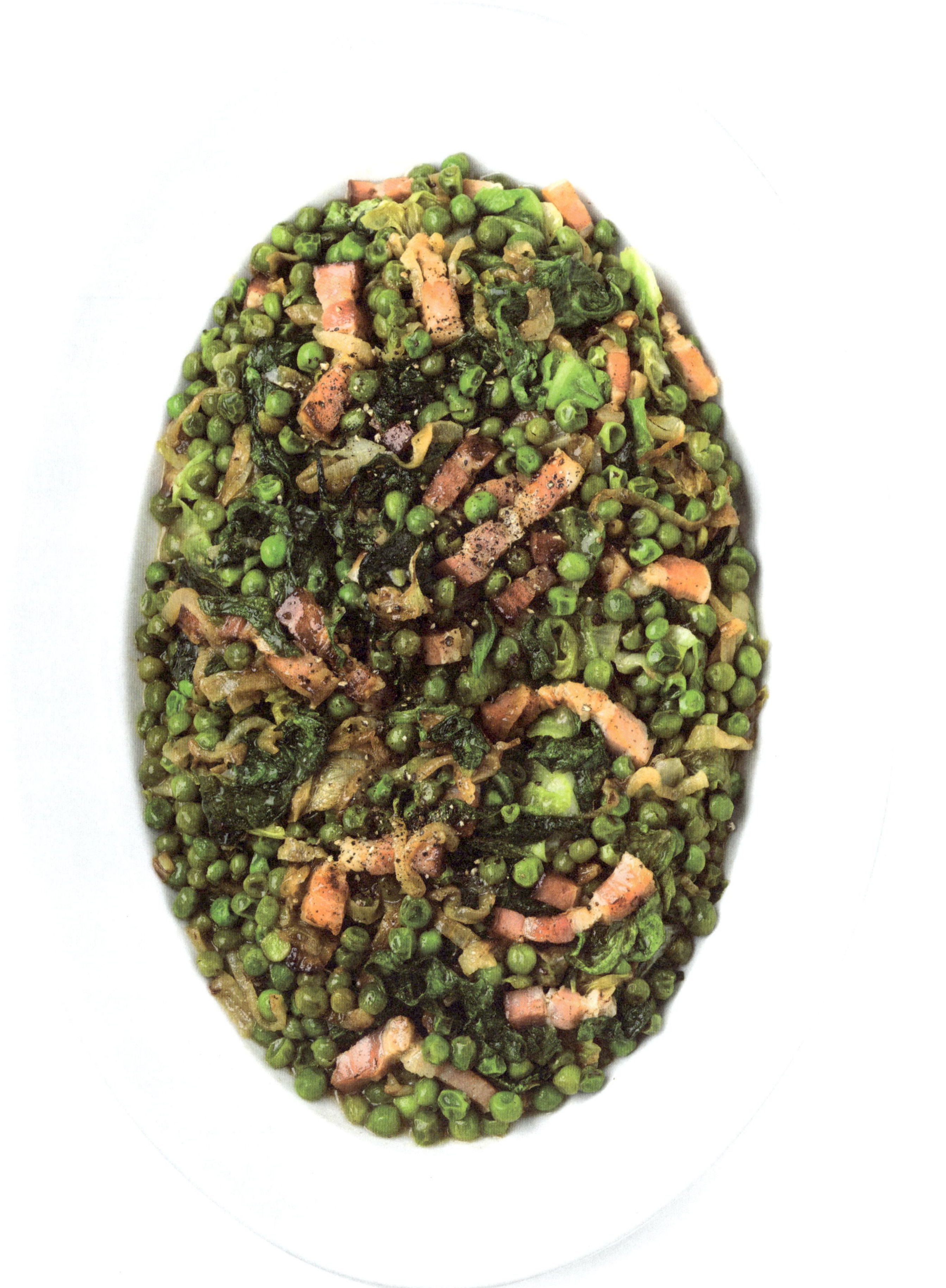

RATATOUILLE

Légumes pour ratatouille
1,5 kg (aubergine, courgettes, tomates, oignons, poivrons)

Ail
6 gousses

Bouquets garnis
x 2

Huile d'olive
6 cuil. à soupe

Olives à la grecque
100 g (dénoyautées)

Sel, poivre

Préparation : 15 min
Cuisson : 55 min

- Dans une cocotte, faites saisir l'**oignon** et l'**ail** épluchés et émincés avec l'**huile d'olive**. Ajoutez les **courgettes**, les **aubergines** et les **poivrons** coupés en cubes. Laissez roussir en remuant 10 min puis ajoutez les **tomates** en morceaux, les **olives** et les **bouquets garnis**. Versez 1 verre d'eau, couvrez et laissez cuire 45 min à feu doux en remuant. Salez, poivrez et dégustez.

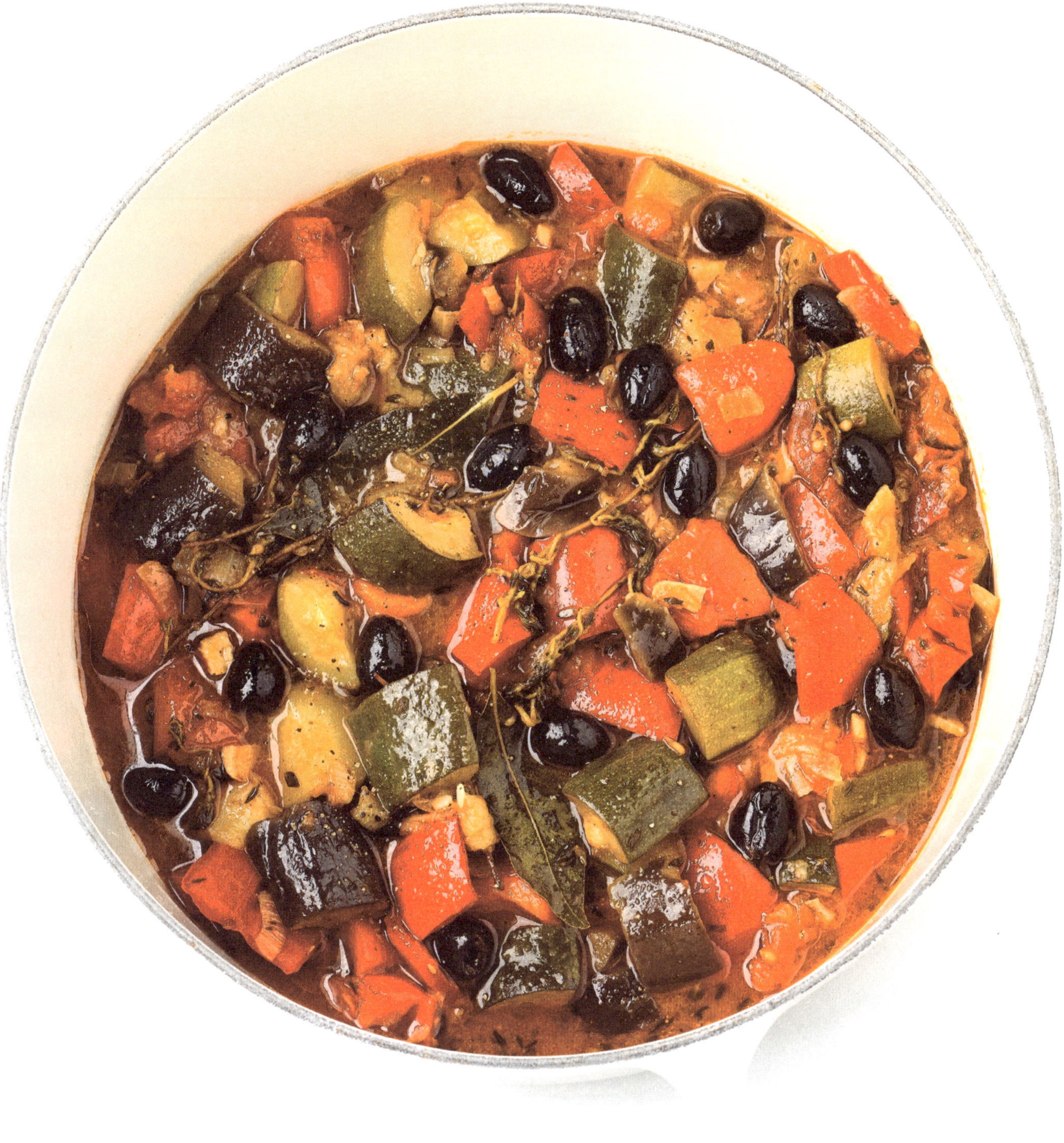

GRATIN DAUPHINOIS

Pommes de terre
1 kg

Crème
40 cl

Noix muscade
½ cuil. à café

Ail
2 gousses

Sel, poivre

Préparation : 15 min
Cuisson : 1h

- Préchauffez le four à 170°C.
- Épluchez et émincez les gousses d'**ail**. Épluchez les **pommes de terre** et taillez-les en fines lamelles.
- Disposez-les avec l'**ail** et la **crème** dans un plat à gratin, salez, poivrez et ajoutez la **muscade** entre les couches, en finissant par de la **crème**.
- Enfournez 1h. Dégustez bien chaud.

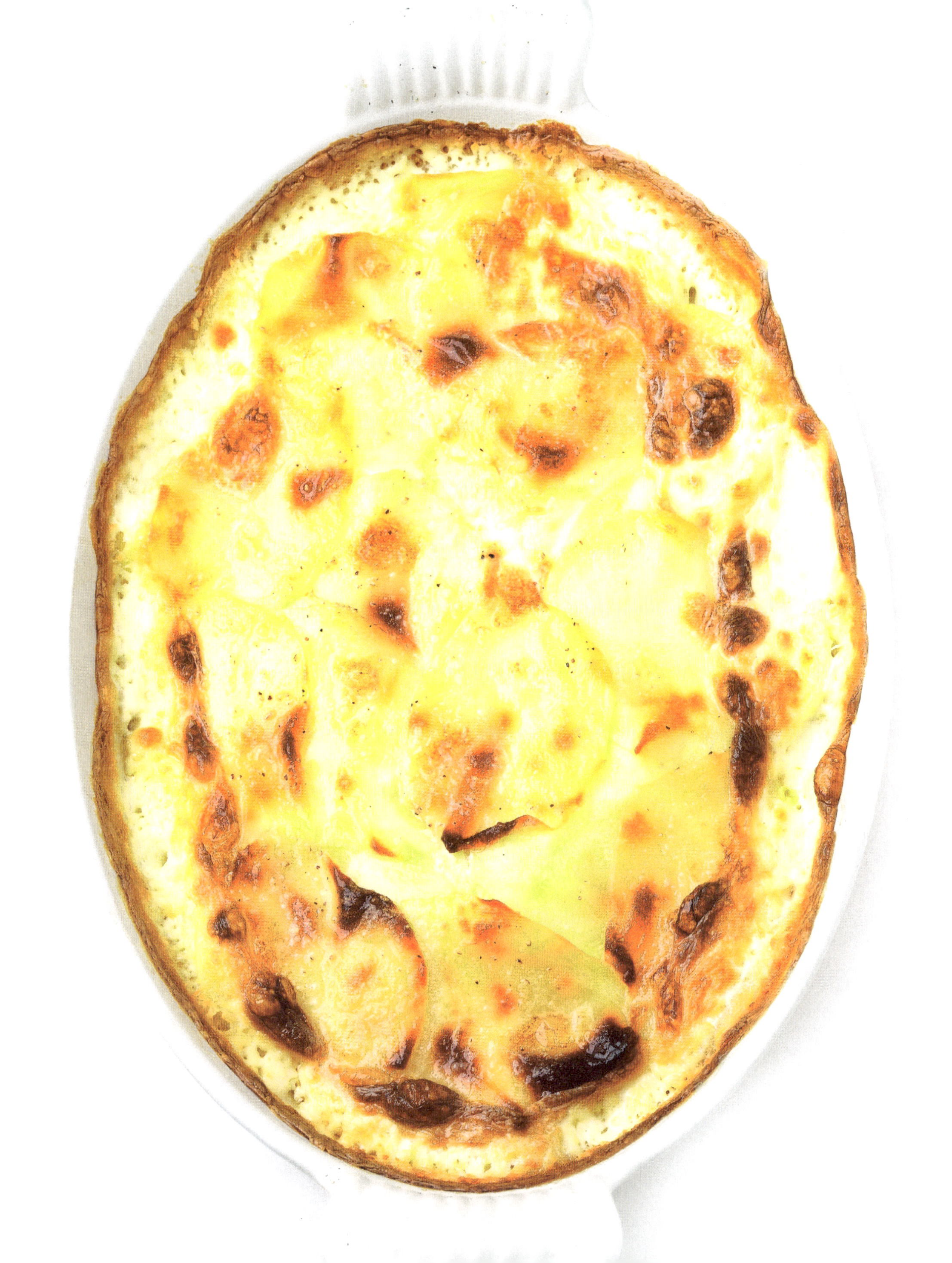

CÈPES À LA BORDELAISE

Cèpes
600 g (petits bouchons)

Beurre
50 g

Persil plat
1 botte

Ail
4 gousses

Sel, poivre

1 cuil. à soupe d'huile neutre

: 4 à 5

Préparation : 15 min
Cuisson : 25 min

- Lavez, séchez et découpez les **cèpes** en morceaux pour les plus gros.
- Faites colorer les **cèpes** 15 min dans une poêle avec le **beurre** et 1 cuil. à soupe d'**huile**. Ajoutez l'**ail** épluché et émincé, le **persil** coupé aux ciseaux, salez, poivrez et laissez cuire 10 min de plus en remuant.
- Salez, poivrez et dégustez.

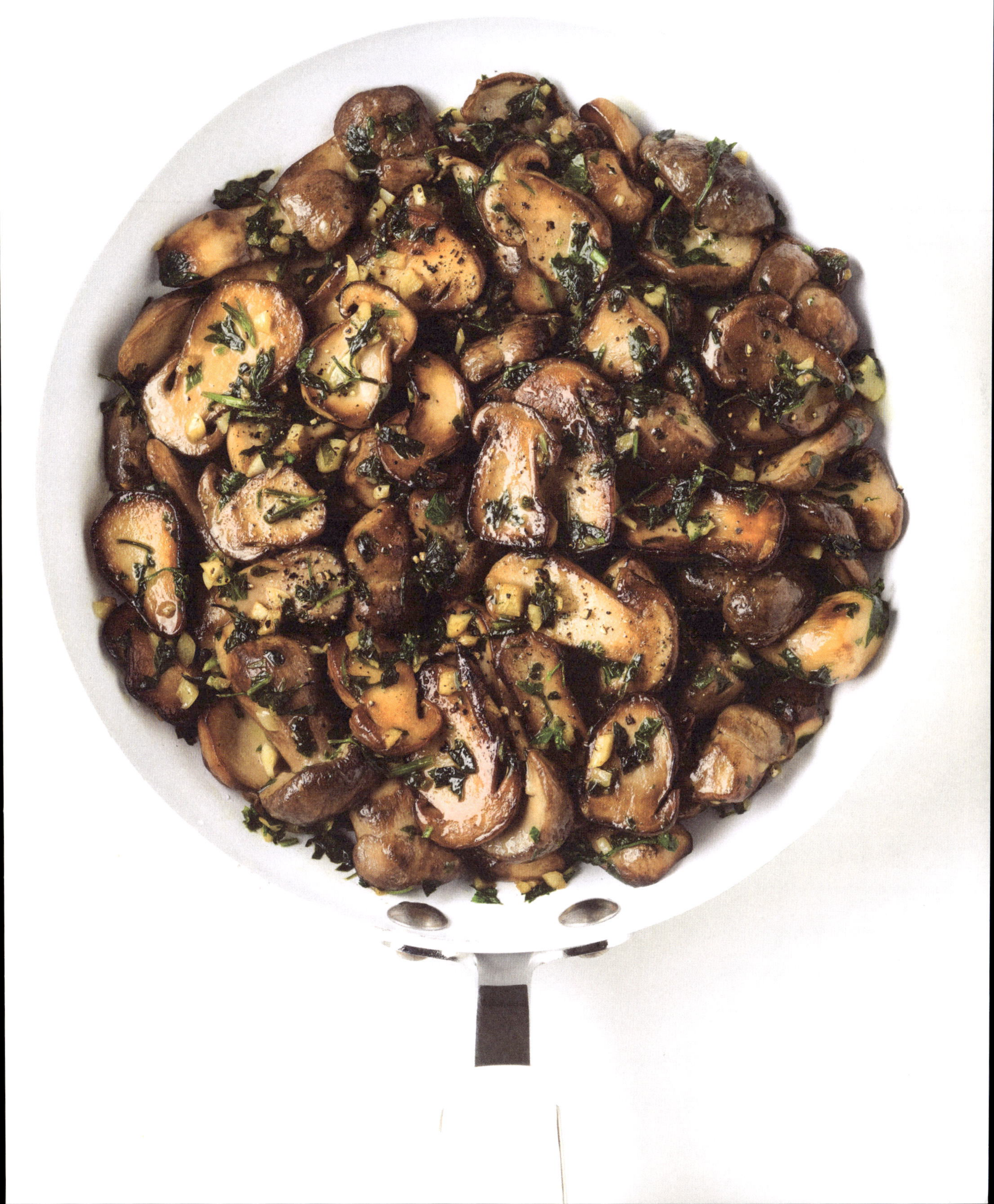

TIAN PROVENÇAL

Aubergine x 1 (grosse)	**Oignons doux** x 2	**Tomates** x 8
Huile d'olive 6 cuil. à soupe	**Courgettes** x 2	**Herbes de Provence** 1 cuil. à soupe

Sel, poivre

Préparation : 15 min
Cuisson : 45 min

- Préchauffez le four à 180°C.
- Découpez tous les **légumes** en fines rondelles et répartissez-les en les intercalant dans un plat à gratin. Ajoutez les **herbes de Provence** et l'**huile d'olive**.
- Salez, poivrez, enfournez 45 min et dégustez.

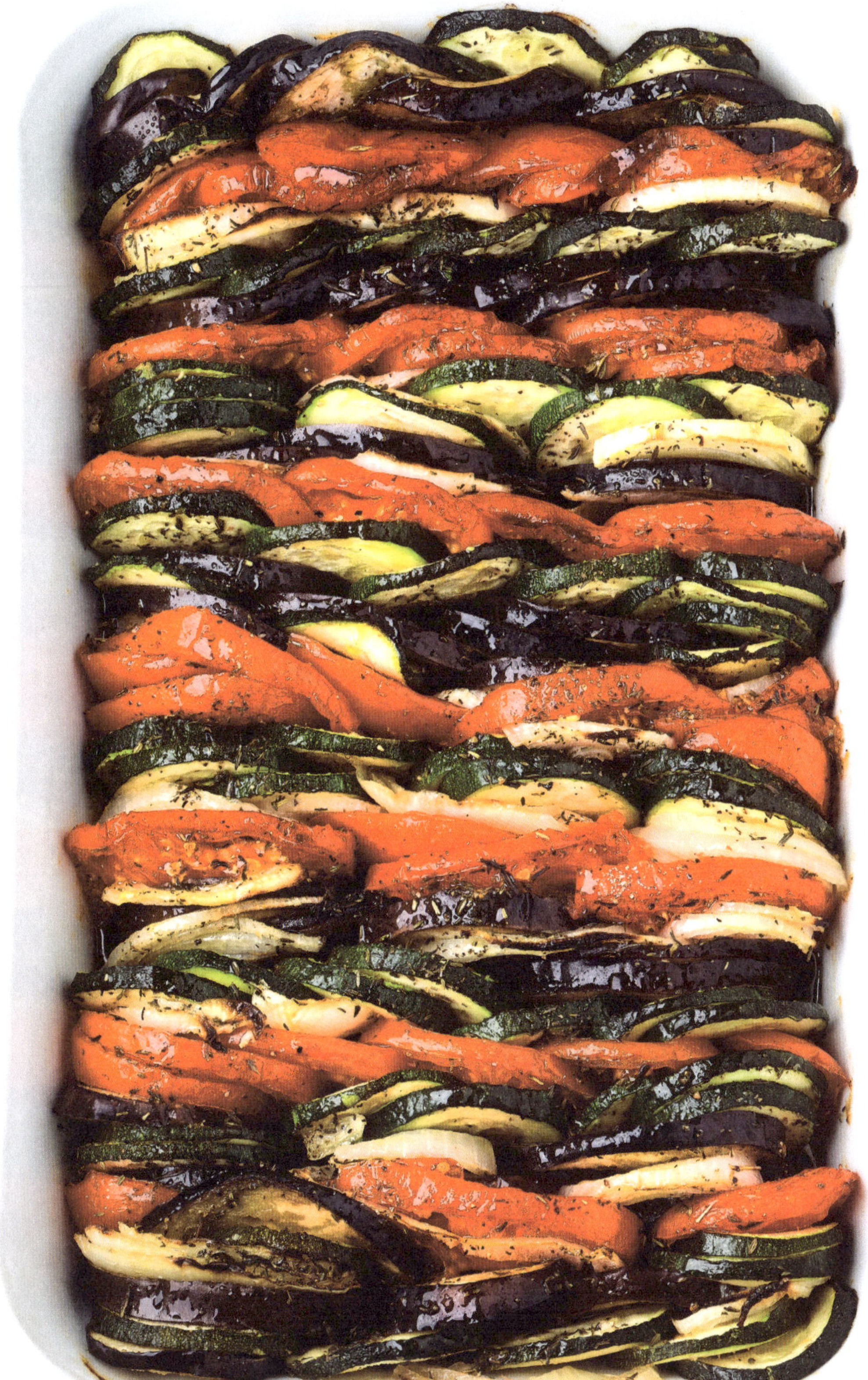

POMMES DE TERRE SARLADAISES

Pommes de terre
x 8 (moyennes, 1 kg)

Persil plat
1 botte

Ail
6 gousses

Graisse de canard
6 cuil. à soupe

Sel, poivre

Préparation : 15 min
Cuisson : 40 min

- Faites saisir les **pommes de terre** coupées en fines tranches avec la **graisse de canard** dans une grande poêle. Laissez cuire 30 min en remuant délicatement avec une spatule.
- Salez, poivrez, ajoutez l'**ail** émincé et le **persil** coupé aux ciseaux. Laissez cuire 10 min de plus et dégustez.

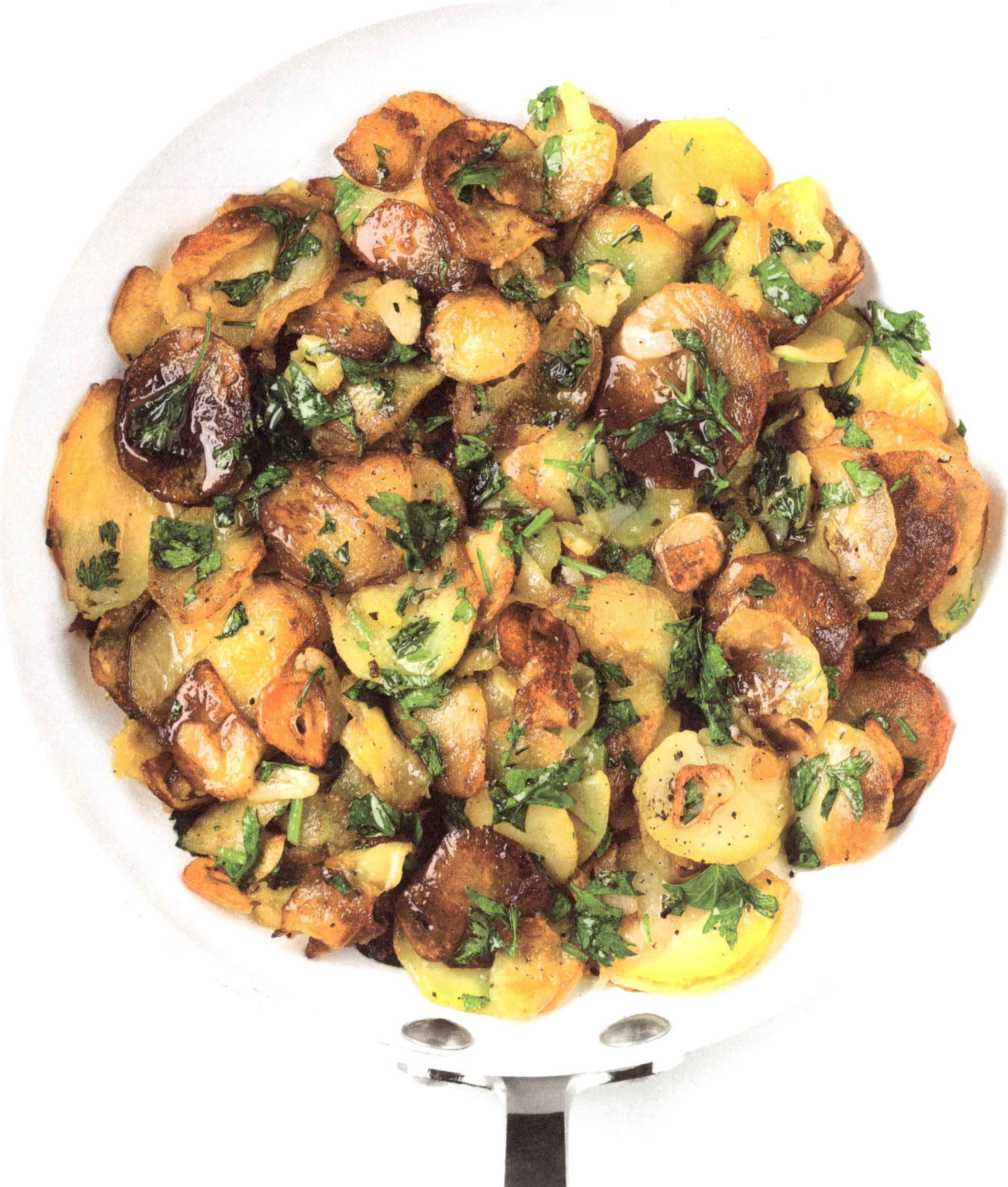

EMBEURRÉE DE CHOU

Chou vert frisé
x 1 (petit ou ½ gros)

Carottes
x 2

Lardons
250 g

Crème liquide
20 cl

Beurre
50 g

Sel, poivre

Préparation : 15 min
Cuisson : 40 min

- Faites saisir 5 min sans coloration les **lardons** avec le **beurre** dans une cocotte. Ajoutez les **carottes** épluchées et coupées en petits dés et le **chou** émincé.
- Laissez cuire à couvert 20 min à feu doux en remuant. Ajoutez la **crème**, salez, poivrez et faites mijoter 20 min de plus, toujours à feu doux et à couvert puis dégustez.

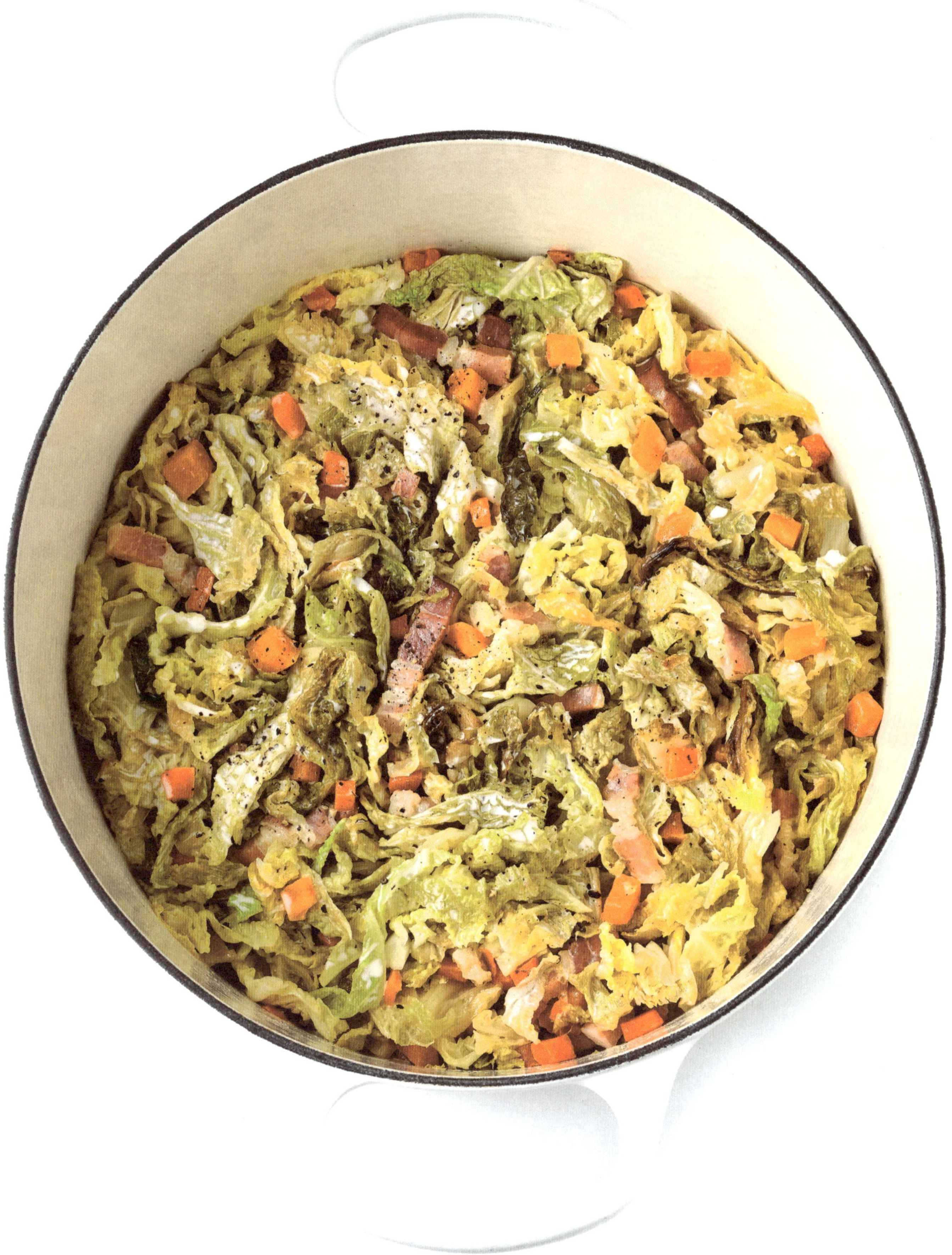

GRAND AÏOLI

Légumes variés
1,5 kg (carottes, chou-fleur, courgettes, haricot coco, radis)

Ail
6 gousses

Huile d'olive
20 cl

Morue salée
2 filets (1,4 kg au total)

Œufs
x 5 (4 + 1 jaune)

Sel, poivre

: 6 à 8

Préparation : 15 min
Dessalage : 12 h
Cuisson : 30 min

- Mettez la **morue** à dessaler 12 h dans de l'eau.
- Faites cuire les **légumes** à la vapeur, ébouillantez 4 **œufs** 10 min. Préparez les **radis**.
- Écrasez les gousses d'**ail** dans un mortier, ajoutez le **jaune d'œuf**, salez, poivrez et versez l'**huile d'olive** petit à petit en fouettant.
- Pochez la **morue** 10 min et dégustez avec l'aïoli, les **œufs** durs et les **légumes**.

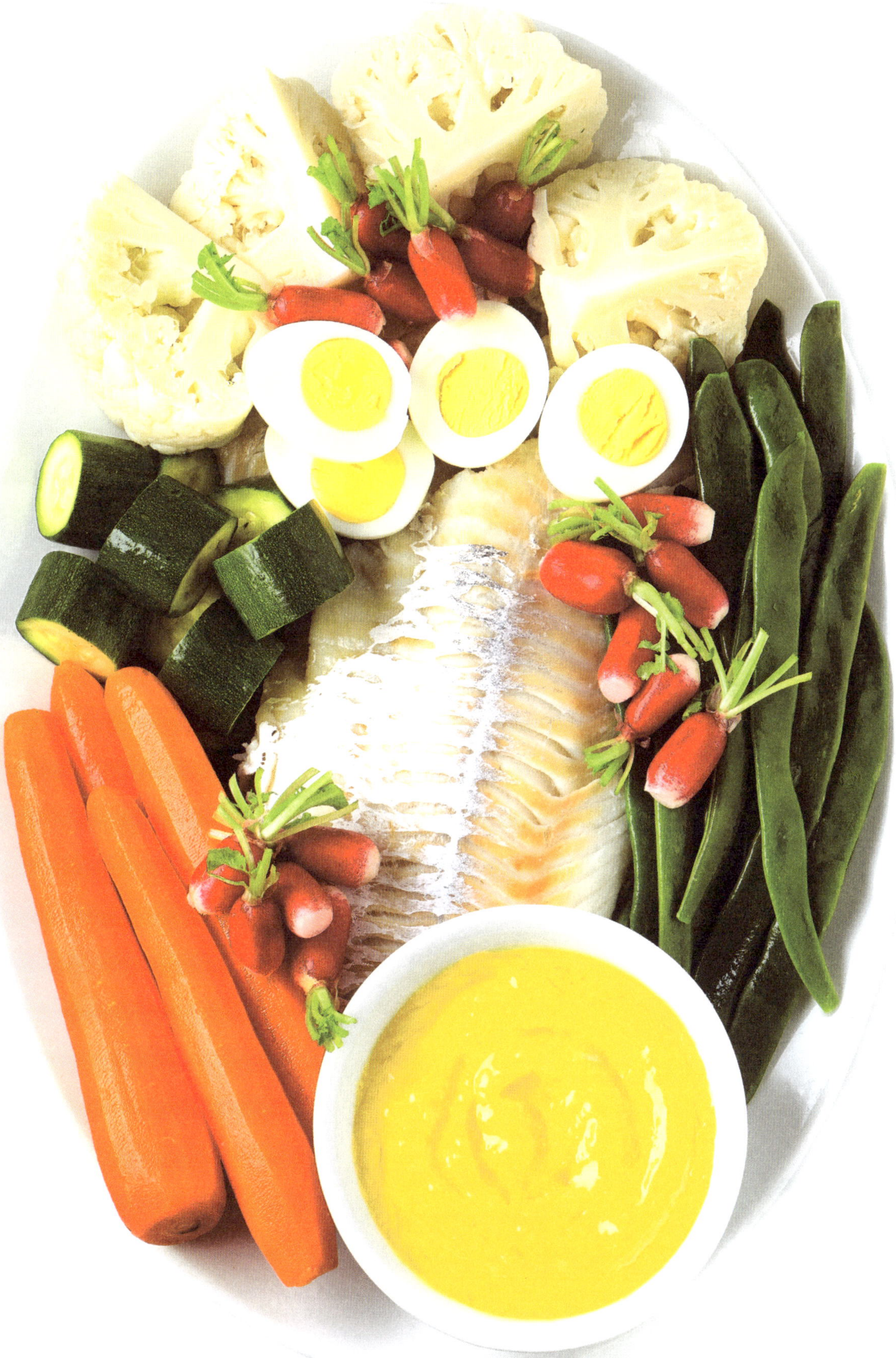

SAUMON FROID, SAUCE VERTE

Pavés de saumon
x 4 (sans peau)

Mélange d'herbes
3 bottes

Mayonnaise
4 cuil. à soupe (recette p. 373)

Pousses d'épinards
100 g

Sel, poivre

Préparation : 10 min
Cuisson : 20 min

- Ébouillantez les **pousses d'épinards** 1 min puis rafraîchissez-les et égouttez-les. Faites pocher les **pavés de saumon** dans l'eau des **épinards**.
- Découpez finement aux ciseaux les **pousses d'épinards** et les **herbes** et mélangez-les avec la **mayonnaise**.
- Salez, poivrez et dégustez avec le **saumon** froid.

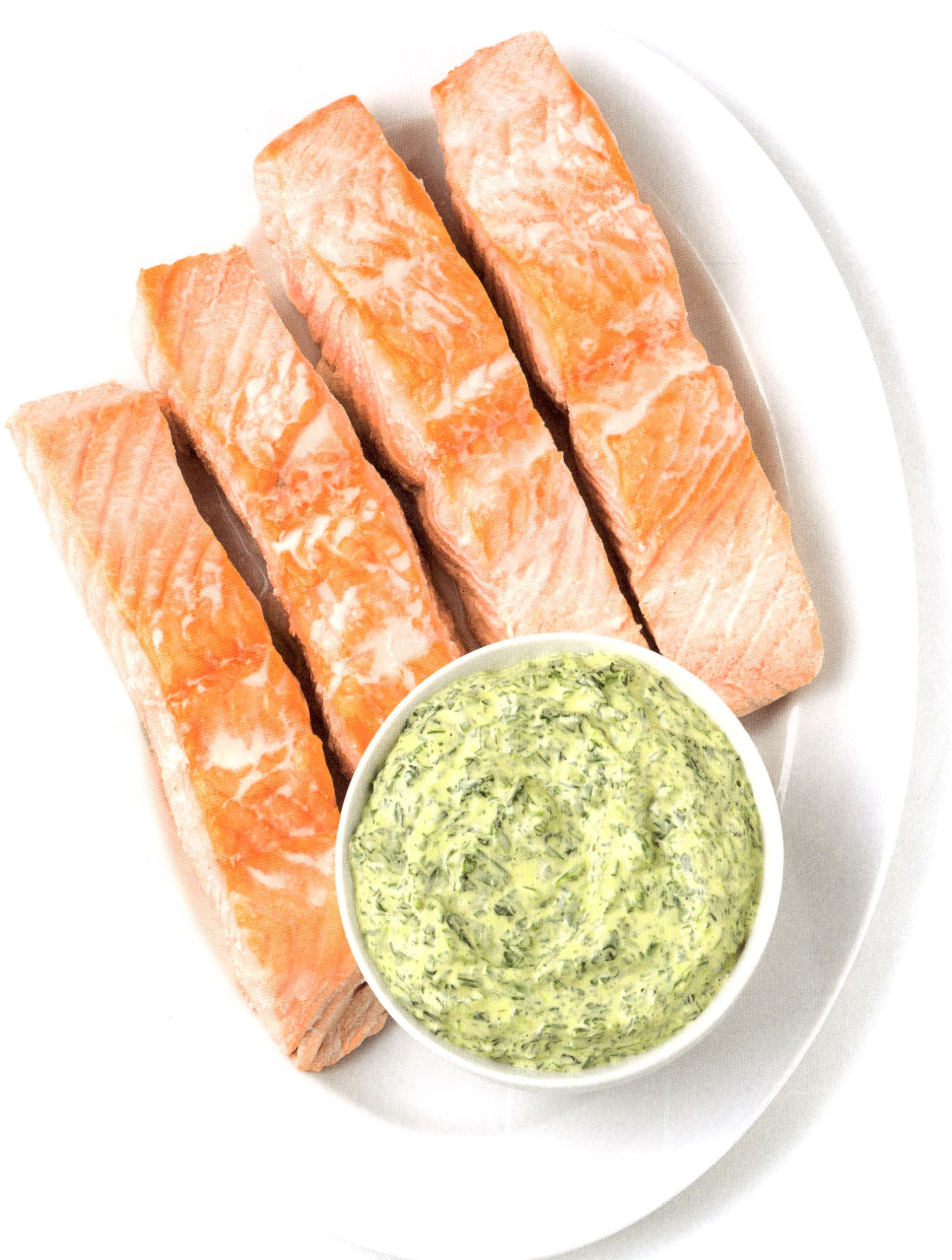

HOMARDS THERMIDOR

Homards crus
x 2 (gros ou 4 petits)

Moutarde forte
1 cuil. à soupe

Estragon
2 brins

Crème
2 cuil. à soupe

Poivre

👥👥👥👥

⏱

Préparation : 5 min
Cuisson : 20 min

- Préchauffez le gril du four.
- Ébouillantez les **homards** 1 min. Coupez-les en 2, récupérez le corail et les entrailles et mélangez-les avec la **moutarde**, la **crème** et l'**estragon** haché, poivrez. Répartissez cette préparation sur les **demi-homards**, dressez dans un plat et faites-les gratiner 20 min sous le gril du four. Dégustez immédiatement.

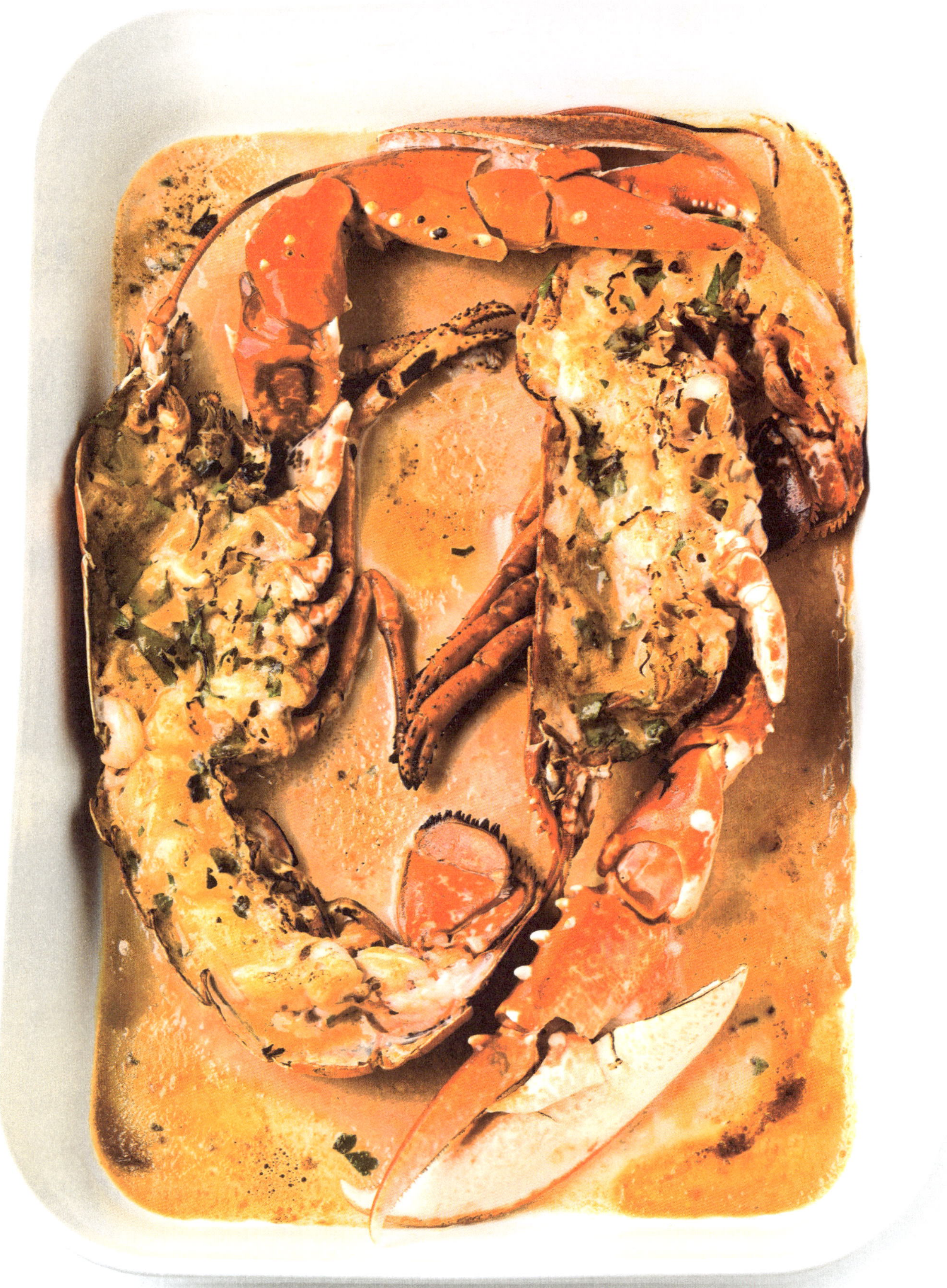

BOURRIDE DE LOTTE

Poissons pour bourride (1l de moules, 1 lotte, 8 crevettes crues entières)	**Huile d'olive** 10 cl	**Œuf** x 1 (jaune)
Ail 6 gousses	**Poireau** x 1	**Vin blanc** 25 cl

Sel, poivre

4 personnes

Préparation : 15 min
Cuisson : 30 min

- Faites saisir le **poireau** émincé dans une cocotte avec 2 cuil. à soupe d'**huile d'olive**.
- Ajoutez le **poisson**, les **crustacés** et le **vin**. Laissez cuire 20 min. Écrasez l'**ail** dans un mortier, ajoutez le **jaune d'œuf**, salez, poivrez et versez le reste de l'**huile d'olive** petit à petit en fouettant. Mélangez le bouillon de cuisson avec l'aïoli, versez sur les **poissons** et dégustez.

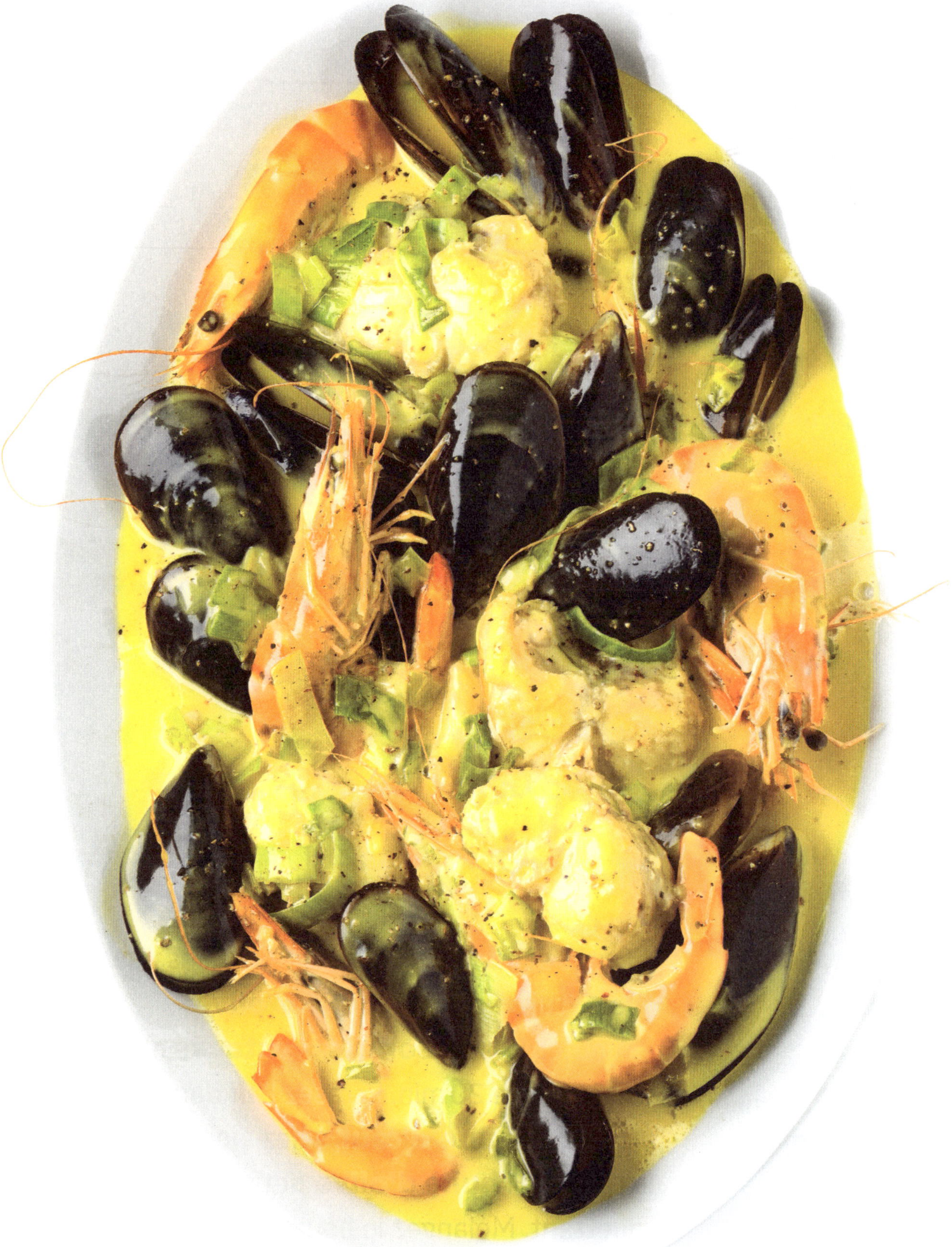

COQUILLES SAINT JACQUES À LA NAGE

Poireau x 1	**Beurre** 40 g	**Carottes** x 3

Vin blanc 2 verres (20 cl)	**Saint-jacques** x 16 (fraîches ou surgelées)	**Crème liquide** 20 cl

Sel, poivre

Préparation : 10 min
Cuisson : 27 min

- Lavez et émincez les **légumes**. Faites-les cuire à feu doux avec le **beurre** dans une poêle 20 min sans les colorer. Versez le **vin blanc** et la **crème** puis laissez cuire 2 min.
- Ajoutez les **saint-jacques** et laissez cuire 5 min de plus. Salez, poivrez et dégustez.

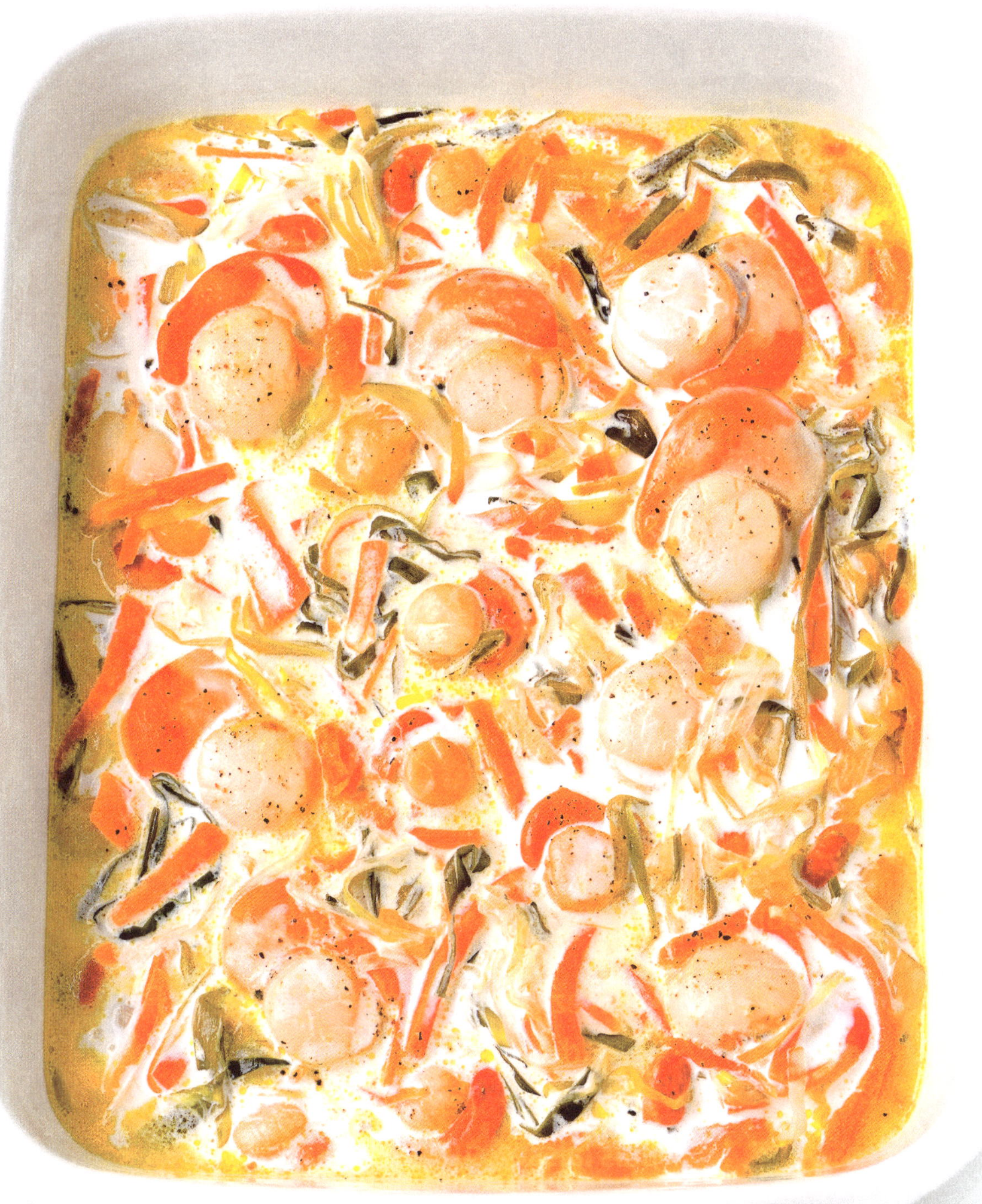

HOMARDS À L'ARMORICAINE

Homards crus x 2 (gros ou 4 petits)	**Estragon** 5 brins	**Ail** 1 gousse
Vin blanc ½ bouteille (37,5 cl)	**Concassé de tomates** 1 grosse boîte (800 g)	**Cognac** 5 cuil. à soupe

Sel, poivre

2 cuil. à soupe d'huile neutre

Préparation : 15 min
Cuisson : 18 min

- Coupez les **homards** en 4 et cassez les pinces avec un marteau.
- Faites saisir les morceaux de **homard** 2 min avec 2 cuil. à soupe d'**huile** dans une cocotte. Ajoutez le **cognac**, laissez cuire 1 min puis ajoutez le **vin blanc**, l'**ail** émincé, l'**estragon** et le **concassé de tomates**. Salez, poivrez, laissez mijoter à feu doux 15 min et dégustez.

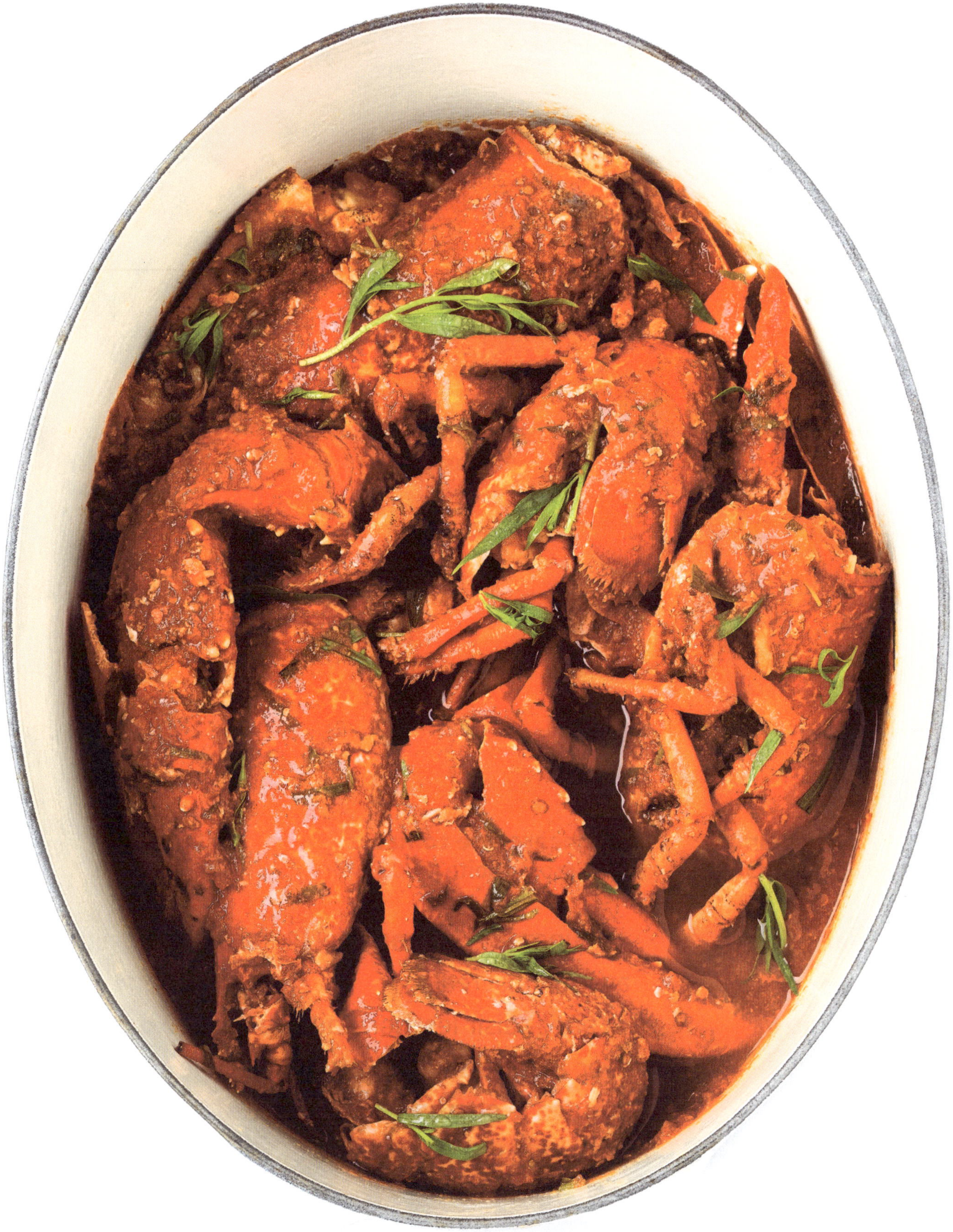

QUENELLES SAUCE FINANCIÈRE

Quenelles de brochet x 4 (grosses ou 8 petites)

Concentré de tomates 1 petite boîte (70 g)

Champignons de Paris x 10

Olives vertes 100 g (dénoyautées)

Crème liquide 25 cl

Bouillon de volaille 30 cl

Sel, poivre

2 cuil. à soupe d'huile neutre

Préparation : 10 min
Cuisson : 45 min

- Préchauffez le four à 200°C.
- Faites colorer 10 min les **champignons** coupés en 4 avec 2 cuil. à soupe d'**huile**. Ajoutez le **concentré de tomates**, le **bouillon**, les **olives** coupées en 3 et laissez cuire 5 min. Ajoutez la **crème** et laissez réduire 5 min de plus. Salez, poivrez puis versez la sauce sur les **quenelles**.
- Enfournez 25 min et dégustez.

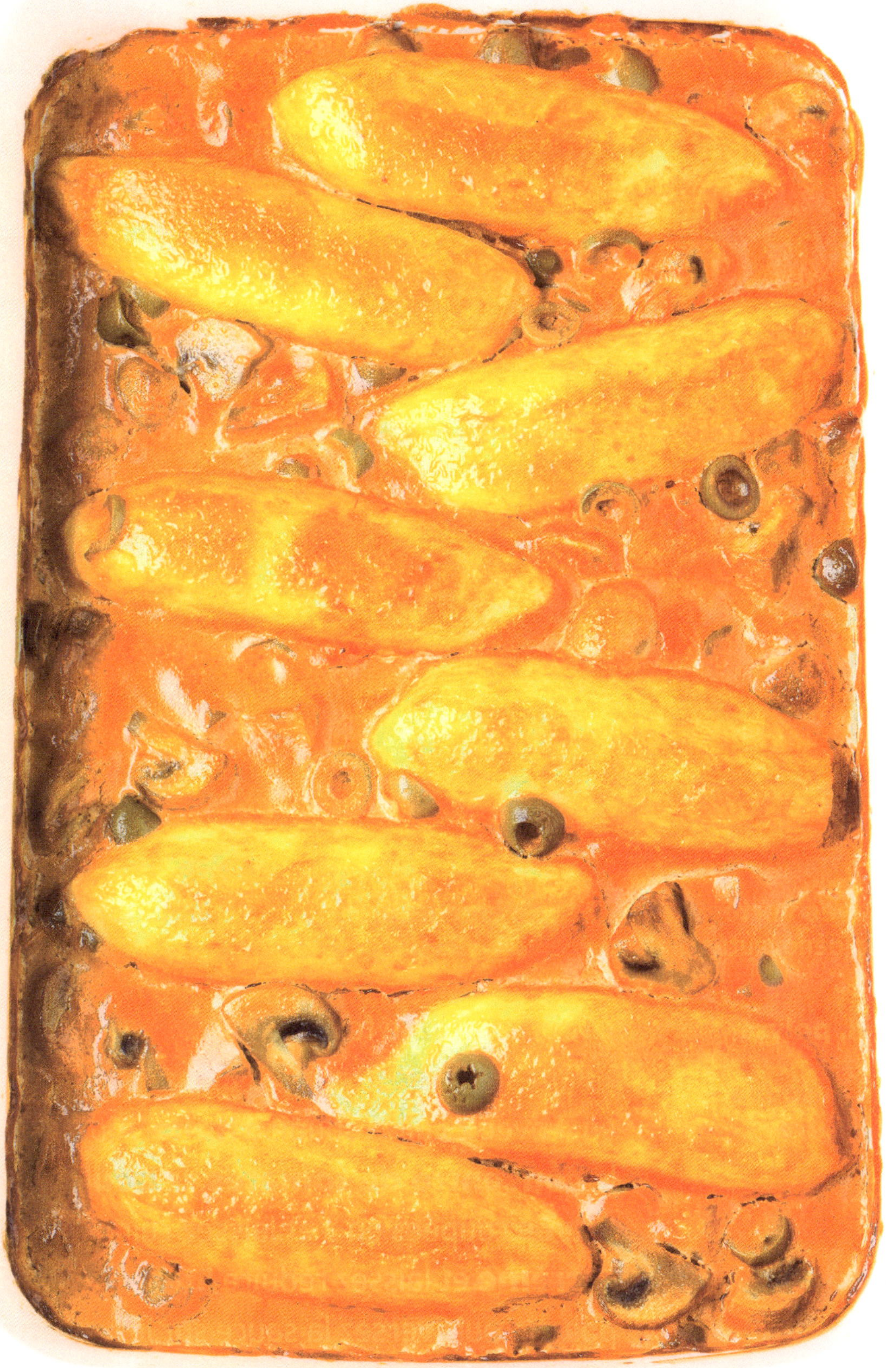

PÂTES À LA LANGOUSTE

Spaghettis 250 g	**Langoustes crues** x 4 (fraîches ou surgelées)	**Vin blanc** ½ bouteille (37,5 cl)
Ail 4 gousses	**Romarin** 4 brins	**Concassé de tomates** 1 grosse boîte (800 g)

Sel, poivre
2 cuil. à soupe d'huile neutre

Préparation : 10 min
Cuisson : 40 min

- Coupez les **langoustes** en 2. Faites-les saisir 10 min avec 2 cuil. à soupe d'**huile** dans une cocotte avec l'**ail** émincé et le **romarin** effeuillé.
- Ajoutez le **concassé de tomates**, laissez cuire 20 min à feu doux, salez, poivrez.
- Faites cuire les **pâtes** à l'eau bouillante salée, égouttez-les et versez-les dans la cocotte, mélangez et dégustez.

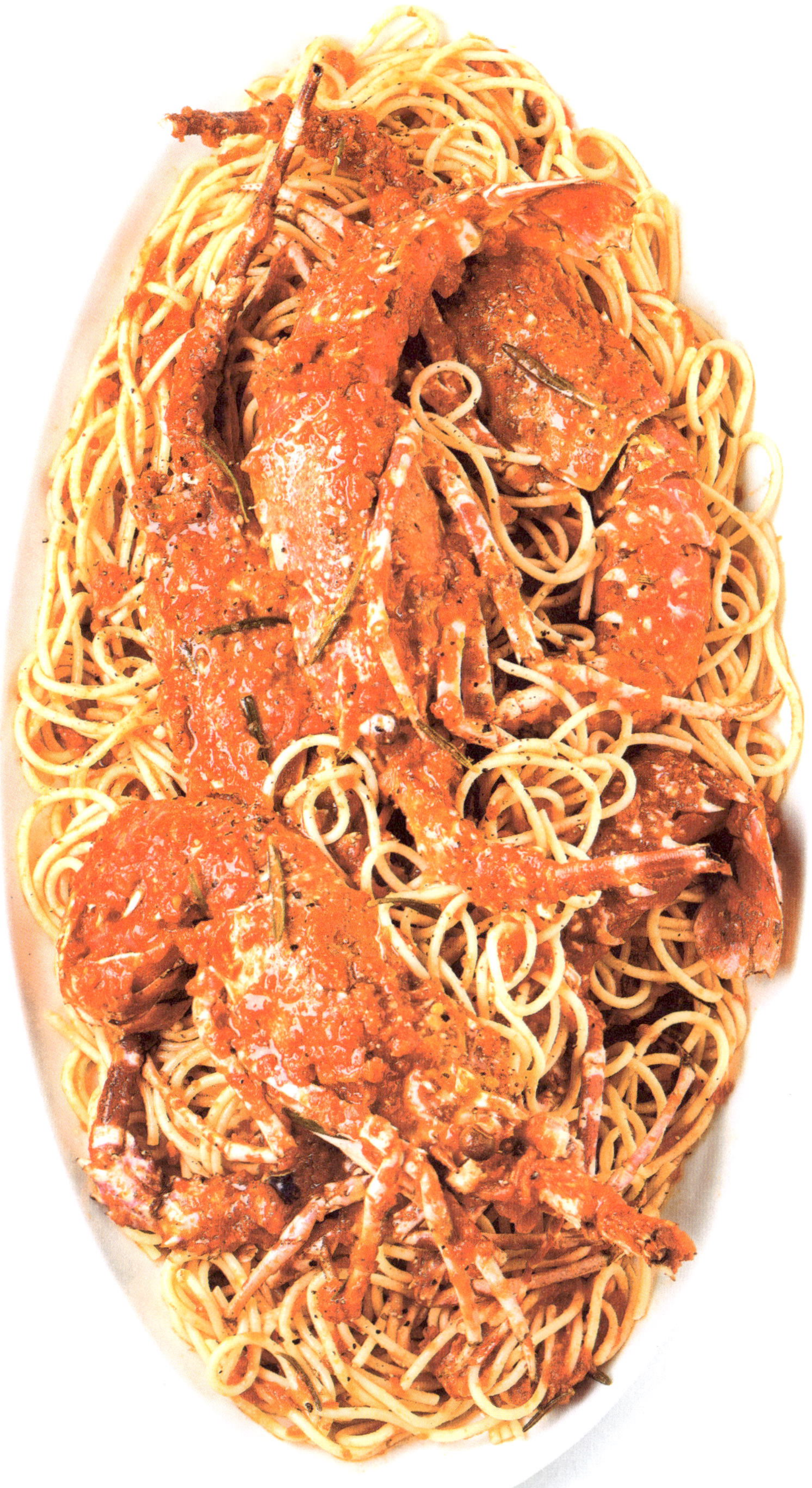

BOUILLASSOU À LA CATALANE

Soupe de poissons — 1 bocal (75 cl)

Lotte — x 1 (préparée)

Piment d'Espelette — 1 cuil. à soupe (en poudre)

Moules — 1 l (grosses)

Pommes de terre — x 4 (grosses)

Gambas — x 8 (crues)

Sel, poivre

: 4 à 6

Préparation : 15 min
Cuisson : 45 min

- Préchauffez le four à 180°C.
- Ébouillantez 25 min les **pommes de terre** épluchées. Coupez-les en rondelles épaisses et mettez-les dans un plat avec la **lotte** coupée en tranches, les **gambas**, les **moules**. Versez la **soupe**, salez, poivrez et saupoudrez de **piment d'Espelette**.
- Enfournez 45 min et dégustez bien chaud.

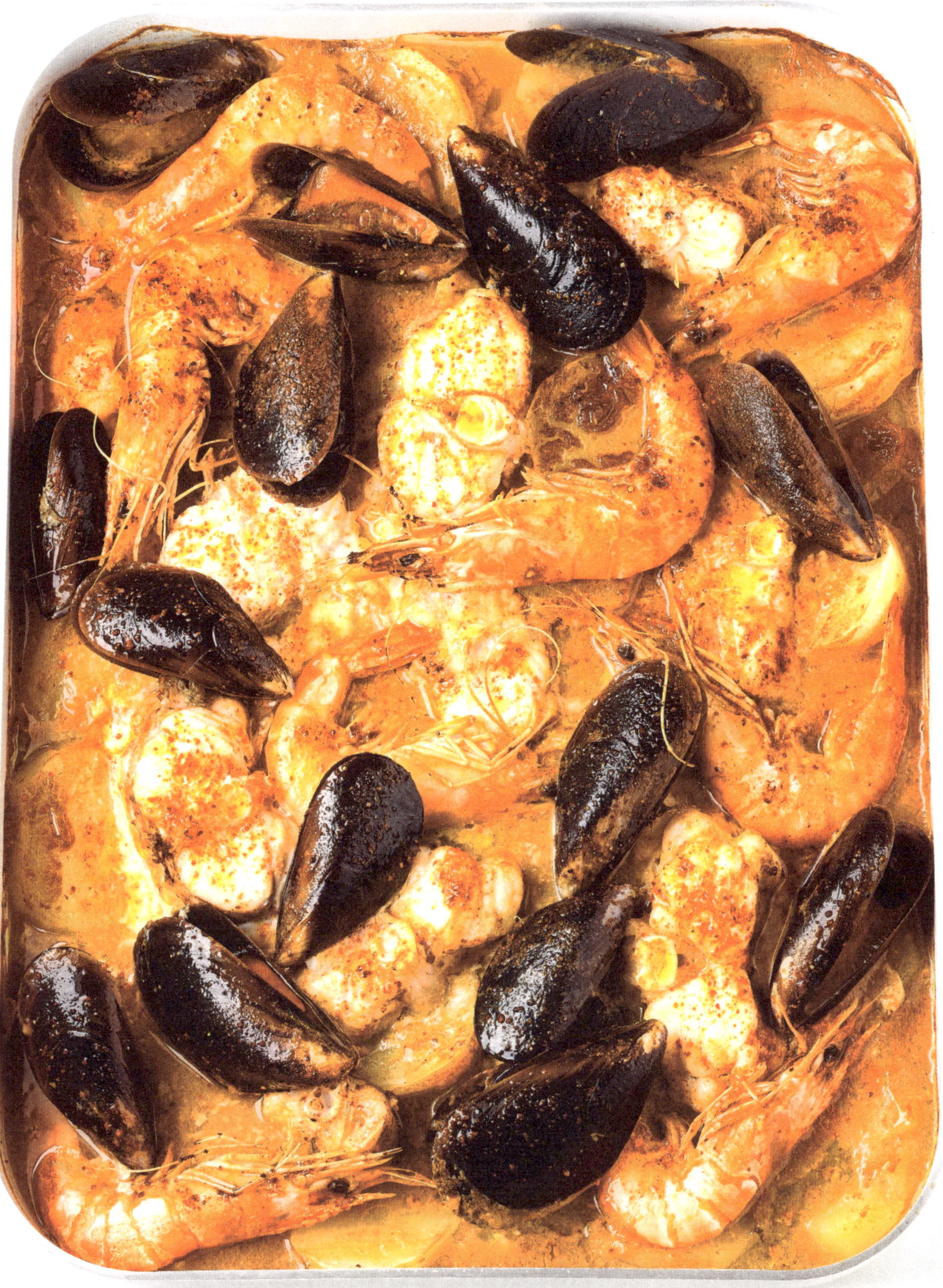

THON BASQUAISE

| **Thon rouge** 1 tranche (épaisse, 800 g) | **Ail** 1 tête | **Poivrons** x 6 |

| **Tomates** x 4 (grosses) | **Laurier** 4 feuilles | **Huile d'olive** 4 cuil. à soupe |

Sel, poivre

Préparation : 15 min
Cuisson : 50 min

- Préchauffez le four à 180°C.
- Faites revenir dans une poêle les **poivrons** émincés, les **tomates** en morceaux et les gousses d'**ail** entières avec l'**huile d'olive**. Salez, poivrez et laissez cuire 20 min en remuant.
- Versez le contenu de la poêle dans un plat à four et déposez le **thon** et le **laurier**.
- Enfournez 25 min et dégustez.

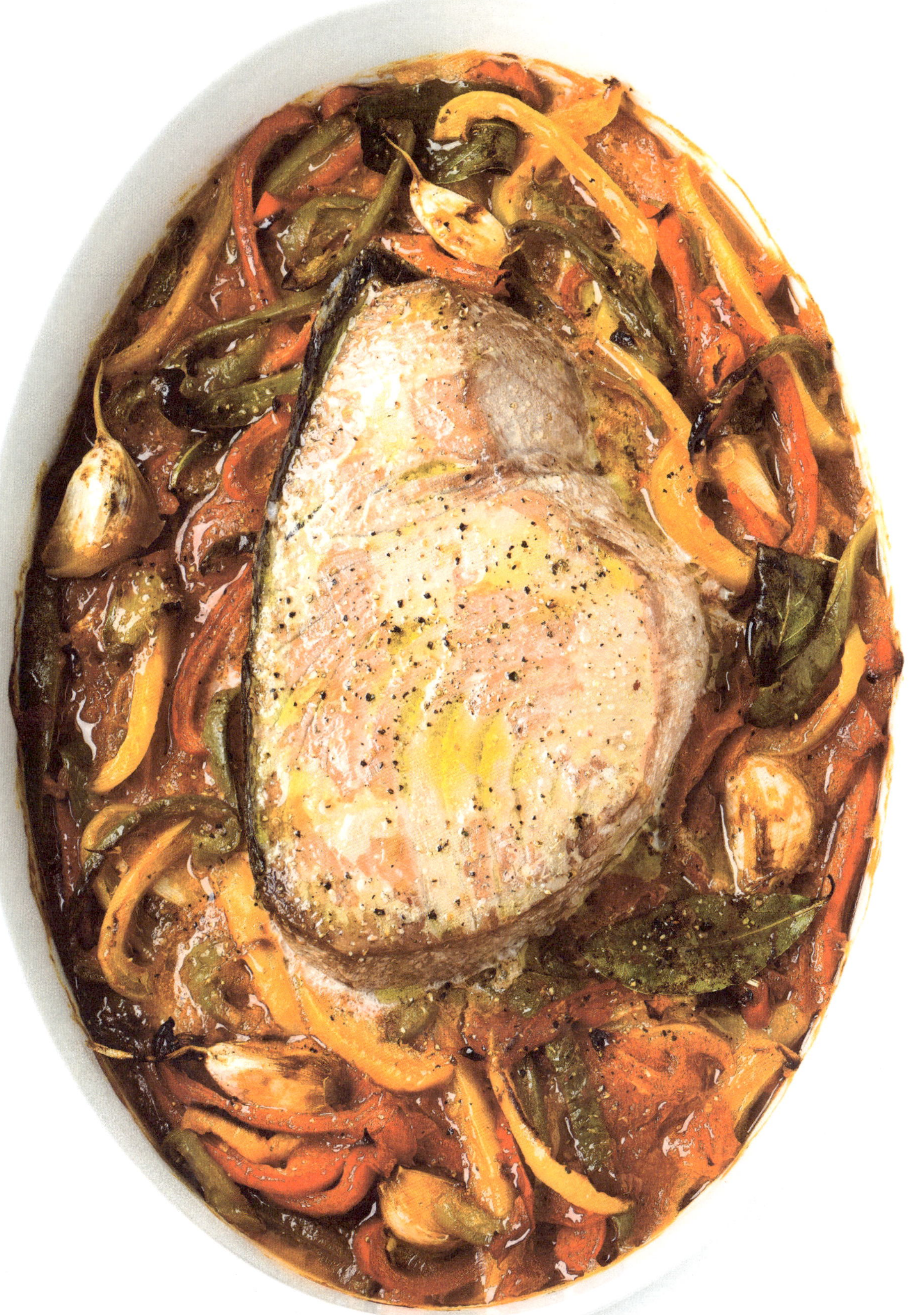

SAINT-JACQUES À LA BRETONNE

Saint-jacques
x 16 (et 8 coquilles vides)

Crème liquide
20 cl

Échalotes
x 2

Persil plat
4 brins

Biscottes
x 4

Vin blanc
20 cl

Sel, poivre

Préparation : 10 min
Cuisson : 30 min

- Préchauffez le four à 180° C.
- Versez le **vin** et la **crème** dans une casserole. Ajoutez les **échalotes** épluchées et émincées puis faites réduire aux ¾ à feu doux 20 min.
- Répartissez les **saint-jacques** et la sauce dans les coquilles. Parsemez de **persil** haché et de **biscottes** mixées. Salez, poivrez, enfournez 10 min et dégustez.

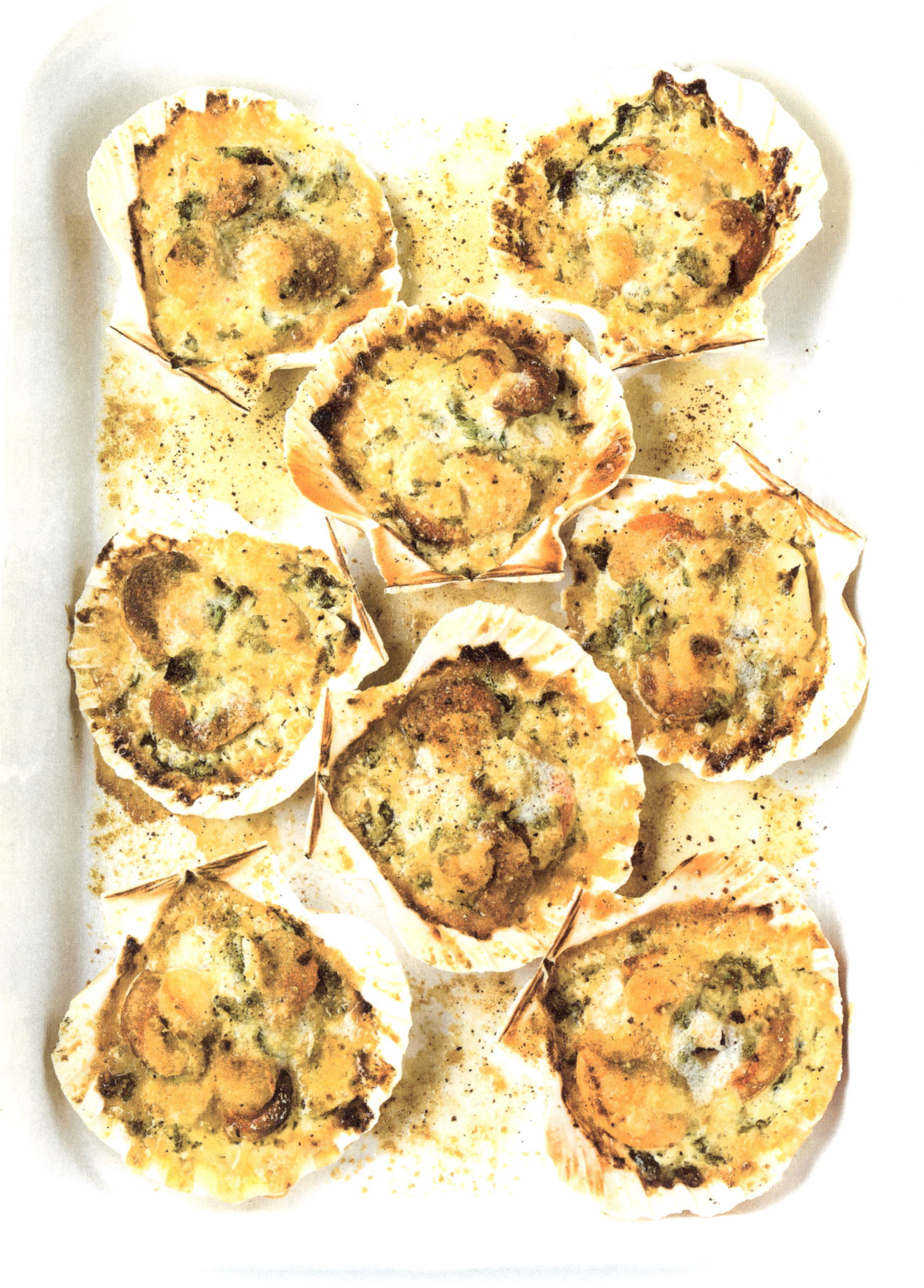

TRUITES AU COURT-BOUILLON

Truites
x 4 (vidées)

Vin blanc
1 bouteille (75 cl)

Carottes
x 2

Oignons doux
x 2

Bouquets garnis
x 2

Beurre
100 g

Sel, poivre

Préparation : 10 min
Cuisson : 50 min

- Préchauffez le four à 180°C.
- Faites cuire 30 min les **carottes** et les **oignons** émincés, le **vin**, 20 cl d'eau et les **bouquets garnis**. Versez sur les **truites** posées dans un plat et enfournez 10 min.
- Faites réduire aux ¾ 2 louches de jus de cuisson. Hors du feu, ajoutez le **beurre** petit à petit en fouettant, salez, poivrez et dégustez.

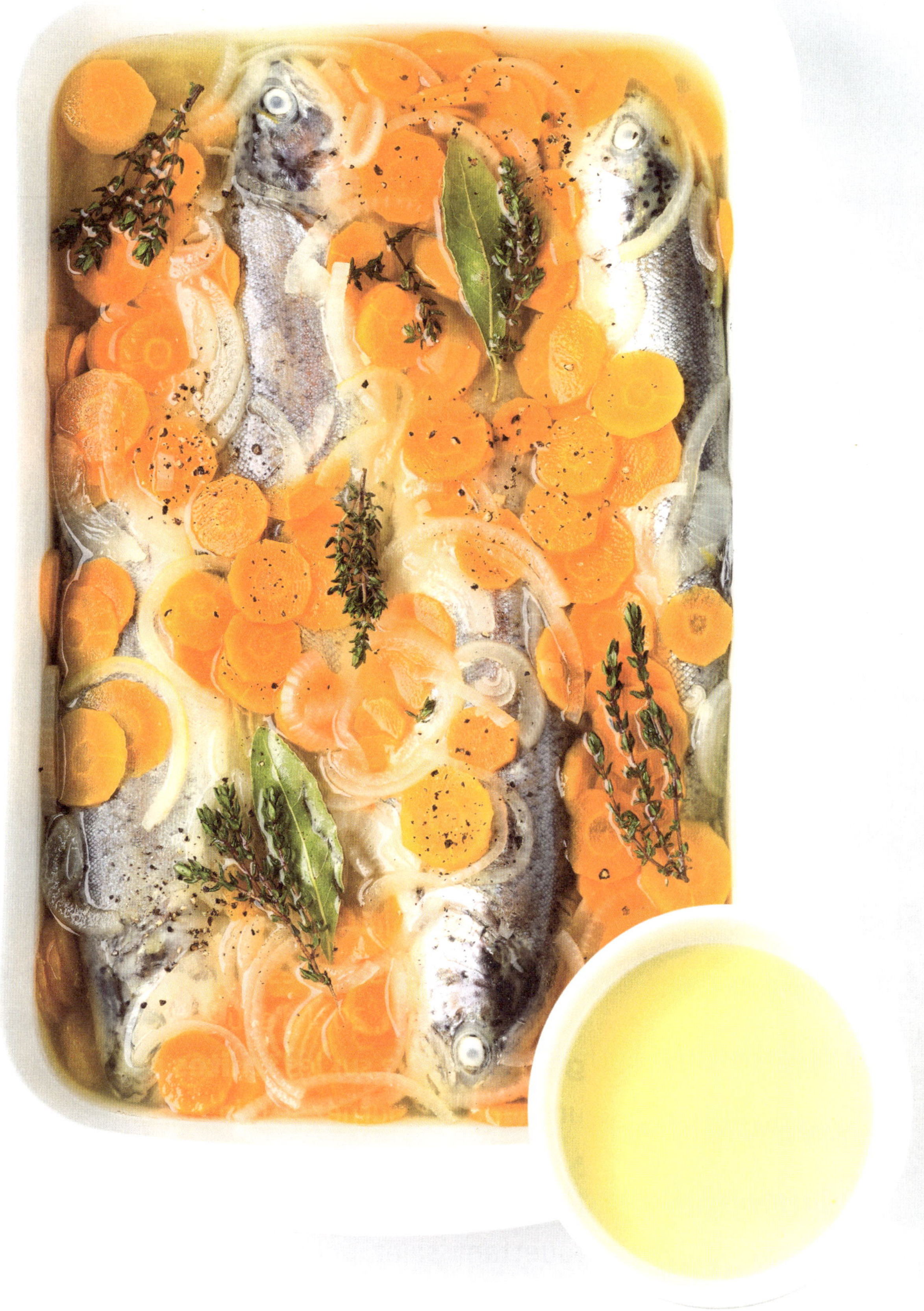

MAQUEREAUX À LA MOUTARDE

Maquereaux
x 4 (vidés)

Vin blanc
½ bouteille (37,5 cl)

Échalotes
x 3

Moutarde en grains
4 cuil. à soupe

Bouquets garnis
x 2

Crème liquide
25 cl

Sel, poivre

1 cuil. à soupe d'huile neutre

Préparation : 10 min
Cuisson : 30 min

- Faites revenir sans coloration 5 min dans une poêle les **échalotes** émincées avec 1 cuil. à soupe d'**huile**.
- Versez le **vin** et faites réduire 10 min à feu doux. Ajoutez la **moutarde**, la **crème**, les **bouquets garnis** et les **maquereaux** coupés en 3. Faites cuire 15 min toujours à feu doux.
- Salez, poivrez et dégustez froid ou chaud.

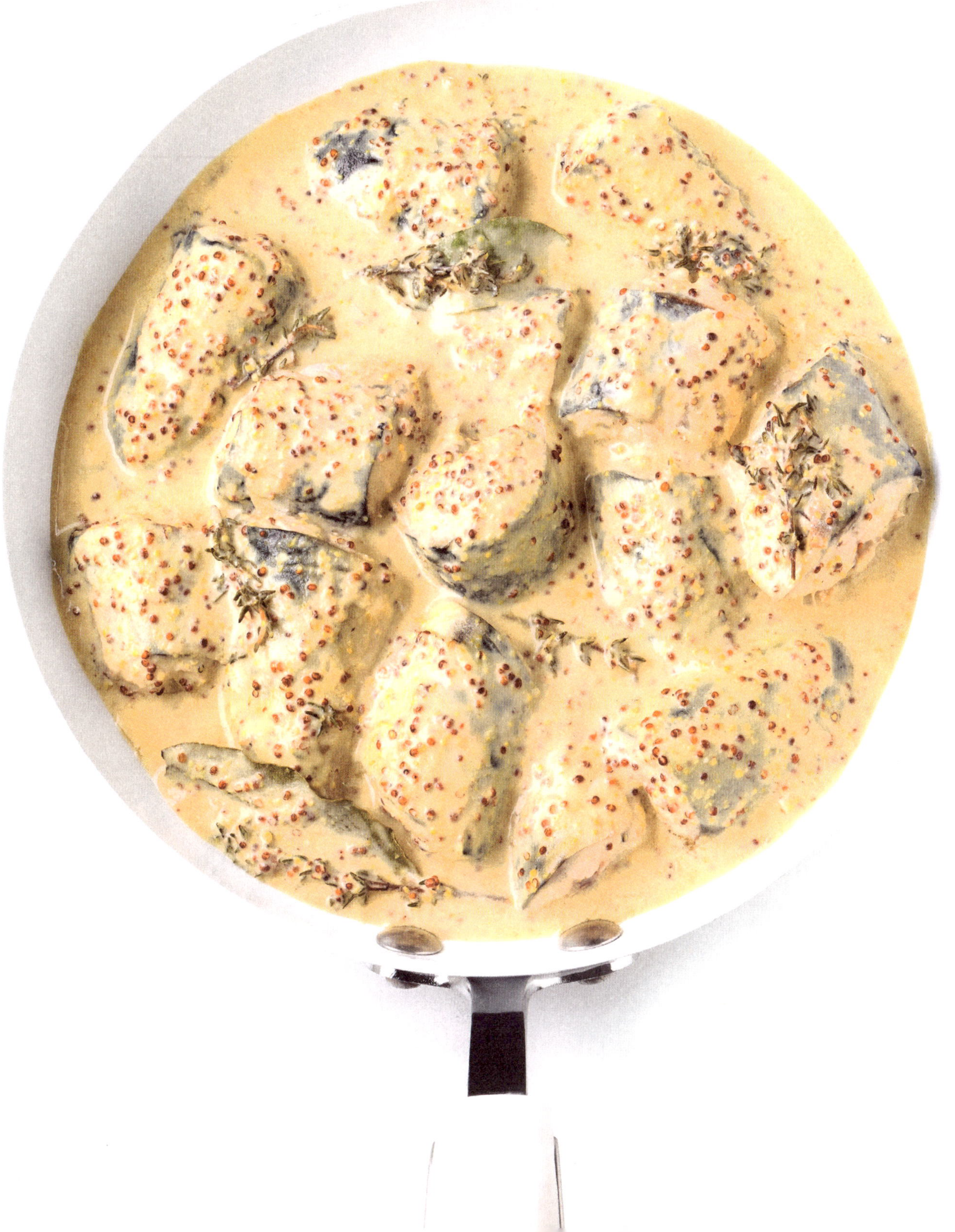

MOULES À LA SÉTOISE

Moules
x 32 (grosses)

Thym
1 bouquet (frais ou séché)

Chair à saucisse
300 g

Concassé de tomates
1 petite boîte (400 g)

Vin blanc
20 cl

Poivre

Préparation : 20 min
Cuisson : 25 min

- Préchauffez le four à 180°C.
- Faites ouvrir les **moules** 5 min dans une cocotte avec le **vin blanc**.
- Glissez un peu de **chair à saucisse** dans les **moules** et ficelez-les. Mettez-les dans un plat à four avec le jus de cuisson, le **concassé de tomates**, le **thym**, poivrez, puis enfournez 20 min. Dégustez immédiatement.

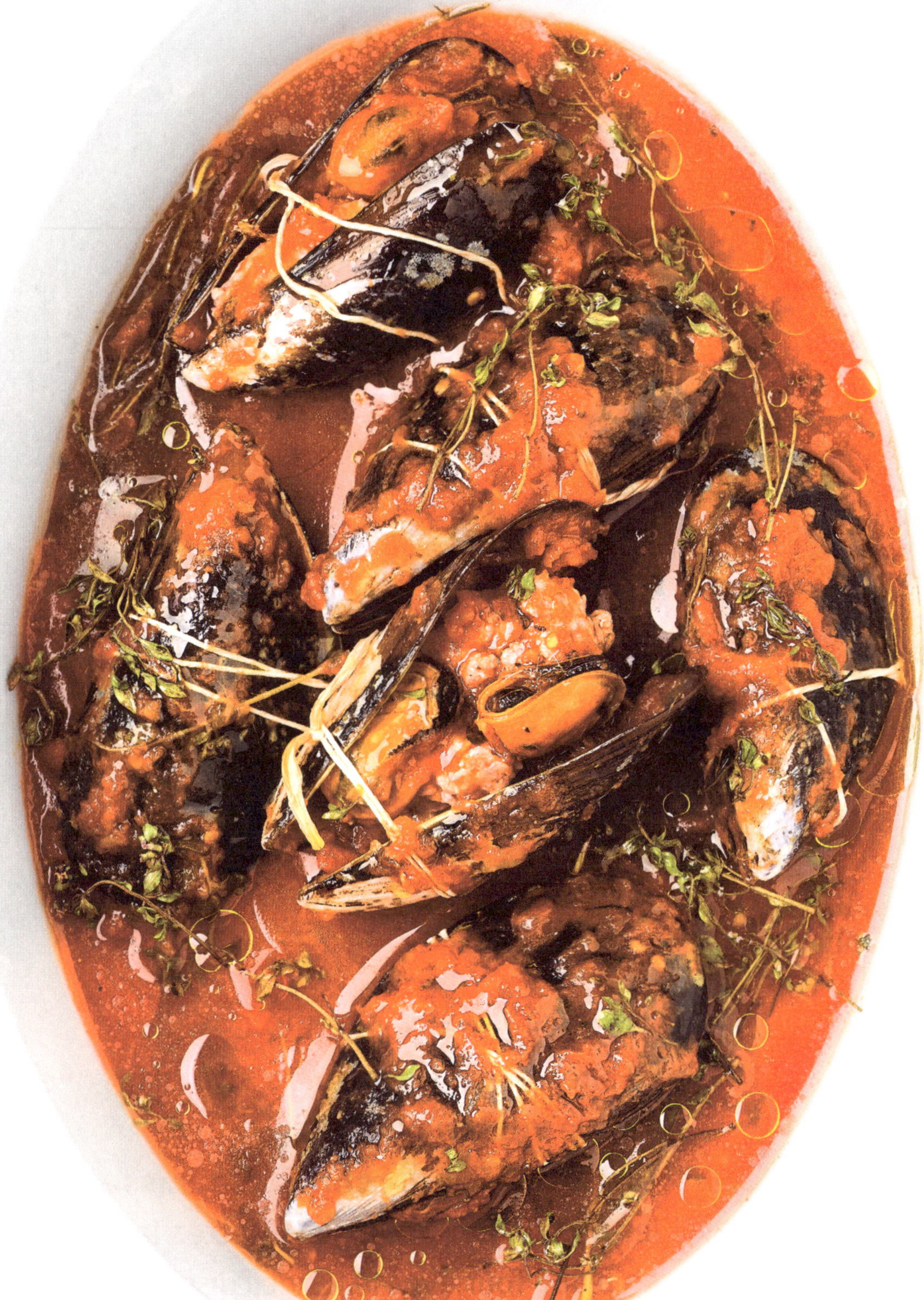

BRANDADE DE MORUE

| Morue salée 900 g | Pommes de terre 1 kg | Lait 1 l |

| Huile d'olive 10 cl | Ail 4 gousses |

Poivre

Préparation : 10 min
Dessalage : 12 h
Cuisson : 1 h

- Mettez la **morue** à dessaler 12 h dans de l'eau.
- Faites cuire les **pommes de terre** et l'**ail** épluché dans le **lait** 30 min. Ajoutez la **morue**, faites cuire 10 min de plus. Égouttez puis écrasez tous les ingrédients au presse-purée, poivrez, ajoutez l'**huile d'olive** et mélangez.
- Préchauffez le four à 180°C. Faites gratiner la brandade 20 min et dégustez.

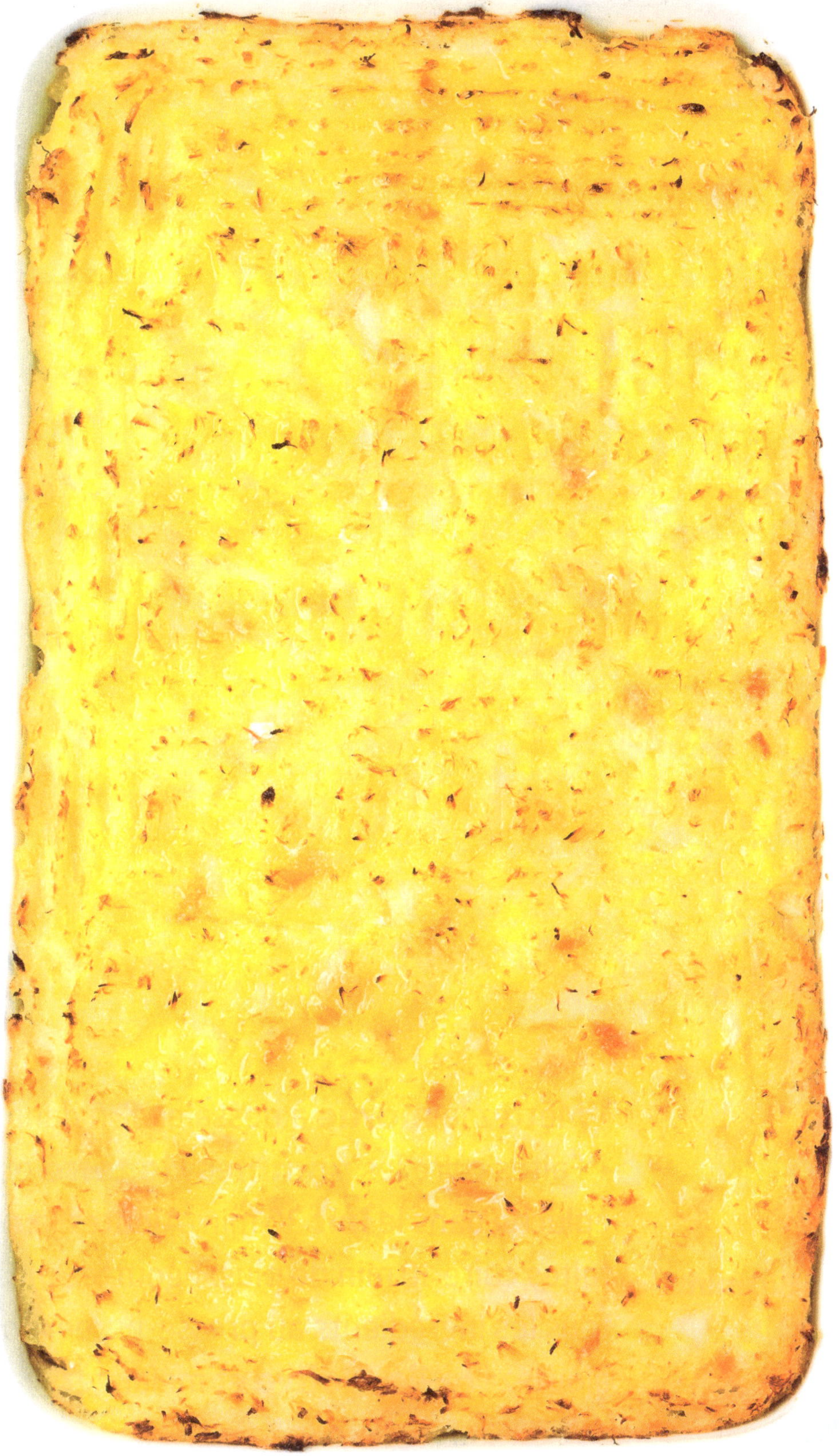

BOUILLABAISSE SIMPLISSIME

Poissons à bouillabaisse
1,5 kg (vidés et écaillés)

Rouille
1 pot

Pommes de terre
x 5 (grosses)

Soupe de poissons
1 bocal (75 cl)

Sel, poivre

: 4 à 6

Préparation : 10 min
Cuisson : 45 min

- Préchauffez le four à 180°C.
- Faites cuire les **pommes de terre** épluchées 20 min à l'eau bouillante salée. Découpez-les en rondelles épaisses et mettez-les dans un grand plat à gratin. Ajoutez les **poissons** entiers et la **soupe de poissons** mélangée avec 50 cl d'eau. Salez, poivrez et enfournez 25 min.
- Dégustez bien chaud avec la **rouille**.

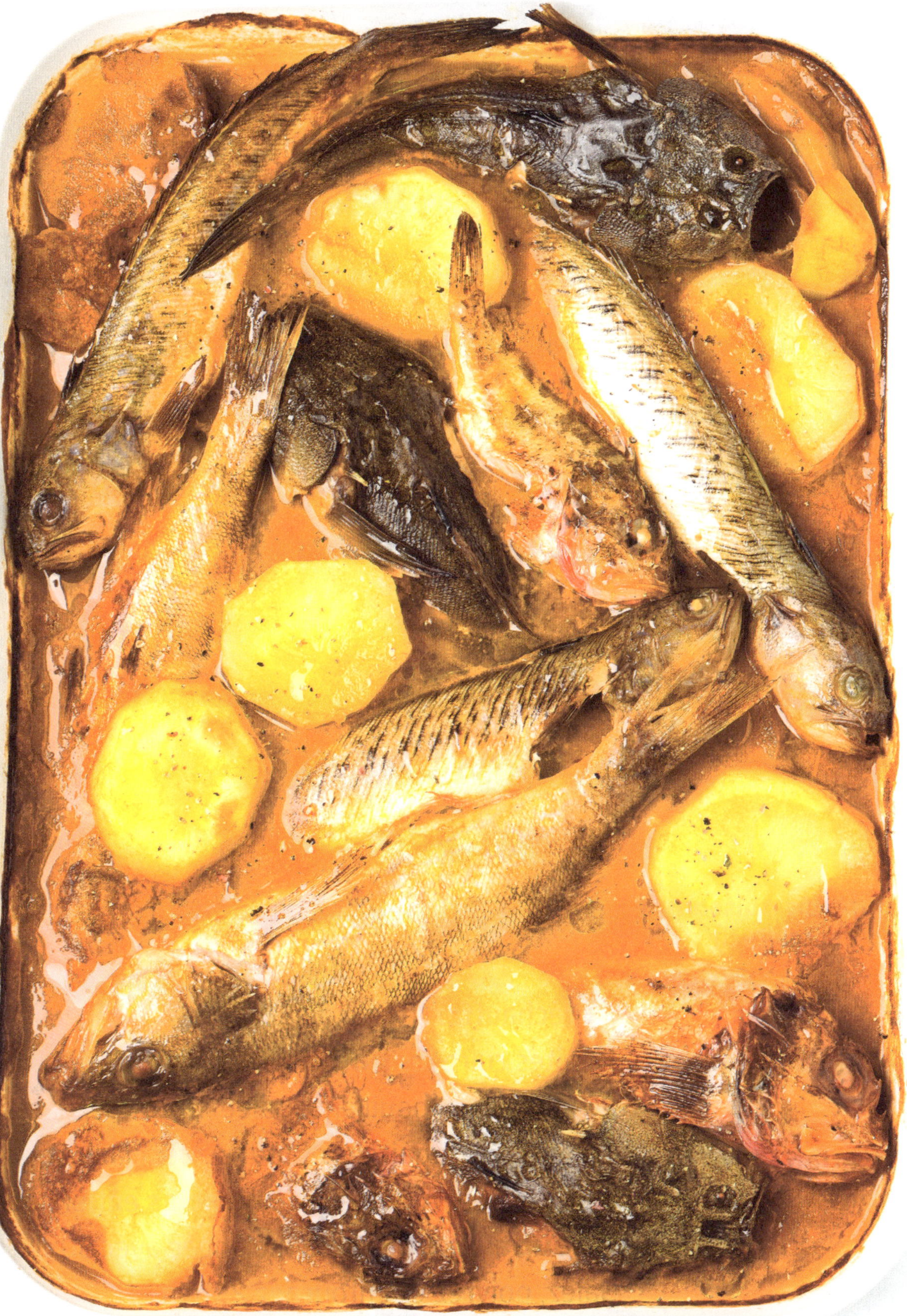

POULPE À LA NIÇOISE

Poulpe
x 1 (environ 1,2 kg)

Romarin
2 brins

Olives niçoises
100 g

Ail
6 gousses

Tomates
x 6 (grosses)

Vin blanc
50 cl

Sel, poivre

: 4 à 5

Préparation : 5 min
Cuisson : 1h

- Mettez le **poulpe** coupé en gros morceaux, les gousses d'**ail** entières, le **romarin** effeuillé, les **olives niçoises**, les **tomates** coupées en cubes et le **vin blanc** dans une cocotte. Laissez mijoter 1h à feu doux et à couvert.
- Salez, poivrez et dégustez.

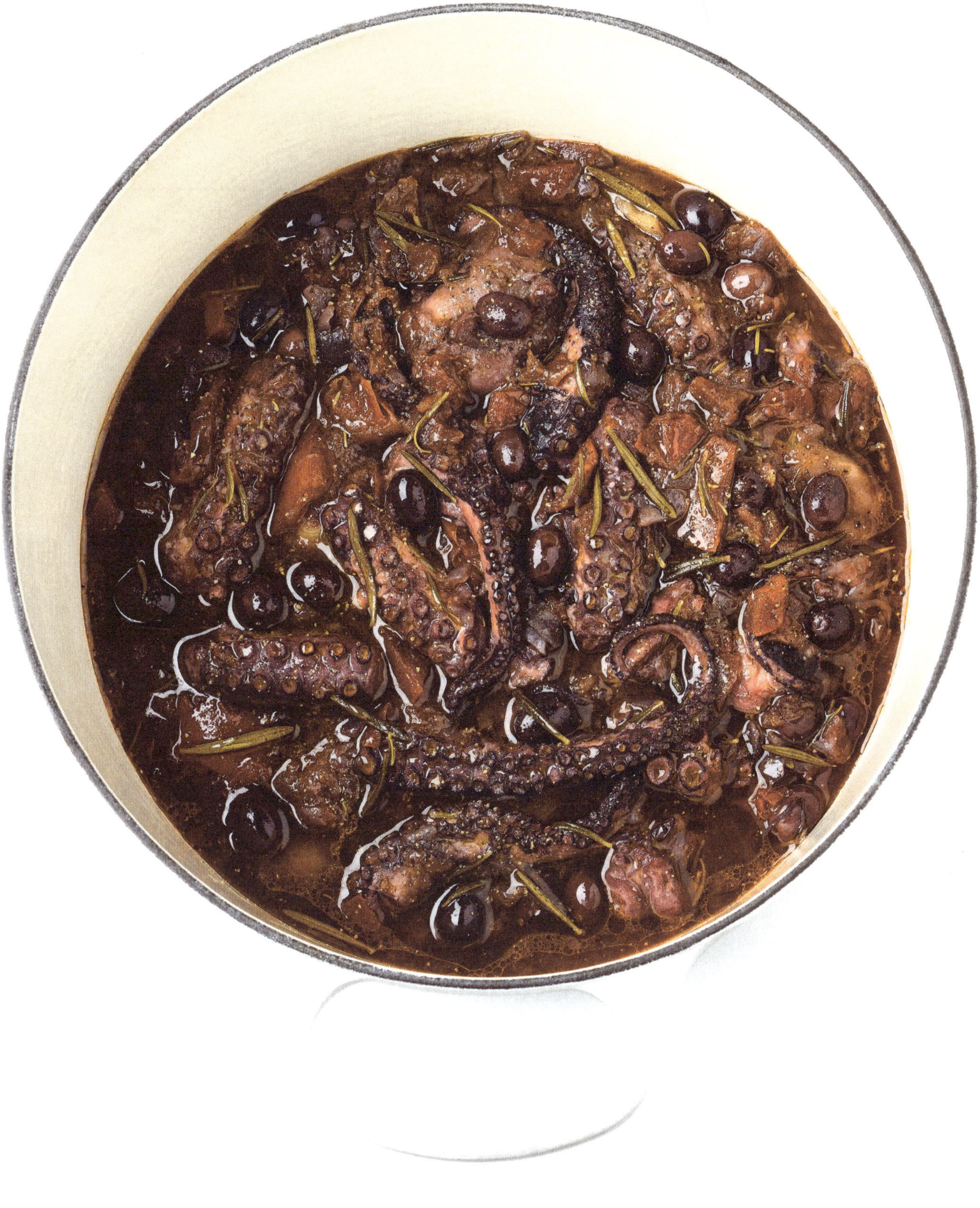

SARDINES FARCIES

Filets de sardine
x 16 (frais ou surgelés)

Blettes
½ botte

Coulis de tomates
25 cl

Œuf
x 1

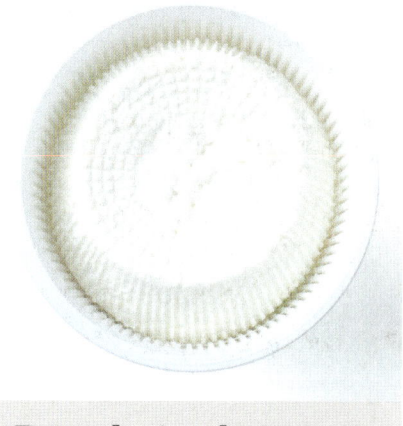

Brocciu (ou brousse)
500 g

Sel, poivre

Préparation : 15 min
Cuisson : 1 h 20

- Préchauffez le four à 180°C.
- Ébouillantez les **blettes** en morceaux 20 min, égouttez-les, hachez-les et mélangez-les avec le **brocciu** et l'**œuf**. Salez, poivrez.
- Versez le **coulis de tomates** dans un plat à gratin. Farcissez les **sardines** avec la farce aux **blettes** et déposez-les sur le **coulis de tomates**. Enfournez 1 h et dégustez.

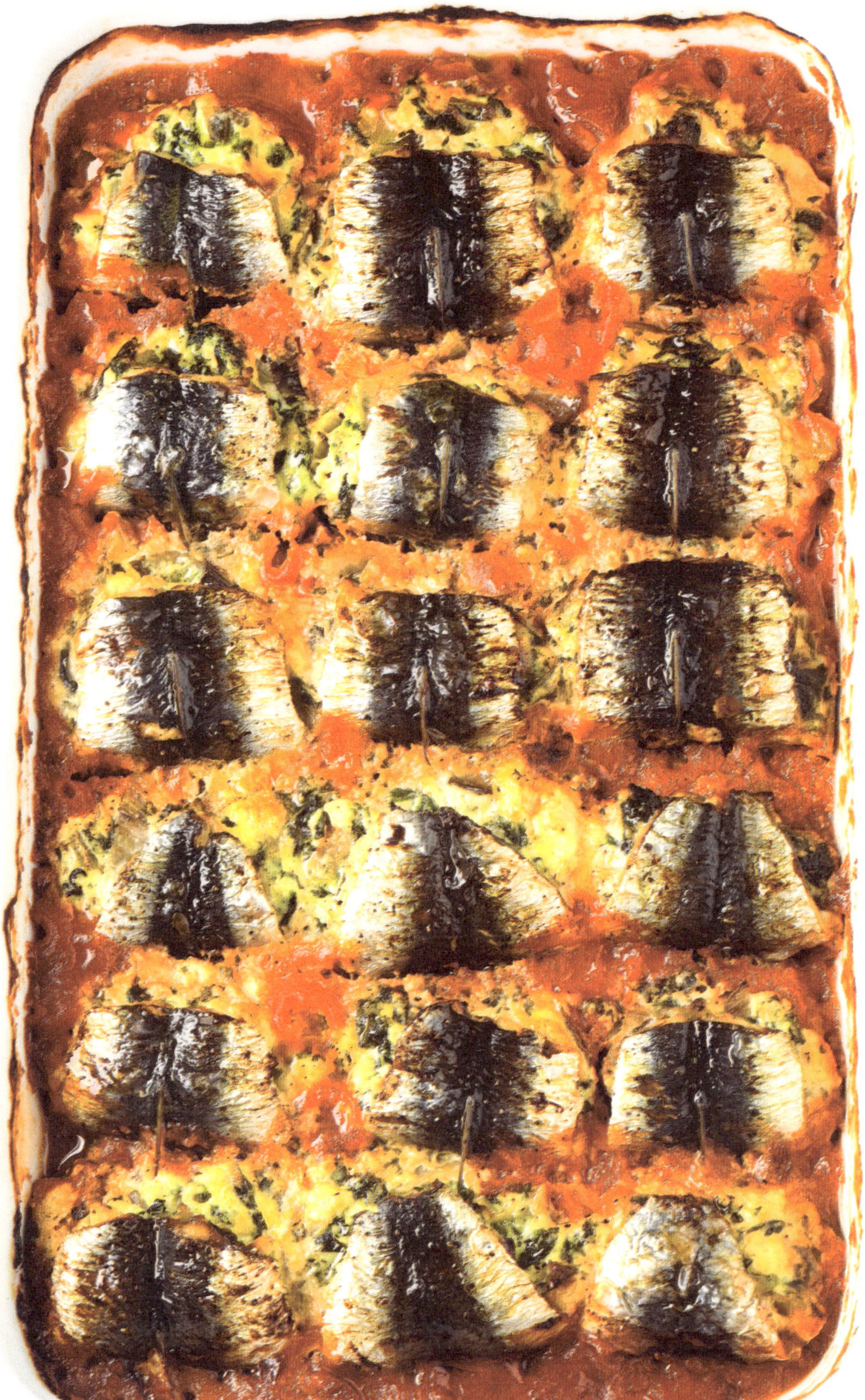

COTRIADE

Poissons variés
1,5 kg (poissons et moules)

Vin blanc
½ bouteille (37,5 cl)

Poireau
x 1

Beurre
50 g

Bouquets garnis
x 2

Pommes de terre
x 4 (moyennes)

Sel, poivre

: 4 à 6

Préparation : 15 min
Cuisson : 45 min

- Faites saisir 5 min le **poireau** lavé et émincé avec le **beurre** dans une cocotte. Ajoutez les **pommes de terre** épluchées et coupées en morceaux, le **vin blanc**, 30 cl d'eau, les **bouquets garnis** et les **poissons** à chair ferme. Laissez cuire 30 min à couvert.
- Ajoutez le reste des **poissons** et les **moules** et faites cuire 10 min de plus sans remuer.

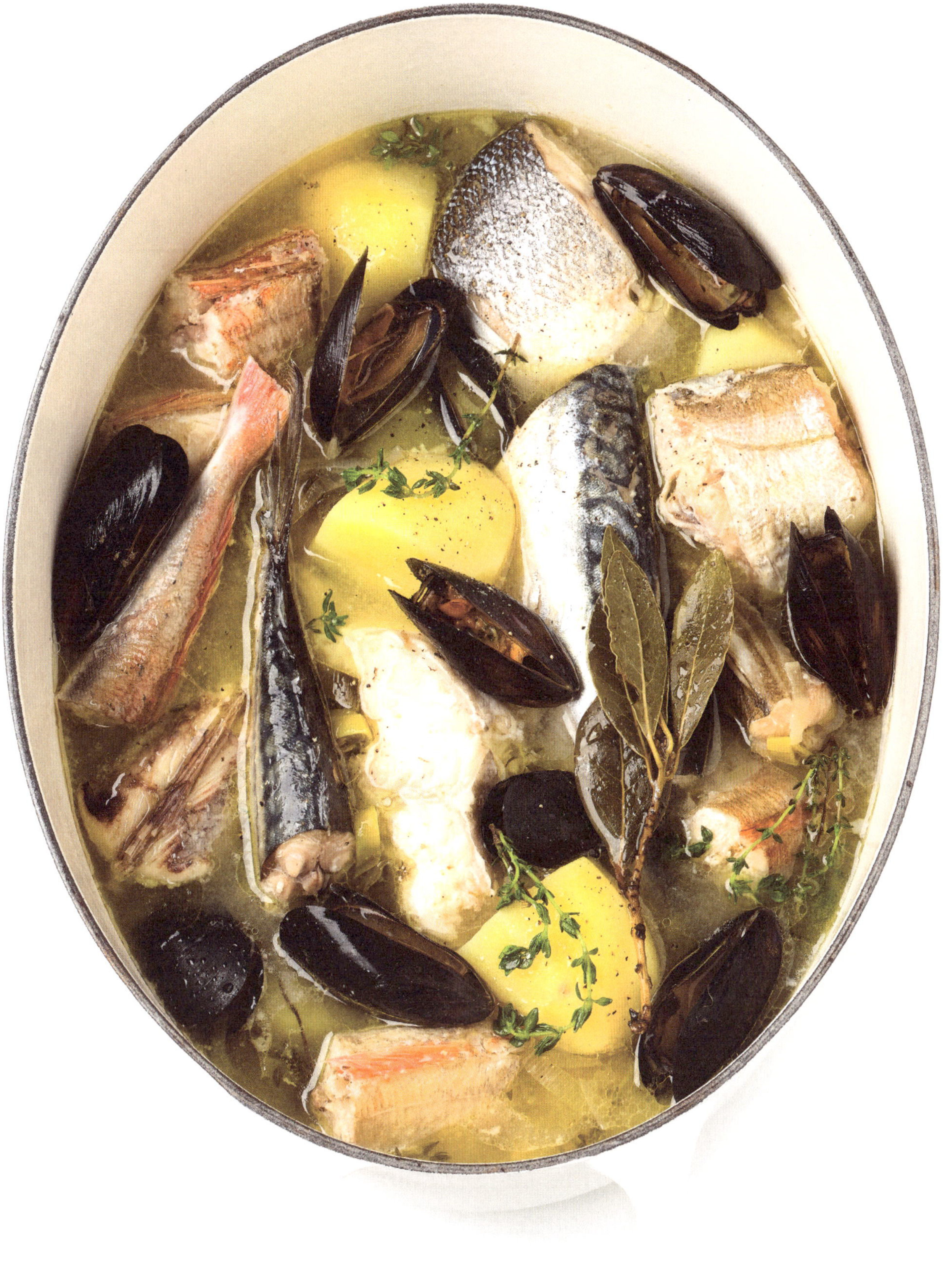

TRUITES AUX AMANDES

Truites
x 4 (vidées)

Amandes effilées
100 g

Beurre
80 g

Sel, poivre

Préparation : 5 min
Cuisson : 25 min

- Préchauffez le four à 200°C.
- Disposez les **truites** dans un grand plat à four. Faites fondre le **beurre** et répartissez-le sur les **truites**. Salez, poivrez et parsemez les **amandes effilées**.
- Enfournez 25 min en arrosant de temps en temps avec le beurre de cuisson et dégustez.

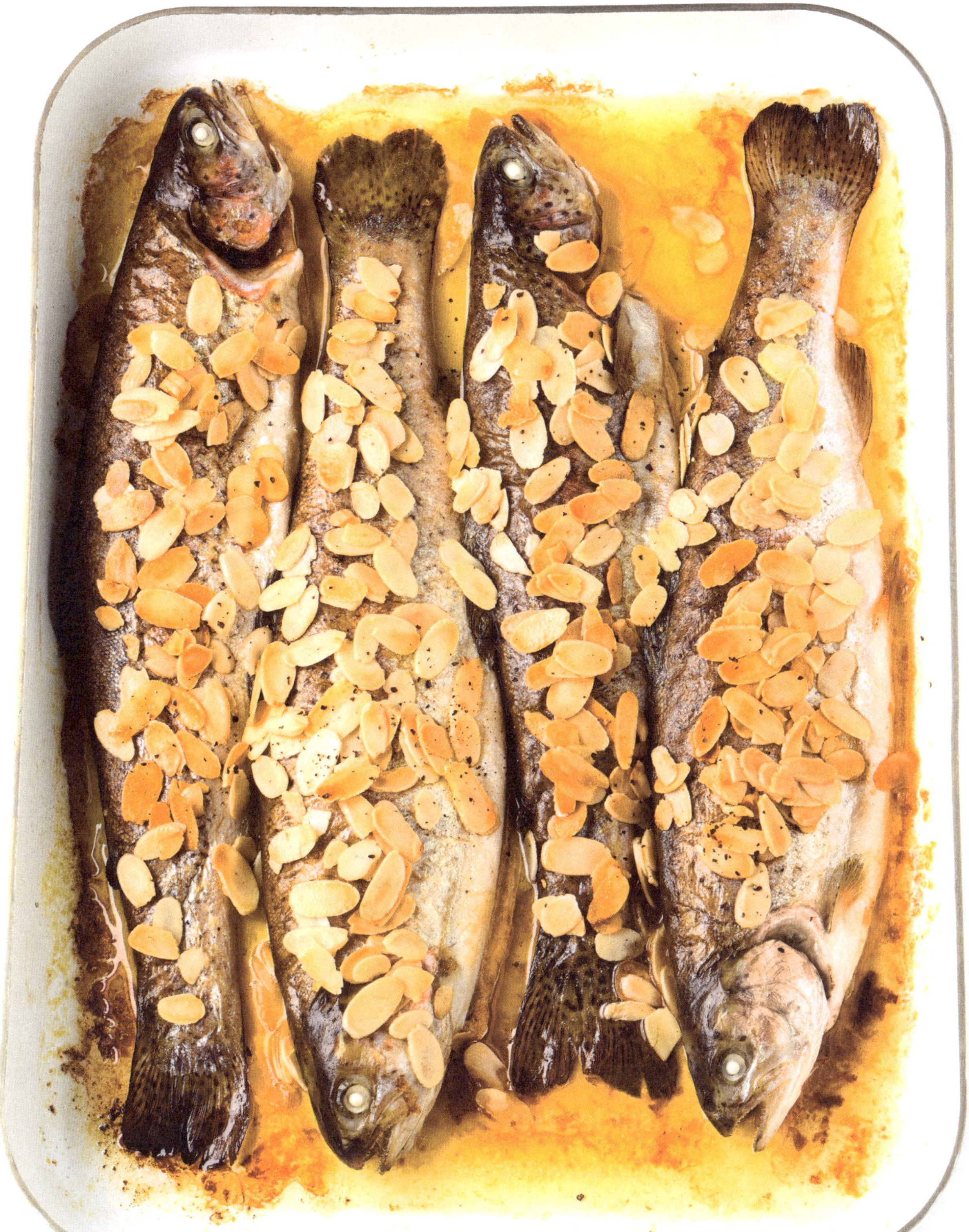

ENCORNETS À LA CATALANE

Encornets
1 kg (préparés)

Coulis de tomates
25 cl

Vin rouge
20 cl

Huile d'olive
4 cuil. à soupe

Ail
4 gousses

Sel, poivre

Préparation : 10 min
Cuisson : 45 min

- Faites saisir les **encornets** et l'**ail** épluché et haché dans une cocotte avec 4 cuil. à soupe d'**huile d'olive**. Ajoutez le **vin rouge** et le **coulis de tomates** et faites cuire à couvert et à feu doux 45 min.
- Salez, poivrez et dégustez chaud ou froid.

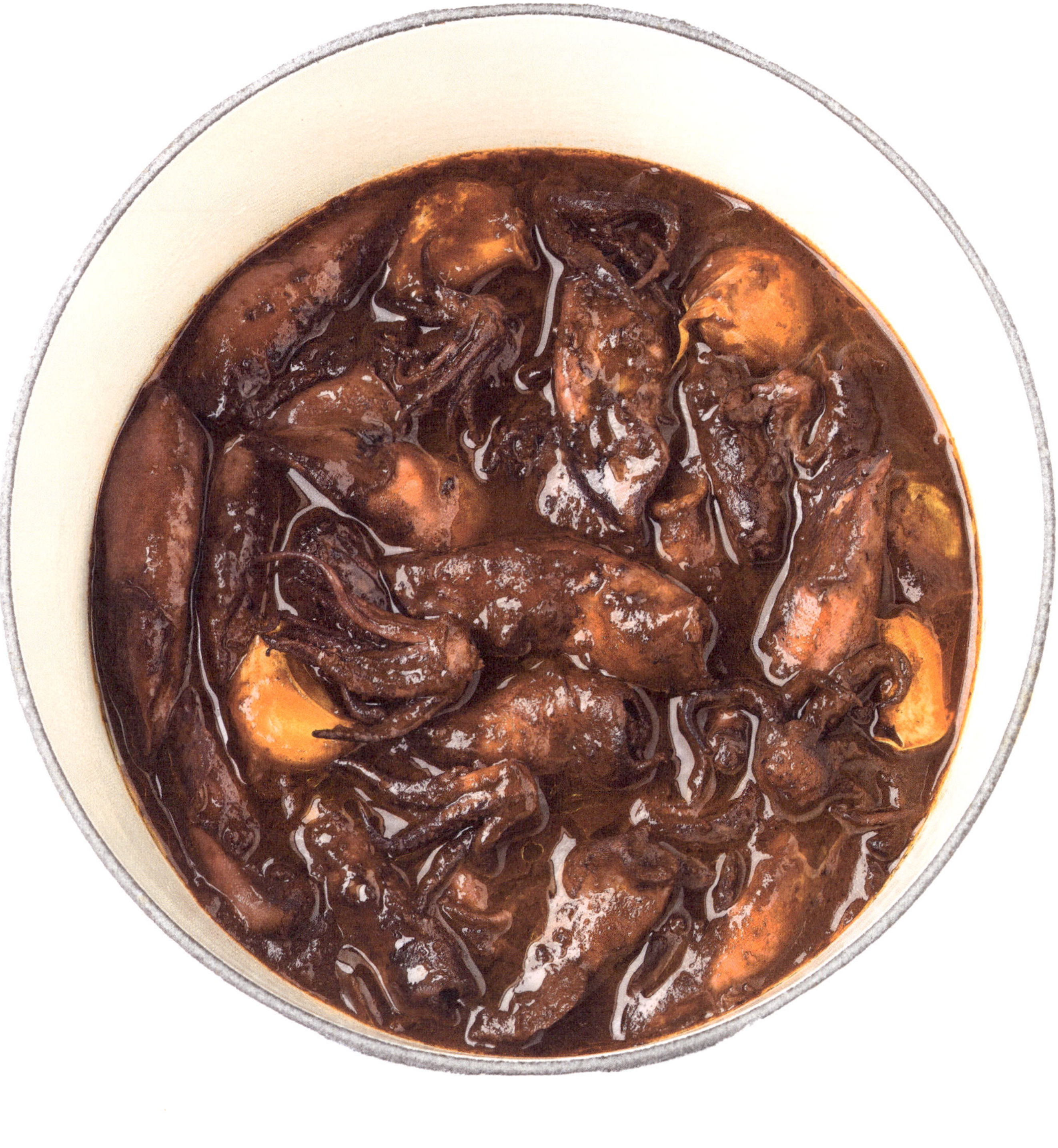

AILES DE RAIE À LA GRENOBLOISE

Ailes de raie x 4 (préparées, 1 kg environ)	**Câpres** 100 g	**Beurre** 150 g
Persil plat 1 botte	**Citrons** x 4	**Pain de mie** 2 tranches (sans croûte)

Sel, poivre

4 personnes

Préparation : 10 min
Cuisson : 25 min

- Préchauffez le four à 180°C.
- Faites colorer 5 min le **pain** coupé en cubes avec 30 g de **beurre** dans une poêle.
- Mettez les **ailes de raie** dans un plat. Faites fondre le reste du **beurre** dans la poêle, ajoutez le jus des **citrons** et versez sur les **ailes de raie**.
- Enfournez 20 min. Ajoutez le **persil**, les croûtons et les **câpres**. Salez, poivrez et dégustez.

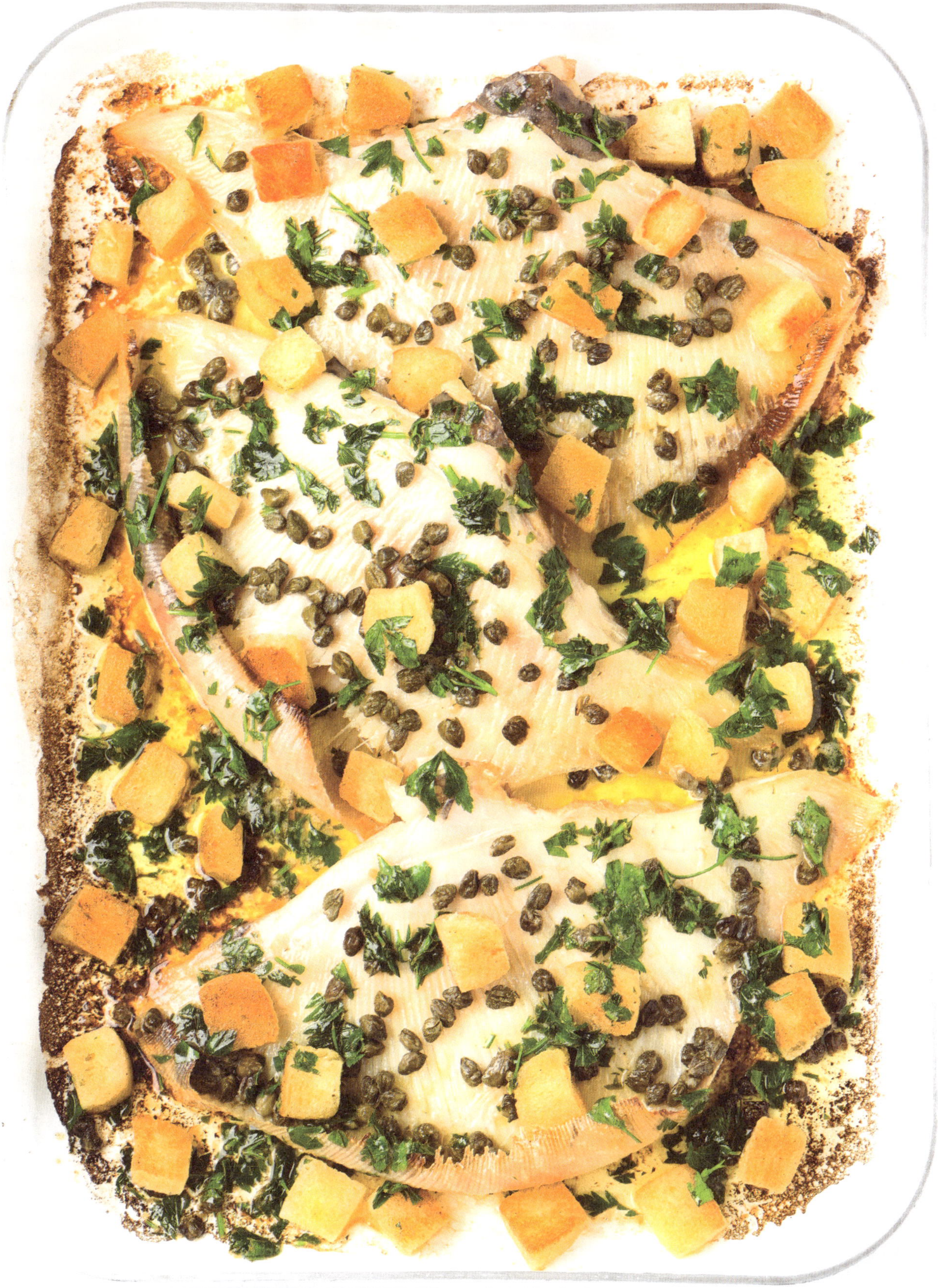

MORUE À LA PROVENÇALE

Morue salée
900 g

Concassé de tomates
1 grosse boîte (800 g)

Bouquets garnis
x 2

Olives à la grecque
100 g

Ail
6 gousses

Huile d'olive
4 cuil. à soupe

Poivre

👤👤👤👤

Préparation : 5 min
Dessalage : 12 h
Cuisson : 26 min

- Mettez la **morue** à dessaler 12 h dans de l'eau.
- Préchauffez le four à 180°C.
- Faites saisir 1 min l'**ail** épluché et émincé dans une poêle avec l'**huile d'olive**, ajoutez le **concassé de tomates**, les **bouquets garnis** et les **olives**. Laissez cuire 5 min.
- Placez la **morue** et la sauce dans un plat à four et enfournez 20 min. Poivrez et dégustez.

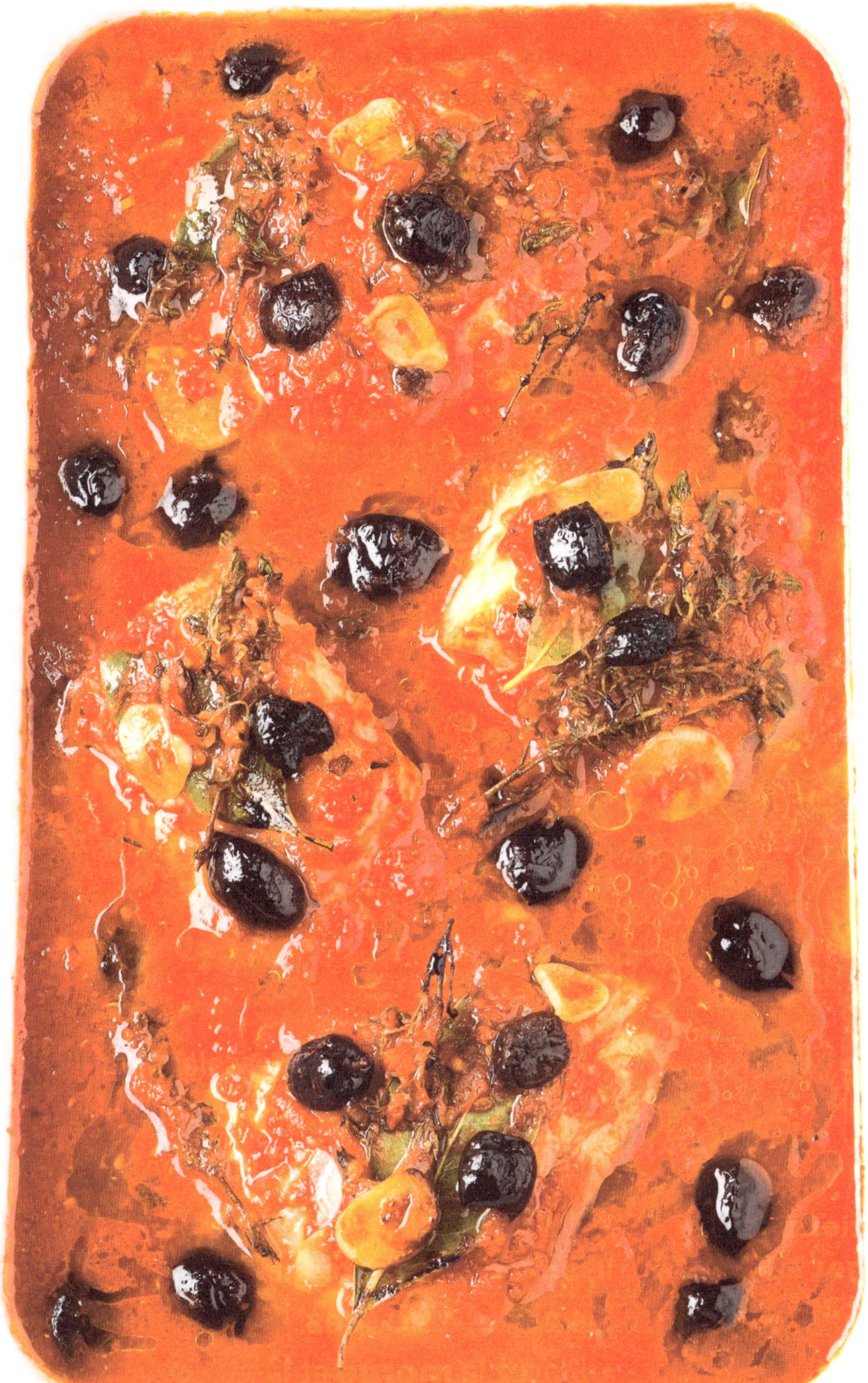

SOLES MEUNIÈRES

Soles
x 2 (grosses ou 4 petites)

Farine
3 cuil. à soupe

Citrons
x 2

Beurre
100 g

Sel, poivre

1 cuil. à soupe d'huile neutre

Préparation : 10 min
Cuisson : 15 min

- Faites chauffer le **beurre** avec 1 cuil. à soupe d'**huile** dans une grande poêle.
- Faites saisir les **soles** farinées 1 par 1 ou 2 par 2 dans le **beurre** mousseux. Laissez cuire 8 min de chaque côté en les arrosant. Ajoutez le jus des **citrons** dans la poêle, salez, poivrez. Dressez les **soles** dans un grand plat, nappez-les du beurre de cuisson citronné et dégustez.

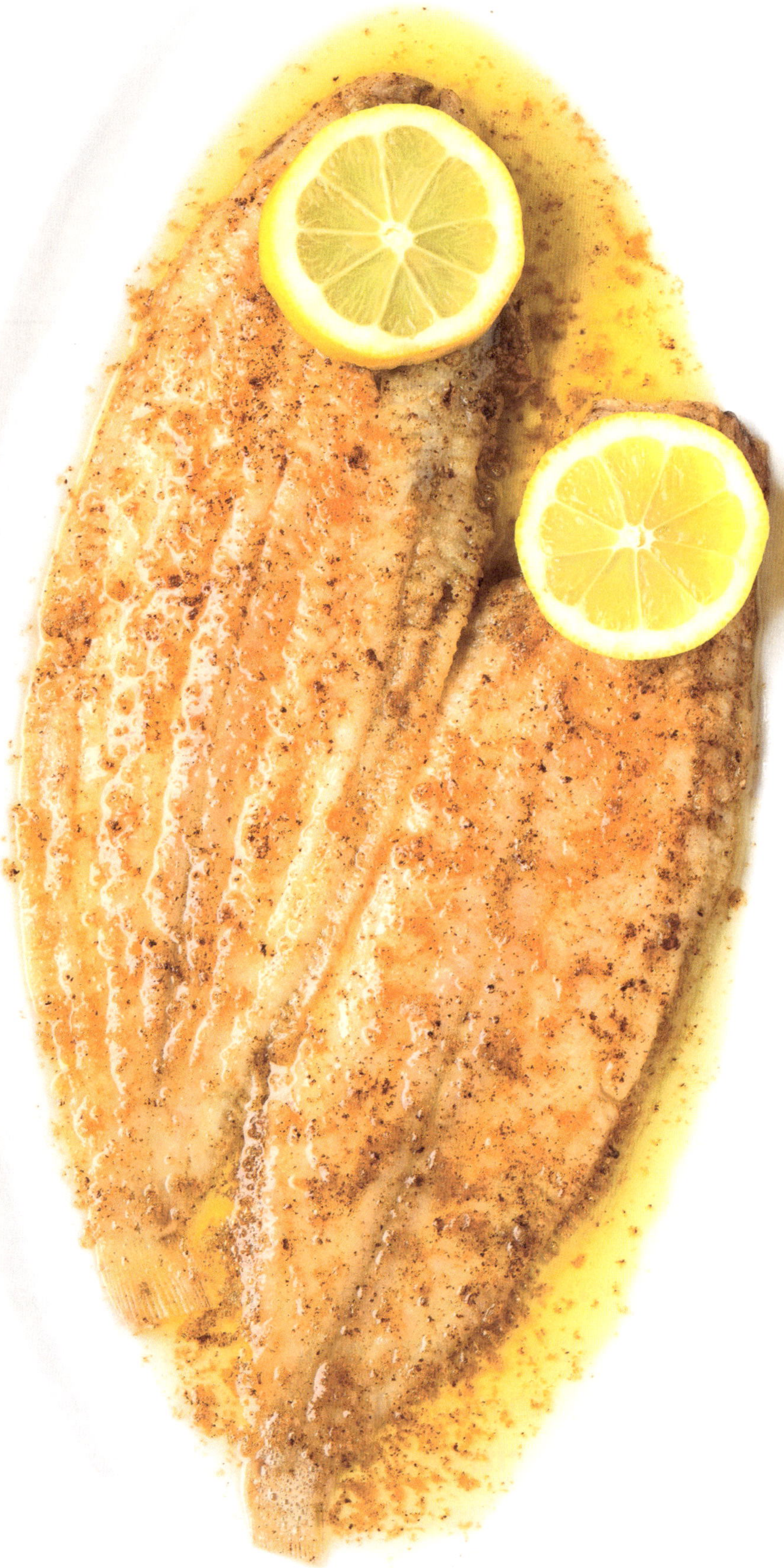

SAUMON À L'OSEILLE

Pavés de saumon
x 4

Oseille
2 bottes

Beurre
50 g

Crème liquide
40 cl

Sel, poivre

Préparation : 10 min
Cuisson : 25 min

- Préchauffez le four à 180°C.
- Lavez et découpez l'**oseille** aux ciseaux et faites-la saisir 2 min avec le **beurre**. Ajoutez la **crème** et laissez cuire 8 min, salez, poivrez.
- Disposez les pavés de **saumon** dans un plat, nappez de sauce à l'**oseille**, enfournez 15 min et dégustez.

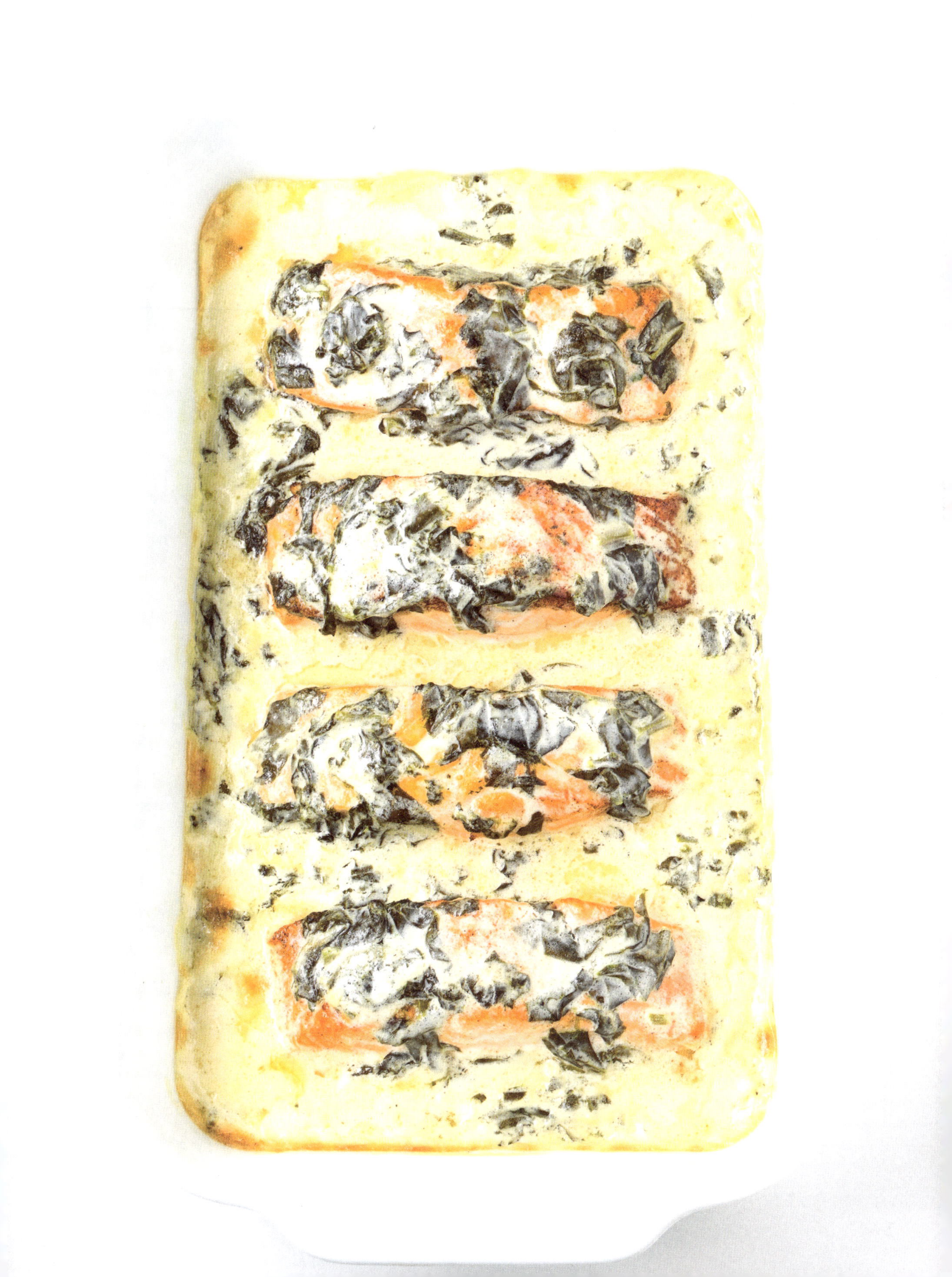

MERVEILLES OU BUGNES

Farine
250 g

Œufs
x 2

Sucre
25 g

Beurre
60 g

- 1 bain de friture
- Sucre glace

Préparation : 10 min
Cuisson : 15 min

- Chauffez le bain de friture.
- Mélangez la **farine** avec le **sucre**, ajoutez les **œufs** et le **beurre** fondu. Malaxez l'ensemble pour obtenir une pâte homogène.
- Étalez la **pâte** avec un rouleau à pâtisserie. Découpez des losanges avec une roulette ou un couteau et faites frire les bugnes 4 par 4.
- Saupoudrez de **sucre glace** et dégustez.

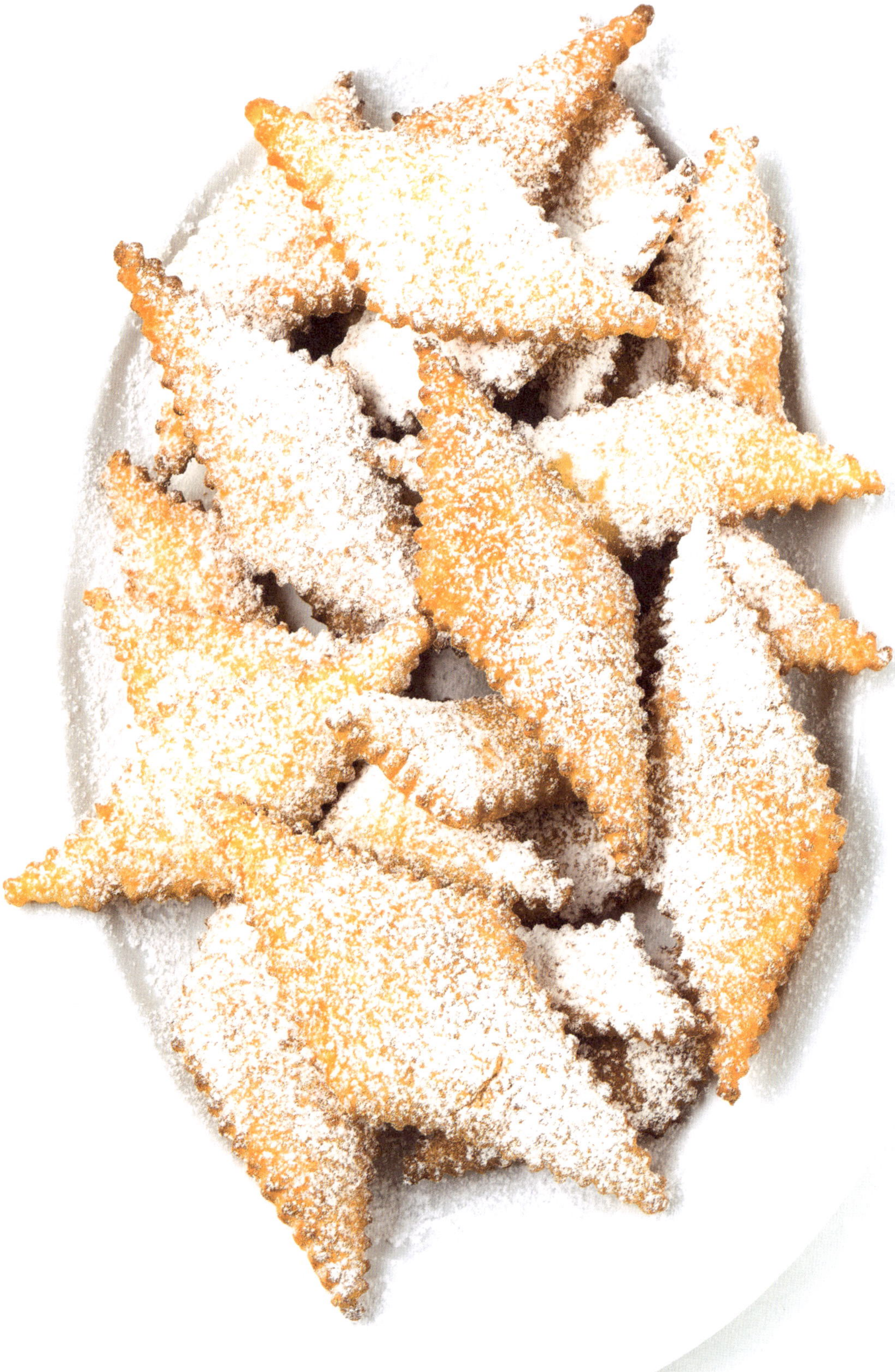

SABLÉ BRETON

Beurre demi-sel
250 g (mou)

Sucre
200 g

Œufs
x 6 (jaunes)

Farine
400 g

Beurre pour le moule

Préparation : 10 min
Cuisson : 45 min

- Préchauffez le four à 160°C.
- Mélangez la **farine** et le **sucre**, ajoutez 5 **jaunes d'œufs** et le **beurre** mou. Malaxez à la main pour obtenir une pâte homogène.
- Étalez la pâte et placez-la dans un moule beurré. Faites des stries avec un couteau, badigeonnez avec le **jaune d'œuf** restant mélangé avec un peu d'eau. Enfournez 45 min et laissez refroidir.

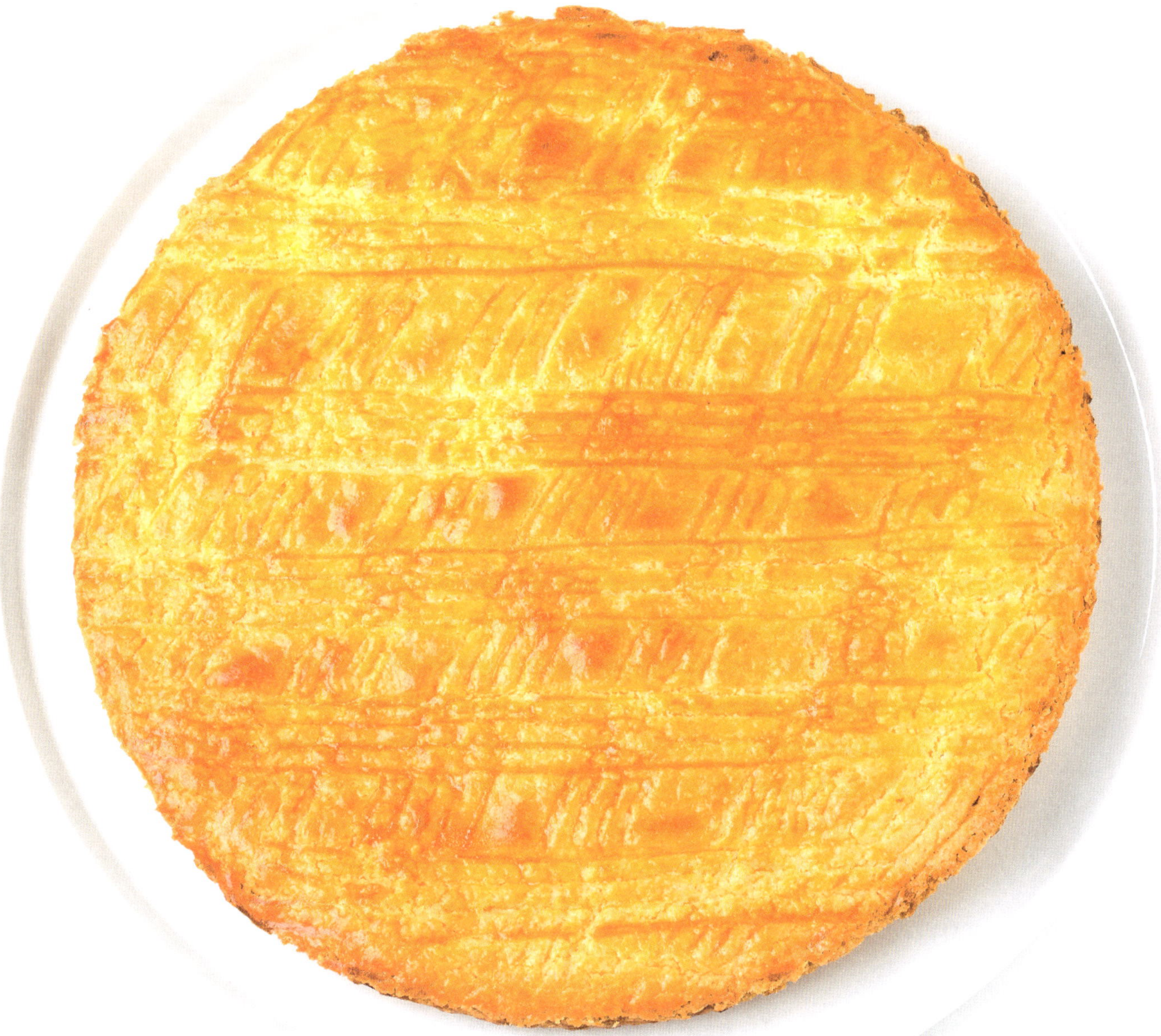

BEIGNETS AUX POMMES

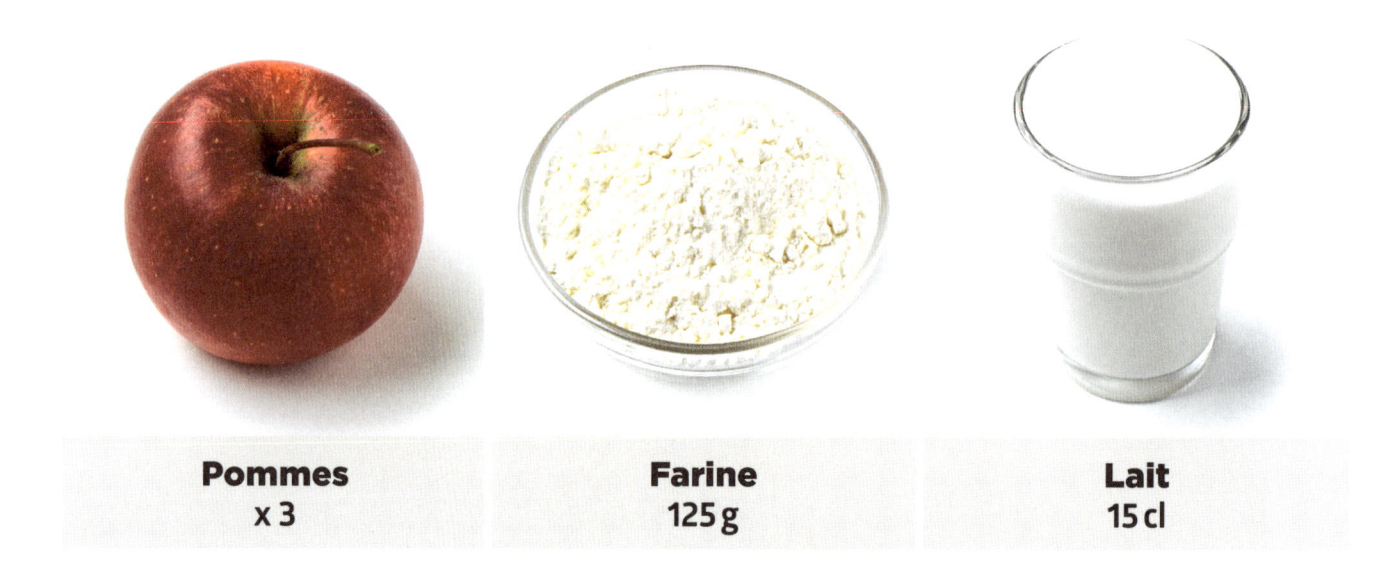

Pommes x 3

Farine 125 g

Lait 15 cl

Levure chimique ½ sachet

Œuf x 1

Sucre en poudre
1 bain de friture

Préparation : 10 min
Cuisson : 20 min

- Chauffez le **bain de friture**.
- Épluchez, enlevez le cœur des **pommes** et découpez-les en rondelles épaisses.
- Mélangez la **farine** avec la **levure** dans un saladier, ajoutez l'**œuf** et le **lait** en fouettant.
- Plongez les tranches de **pommes** dans la pâte à beignets et faites-les frire 2 par 2. Saupoudrez de **sucre** et dégustez immédiatement.

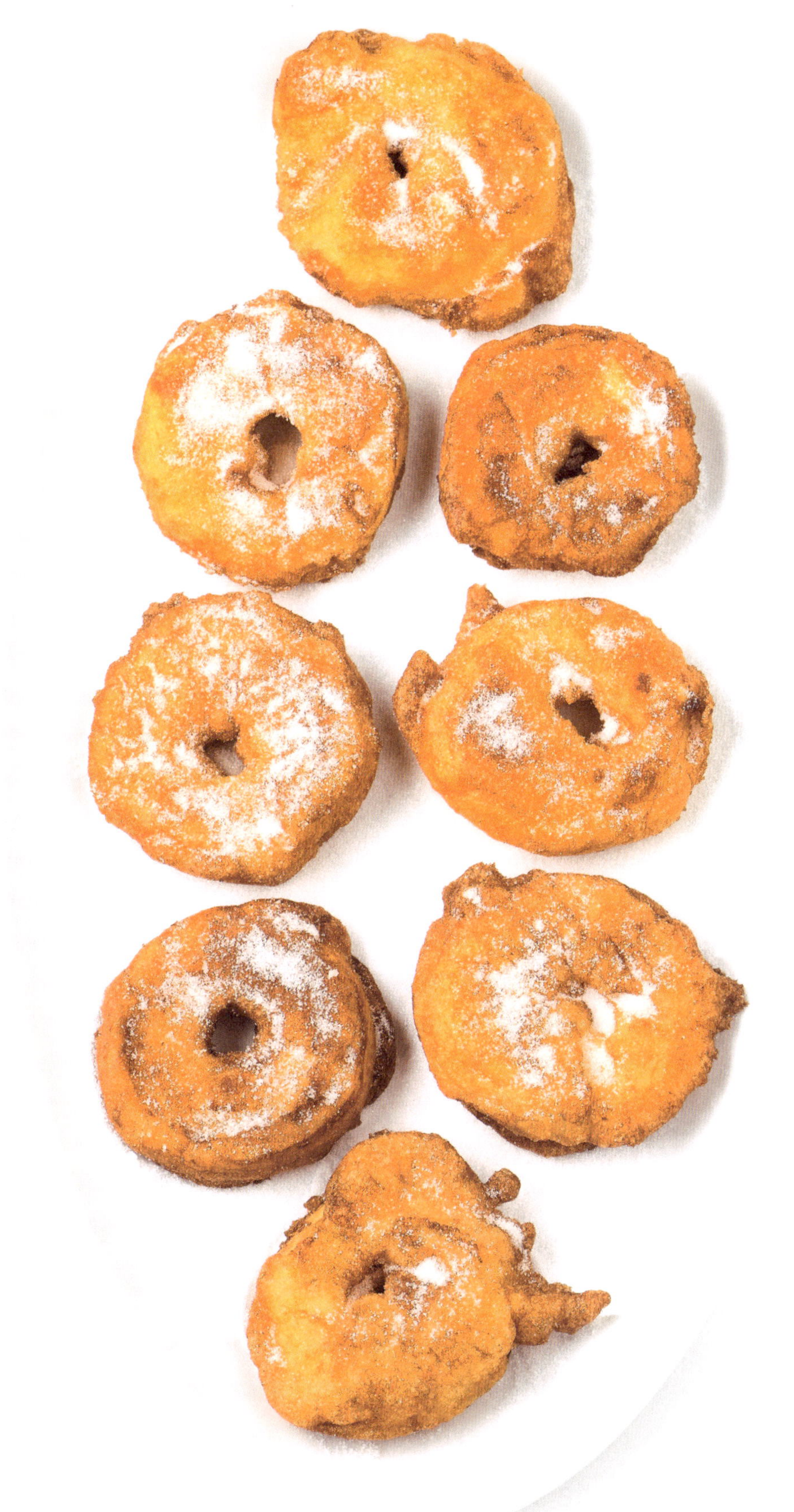

BRIOCHE À LA PRALINE ROSE

Pâte à brioche
650 g (recette p. 372)

Pralines roses
200 g

Beurre pour le moule

👤👤👤👤

Préparation : 15 min
Attente : 2 h
Cuisson : 25 min

- Préchauffez le four à 200°C.
- Concassez les **pralines**. Étalez la **pâte à brioche**, saupoudrez-la avec les ¾ des **pralines** concassées. Roulez la **pâte** et mettez-la dans un moule à cake beurré.
- Parsemez avec le reste des **pralines**.
- Enfournez 30 min, laissez refroidir et dégustez.

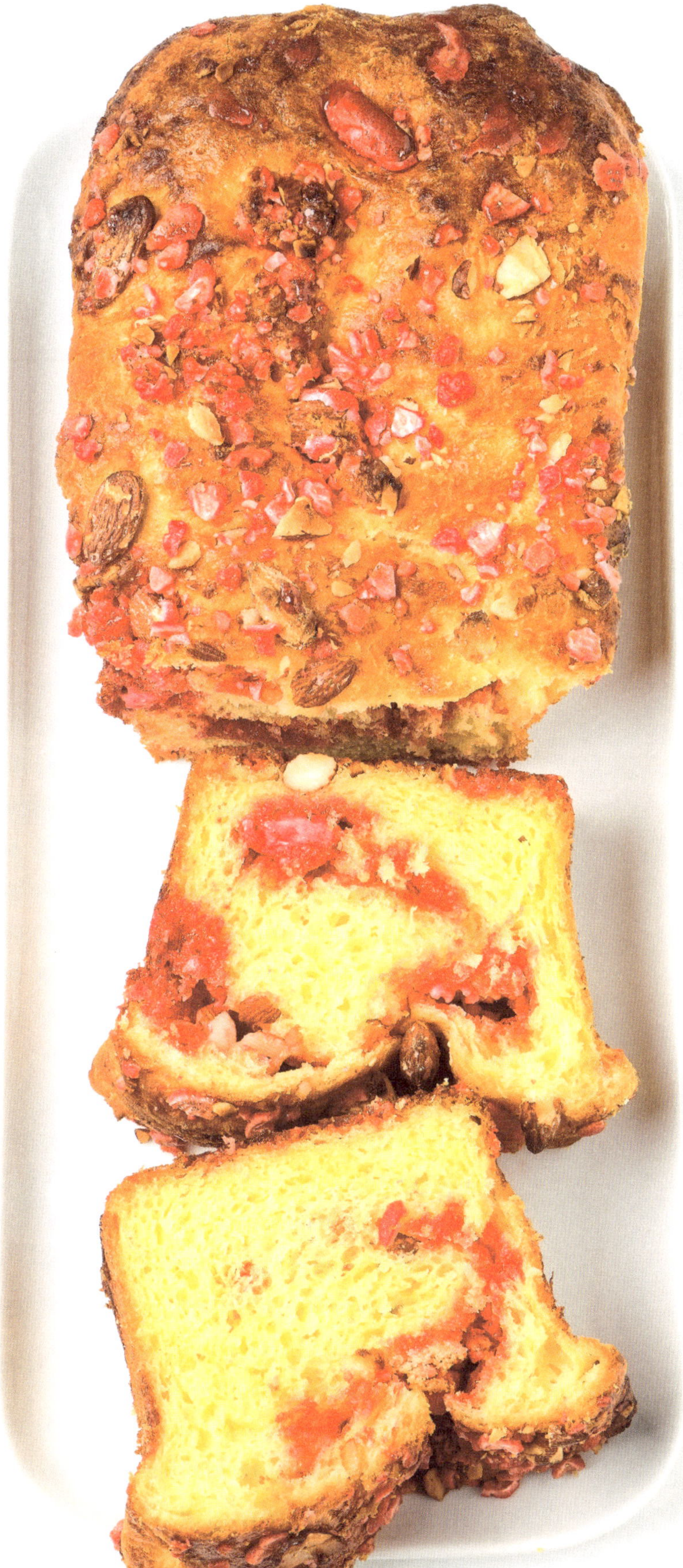

TARTE À LA PRALINE ROSE

Pralines roses
200 g

Pâte sablée
x 1 (ou pâte maison p. 371)

Crème
250 g

Beurre
100 g

👤 : 4 à 6

Préparation : 10 min
Cuisson : 35 min
Réfrigération : 4 h

- Préchauffez le four à 180°C.
- Déroulez la **pâte** dans un moule avec le papier cuisson. Rabattez les bords et faites-la cuire 20 min avec des haricots secs. Faites fondre 10 min les **pralines** avec la **crème** dans une casserole en remuant. Hors du feu, ajoutez le **beurre** en morceaux et mélangez. Versez la préparation dans le fond de tarte, laissez 4 h au frais.

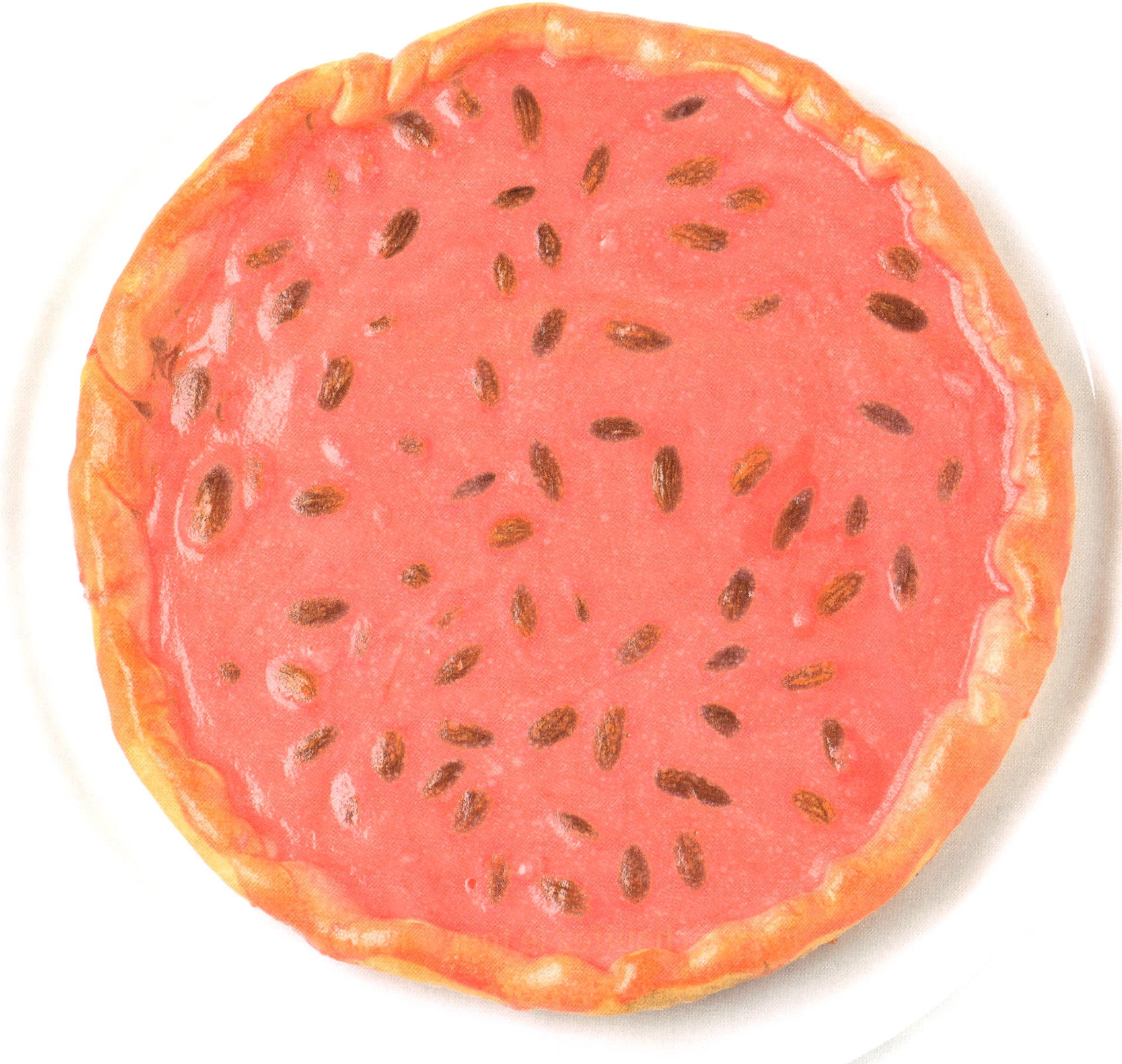

TARTE PÂTISSIÈRE AUX POMMES

Pommes
x 6

Pâte sablée
x 1 (ou pâte maison p. 371)

Confiture d'abricots
2 cuil. à soupe

Beurre
50 g

👤 : 4 à 6

⏱
Préparation : 15 min
Cuisson : 45 min

- Préchauffez le four à 180°C.
- Faites compoter 20 min 3 **pommes** en cubes avec le **beurre** et 1 verre d'eau.
- Déroulez la **pâte** dans un moule avec le papier cuisson, rabattez les bords. Étalez la compote, posez le reste des **pommes** en lamelles et enfournez 25 min. Badigeonnez la tarte froide avec la **confiture** chauffée avec 2 cuil. à soupe d'eau.

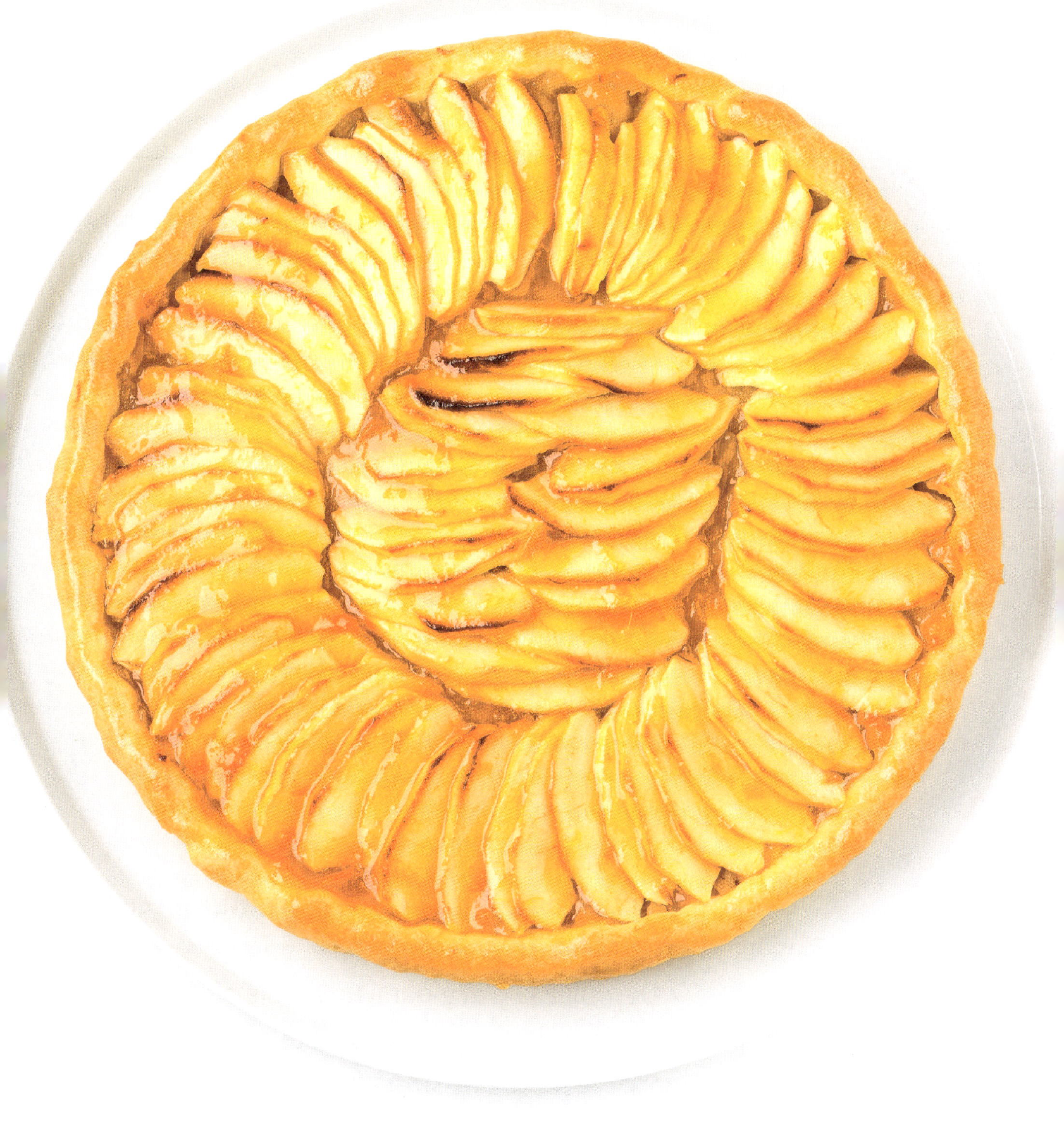

FEUILLETÉ ABRICOTS-AMANDES

Pâte feuilletée x 1

Abricots x 16 (environ 1 kg)

Sucre 60 g

Amandes effilées 125 g

Œufs x 2

Poudre d'amandes 125 g

Sucre glace

: 4 à 6

Préparation : 10 min
Cuisson : 30 min

- Préchauffez le four à 180°C.
- Préparez la crème d'amandes en mélangeant la **poudre d'amandes**, les **œufs** et le **sucre**.
- Déroulez la **pâte** sur une plaque avec le papier cuisson. Étalez la crème d'amandes, placez en rosace les **abricots** coupés en 2. Parsemez les **amandes effilées** et enfournez 30 min.
- Saupoudrez de **sucre glace** et dégustez.

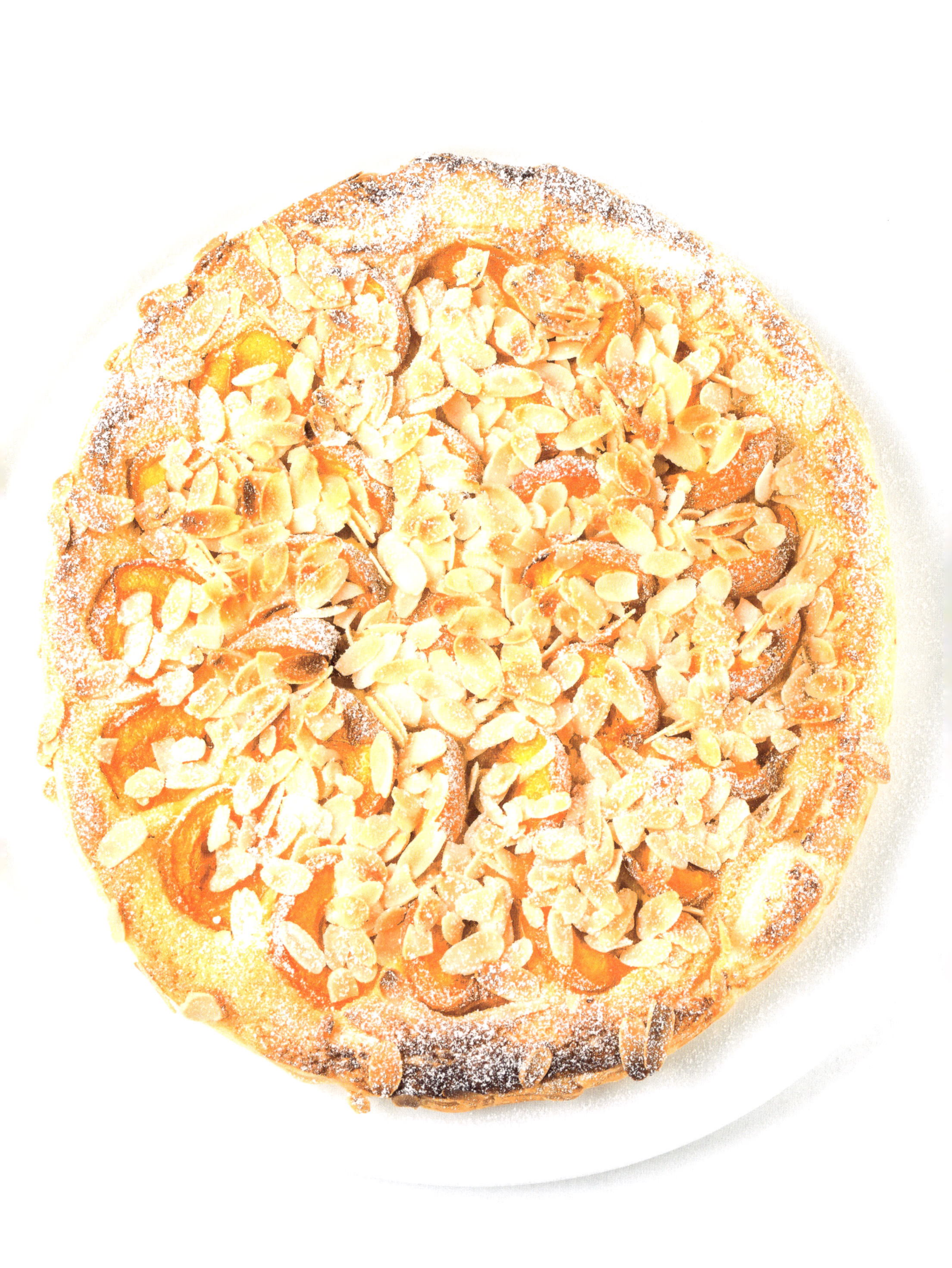

TARTE TATIN

Pâte feuilletée
x 1

Pommes
x 4 (grosses environ 1,2 kg)

Sucre
5 cuil. à soupe

Beurre
50 g

Préparation : 15 min
Cuisson : 1h

- Préchauffez le four à 180°C.
- Faites colorer les **pommes** épluchées et coupées en 4, 20 min avec le **beurre** et 3 cuil. à soupe de **sucre**. Saupoudrez le fond d'un plat à manqué avec le restant de **sucre**. Ajoutez les **pommes**, recouvrez avec la **pâte** et glissez-la le long des **pommes**. Piquez la **pâte** et enfournez 40 min.
- Démoulez la tarte encore chaude.

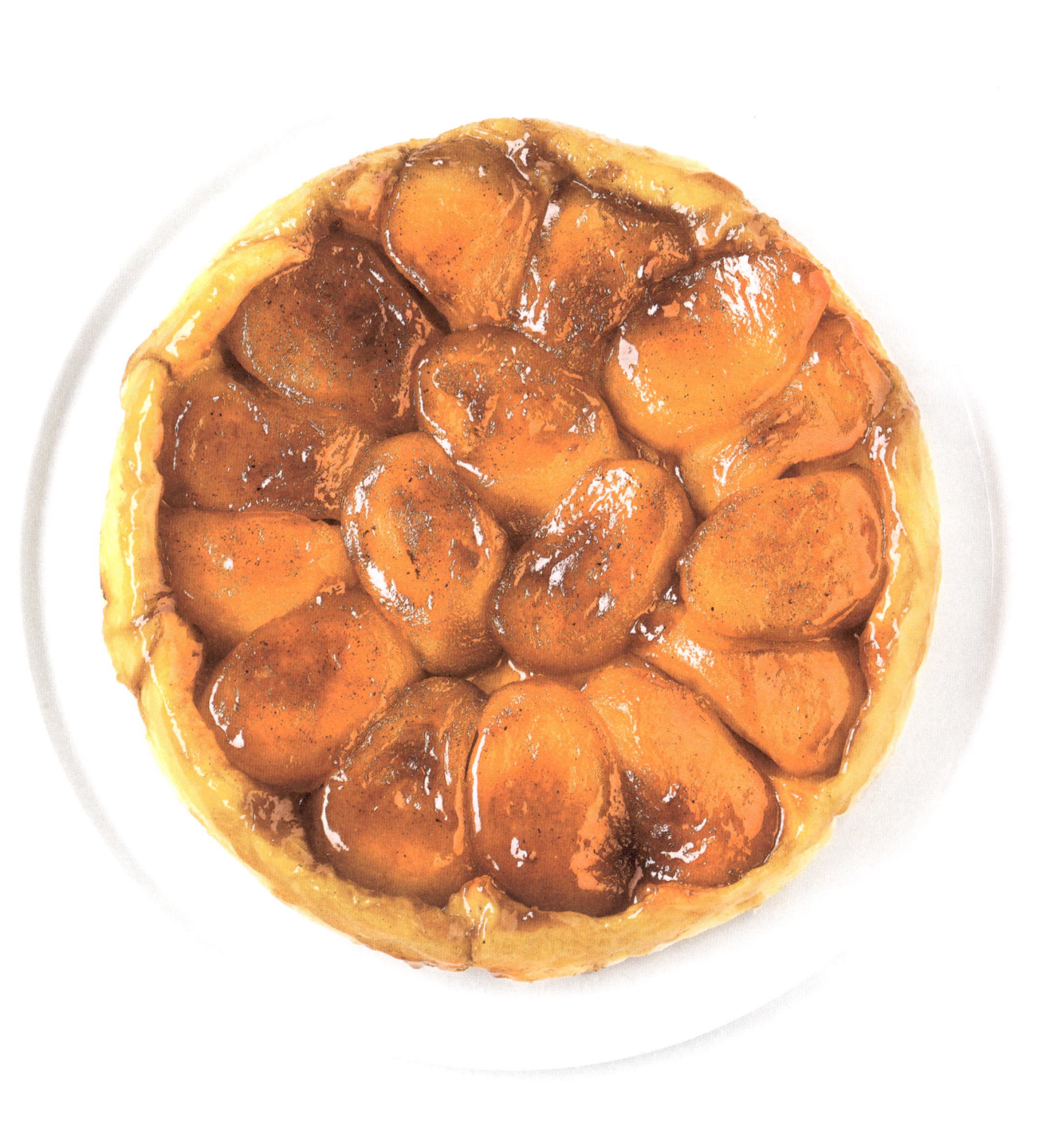

TARTE À LA FRAISE ET PISTACHE

Pâte sablée
x 1 (ou pâte maison p. 371)

Fraises
500 g

Crème liquide
20 cl

Pâte de pistaches
2 cuil. à café

Mascarpone
2 cuil. à soupe

Sucre glace

Préparation : 10 min
Cuisson : 25 min

- Préchauffez le four à 180°C.
- Déroulez la **pâte** dans un moule à tarte avec le papier cuisson. Rabattez les bords et faites-la cuire 25 min avec des haricots secs. Fouettez en Chantilly, le mélange : **crème** froide, **pâte de pistaches** et **mascarpone** au batteur électrique.
- Garnissez la tarte avec la crème et les **fraises** coupées en 2, saupoudrez de **sucre glace**.

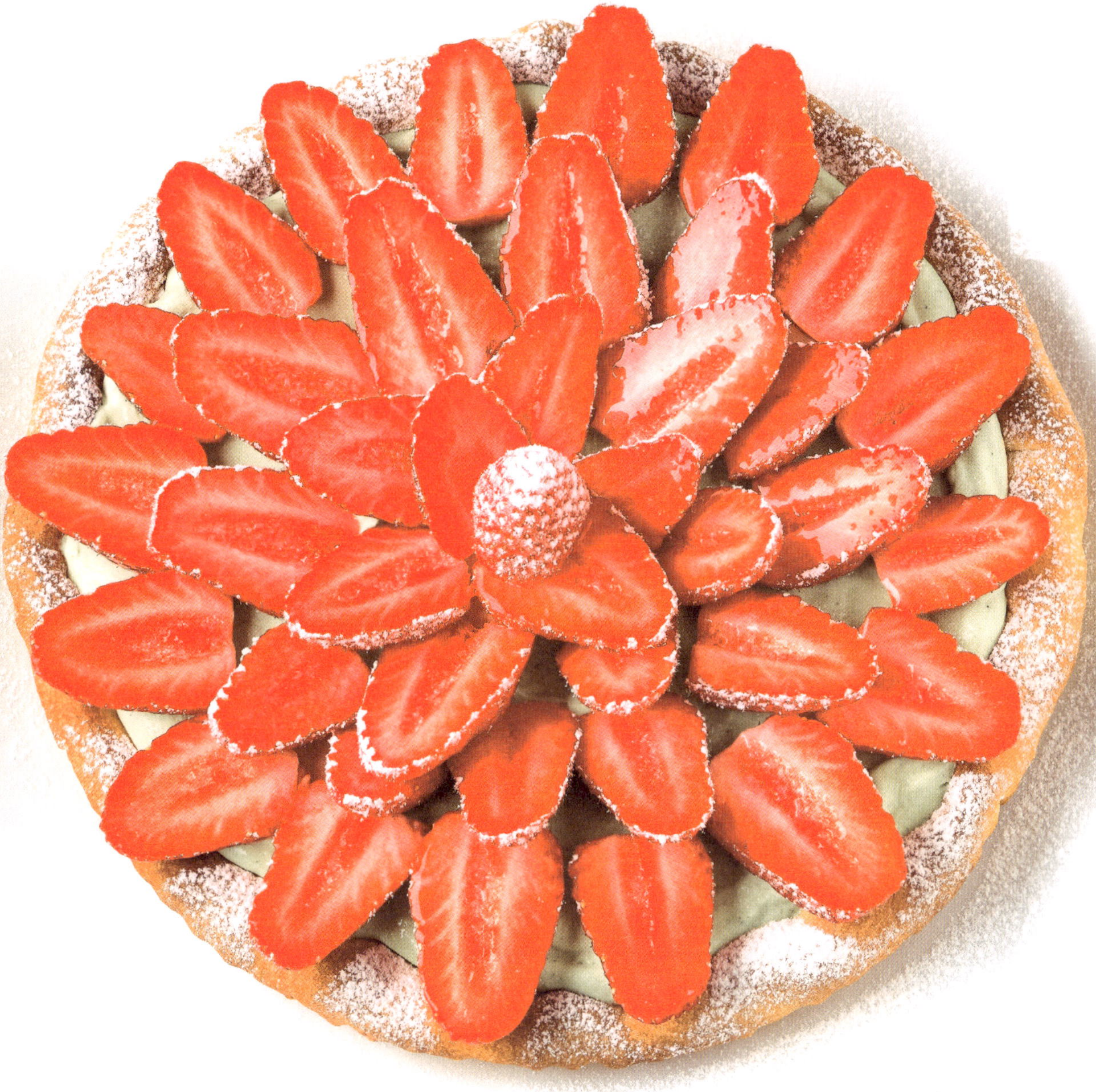

TARTE AU CITRON MERINGUÉE

Pâte sablée
x 1 (ou pâte maison p. 371)

Citrons
x 2

Sucre
100 g

Sucre glace
60 g

Crème
25 cl

Œufs
x 5

👤 : 4 à 6

Préparation : 10 min
Cuisson : 35 min

- Préchauffez le four à 180°C.
- Déroulez la **pâte** dans un moule à tarte avec le papier cuisson. Fouettez 3 **œufs** entiers, 2 **jaunes**, le **sucre**, la **crème**, les zestes et le jus des **citrons**. Versez sur la **pâte** et enfournez 25 min. Fouettez les **blancs** en neige en ajoutant le **sucre glace** à la fin. Répartissez la meringue, enfournez 10 min de plus et dégustez froid.

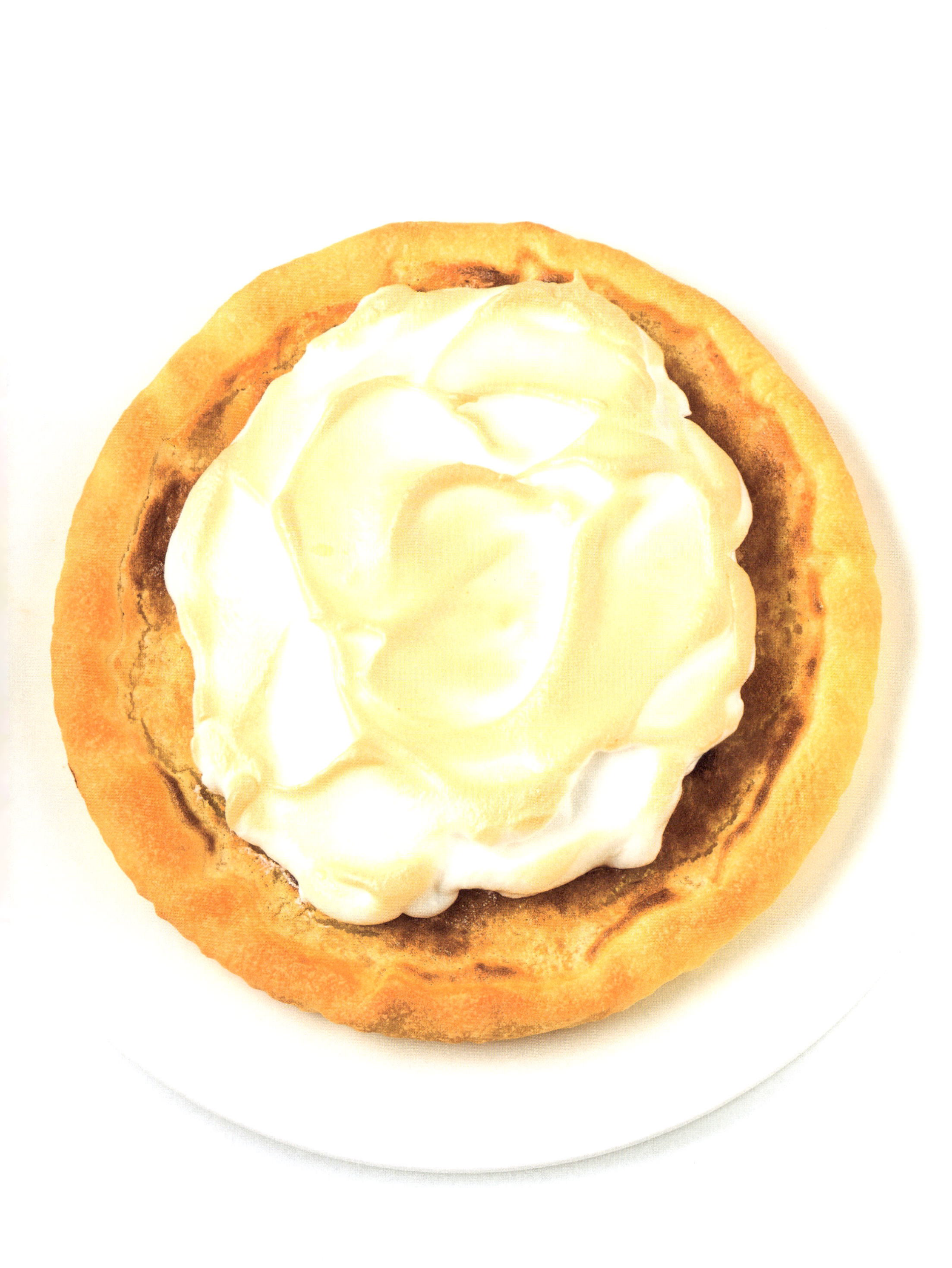

GÂTEAU AUX POMMES

Pommes x 4	**Farine** 150 g	**Beurre** 120 g
Sucre 120 g	**Œufs** x 2	**Levure chimique** 1 sachet

Beurre pour le moule

👤👤👤👤

Préparation : 15 min
Cuisson : 45 min

- Préchauffez le four à 180°C.
- Épluchez et découpez les **pommes** en quartiers.
- Mélangez la **farine** avec le **sucre** et la **levure**. Ajoutez les **œufs** 1 par 1 en fouettant puis versez le **beurre** fondu et mélangez.
- Versez la pâte dans un moule beurré. Ajoutez les **pommes** sur le dessus et enfournez 45 min.
- Laissez refroidir et dégustez.

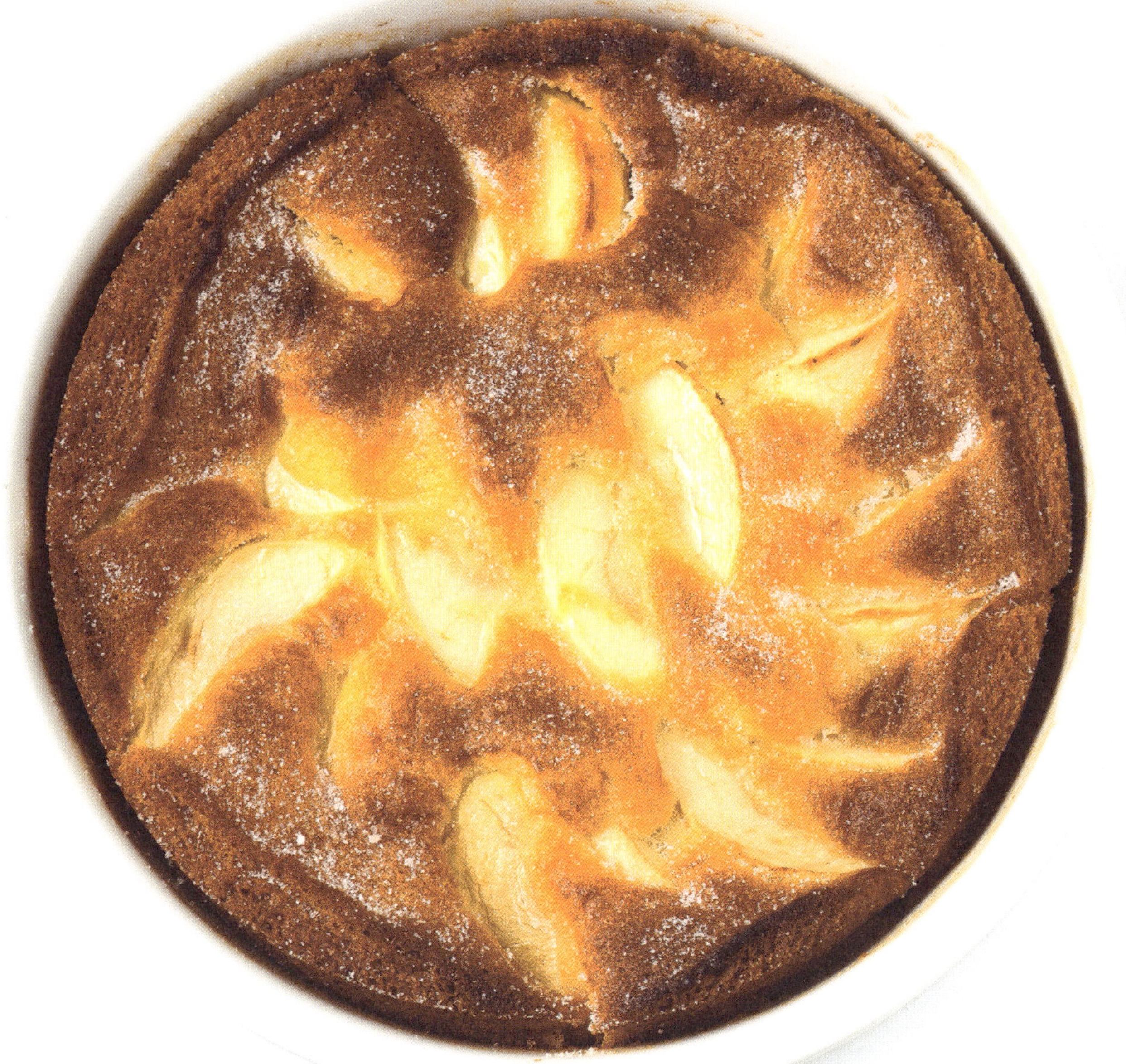

FAR BRETON

Pruneaux	Œufs	Farine
400 g (dénoyautés)	x 8	400 g

Sucre	Lait	Gousses de vanille
400 g	2 l	x 2

Beurre pour le moule

👤 : 10

⏱ Préparation : 10 min
Cuisson : 1h
Attente : 15 min

- Préchauffez le four à 180°C avec le plat légèrement beurré. Chauffez le **lait** avec les **gousses de vanille** grattées sans faire bouillir.
- Mélangez le **sucre** et la **farine**, faites un puits et ajoutez les **œufs** 1 par 1 en mélangeant. Versez le **lait** chaud et remuez. Posez les **pruneaux** au fond du plat et versez la pâte. Enfournez 1h et laissez 15 min dans le four éteint.

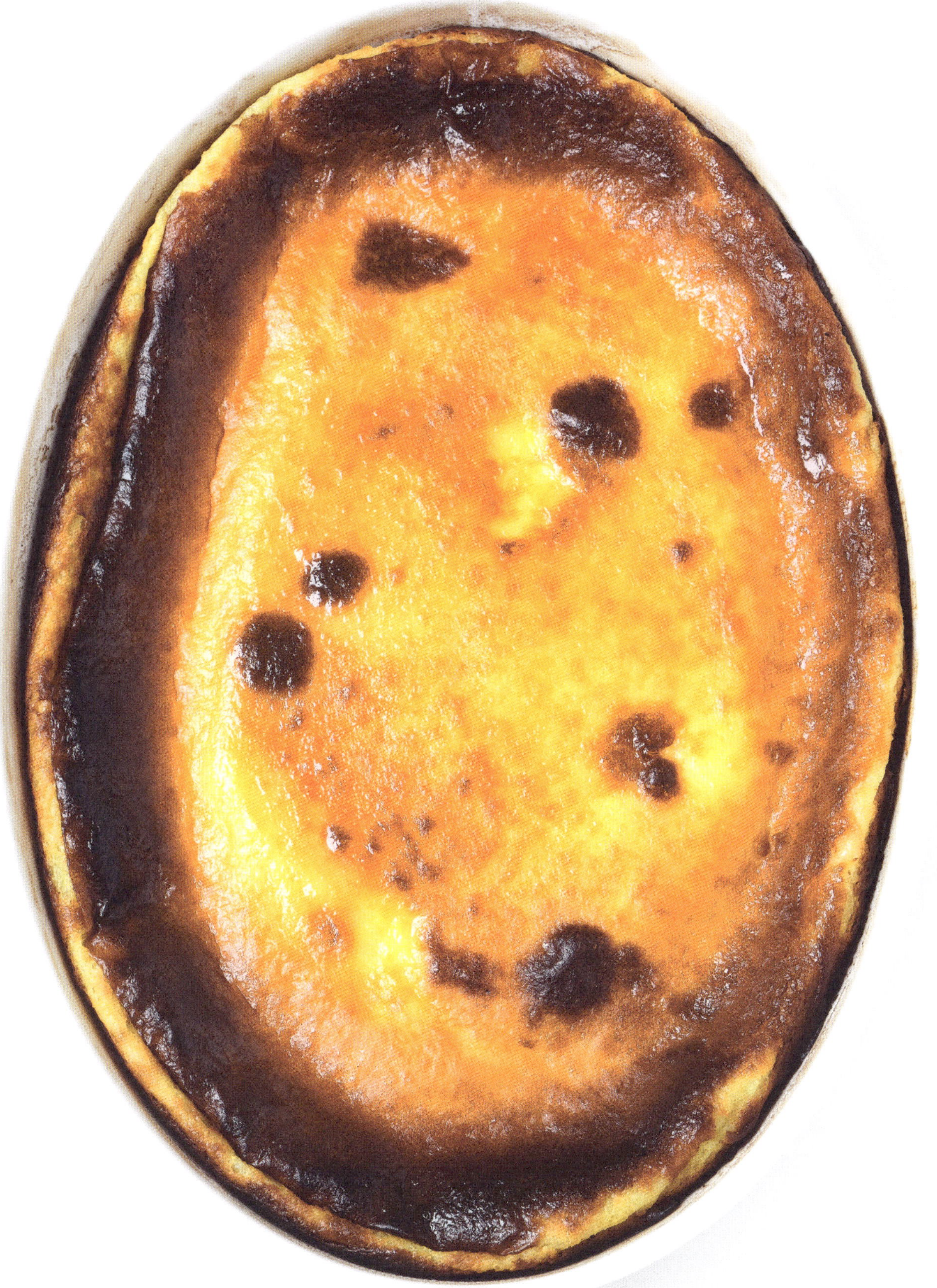

CLAFOUTIS AUX CERISES

Cerises
500 g

Lait
30 cl

Beurre
60 g

Farine
100 g

Œufs
x 3

Sucre
110 g

Sucre glace

Préparation : 15 min
Cuisson : 40 min

- Préchauffez le four à 180°C.
- Fouettez les **œufs** avec le **sucre** jusqu'à ce que le mélange blanchisse, ajoutez la **farine** et mélangez. Versez le **lait** froid et le **beurre** fondu, mélangez.
- Versez dans un plat, ajoutez les **cerises** équeutées avec les noyaux et enfournez 40 min.
- Laissez refroidir et saupoudrez de **sucre glace**.

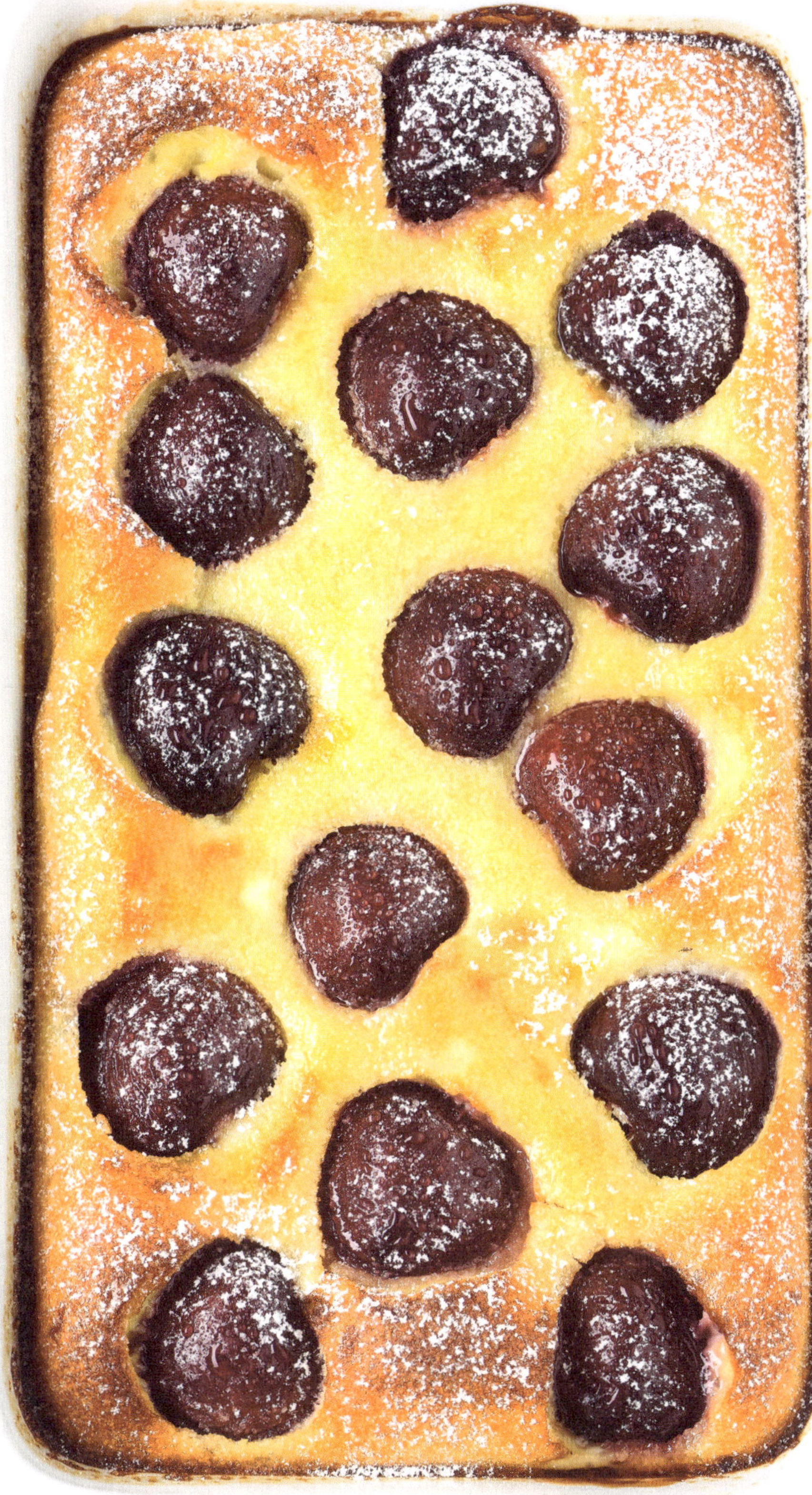

FLAN PARISIEN

Pâte brisée
x 1 (ou pâte maison p. 370)

Sucre
125 g

Œufs
x 4

Lait
1 l

Vanille
2 gousses

Maïzena
90 g

Préparation : 10 min
Cuisson : 1h

- Préchauffez le four à 180°C.
- Fouettez les **œufs**, le **sucre** et la **Maïzena**. Versez le **lait** bouillant et mélangez. Reversez dans la casserole, ajoutez la **vanille** fendue en 2 et refaites cuire en fouettant 1 min jusqu'à ce que ça épaississe. Déroulez la **pâte** avec son papier cuisson dans un moule à manqué, ajoutez la **crème**, enfournez 40 min. Laissez refroidir et dégustez.

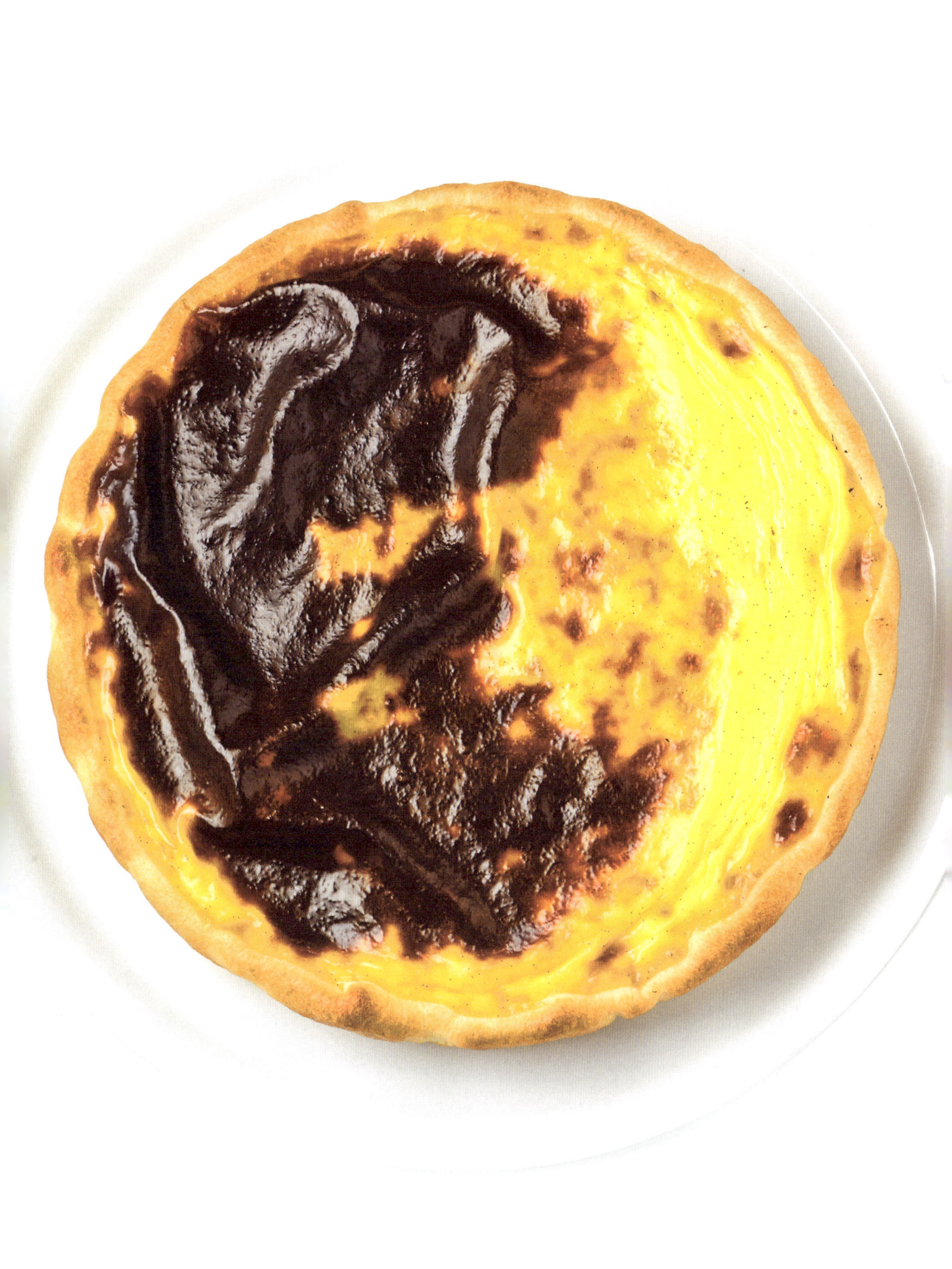

MOUSSE PUR CHOCOLAT

Chocolat noir
200 g

Œufs
x 6

👥👥👥👥

🕐
Préparation : 10 min
Cuisson : 5 min
Réfrigération : 2 h

- Séparez les **blancs** des **jaunes d'œufs**.
- Faites fondre le **chocolat** au bain-marie et mélangez-le avec les **jaunes d'œufs**.
- Montez les **blancs** en neige et incorporez-les délicatement au **chocolat** fondu.
- Répartissez la mousse dans 4 ramequins et laissez prendre 2 h au frais.

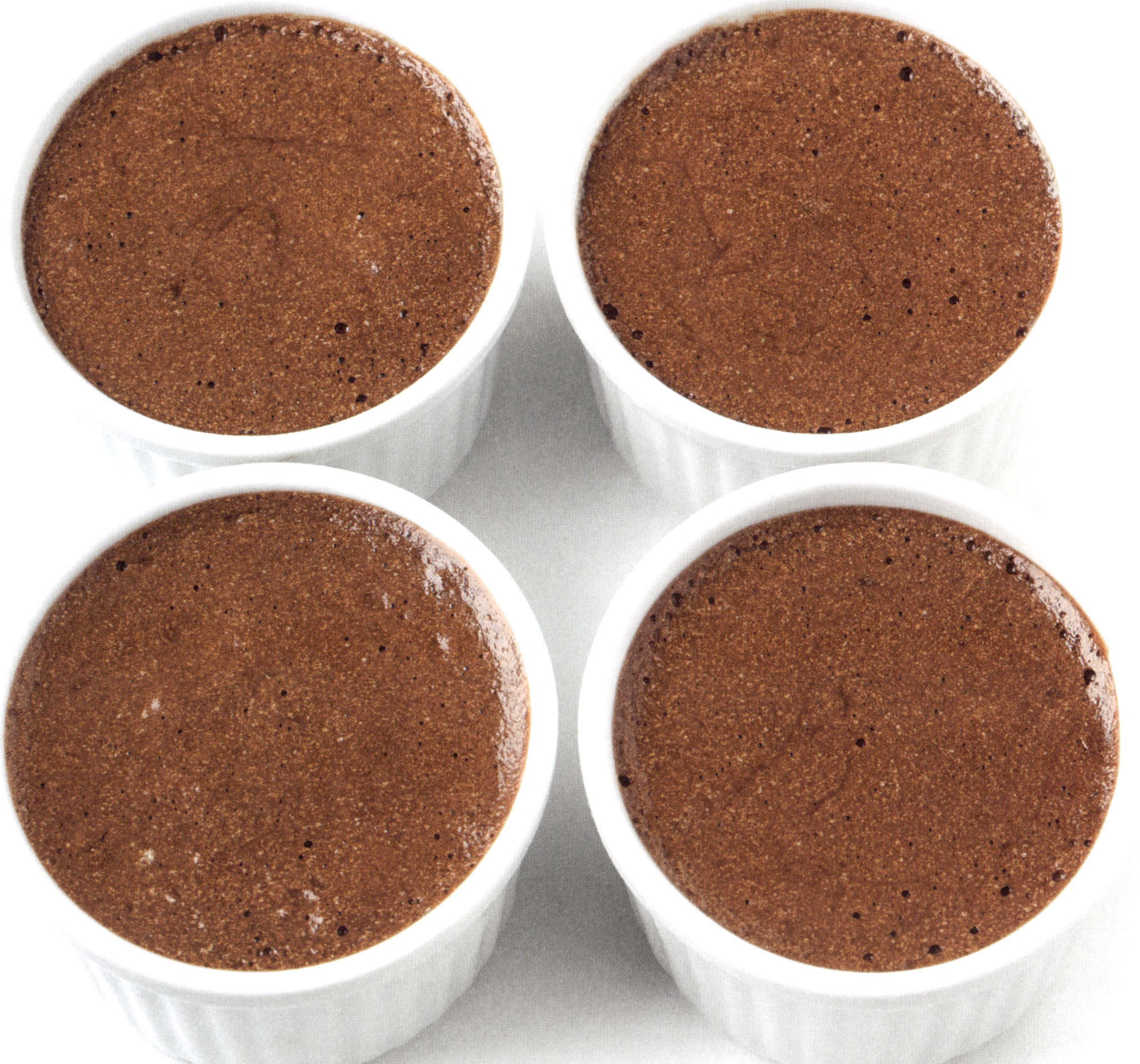

CRÈME RENVERSÉE AU CARAMEL

Sucre en poudre
200 g

Œufs
x 8 (5 entiers + 3 jaunes)

Lait entier
1 l

Vanille
1 gousse

Sucre
25 morceaux

Préparation : 10 min
Cuisson : 1 h 15
Réfrigération : 1 nuit

- Laissez prendre 1 nuit au frais. Démoulez et servez en tranches.

- Préchauffez le four à 150°C.
- Faites fondre les morceaux de **sucre** dans 5 cl d'eau jusqu'à obtenir une couleur caramel puis versez au fond d'un moule à cake. Fouettez les **œufs**, les **jaunes** et le **sucre en poudre**. Faites bouillir le **lait** avec la **vanille** fendue et grattée et versez-le bouillant sur les **œufs** en fouettant. Versez dans le moule. Enfournez 1 h au bain-marie.

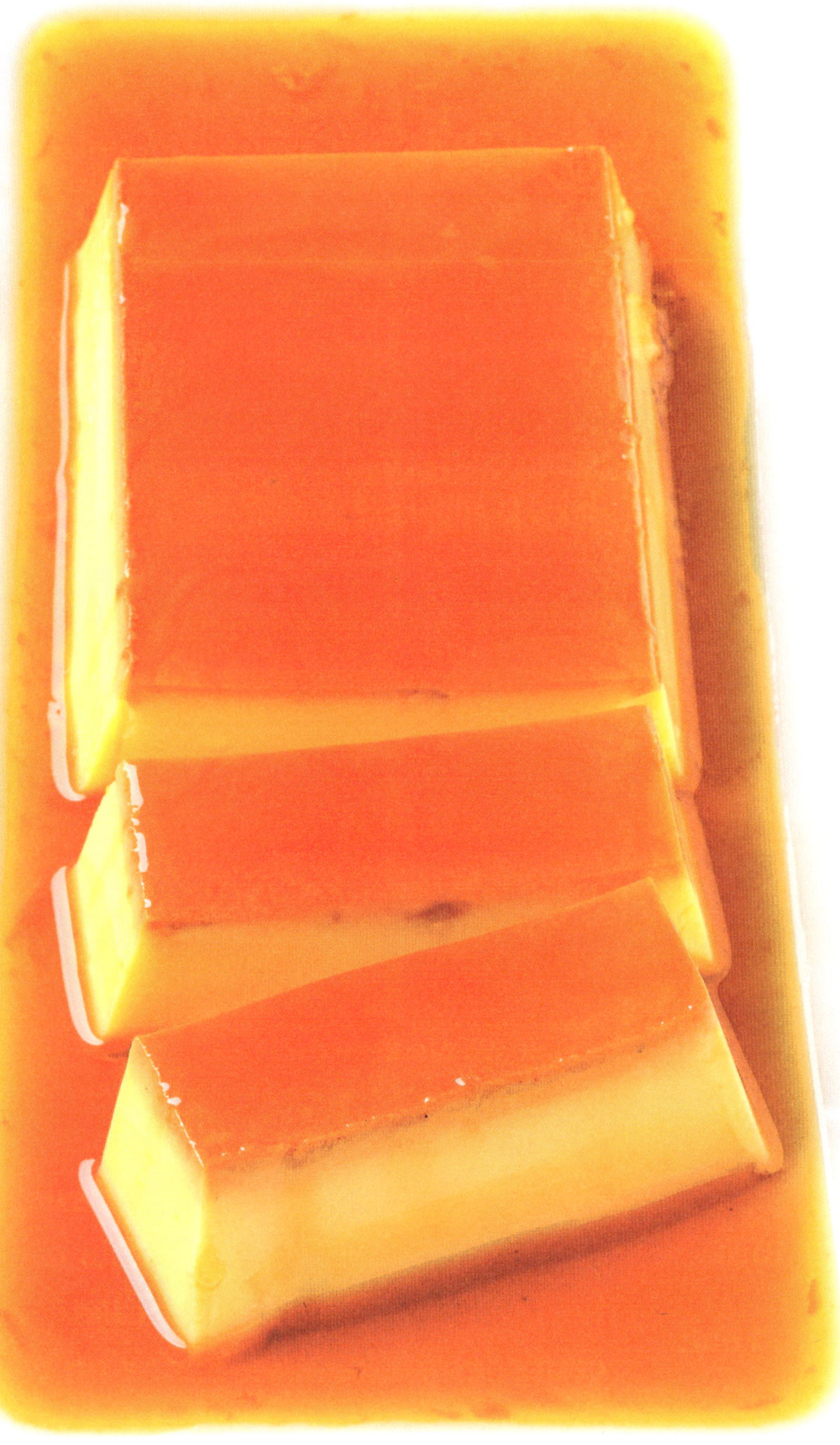

POTS DE CRÈME À LA VANILLE

Œufs
x 5 (jaunes)

Vanille
3 gousses

Crème liquide
50 cl

Sucre
80 g

Préparation : 10 min
Cuisson : 35 min

- Préchauffez le four à 160°C.
- Fouettez les **jaunes d'œufs** avec le **sucre** jusqu'à ce qu'ils blanchissent, ajoutez la **crème** froide et les gousses de **vanille** fendues et grattées. Mélangez l'ensemble et répartissez la crème dans des ramequins individuels.
- Enfournez 35 min au bain-marie.
- Laissez refroidir au réfrigérateur et dégustez.

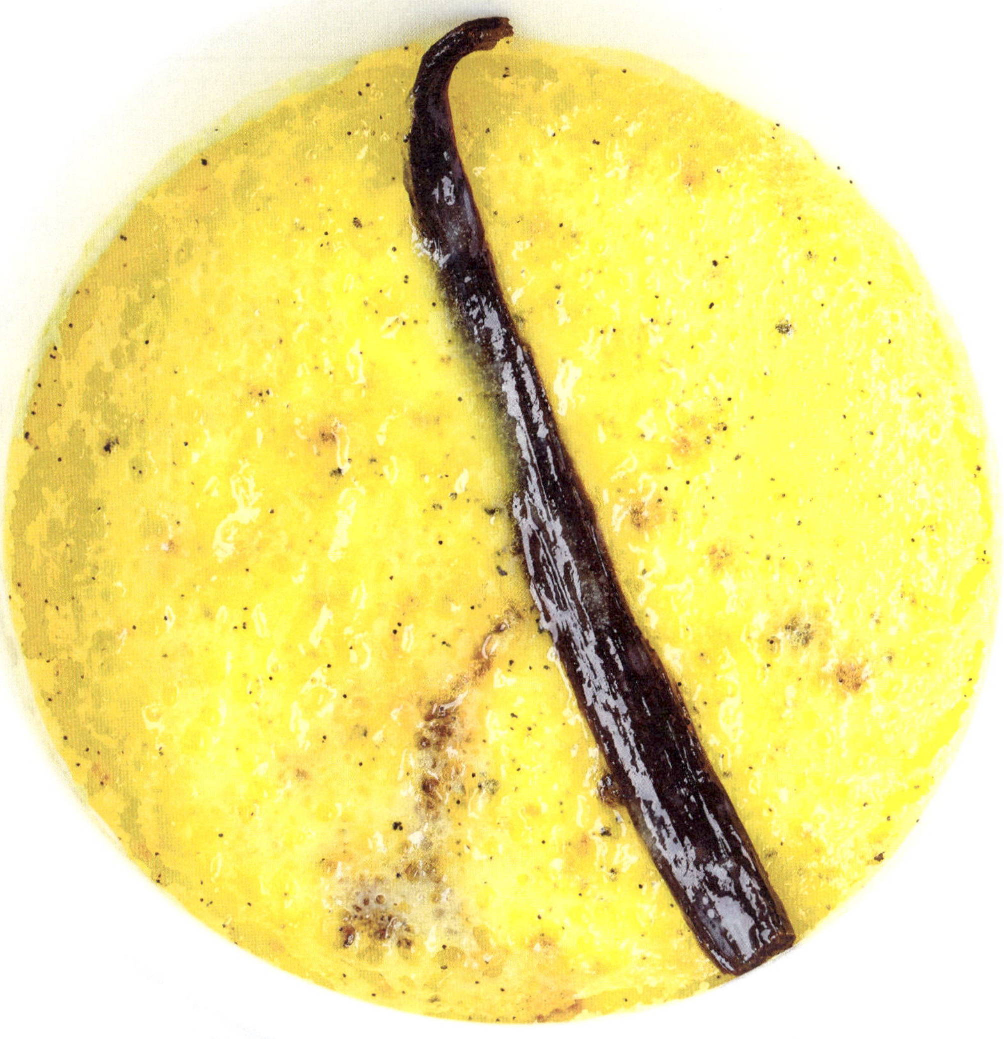

PÂTE BRISÉE

Farine
250 g

Jaune d'œuf
x 1 (facultatif)

Beurre
125 g

🧂 1 pincée de sel

Pour 1 pâton

⏱ Préparation : 15 min
Repos : 30 min

- Préparez cette pâte la veille et sortez-la à l'avance pour l'étaler.

- Faites fondre le **sel** dans 5 cl d'eau tiède. Creusez un puits dans la **farine** tamisée, ajoutez le **beurre** coupé en morceaux et mélangez du bout des doigts.
- Refaites un puits, ajoutez l'eau et le **jaune d'œuf**, malaxez puis fraisez la pâte en l'écrasant avec la paume de la main pour bien incorporer le **beurre**. Enveloppez-la dans un film et laissez reposer au frais 30 min avant de l'utiliser.

PÂTE SABLÉE

Farine
250 g

Jaune d'œuf
x 1

Beurre mou
125 g

Sucre glace
100 g

Pour 1 pâton

Préparation : 15 min
Repos : 1 h

- Creusez un puits dans la **farine** tamisée, ajoutez le **beurre** mou et le **sucre glace** au centre. Malaxez l'ensemble du bout des doigts puis ajoutez le **jaune d'œuf** et malaxez de nouveau pour obtenir une pâte sableuse et homogène. Faites une boule, enveloppez-la dans du film et réservez minimum 1h au frais avant utilisation.

PÂTE À BRIOCHE

Farine 350 g

Œufs x 3

Beurre 150 g

Levure spéciale brioche 2 sachets

30 g de sucre

Pour 1 pâton

Préparation : 15 min
Repos : 1 h 45
Cuisson : 30 min

- Versez dans la cuve d'un batteur la **farine** et la **levure** délayée avec 6 cuil. à soupe d'eau tiède. Mélangez avec le crochet. Ajoutez le **sucre** (pour une recette sucrée), les **œufs** 1 par 1 et le **beurre** en morceaux tout en continuant de mélanger. Laissez pousser 1h. Versez la pâte dans un moule à cake beurré et laissez pousser 45 min de plus. Pour une brioche nature, enfournez 30 min à 180°C.

MAYONNAISE

Œuf
x 1 (jaune)

Huile neutre
10 cl (ou huile de pépin de raisin)

Vinaigre de vin
1 cuil. à soupe

Moutarde forte
1 cuil. à soupe

Sel, poivre
Pour 6 cuil. à soupe
Préparation : 5 min

- Mélangez le **jaune d'œuf** et la **moutarde** dans un saladier, salez et poivrez.
- Versez l'**huile** petit à petit en fouettant pour émulsionner la mayonnaise. Ajoutez le **vinaigre**, fouettez une dernière fois et dégustez.

TABLE DES MATIÈRES

Introduction	2
Mode d'emploi	4

ENTRÉES

Cervelle de canut	6
Anchoïade	8
Gougères	10
Friture d'éperlans	12
Tapenade	14
Beignets de fleurs de courgette	16
Escargots de Bourgogne	18
Œufs meurette	20
Cuisses de grenouille en persillade	22
Huîtres à la saucisse	24
Marinière de coquillages	26
Huîtres chaudes au beurre blanc	28
Omelette aux mousserons	30
Soufflé au fromage	32
Vol-au-vent de ris de veau	34
Saucisson brioché	36
Le vrai jambon persillé	38
Foie gras traditionnel	40
Pâté lorrain	42
Pâté de campagne	44
Pâté Berrichon	46
Pâté du limousin	48
Tarte au maroilles	50
Tarte de Menton	52
Tarte à l'oignon	54
Feuilleté au fromage	56
Tielle sétoise	58
Flamiche aux poireaux	60
Flammenkuch	62
Quiche lorraine	64
Salade lyonnaise	66
Avocat-crevettes	68
Maquereaux au vin blanc	70
Asperges sauce mousseline	72
Salade périgourdine	74
Salade de lentilles à la lyonnaise	76
Poireaux vinaigrette	78
Salade niçoise	80
Œufs mimosa	82
Frisée aux lardons	84
Asperges à la flamande	86
Champignons à la grecque	88
Salade de chèvre chaud	90
Crème Dubarry au lard	92
Soupe au chou	94
Crème de potiron gratinée	96
Crème de cresson	98
Gratinée à l'oignon	100
Crème de champignons	102
Soupe au pistou	104
Soupe de poissons	106
Garbure	108

PLATS DE VIANDE

Aubergines à la bonifacienne	110
Gratin de macaronis	112
Tomates farcies	114
Œufs gratinés aux épinards	116
Crozitflette	118
Petits farcis	120
Gratin de cardons à la moelle	122
Cannellonis au brocciu	124
Tartiflette	126
Storzaprettis	128
Veau à la corse	130
Caillettes	132
Endives au jambon	134
Poulet aux morilles	136
Poulet en croûte de sel	138
Jambon sauce madère	140
Canard aux navets	142
Côtes de porc charcutières	144
Le vrai gigot de 7 heures	146
Chou farci	148
Haricots à la corse	150
Poulet à la toulousaine	152
Entrecôtes marchand de vin	154
Tartare classique au couteau	156
Pavés de bœuf au roquefort	158
Filet de bœuf en brioche	160
Côte de bœuf beurre maître d'hôtel	162
Bavettes à l'échalote	164
Piperade au jambon	166
Andouille-purée	168
Boudin aux pommes	170
Potée auvergnate	172
Choucroute garnie	174
Cassoulet	176
Pot-au-feu	178
Petit salé aux lentilles	180
Haricots de mouton	182
Gigot au thym et flageolets	184
Tripes à la mode de Caen	186
Poule au pot	188

Foie de veau à la lyonnaise	190
Lapin à la normande	192
Tête de veau sauce gribiche	194
Saucisse-purée	196
Poulet basquaise	198
Bœuf bourguignon	200
Waterzoï de poulet	202
Filet mignon de porc aux pruneaux	204
Rognons à la provençale	206
Canard à l'orange	208
Bœuf à la ficelle	210
Baeckeoffe	212
Saucisson au beaujolais	214
Carré d'agneau en persillade	216
Pigeons aux petits pois	218
Poule au riz	220
Compote de lièvre	222
Gigue de chevreuil aux airelles	224
Steaks au poivre	226
Alouettes sans tête	228
Rôti de porc grand-mère	230
Cailles aux raisins	232
Pintade au chou	234
Coq au vin	236
Rognons sauce madère	238
Lapin à la moutarde	240
Daube provençale	242
Confit de canard	244
Carbonade flamande	246
Poulet au vinaigre	248
Andouillettes à la moutarde	250
Navarin d'agneau aux légumes	252
Escalopes à la crème	254
Axoa de veau	256
Rôti de porc au lait	258
Boulettes à la catalane	260
Blanquette de veau	262
Gibelotte de lapin	264

ACCOMPAGNEMENTS

Aligot	266
Pommes boulangères	268
Carottes Vichy	270
Petits pois à la française	272
Ratatouille	274
Gratin dauphinois	276
Cèpes à la bordelaise	278
Tian provençal	280
Pommes de terre sarladaises	282
Embeurrée de chou	284
Grand aïoli	286

PLATS DE POISSON

Saumon froid, sauce verte	288
Homards Thermidor	290
Bourride de lotte	292
Coquilles Saint Jacques à la nage	294
Homards à l'armoricaine	296
Quenelles sauce financière	298
Pâtes à la langouste	300
Bouillassou à la catalane	302
Thon basquaise	304
Saint-jacques à la bretonne	306
Truites au court-bouillon	308
Maquereaux à la moutarde	310
Moules à la sétoise	312
Brandade de morue	314
Bouillabaisse simplissime	316
Poulpe à la niçoise	318
Sardines farcies	320
Cotriade	322
Truites aux amandes	324
Encornets à la catalane	326
Ailes de raie à la grenobloise	328
Morue à la provençale	330
Soles meunières	332
Saumon à l'oseille	334

DESSERTS

Merveilles ou bugnes	336
Sablé breton	338
Beignets aux pommes	340
Brioche à la praline rose	342
Tarte à la praline rose	344
Tarte pâtissière aux pommes	346
Feuilleté abricots-amandes	348
Tarte Tatin	350
Tarte à la fraise et pistache	352
Tarte au citron meringuée	354
Gâteau aux pommes	356
Far breton	358
Clafoutis aux cerises	360
Flan parisien	362
Mousse pur chocolat	364
Crème renversée au caramel	366
Pots de crème à la vanille	368
Pâte brisée	370

RECETTES DE BASE

Pâte sablée	371
Pâte à brioche	372
Mayonnaise	373

INDEX DES RECETTES PAR INGRÉDIENT

A

ABRICOT
Feuilleté abricots-amandes	348

AGNEAU
Le vrai gigot de 7 heures	146
Haricots de mouton	182
Gigot au thym et flageolets	184
Baeckeoffe	212
Carré d'agneau en persillade	216
Navarin d'agneau aux légumes	252

AIRELLES
Gigue de chevreuil aux airelles	224
Amandes effilées	
Truites aux amandes	324
Feuilleté abricots-amandes	348

ANCHOIS À L'HUILE
Anchoïade	8
Tapenade	14
Salade niçoise	80

ANDOUILLE DE GUÉMÉNÉ
Andouille-purée	168

ANDOUILLETTE DE TROYES
Andouillettes à la moutarde	250

ASPERGE
Asperges sauce mousseline	72
Asperges à la flamande	86

AUBERGINE
Aubergines à la bonifacienne	110
Petits farcis	120
Ratatouille	274
Tian provençal	280

AVOCAT
Avocat-crevettes	68

B

BAIES DE GENIÈVRE
Choucroute garnie	174

BASILIC
Soupe au pistou	104
Aubergines à la bonifacienne	110
Rognons à la provençale	206

BIÈRE BLONDE
Choucroute garnie	174

BIÈRE BRUNE
Carbonade flamande	246

BISCOTTES
Petits farcis	120
Carré d'agneau en persillade	216
Saint-jacques à la bretonne	306

BLANC DE POULET
Waterzoï de poulet	202

BLETTES
Cannellonis au brocciu	124
Storzaprettis	128
Caillettes	132
Sardines farcies	320

BŒUF
Entrecôtes marchand de vin	154
Tartare classique au couteau	156
Pavés de bœuf au roquefort	158
Filet de bœuf en brioche	160
Côte de bœuf beurre maître d'hôtel	162
Bavettes à l'échalote	164
Bœuf bourguignon	200
Bœuf à la ficelle	210
Baeckeoffe	212
Steaks au poivre	226
Alouettes sans tête	228
Daube provençale	242
Carbonade flamande	246

BŒUF HACHÉ
Boulettes à la catalane	260

BOUDIN
Boudin aux pommes	170

BROCCIU (OU BROUSSE)
Cannellonis au brocciu	124
Storzaprettis	128
Sardines farcies	320

C

CAILLE
Cailles aux raisins	232

CANARD (OU CANETTE)
Garbure	108
Canard aux navets	142
Cassoulet	176
Canard à l'orange	208
Confit de canard	244

CANNELLONIS
Cannellonis au brocciu	124

CÂPRES
Anchoïade	8
Tapenade	14
Tartare classique au couteau	156
Tête de veau sauce gribiche	194
Ailes de raie à la grenobloise	328

CARDON
Gratin de cardons à la moelle	122

CAROTTE
Anchoïade	8
Maquereaux au vin blanc	70
Soupe au chou	94
Soupe au pistou	104
Garbure	108
Le vrai gigot de 7 heures	146
Potée auvergnate	172
Pot-au-feu	178
Tripes à la mode de Caen	186
Poule au pot	188
Tête de veau sauce gribiche	194
Waterzoï de poulet	202
Bœuf à la ficelle	210
Poule au riz	220
Daube provençale	242
Blanquette de veau	262
Carottes Vichy	270
Embeurrée de chou	284
Grand aïoli	286
Coquilles Saint Jacques à la nage	294
Truites au court-bouillon	308

CÉLERI
Anchoïade	8
Waterzoï de poulet	202

CÈPE
Cèpes à la bordelaise	278

CERISE
Clafoutis aux cerises	360

CHAIR À SAUCISSE
Huîtres à la saucisse	24
Pâté de campagne	44
Pâté Berrichon	46
Pâté du limousin	48
Tomates farcies	114
Petits farcis	120
Caillettes	132
Chou farci	148
Alouettes sans tête	228
Boulettes à la catalane	260
Moules à la sétoise	312

CHAIR DE VEAU
Pâté Berrichon	46

CHAMPIGNONS DE PARIS
Vol-au-vent de ris de veau	34
Champignons à la grecque	88
Crème de champignons	102
Jambon sauce madère	140
Filet de bœuf en brioche	160
Bœuf bourguignon	200
Rognons sauce madère	238

Escalopes à la crème	254
Blanquette de veau	262
Gibelotte de lapin	264
Quenelles sauce financière	298

CHEVREUIL
Gigue de chevreuil aux airelles	224

CHOCOLAT NOIR
Mousse pur chocolat	364

CHOUCROUTE CRUE
Choucroute garnie	174

CHOU-FLEUR
Crème Dubarry au lard	92
Grand aïoli	286

CHOU VERT FRISÉ
Soupe au chou	94
Garbure	108
Chou farci	148
Potée auvergnate	172
Pintade au chou	234
Embeurrée de chou	284

CIDRE BRUT
Tripes à la mode de Caen	186
Lapin à la normande	192
Filet mignon de porc aux pruneaux	204

CITRON
Friture d'éperlans	12
Huîtres à la saucisse	24
Avocat-crevettes	68
Asperges à la flamande	86
Ailes de raie à la grenobloise	328
Soles meunières	332
Tarte au citron meringuée	354

COGNAC
Foie gras traditionnel	40
Avocat-crevettes	68
Cailles aux raisins	232
Homards à l'armoricaine	296

CONCASSÉ DE TOMATES
Aubergines à la bonifacienne	110
Cannellonis au brocciu	124
Storzaprettis	128
Haricots à la corse	150
Rognons à la provençale	206
Navarin d'agneau aux légumes	252
Homards à l'armoricaine	296
Pâtes à la langouste	300
Moules à la sétoise	312
Morue à la provençale	330

CONCENTRÉ DE TOMATES
Tielle sétoise	58
Champignons à la grecque	88
Soupe de poissons	106
Alouettes sans tête	228
Poulet au vinaigre	248
Quenelles sauce financière	298

CONCOMBRE
Anchoïade	8

CONFITURE D'ABRICOTS
Tarte pâtissière aux pommes	346

COQ
Coq au vin	236

COQUILLAGES VARIÉS
Marinière de coquillages	26

COQUILLETTES
Soupe au pistou	104

CORNICHON
Côtes de porc charcutières	144

COULIS DE TOMATES
Veau à la corse	130
Côtes de porc charcutières	144
Axoa de veau	256
Boulettes à la catalane	260
Sardines farcies	320
Encornets à la catalane	326

COURGETTE
Soupe au pistou	104
Petits farcis	120
Ratatouille	274
Tian provençal	280
Grand aïoli	286

CRÉPINE
Huîtres à la saucisse	24
Pâté de campagne	44
Caillettes	132

CRESSON
Crème de cresson	98

CREVETTE
Bourride de lotte	292
Avocat-crevettes	68

CROTTIN DE CHAVIGNOL
Salade de chèvre chaud	90

CROÛTON
Cervelle de canut	6
Tapenade	14
Crème de potiron gratinée	96
Soupe de poissons	106

CROZETS
Croziflette	118

CUISSE DE GRENOUILLE
Cuisses de grenouille en persillade	22

E

EAU DE VICHY
Carottes Vichy	270

ENCORNET
Encornets à la catalane	326

ENDIVE (OU CHICON)
Endives au jambon	134

ÉPERLANS
Friture d'éperlans	12

ÉPINARDS
Œufs gratinés aux épinards	116
Caillettes	132

ESCARGOTS EN CONSERVE
Escargots de Bourgogne	18

F

FAISSELLE
Cervelle de canut	6

FIGATELLU
Haricots à la corse	150

FLAGEOLETS
Gigot au thym et flageolets	184

FLEUR DE COURGETTE
Beignets de fleurs de courgette	16

FOIE DE VEAU
Foie de veau à la lyonnaise	190

FOIE DE VOLAILLE
Pâté de campagne	44

FOIE GRAS CRU
Foie gras traditionnel	40

FOIE GRAS CUIT
Salade périgourdine	74

FRAISE
Tarte à la fraise et pistache	352

FRISÉE
Salade périgourdine	74
Frisée aux lardons	84

FROMAGE RÂPÉ
Gougères	10
Soufflé au fromage	32
Feuilleté au fromage	56
Crème de potiron gratinée	96
Gratinée à l'oignon	100
Soupe de poissons	106
Gratin de macaronis	112
Œufs gratinés aux épinards	116
Gratin de cardons à la moelle	122
Endives au jambon	134

G
GAMBAS
Bouillassou à la catalane	302

GÉSIER CONFIT
Salade périgourdine	74

GRAINES DE CORIANDRE
Champignons à la grecque	88

GRAISSE DE CANARD
Salade périgourdine	74
Cassoulet	176
Confit de canard	244
Pommes de terre sarladaises	282

H
HARICOT BLANC SEC
Soupe au pistou	104
Garbure	108
Haricots à la corse	150
Haricots de mouton	182
Cassoulet	176

HARICOT COCO
Grand aïoli	286

HARICOT VERT
Salade niçoise	80

HERBES DE PROVENCE
Tian provençal	280

HOMARD
Homards Thermidor	290
Homards à l'armoricaine	296

HUÎTRE
Huîtres à la saucisse	24
Huîtres chaudes au beurre blanc	28

J
JAMBON À L'OS
Jambon sauce madère	140

JAMBON BLANC
Garbure	108
Gratin de macaronis	112
Endives au jambon	134
Choucroute garni	174

JAMBON CRU
Piperade au jambon	166
Cailles aux raisins	232

JAMBON DE BAYONNE
Axoa de veau	256

K
KETCHUP
Avocat-crevettes	68
Tartare classique au couteau	156

L
LAITUE
Petits pois à la française	272

LANGOUSTE
Pâtes à la langouste	300

LAPIN
Lapin à la normande	192
Lapin à la moutarde	240
Gibelotte de lapin	264

LARD CUIT
Pintade au chou	234

LARD FUMÉ
Salade lyonnaise	66

LARDON
Œufs meurette	20
Tarte à l'oignon	54
Flammenkuch	62
Quiche lorraine	64
Soupe au chou	94
Croziflette	118
Tartiflette	126
Lapin à la normande	192
Bœuf bourguignon	200
Pigeons aux petits pois	218
Compote de lièvre	222
Rôti de porc grand-mère	230
Coq au vin	236
Carbonade flamande	246
Gibelotte de lapin	264
Petits pois à la française	272
Embeurrée de chou	284

LENTILLES VERTES
Salade de lentilles à la lyonnaise	76
Petit salé aux lentilles	180

LIÈVRE
Compote de lièvre	222

LOTTE
Bourride de lotte	292
Bouillassou à la catalane	302

M
MACARONIS
Gratin de macaronis	112

MADÈRE
Jambon sauce madère	140
Rognons sauce madère	238

MAQUEREAU
Maquereaux au vin blanc	70
Maquereaux à la moutarde	310

MAROILLES
Tarte au maroilles	50

MASCARPONE
Tarte à la fraise et pistache	352

MAYONNAISE
Avocat-crevettes	68
Œufs mimosa	82
Tartare classique au couteau	156
Saumon froid, sauce verte	288

MORILLE
Poulet aux morilles	136

MORUE SALÉE
Grand aïoli	286
Brandade de morue	314
Morue à la provençale	330

MOULES
Bourride de lotte	292
Bouillassou à la catalane	302
Moules à la sétoise	312
Cotriade	322

MOUSSERON
Omelette aux mousserons	30

MOUTARDE EN GRAINS
Andouillettes à la moutarde	250
Maquereaux à la moutarde	310

MOUTARDE FORTE
Salade Lyonnaise	66
Asperges sauce mousseline	72
Poireaux vinaigrette	78
Frisée aux lardons	84
Côtes de porc charcutières	144
Gigot au thym et flageolets	184
Lapin à la moutarde	240
Poulet au vinaigre	248
Homards Thermidor	290
Mayonnaise	373

N

NAVET
Garbure	108
Canard aux navets	142
Potée auvergnate	172
Pot-au-feu	178
Poule au pot	188
Bœuf à la ficelle	210

NOIX MUSCADE
Feuilleté au fromage	56
Quiche lorraine	64
Gratin dauphinois	276

O

ŒUF
Gougères	10
Beignets de fleurs de courgette	16
Œufs meurette	20
Omelette aux mousserons	30
Soufflé au fromage	32
Saucisson brioché	36
Pâté de campagne	44
Pâté Berrichon	46
Pâté du limousin	48
Tarte au maroilles	50
Tarte à l'oignon	54
Flamiche aux poireaux	60
Quiche lorraine	64
Salade Lyonnaise	66
Asperges sauce mousseline	72
Salade niçoise	80
Œufs mimosa	82
Frisée aux lardons	84
Asperges à la flamande	86
Aubergines à la bonifacienne	110
Œufs gratinés aux épinards	116
Storzaprettis	128
Poulet en croûte de sel	138
Tartare classique au couteau	156
Gigot au thym et flageolets	184
Tête de veau sauce gribiche	194
Carré d'agneau en persillade	216
Boulettes à la catalane	260
Grand aïoli	286
Bourride de lotte	292
Sardines farcies	320
Merveilles ou bugnes	336
Sablé breton	338
Beignets aux pommes	340
Feuilleté abricots-amandes	348
Tarte au citron meringuée	354
Gâteau aux pommes	356
Far breton	358
Clafoutis aux cerises	360
Flan parisien	362
Mousse pur chocolat	364
Crème renversée au caramel	366
Pots de crème à la vanille	368
Pâte à brioche	372
Mayonnaise	373

OIGNON DOUX
Tarte de Menton	52
Tarte à l'oignon	54
Tielle sétoise	58
Flammenkuch	62
Maquereaux au vin blanc	70
Soupe au chou	94
Gratinée à l'oignon	100
Soupe de poissons	106
Garbure	108
Croziflette	118
Petits farcis	120
Tartiflette	126
Le vrai gigot de 7 heures	146
Piperade au jambon	166
Boudin aux pommes	170
Cassoulet	176
Foie de veau à la lyonnaise	190
Bœuf bourguignon	200
Filet mignon de porc aux pruneaux	204
Baeckeoffe	212
Pigeons aux petits pois	218
Carbonade flamande	246
Rôti de porc au lait	258
Pommes boulangères	268
Petits pois à la française	272
Ratatouille	274
Tian provençal	280
Truites au court-bouillon	308

OIGNON GRELOT
Rôti de porc grand-mère	230

OIGNON ROUGE
Salade niçoise	80

OLIVES À LA GRECQUE
Tapenade	14
Tarte de Menton	52
Ratatouille	274
Morue à la provençale	330

OLIVES NIÇOISES
Poulpe à la niçoise	318

OLIVES VERTES
Veau à la corse	130
Poulet à la Toulousaine	152
Boulettes à la catalane	260
Quenelles sauce financière	298

ORANGE
Canard à l'orange	208

OS À MOELLE
Gratin de cardons à la moelle	122
Pot-au-feu	178

OSEILLE
Saumon à l'oseille	334

P

PAIN
Salade lyonnaise	66
Gratinée à l'oignon	100
Poulet à la toulousaine	152
Boulettes à la catalane	260

PAIN DE MIE
Poireaux vinaigrette	78
Ailes de raie à la grenobloise	328

PAIN D'ÉPICE
Carbonade flamande	246

PÂTE À BRIOCHE
Saucisson brioché	36
Filet de bœuf en brioche	160
Brioche à la praline rose	342

PÂTE À PIZZA
Tarte de Menton	52
Flammenkuch	62

PÂTE BRISÉE
Pâté Berrichon	46
Tarte au maroilles	50
Tarte à l'oignon	54
Tielle sétoise	58
Flamiche aux poireaux	60
Quiche lorraine	64
Flan parisien	362

PÂTE DE PISTACHES
Tarte à la fraise et pistache	352

PÂTE FEUILLETÉE
Pâté lorrain	42
Pâté du limousin	48
Feuilleté au fromage	56
Salade de chèvre chaud	90
Feuilleté abricots-amandes	348
Tarte Tatin	350

PÂTE SABLÉE
Tarte à la praline rose	344
Tarte pâtissière aux pommes	346
Tarte à la fraise et pistache	352
Tarte au citron meringuée	354

PECORINO CORSE
Aubergines à la bonifacienne	110
Storzaprettis	128

PERSIL
Escargots de Bourgogne	18
Cuisses de grenouille en persillade	22
Le vrai jambon persillé	38
Pâté lorrain	42
Pâté Berrichon	46
Pâté du limousin	48
Salade de lentilles à la lyonnaise	76

379

Asperges à la flamande	86
Tomates farcies	114
Petits farcis	120
Poulet à la toulousaine	152
Tartare classique au couteau	156
Côte de bœuf beurre maître d'hôtel	162
Carré d'agneau en persillade	216
Alouettes sans tête	228
Gibelotte de lapin	264
Cèpes à la bordelaise	278
Pommes de terre sarladaises	282
Saint-jacques à la bretonne	306
Ailes de raie à la grenobloise	328

PETITS POIS
Pigeons aux petits pois	218
Navarin d'agneau aux légumes	252
Petits pois à la française	272

PIED DE VEAU
Tripes à la mode de Caen	186

PIGEON
Pigeons aux petits pois	218

PIMENT D'ESPELETTE
Poulet basquaise	198
Axoa de veau	256
Bouillassou à la catalane	302

PINTADE
Pintade au chou	234

PISSENLITS
Salade lyonnaise	66

POIREAU
Flamiche aux poireaux	60
Poireaux vinaigrette	78
Garbure	108
Pot-au-feu	178
Poule au pot	188
Tête de veau sauce gribiche	194
Waterzoï de poulet	202
Bœuf à la ficelle	210
Poule au riz	220
Bourride de lotte	292
Coquilles Saint Jacques à la nage	294
Cotriade	322

POIS GOURMANDS
Navarin d'agneau aux légumes	252

POISSONS VARIÉS
Soupe de poissons	106

POISSONS À BOUILLABAISSE
Bouillabaisse simplissime	316

POITRINE FUMÉE
Choucroute garnie	174

POIVRE MIGNONNETTE
Steaks au poivre	226

POIVRON
Piperade au jambon	166
Poulet basquaise	198
Axoa de veau	256
Ratatouille	274
Thon basquaise	304

POMME
Boudin aux pommes	170
Lapin à la normande	192
Beignets aux pommes	340
Tarte pâtissière aux pommes	346
Tarte Tatin	350
Gâteau aux pommes	356

POMME DE TERRE
Pâté du limousin	48
Salade périgourdine	74
Soupe au chou	94
Crème de cresson	98
Garbure	108
Tartiflette	126
Andouille-purée	168
Choucroute garnie	174
Pot-au-feu	178
Tête de veau sauce gribiche	194
Saucisse-purée	196
Baeckeoffe	212
Rôti de porc grand-mère	230
Rôti de porc au lait	258
Aligot	266
Pommes boulangères	268
Gratin dauphinois	276
Pommes de terre sarladaises	282
Bouillassou à la catalane	302
Brandade de morue	314
Bouillabaisse simplissime	316
Cotriade	322

PORC
Le vrai jambon persillé	38
Pâté lorrain	42
Choucroute garnie	174
Cassoulet	176
Baeckeoffe	212
Côtes de porc charcutières	144
Cassoulet	176
Filet mignon de porc aux pruneaux	204
Rôti de porc grand-mère	230
Rôti de porc au lait	258

PORC DEMI-SEL
Potée auvergnate	172
Petit salé aux lentilles	180

PORTO
Pavés de bœuf au roquefort	158

POTIRON
Crème de potiron gratinée	96

POUDRE D'AMANDES
Feuilleté abricots-amandes	348

POULE
Poule au pot	188
Poule au riz	220

POULET
Poulet aux morilles	136
Poulet en croûte de sel	138
Poulet à la toulousaine	152
Poulet basquaise	198
Poulet au vinaigre	248

POULPE
Tielle sétoise	58
Poulpe à la niçoise	318

POUSSES D'ÉPINARDS
Huîtres chaudes au beurre blanc	28
Jambon sauce madère	140
Saumon froid, sauce verte	288

PRALINES ROSES
Brioche à la praline rose	342
Tarte à la praline rose	344

PRUNEAUX
Filet mignon de porc aux pruneaux	204
Far breton	358

Q

QUENELLE DE BROCHET
Quenelles sauce financière	298

R

RADIS
Anchoïade	8
Salade niçoise	80
Grand aïoli	286

RAIE
Ailes de raie à la grenobloise	328

RAISIN BLANC
Cailles aux raisins	232

REBLOCHON
Croziflette	118
Tartiflette	126

RILLONS
Frisée aux lardons	84

RIS DE VEAU
Vol-au-vent de ris de veau	34

RIZ
Tomates farcies	114
Poule au riz	220

ROGNON DE VEAU
Rognons à la provençale 206
Rognons sauce madère 238

ROMARIN
Poulet en croûte de sel 138
Pâtes à la langouste 300
Poulpe à la niçoise 318

ROQUEFORT
Pavés de bœuf au roquefort 158

ROUILLE
Soupe de poissons 106
Bouillabaisse simplissime 316

S

SAFRAN
Tielle sétoise 58

SAINT-JACQUES
Coquilles Saint-Jacques à la nage . . 294
Saint-jacques à la bretonne 306

SALADE
Caillettes 132

SALADE MÉLANGÉE
Salade de chèvre chaud 90

SARDINE
Sardines farcies 320

SAUCISSE AU COUTEAU
Saucisse-purée 196

SAUCISSE DE STRASBOURG
Choucroute garnie 174

SAUCISSE DE TOULOUSE
Cassoulet 176
Poulet à la toulousaine 152

SAUCISSE FUMÉE
Potée auvergnate 172
Choucroute garnie 174

SAUCISSON À CUIRE
Saucisson brioché 36
Salade de lentilles à la lyonnaise . . 76
Saucisson au beaujolais 214

SAUMON
Saumon froid, sauce verte 288
Saumon à l'oseille 334

SOLE
Soles meunières 332

SOUPE DE POISSONS
Bouillassou à la catalane 302
Bouillabaisse simplissime 316

SPAGHETTIS
Pâtes à la langouste 300

SUCRE
Canard à l'orange 208
Carottes Vichy 270
Merveilles ou bugnes 336
Sablé breton 338
Feuilleté abricots-amandes 348
Tarte Tatin 350
Tarte au citron meringuée 354
Gâteau aux pommes 356
Far breton 358
Clafoutis aux cerises 360
Flan parisien 362
Crème renversée au caramel . . . 366
Pots de crème à la vanille 368

SUCRE GLACE
Tarte au citron meringuée 354
Pâte sablée 371

T

TÊTE DE VEAU ROULÉE
Tête de veau sauce gribiche 194

THON ROUGE
Thon basquaise 304

THYM
Pâté de campagne 44
Tarte de Menton 52
Salade de chèvre chaud 90
Chou farci 148
Piperade au jambon 166
Gigot au thym et flageolets 184
Saucisse-purée 196
Pintade au chou 234
Lapin à la moutarde 240
Navarin d'agneau aux légumes . . 252
Moules à la sétoise 312

TOMATE
Salade niçoise 80
Soupe au pistou 104
Tomates farcies 114
Petits farcis 120
Piperade au jambon 166
Haricots de mouton 182
Ratatouille 274
Tian provençal 280
Thon basquaise 304
Poulpe à la niçoise 318

TOMME FRAÎCHE
Aligot 266

TRIPES BLANCHIES
Tripes à la mode de Caen 186

TRUITE
Truites au court-bouillon 308
Truites aux amandes 324

V

VANILLE
Far breton 358
Flan parisien 362
Crème renversée au caramel . . . 366
Pots de crème à la vanille 368

VEAU
Pâté lorrain 42
Veau à la corse 130
Escalopes à la crème 254
Axoa de veau 256
Blanquette de veau 262

VIN BLANC
Marinière de coquillages 26
Huîtres chaudes au beurre blanc . . 28
Le vrai jambon persillé 38
Pâté lorrain 42
Maquereaux au vin blanc 70
Champignons à la grecque 88
Côtes de porc charcutières 144
Baeckeoffe 212
Lapin à la moutarde 240
Andouillettes à la moutarde . . . 250
Axoa de veau 256
Gibelotte de lapin 264
Bourride de lotte 292
Coquilles Saint Jacques à la nage . . 294
Homards à l'armoricaine 296
Pâtes à la langouste 300
Saint jacques à la bretonne 306
Truites au court-bouillon 308
Maquereaux à la moutarde 310
Moules à la sétoise 312
Poulpe à la niçoise 318
Cotriade 322

VIN JAUNE
Poulet aux morilles 136

VIN ROUGE
Œufs meurette 20
Veau à la corse 130
Le vrai gigot de 7 heures 146
Entrecôtes marchand de vin . . . 154
Bœuf bourguignon 200
Saucisson au beaujolais 214
Compote de lièvre 222
Gigue de chevreuil aux airelles . . 224
Alouettes sans tête 228
Coq au vin 236
Daube provençale 242
Encornets à la catalane 326

VOL-AU-VENT
Vol-au-vent de ris de veau 34

W

WHISKY
Steaks au poivre 226

SIMPLISSIME

LA COLLECTION DE LIVRES DE CUISINE QUI VA CHANGER VOTRE VIE

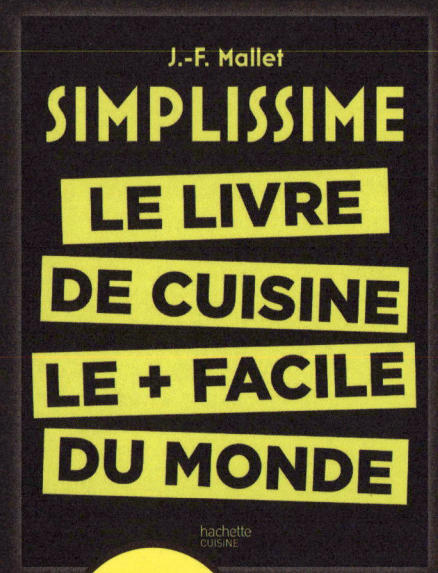

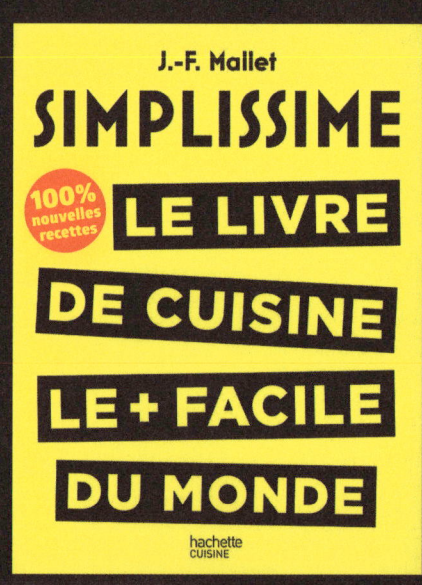

J.-F. Mallet — SIMPLISSIME : LE LIVRE DE CUISINE LE + FACILE DU MONDE (hachette CUISINE)

J.-F. Mallet — SIMPLISSIME : LE LIVRE DE CUISINE LIGHT LE + FACILE DU MONDE (hachette CUISINE)

J.-F. Mallet — SIMPLISSIME : LE LIVRE DE CUISINE LE + FACILE DU MONDE — 100% nouvelles recettes (hachette CUISINE)

J.-F. Mallet — SIMPLISSIME : DÎNERS CHIC LES + FACILES DU MONDE (hachette CUISINE)

J.-F. Mallet — SIMPLISSIME : LES RECETTES AU BARBECUE LES + FACILES DU MONDE (hachette CUISINE)

19,95 €

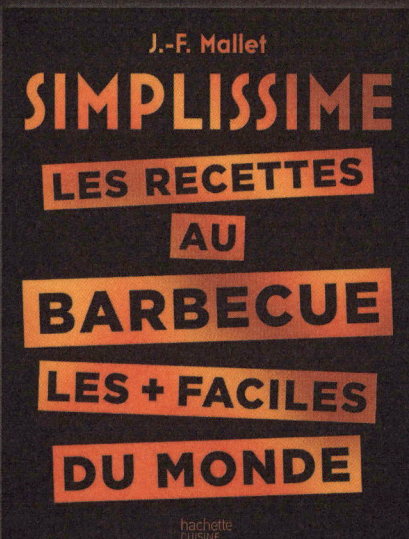

SIMPLISSIME

J.-F. Mallet

- SIMPLISSIME — LE LIVRE DE DESSERTS LE + FACILE DU MONDE
- SIMPLISSIME — LES PIZZAS LES + FACILES DU MONDE
- SIMPLISSIME — LES PÂTES LES + FACILES DU MONDE
- SIMPLISSIME — LE LIVRE DE CUISINE POUR ÉTUDIANTS LE + FACILE DU MONDE (RECETTES 2€ PAR PERSONNE)

14,95€ · **6,95€** · **13,95€**

- SIMPLISSIME — RECETTES VÉGÉTARIENNES LES + FACILES DU MONDE
- SIMPLISSIME — APÉROS LES + FACILES DU MONDE
- SIMPLISSIME — SALADES COMPLÈTES LES + FACILES DU MONDE
- SIMPLISSIME — LES COCOTTES LES + FACILES DU MONDE
- SIMPLISSIME — RECETTES DE GIBIER LES + FACILES DU MONDE
- SIMPLISSIME — LES PLATS À 1 EURO LES + FACILES DU MONDE
- SIMPLISSIME — SOUPES ET BOUILLONS REPAS LES + FACILES DU MONDE
- SIMPLISSIME — RECETTES AU CUIT-VAPEUR LES + FACILES DU MONDE
- SIMPLISSIME — TERRINES ET FOIES GRAS LES + FACILES DU MONDE

hachette CUISINE

ET AUSSI L'APPLI…

SALADE DE BŒUF RÔTI AU BASILIC
- 4 personnes
- Préparation : 15 minutes
- Cuisson : 5 minutes
- Poivre

AVEC VOUS PARTOUT, VOS RECETTES ET LISTES D'INGRÉDIENTS !
Pour Androïd et IOS

© 2018, Hachette Livre (Hachette Pratique).
58, rue Jean Bleuzen – 92178 Vanves Cedex

Tous droits de traduction, d'adaptation et de reproduction, totale ou partielle,
pour quelque usage, par quelque moyen que ce soit, réservés pour tous pays.

Pour l'éditeur, le principe est d'utiliser des papiers composés de fibres naturelles,
renouvelables, recyclables et fabriqués à partir de bois issus de forêts
qui adoptent un système d'aménagement durable. En outre, l'éditeur attend
de ses fournisseurs de papier qu'ils s'inscrivent dans une démarche de certification
environnementale reconnue.

Direction : Catherine Saunier-Talec
Responsable éditoriale : Céline Le Lamer
Conception graphique et mise en pages : Marie-Paule Jaulme
Photogravure : Nord Compo
Fabrication : Amélie Latsch
Responsable partenariats : Sophie Morier (smorier@hachette-livre.fr)

Dépôt légal : octobre 2018
2076804
ISBN : 9782017059561
Imprimé en Espagne par Graficas Estella en août 2018
www.hachette-pratique.com

PAPIER À BASE DE
FIBRES CERTIFIÉES

3,7 kg q. CO_2
Rendez-vous sur
www.hachette-durable.fr